数字经济学系列丛书
THE DIGITAL ECONOMICS SERIES

国家出版基金项目
NATIONAL PUBLICATION FOUNDATION

# 数字经济学
# 产业经济卷

*The Digital Economics :*
*Volume of Industrial Economics*

左鹏飞　姜奇平·著

中国财富出版社有限公司

图书在版编目（CIP）数据

数字经济学. 产业经济卷 / 左鹏飞，姜奇平著. -- 北京：中国财富出版社有限公司，2024.11. --（数字经济学系列丛书）. -- ISBN 978 - 7 - 5047 - 8297 - 7

Ⅰ. F062.5；F260

中国国家版本馆 CIP 数据核字第 20258DS797 号

| | | | | | |
|---|---|---|---|---|---|
| 策划编辑 | 郑晓雯　谷秀莉 | 责任编辑 | 谷秀莉 | 版权编辑 | 武　玥 |
| 责任印制 | 苟　宁 | 责任校对 | 卓闪闪 | 责任发行 | 于　宁 |

出版发行　中国财富出版社有限公司

社　　址　北京市丰台区南四环西路 188 号 5 区 20 楼　　　邮政编码　100070

电　　话　010 - 52227588 转 2098（发行部）　　010 - 52227588 转 321（总编室）
　　　　　010 - 52227566（24 小时读者服务）　010 - 52227588 转 305（质检部）

网　　址　http://www.cfpress.com.cn　排　　版　宝蕾元

经　　销　新华书店　　　　　　　　　　印　　刷　宝蕾元仁浩（天津）印刷有限公司

书　　号　ISBN 978 - 7 - 5047 - 8297 - 7/F · 3808

开　　本　710mm × 1000mm　1/16　　版　　次　2025 年 3 月第 1 版

印　　张　22.25　　　　　　　　　　　印　　次　2025 年 3 月第 1 次印刷

字　　数　388 千字　　　　　　　　　　定　　价　98.00 元

# 2024 年度国家出版基金资助项目

《数字经济学·制度经济卷（上册)》

《数字经济学·制度经济卷（下册)》

《数字经济学·产业经济卷》

《数字经济学·技术经济卷》

总　　策　　划：张红燕

项 目 负 责 人：谷秀莉

编 辑 执 行 团 队：刘康格　郑晓雯

质 量 保 障 组：杨小静　卓闪闪　庞冰心　孙丽丽
　　　　　　　　尚立业　苟　宁

进 度 保 障 组：贾紫轩　杨　杰　武　玥

经费使用保障组：戚　珂　李　妍　王鹤豫　左亚威

廉 洁 保 障 组：贾浩然　马欣岳

# 总　序

## 数字经济学的特质

### 姜奇平

　　信息革命给经济带来了从工业生产方式向信息生产方式的转变。数字经济通过生产方式的转变，将自己区别于工业经济。数字经济学以体现信息生产方式为自己的特质。

　　经济学本应具备区分不同生产方式的功能，但现有经济学并不具有这种功能。普适的经济学至少要具备能够区分 3 种不同的生产方式——定制化的农业生产方式（小批量多品种）、大规模的工业生产方式（单一品种大批量）、大规模定制化的信息生产方式（大批量多品种）——的功能。它们分别体现 3 种具有不同历史特点的经济规律①。现有经济学更多的是对工业生产方式进行理论总结，并把从这一特例中归纳出的局部经验当作普遍原理。

　　数字经济学超越了工业经济学的局限，具有以下特点：

　　一是内生生产力。有什么样的生产力就有什么样的经济。农业革命、工业革命和信息革命，都是技术革命引发的生产力革命。经济学不能用农民的经验去指导工人，也不能用工人的经验去指导知本家，根本原因是作为人与人关系前提的人与自然的关系（技术、生产力）发生了范式转变。

　　此前，除了德国历史学派、历史唯物主义理论具有生产力概念外，经济学基本没有生产力意识。微观经济学相当晚才在生产函数与全要素生产率理论中内生了技术概念。而技术经济学中的技术，更多的是工程概念（自然科

---

　　①　在高维的经济数学分析中，我们把 3 种生产方式的数学转换关系高度归纳、概括为随机网络、规则网络与复杂网络之间的图值转换关系。详见姜奇平《网络经济：内生结构的复杂性经济学分析》（中国财富出版社，2017 年）。

学中的功能概念），而非生产力概念（社会科学概念）。以往经济学不讲生产力，实际是固化了生产力的默认选项，即假设只有工业生产力这一种形式。以此为基础总结经济规律，就把现代经济学与现代经济学家几百年有限的经验不恰当地当作了具有普遍解释力的法则。在遇到信息革命时，就容易出现问题。因为数字经济学发现，在信息生产力作用下，一些经济规律所能解释的现实所占的比例，正在超越工业经济学。

从数字经济学角度看，以往的各门经济学都是工业经济学，即以工业生产力为默认前提的经济学。数字经济学是以信息生产力为默认前提的经济学，如果数字经济学不声明这一点，而仍然以工业生产力为默认前提，那它的研究就几乎无法进行下去。举例来说，信息技术具有"通用目的技术"的特性，在生产力上具有资本通用性（使用上的非排他性），这与工业技术排他性使用基础上的资本专用性不同——从资源配置到利益分配，结论都是矛盾的。用资本专用性解释资本共享，就会导致解释力下降。

数字经济学是广义的技术经济学，是不以技术为主题的技术经济学。经济学在此不但涉及被技术、生产力所决定的经济，而且涉及内生技术与生产力观念调整后微观经济学、宏观经济学、技术经济学、制度经济学、管理经济学会发生何种质的变化。它实质上反映了内生信息生产力后带来的经济学各个部分范式、框架的根本调整。

二是内生生产方式。生产方式是生产力与生产关系结合的结果，有什么样的生产方式就有什么样的经济与经济学。

经济学要想从只对工业经济具有解释力的特例经济学发展为对农业经济、工业经济和信息经济都有解释力的普适经济学，就必须具备区分不同生产方式功能的顶层框架。具体来说，要从数学上实证地辨识生产方式，就要有"数量 $Q$—品种 $N$"二维框架，而以往的经济学框架都只有数量 $Q$，没有品种 $N$，这使其只能识别"大批量单一品种"的生产方式，而无法识别"小批量多品种"的生产方式和"大批量多品种"的生产方式。由此，经济学对农业经济、数字经济的解释力大为弱化。数字经济首当其冲，"索洛悖论"认为信息技术有投入没产出，就是因为缺乏辨识数字经济特有产出的计量单位。

专门擅长解释工业经济的特例经济学（典型如新古典理论），隐含着将品种设为1（"单一品种"）这样一个默认选项（称为"同质性假定"）。这相当于将"单一品种"这样一种纯属工业经济的特例，当作人类历史中的普遍现象。数字经济的实践表明，人类并不是只有传统中国制造这种以"单一品种"为常态的经济，在数字经济中，以质量、创新、体验为基础的"多品种"的多样化经济，才是更为普遍的情况。

数字经济学不想罗列信息技术在经济中引发的各种表面新现象，尤其不想因为这种罗列导致形成"数字经济只有技术变化，没有经济学变化"这种旧学为体、新学为用的"洋务运动"式的认识，而希望通过经济学的范式变革，向世人展示信息革命真正的"响动"在经济和经济学，技术只是"引信"，不是主题。

经济学范式变革的切入点，是迪克西特－斯蒂格利茨模型（Dixit－Stiglitz Model，简称 D－S 模型）。阿维纳什·K. 迪克西特（Avinash K. Dixit）和约瑟夫·E. 斯蒂格利茨（Joseph E. Stiglitz）在 1977 年发表的论文《垄断竞争与最优产品多样化》中构建的 D－S 模型，首次将品种内生于"数量—价格"均衡，第一次为经济学从特例经济学推广为普适经济学提供了规范的经济数学条件。数字经济学将沿着 D－S 模型开辟的方向，将特例经济学品种为 1（$N=1$）的同质性假定放松到多品种（$N>1$）假定，并将信息生产方式首次纳入经济学解释范围。数字经济学将内生品种的均衡与最优，称为广义均衡与广义最优。对应传统概念，狭义均衡就是完全竞争均衡，广义均衡就是垄断竞争均衡。

传统经济学的基本假定是同质性假定，一旦放松这个假定，就会发现狭义均衡与广义均衡是正负相反关系。单一品种（$N=1$）与多品种（$N>1$），就是无差异均衡经济学与差异化均衡经济学"革命"的两端。我们视传统经济学为无差异均衡经济学，数字经济学为差异化均衡经济学。这清楚地显示了数字经济学同传统经济学在实证上最大的不同。

无差异均衡经济学的均衡由边际成本定价，均衡点为 $P=MC$[①]；差异化均衡经济学的均衡由平均成本定价，均衡点为 $P=AC$[②]。二者相差类似"保角映射"的固定尺度 $AC-MC$。这个差，对应创新具有的价值（罗默[③]）。这意味着，工业经济与数字经济相差一个物质驱动与创新驱动的量差。无论具

---

① $P$，即单位价格；$MC$，即边际成本。
② $AC$，即平均成本。
③ 罗默，即保罗·罗默（Paul M. Romer），其将 $AC-MC$ 视为对创新的"补贴"。新熊彼特学派将 $AC-MC$ 视为"创新代理成本"。

体的供求关系如何变化，这个量差不变。这可以有效说明，抛开数字经济在运用信息技术上存在的各种与自然科学的不同，经济本身（商业本身）到底有什么不同，以及问题的本质是什么。

《数字经济学》分为管理经济卷、宏观经济卷、微观经济卷、技术经济卷、制度经济卷、产业经济卷①，上述核心观点一以贯之。它表明，我们不是要在管理经济学、宏观经济学、微观经济学、技术经济学、制度经济学、产业经济学之外或之下另设一个数字经济学子集，而是要建立数字管理经济学、数字宏观经济学、数字微观经济学、数字技术经济学、数字制度经济学、数字产业经济学。它们同传统经济学的共同区别，在于拥有与传统经济学不同的技术经济前提，即以信息技术、信息生产力与信息生产方式为范式转换、框架转换等经济学"体变"的立论前提。

———————

① 本书的出版得到了中国社会科学院重大创新项目"数字文明与中华民族现代文明关系研究"（2023YZD057）、中国社会科学院重大交办项目"中国宏观经济季度分析（2025—2027）"（2024YZDJ019）、中国社会科学院创新工程项目"新质生产力视角下技术创新与消费升级的关系研究"（IQTE2025－08）、中国社会科学院国情调研吉林基地项目等的支持，在此表示感谢。

# 目　录

## 理论背景篇

# 产业组织篇

## 产业结构篇

理论背景篇

# 1 绪论

## 1.1 问题的提出

### 1.1.1 研究的理论背景

从 18 世纪 60 年代开始的第一次工业革命（人类进入"蒸汽时代"），到 19 世纪 60 年代后期开始的第二次工业革命（人类进入"电气时代"），再到 20 世纪 50 年代开始的第三次工业革命（人类进入"信息时代"），历次重大技术革命都是推动经济发展、产业转型升级的巨大动力。伴随全球科技新一轮重大变革序幕的开启，科技领域正发生深刻、复杂且高度敏感的格局性变化，以人工智能为代表的新兴技术加速演进，触发技术创新的链式效应，推动前沿领域呈现集群式创新态势。由新一代信息技术和以数字为基础的互联网技术驱动的第四次工业革命，引领人类进入"新信息时代"，当前生产力发展正面临着一次新的变革。先进的数字科技与我国传统产业的深度融合必将释放发展新动能，推动我国经济持续健康发展。

改革开放以来，我国经济社会发展取得了巨大成就，目前我国经济社会结构调整和转型升级步伐不断加快，新旧动能进入接续转换的关键时期，经济发展动力正从传统增长点转向新的增长点，经济发展方式正从速度型追求转向质量型追求，我国经济整体呈现稳中向好、稳中有进、稳中提质、稳中蓄势的运行态势。

推动产业结构转型升级，已成为当前我国经济发展面临的最为迫切的任务之一。产业结构转型升级是产业价值链深度拓展和跃迁升级的过程，也是产业竞争力全面提升的关键之举。当前，我国产业结构转型升级的重点已经不再是实现产业结构方面的优化调整，而是产业结构"整体素质"的"转型"与"升级"。发达国家经济转型升级实践中，常见的做法是依托新兴技术改造传统产业和培育新兴产业，以优化产业结构。伴随着新一代信息科技的兴起，数字技术已成为当前最具创新性和先进性的发展动能，数字技术产业也成为对国民经济推动效果最为显著、对产业结构调整优化效果最为突出的产业部门。抓紧释放数字化所蕴含的经济空间拓展和优化动能，利用数字化的扩散、渗透、融合及创新，实现传统产业的数字化改造，已成为产业结构转型升级的必由之路。

#### 1.1.1.1　数字空间理论：下一代数字技术的前沿

数字技术产业经济学的第一个理论背景，来自它的空间结构背景。

产业经济学的精髓，在于"结构"二字。无论是市场结构（产业组织理论）还是产业结构（产业结构理论），都在用结构经济学这一特殊视角认识经济现象，这是产业经济学与理论经济学的一个基本不同。

数字技术产业经济学与一般产业经济学既有联系也有区别。同是研究结构，工业经济结构与数字经济结构，无论是产业组织结构还是产业结构，都有质的不同。数字经济与工业经济性质的不同，是由结构上的原因造成的，因为结构决定功能，功能决定性质。

数字技术产业经济学与数字产业经济学有细微的区别，其在产业经济学基础上叠加了技术经济学的分析，强调数字技术特殊空间性质对产业组织结构与产业结构性质的生产力决定作用。从数字技术产业经济学角度来看，一般产业经济学所处的技术空间是工业技术空间，而数字技术产业经济学的研究对象处于数据空间。这就决定了数字产业包括数字技术产业（信息与通信技术产业，ICT 产业）的性质是由数据空间的技术结构决定的。数字经济处于具有数据空间技术性质的产业空间。

1. **经济学中"结构"的含义**

理论经济学（以新古典完全竞争理论为代表）表面上也谈结构，但因为总的方法是还原论的，所以此结构失去了其之为结构的本义。结构在产业经济学中具有特殊含义，指非同质结构，意思是不同结构具有不同性质，产业经济学不认为市场结构与产业结构只有同质结构（新古典完全竞争理论假定的结构）。

还原论的结构相当于坍缩为一个点（只剩下"个人"）的结构。从数学的观点来看，可以视为图的特例。按照通则，图是有结构的，图（亦称网络）的结构，由点值与边值像波粒二象性那样结合起来，结合起来的结构，在数学上称为邻接矩阵。

结构坍缩为点，是指所有的边都等长，也就是所有节点之间的距离相等。图的值完全由点决定。新古典完全竞争理论，作为个人主义经济学，其性质在数学上是这样被规定的。图论的这种解释是一个隐喻和象征，说明理论经济学本身是原子论的，这种原子论为个人主义穿上了最合身的衣服。

产业不同于个体，这是产业经济学一产生就面临的困惑。产业是由不同个体之间的不同关系构成的，关系不同性质也就不同。整体思考后，产业经济学形成了一种不同于理论经济学的自我认知，即认为产业不能还原为个体，产业就是产业本身。因为产业是有结构的，原子论的个人（作为一个点的理性经济人）是没有结构的。如果认为个人的结构与产业的结构是一样的，那马上就会被打回原形——回到理论经济学的老家。产业经济学的最低进入①门槛，就是承认门槛，这就让产业经济学成为一个以门槛（"进入"问题）为门槛的学科。

空间是结构的一种隐喻。空间里不仅有个人这个原子节点（粒），还存在人与人之间的关系（粒与粒之间的波）。在空间经济学中，不同的距离关系形成不同的结构，结构不同决定功能不同，进而决定性质不同。

最初对新古典主义变相取消结构问题表示不满的，是认为空间很重要（实际上是认为空间中的关系不一样这一点很重要）的人。完全竞争理论坚持所有边等长的观点，根据是，每个人与小卖部的距离确实有近有远，但不能一一讨论，为了抽象，只能取个平均值，这个平均值对所有人都是一样的。

对于空间经济学来说，有结构的空间就像一个新大陆。在那里，每个人都可以自由地宣称，小卖部与自己的距离是不一样的。这种结构上的不同，体现在均衡结论上，就是垄断竞争的经典结论：在一个有差异化存在并以差异化为系统特征的空间，均衡价格由平均成本决定：$P = AC$。

空间经济学与产业经济学（产业组织理论）共用一个范式，即垄断竞争范式，但二者的分歧也开始浮出水面。坚持结构观点的空间经济学家，选择将寻址模型作为发展方向，产业组织理论则选择将代表性消费者模型作为发

---

① 所谓进入，就是进入一个不一样的空间。

展方向。对结构具有差异性这一点，在数学上如何表征，二者从认识到方法都不一致。空间经济学开始用经验方法对待空间结构，所谓寻址，就是从选择商店位置这个具体问题衍生出对结构差异化的理解；产业组织理论则在结构化分析技术（如社会网络分析）不发达的条件下将思路转向产业的组织结构，用CES分析技术，将结构差异化以抽象的方式直接加入均衡计算。这就是所有西方产业经济学必不可少的"产品差异化"的来历。一个极致的方向，就是用品种来代表抽象的差异化——不再问具体的差异是什么，而是问系统差异化（不同质化）的程度对均衡产生何种全局性影响。由此派生出两个理论：一个是规模经济理论，如D-S模型理论，最终向国际贸易理论纵深发展（称为产品多样化理论）；另一个是（多产品）范围经济理论，如可竞争市场理论，其研究向射线平均成本方向延伸。

**2. 数字技术产业中，数据空间重要的原因**

在理论经济学上，数字经济学毫不犹豫地站在了垄断竞争均衡立场上，将生产力决定生产关系的逻辑，直接数学化为差异化技术决定差异化经济的均衡理论。

原本，在垄断竞争理论内部，代表性消费者模型优于寻址模型早有定论。但技术革命给经济学带来了新的提醒：有可能导致空间经济理论在产业经济学中复活。

数据空间理论将以数据场的理念引领下一个高性能计算时代的到来。值得高度重视的是，它以空间理念来看待未来技术经济，把未来的数字技术经济重新理解为一种空间现象，如果不重视这一点，我们的发展就会落后于时代。

回顾空间理论的发展，我们可以发现，在空间经济学周围，实际上人类思想正在发生重要的空间转向。例如，列斐伏尔、哈维、卡斯特、托夫勒，都是从建立新的空间理念入手来理解技术革命的。空间转向不能按照字面含义简单解读，而是对以往忽略的空间结构的重新重视，是对"关系的复杂性"这一新知识的识别，这使人类认识从简单性系统向复杂性系统跃升。能不能抓住空间转向的"复杂性转向"这一本质，适应社会科学的整体迁移，决定着产业经济学能不能适应包括人工智能在内的数字技术向真正"活"的系统的总转向。

如此看来，空间经济学本身是落后于这一形势的，这源于寻址模型的先天不足。古诺模型①、伯川德竞争模型以及空间差异模型、霍特林模型、兰切斯特模型、塞洛普环形城市模型等，对结构的理解都过于机械。

现在，我们把空间转向重新作为一种理论要求，注入下一代产业经济学理论基础建构的背景，就要以场论为指导思想，采用比寻址学派更先进的方法来研究复杂性系统的结构规律，将其运用于市场结构与产业结构的分析，以便同技术体系上的数据空间体系产生技术经济理论上的共鸣。

**3. 为数字技术产业经济提供产业生态化理论基础**

对数字技术产业经济学来说，数据空间理论更重要的是为学科建设提供了一个生态系统范式。

生态系统概念是现代生态学研究的基础，所谓生态系统，是指在一定空间内生物的成分与非生物的成分通过物质循环和能量流动相互依赖、相互作用，构成一个生态学功能单位。② 数据空间就是这样一个人、机、物结合的生态系统。

正像一些学者指出的那样，生态学是唯一一门以"和谐"为研究对象的科学。生态学本质上是一门哲学，是以自然科学的概念、价值观念和分析方法为表现形式的现代哲学。生态学研究生物与环境之间的相互关系，从最抽象的意义上讲，要保持一个系统稳定存在，最可能的途径就是主体与环境之间形成某种稳定和谐的关系，即主体适应环境。③

生态经济学认为，生态系统和经济系统之所以能被结合成生态经济系统，是由于构成生态经济系统的这两个子系统时时刻刻都存在着相互作用、相互影响和相互制约的关系。经济系统主要是通过人类劳动、科学技术和人类需求来作用于生态系统的。④

以数据空间为代表的数字技术结构，同数字产业的经济结构结合起来，将为数字技术产业经济学提供一种新范式——生态学范式。生态学范式可为产业组织和产业结构的生态学提供理论基础。

根据生态化的含义，产业生态化显然就是生态学范式在产业经济活动中的运用。产业生态化理论是依据生态经济学的基本思想，以产业经济学与生

---

① 卡尔顿，佩洛夫. 现代产业组织：第4版 [M]. 北京：中国人民大学出版社，2009.
② 戴锦. 产业生态化理论与政策研究 [D]. 大连：东北财经大学，2004.
③ 同②.
④ 马传栋. 可持续发展经济学 [M]. 济南：山东人民出版社，2002.

态经济学的结合为基点，研究分析生态因素与产业经济活动的相互关系，以推动经济与生态协调、可持续发展的理论。[①] 其中，明显的政策含义是确立推动经济可持续发展的基本产业政策。

### 1.1.1.2 技术产业理论：技术经济与产业经济结合

从产业经济学自身的理论背景来说，其理论经济背景无疑是垄断竞争理论。在数字经济条件下，垄断竞争理论有望从理论经济学的边缘回到中心，成为比完全竞争理论更有主导性的基础理论。

除了《数字经济学：微观经济卷》要解决的一般理论经济学问题（这种问题在现有理论经济学范围并没有得到妥善解决，亟须数字经济学提供助力），数字技术产业经济学还要建立自身的学科范式，其中的核心问题是实现技术经济范式与产业经济范式的融合。

将技术经济范式与产业经济范式融合为数字技术产业经济范式的主要方向，是打造以范围经济为主导逻辑、以规模经济为辅助逻辑的新学科体系。

进入互联网时代，范围经济取代规模经济成为产业组织的主导逻辑。[②] 但学科建设无视主导逻辑，是学术界的怪现象，目前的产业经济学主流产业组织理论，仍然以规模经济为主导逻辑，有些甚至不知范围经济的存在。例如，部分研究完全混淆报酬递增与规模报酬递增。

数字技术产业经济学作为高科技前沿的指导性理论，需要更新知识结构，研究 2025—2050 年数字技术产业经济的前沿发展与前沿趋势。为此，需要在研究的理论背景中，充分而彻底地体现建立主导逻辑的需要。

此前，可竞争市场理论把规模经济与范围经济当作"企业和产业结构的技术决定"问题，这是我们下一步研究需要继承的理论资源。《产业组织经济学手册：第1卷》对规模经济与范围经济的综述[③]，是我们进一步研究的起点。数字技术产业经济学注意到美国范围经济理论（等同于可竞争市场理论）在反映数字经济现实发展方面的局限性，并力图在学科建设中弥补这些缺

---

① 戴锦．产业生态化理论与政策研究［D］．大连：东北财经大学，2004．

② 谢伏瞻．论新工业革命加速拓展与全球治理变革方向［J］．经济研究，2019（7）．

③ 施马兰西，威利格．产业组织经济学手册：第1卷［M］．北京：经济科学出版社，2009．

陷。一是美国范围经济理论没有证明范围经济与规模经济的独立性，以至于误导国内研究，认为建立在多样化经营基础上的规模经济为范围经济，这相当于认为构建在数字化基础上的工业经济为数字经济，混淆了事物的根本性质。数字经济理论则往前迈进了一步，证明了范围经济的独立性，如范围经济而规模不经济的存在（如 3D 打印）。二是同是垄断竞争理论，美国新凯恩斯主义内生了品种，可竞争市场理论则没有内生品种，数字经济理论则第一次建立了多品种范围经济理论，并将之作为数字技术产业经济的理论经济学基础。

概括地说，在技术经济与产业经济的结合上，数字技术产业经济学主要以范围经济主导的垄断竞争理论作为理论背景。

### 1.1.1.3 市场结构理论：产业微观结构演进

新垄断竞争市场结构是数字技术产业经济学研究的又一理论背景。原有产业组织理论落后于数字经济现实的一个重要理论表现，是没有对基于互联网平台的技术经济生态进行产业组织理论的总结。

数字技术产业经济学在打造产业经济理论的微观基础时，补上了数字经济这一课，弥补了芝加哥学派（包括哈佛学派）市场结构与数字经济市场结构不符的重大历史局限与缺陷，提出了基于市场组织理论的竞争政策（包括反垄断法）的新的经济学学理基础，并将之作为更新反垄断法法理基础的经济学依据。

在为竞争政策提供新的学理基础的道路上，数字技术产业经济学第一个要面对的是新布兰代斯学派的理论。数字技术产业经济学试图将新布兰代斯学派中真正反映未来趋势的一面与代表特殊利益集团利益的一面剥离，从而为中国数字技术产业经济竞争政策提供符合社会主义市场经济要求的解释。

为此，数字技术产业经济学尝试将古典经济学理论（社会分配理论）综合进由技术经济学与产业经济学结合形成的资源配置新框架，吸收政治经济学和制度经济学（包括新规制经济学）的有益理论成果，发展出兼具新古典经济学理论（资源配置理论）与古典经济学理论（社会分配理论）特征的新综合学科框架，建立适合数字时代社会主义市场经济需要的兼顾效率与公平的平衡数字生态理论，建立平衡市场与政府作用的数字技术产业经济学的均衡标准。

概括地说，在产业组织理论方面，数字技术产业经济学将以新古典经济学理论与古典经济学理论的综合（效率与公平结合）为主要理论背景，探索为竞争政策提供新一代经济学学理基础。

### 1.1.2　研究的现实意义

#### 1.1.2.1　我国数字技术产业经济是市场结构创新与产业政策引导的结合体

我国数字经济的发展，从产业经济学角度总结，一个重要的世界级贡献，就是实现了市场结构创新与产业政策引导的有机结合。

东西方产业经济学存在巨大的差距：西方的产业经济学，一般叫作产业组织理论，完全聚焦于市场结构这个微观层面，基本没有产业政策内容，主要为竞争政策（如反垄断政策）提供理论基础；东方的产业经济学，如日本的产业政策研究与林毅夫的结构经济学，则完全聚焦于政府干预的产业政策，其所谓的结构不是市场结构，而是产业结构。

按照传统产业经济学理论推导出来的政策结论，要么是竞争政策，要么是产业政策，但数字经济改变了这种格局。

我国数字经济发展的突破，一方面是市场自发的结构创新，另一方面是政府指导的产业结构升级，这两股力量共同主导了我国数字技术经济产业的发展。

平台企业对数字经济市场结构的一个深远影响，是创新出"平台＋应用"统分结合、双层经营的生态市场结构。它既具有垄断的特征（平台企业自然垄断），又具有竞争的特征（平台内应用企业完全竞争），是一种独特的新垄断竞争市场结构。这是历史上从来没有大规模出现过的市场结构，所以说是市场结构创新。我们把这种经济称为生态经济。仅称其为平台经济不够科学，因为平台企业只是这种市场结构的一半，应用企业是另一半，二者结合在一起才构成完整的经济。只把其中的一半（平台企业）称为经济，就会忽略另一半。应用企业面临的一个重要经济问题，是中小企业资金难的问题，该问题要通过平台企业有偿共享数字生产资料（如虚拟店铺与柜台）来缓解，这是我国治理平台企业会误伤中小企业的原因之一。我国数字技术经济产业发展这方面的经验和教训，启示人们需要用新的技术产业经济学来回应深层次的理论问题。

信息产业在我国的成长壮大，深受政府产业政策的积极影响。

2000 年前后，围绕我国要不要发展以及如何发展信息产业，存在着不同观点。一种是比较优势观点，主张现阶段大力发展我国有比较优势的劳动密集型传统产业，依靠有比较优势的传统产业积累资金，从而为改变资源禀赋结构创造条件，最终促使技术水平和产业结构不断升级。例如，林毅夫从比较优势出发，认为我国发展资本密集型的信息产业不具有比较优势，我国不宜在耗资巨大的 CPU（中央处理器）等核心技术上与发达国家一争高低。另一种是创新优势观点，该观点持有者批驳了比较优势论，主张大力发展高科技产业，建立我国科技创新优势。①

我国政府采取了积极的产业政策，将信息技术产业列为国家信息化体系的六要素之一，加以大力发展，最终将不具有比较优势的信息产业发展为具有世界级比较优势的产业。我国信息产业的发展，就是产业政策发挥明显作用的生动例子。

人工智能时代，中美围绕芯片的激烈博弈，进一步说明数字技术经济产业不是一个没有政府作用的真空地带，不能仅凭市场自发形成的市场结构决定产业中的领导企业和产业结构。

基于我国发展数字技术经济产业的历史经验，数字技术产业经济学要把市场结构理论与产业结构理论结合起来发展。

### 1.1.2.2 我国数字技术产业经济推动中国经济实现产业结构转型升级

产业结构转型升级是我国经济由大变强的关键路径，数字化可以为产业结构转型升级提供动力。在产业结构转型升级中实现有质量的增长，在合理、适当的增长速度区间内实现产业结构的转型升级，是我国经济健康发展的必然要求。传统的产业结构升级研究更多的是从供给、市场需求、体制等因素出发，有关数字化对产业结构转型升级影响的理论探讨较少。数字化在今天代表着最先进的生产力，因而系统性地研究数字化在我国产业结构转型升级过程中的地位和作用，探讨数字化推动产业结构转型升级的作用机理，具有重大理论意义。

我国经济建设虽取得了巨大成就，但国民经济运行至今，也积累了一些

① 姜奇平，黄诚. 中国信息产业发展道路和政策选择 [J]. 经济理论与经济管理，2000（4）.

矛盾。当前，我国经济发展正面临着实体经济供需失衡、金融与实体经济资金分配失衡、房地产与实体经济利润格局失衡"三大结构性失衡"的复杂困局。多年积累的不利因素，尤其是对于产业结构数量上改变的追求和对于低效率产业结构的容忍，造成产业结构比例失衡、发展不协调与可持续性较弱等问题长期存在。这些问题不可避免地给我国经济发展带来负面冲击。因而，基于当前所面临的经济发展现实，我国经济要想实现有质量的中高速增长，就必须在产业结构转型升级上花大气力做文章。当前，新一代信息技术正驱动新一轮工业革命发生，互联网的创新驱动作用日益凸显，数字化已经成为我国产业结构转型升级的关键动力。把握数字化这一关键动力，就要充分发挥数字化对全要素生产率的改进和提升作用，努力塑造一批具有先发优势的引领型产业，加速推动产业价值链从中低端向中高端跃迁。因此，深入研究数字化和产业结构转型升级之间的关系，具有深远的现实意义。

# 1.2 研究定位：数字技术产业经济

按照《数字经济学》总的分工，产业经济问题由产业经济卷深入研究。微观经济卷、宏观经济卷都不涉及一般数字经济学涉及的数字产业与产业应用问题。该问题并非不重要，而是因为太重要，需要单独研究，所以有了产业经济卷。本卷是广义技术经济学中专注产业经济的部分。

## 1.2.1 研究的总体定位

《数字经济学：产业经济卷》的研究对象定位于技术产业经济（数字技术产业经济）。

第一，作为广义的技术经济学的一个组成部分，其要研究的不是一般产业经济，而是技术产业经济，即技术经济学中的产业经济。因此，涉及的产业经济前，要加上技术。这个技术，有别于工业技术，是数字技术。总结起来，就是数字技术产业经济。

第二，要研究数字技术与产业经济之间存在的技术－经济关系，这种关系包含两个基本方面，一是数字技术的产业，如数字产业化，二是产业（一二三产）与数字技术的关系，如产业数字化。

第三，要研究数字技术产业经济，包括微观机制与宏观机制两个方面：一方面，包括产业经济的微观结构，即产业组织（又称市场结构），主要涉及产业与企业的关系，如反垄断，因为反垄断属于竞争政策范围，其理论基础是市场结构而非产业结构；另一方面，包括产业经济的宏观结构，即产业结构与产业政策，主要涉及产业与政府的关系。

## 1.2.2　研究的主线索

产业经济学的主线可以概括为一对矛盾，即市场作用与政府作用的矛盾。沿着这条主线，可以把研究分为两个基本方向：凡是产业组织理论，都偏向市场结构，最终通向的都是竞争政策，强调发挥市场作用；凡是产业结构理论，都偏向产业升级，最终通向的都是产业政策，强调发挥政府作用。我们沿着这对主要矛盾，将产业经济学分为产业组织理论与产业结构理论来展开研究。

第一，将数字技术产业经济学分为产业组织理论与产业结构理论两大部分。

产业经济至少包括产业组织和产业结构两大部分。① 可以将产业关联理论、产业布局理论、产业发展理论、产业政策理论都纳入广义的产业结构部分，区域与空间产业经济理论则可以作为分支纳入。产业组织对应的理论经济学是微观经济学，产业结构对应的理论经济学是宏观经济学，如图1-1所示。

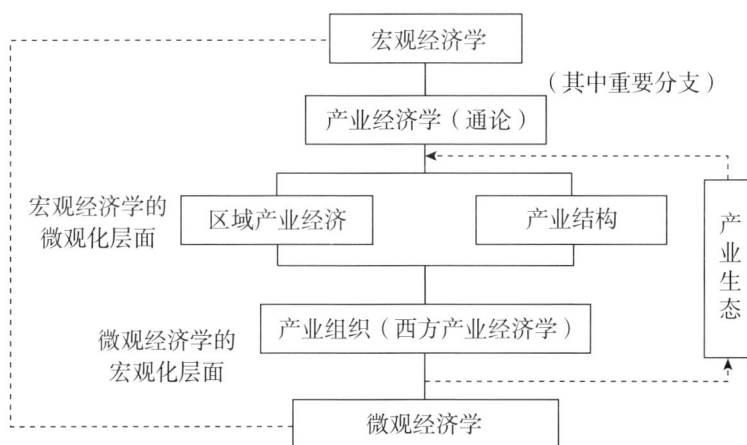

图1-1　产业经济学理论体系框架②

①　邓伟根. 产业生态：产业经济学研究的第四个领域 [J]. 产经评论, 2010 (1).
②　同①.

13

数字技术产业经济学还把产业生态作为贯穿和统摄产业组织与产业结构的纽带。

第二，相对于将市场与政府对立起来的产业理论，数字技术产业经济学强调以产业生态理论来弥合市场与政府的二元对立。为此，通过新垄断竞争结构，将竞争机制修正为更符合数字经济的竞合机制（竞争＋合作机制），以双边市场为切入点，在产业组织理论中加入了生态合作这个增量（作为协调变量）。

数字技术产业结构理论，将生态机制以（介于公共产品与私人产品之间的）数字外部性内部化的形式注入产业结构生成机制，推动单纯的政府干预向更加注重社会协调的方向调整，使产业政策实现"有心栽花"与"无心插柳"的结合，从而体现数字技术产业经济发展的规律和趋势，并反映其以扬弃二元对立为取向的总的特质。

# 1.3 主要研究内容

第1章 绪论。绪论包括本书研究的理论背景、研究的现实意义以及研究的定位，其中，理论背景部分介绍数字空间理论、技术产业理论和市场结构理论，研究定位部分强调本书的研究对象是技术产业经济。

第2章 数字技术产业经济学理论通论。对数字技术经济、"两化融合"、产业组织、产业结构等与数字技术产业经济相关的概念进行界定与辨析，并介绍了产业均衡、产业组织、产业结构理论等。

第3章 数字技术产业的生态价格机制。本章的主题是产业与市场的关系，主要是通过市场结构解析产业的微观结构，分析市场机制的生态化、生态定价机制、平台的均衡定位，以及平台利益协同与经济、社会治理稳定。

第4章 数字产业组织的生态转型。本章重点研究的是产业生态中企业间的关系是如何导致产业"细胞结构"变化的，研究数字技术产业经济中微观组织体系在数字化作用下由企业个体到产业集合的演进。具体来说，从一开始以企业为中心的数字化，经过虚拟组织、企业集群、产业链、价值链的过渡，最终转向以产业级单位——生态（场）为中心的数字化。

第5章 竞争政策的市场基础（上）：避免政府失灵。数字经济在深化改革方面的作用，主要体现为会形成这样一种体制机制：激励经济向生态化方向转型、生产方式向生态化方向转变。本章主要讨论生态均衡与政府失灵之间的关系、产业生态中效率与公平之间的关系，以及生态中的分配公平问题。

第 6 章 竞争政策的市场基础（下）：避免市场失灵。本章主要论述数字经济中政府的作用该如何发挥，内容包括政府规制的均衡基准、以发展为基准的生态规制、以公平为目标的生态规制，以及新型产业规制体系构建。

第 7 章 市场结构对市场机制的影响。本章主要讨论数字经济的市场经济体制问题，重点围绕数据要素市场化，研究市场化所依托的市场结构与实体经济中市场经济体制下市场结构的不同，进而探索数据要素市场化不同的规律。

第 8 章 数据空间的技术产业生态。本章从技术经济结构角度讨论产业结构技术基础的不同，并探讨了产业结构生态化问题。

第 9 章 数字经济的产业生态。本章主要从数字产业化和产业数字化两个方面讨论数字经济产业生态的构成。

第 10 章 数智化对产业结构转型升级的影响。产业结构转型升级离不开产业的转型升级，本章从产业改造和产业融合两个方面来分析数智化对产业转型升级的作用机理：其一，基于创新理论视角，分析数智化以新技术、新模式和新生态系统对传统产业的改造。数智化以新技术提升产业生产效率，以新模式激发产业内在活力，以新生态系统提升产业创新能力，实现传统产业的有序、健康发展。其二，基于产业融合理论视角，分析数智化对产业融合的促进作用。数智化以新引擎提升产业融合效率，以新平台缩短产业融合周期，以新业态丰富产业发展内容，实现传统产业更高效的融合。

# 2 数字技术产业经济学理论通论

概念的定义是学术研究的逻辑起点，如果概念的内涵界定不明确，那么学术研究过程的逻辑推理就难以成立了。有鉴于此，本章通过界定相关重要概念、阐述有关理论基础，为本书的深入研究做扎实的铺垫。

## 2.1 数字技术产业经济：概念界定与辨析

### 2.1.1 数字技术经济

#### 2.1.1.1 数字技术

首先，需要明确数字技术经济中的数字技术在技术经济学中的含义。这个含义有别于工程师定义的数字技术，即自然科学的数字技术定义。

根据《数字经济学：技术经济卷》的研究，生产函数中的技术是与经济中的主体要素（如劳动、资本）并列的客体要素，它们之间以乘（系数 × 要素）的关系相互联系。一旦将技术以余值方式与经济主体要素结合，它们就转变为"技术 – 经济"复合体（主客体统一①），也就是生产力。

全要素生产率（Total Factor Productivity，TFP）有别于要素生产率（如技术生产率），是指生产单位（主要为企业）作为系统中的各个要素的综合生产率。有人把全要素生产率直接理解为生产力。

---

① 主客体统一，在政治经济学中表述为劳动者、劳动资料、劳动对象及其优化组合。

全要素生产率增长率（TFP 增长率）可表示为：

TFP 增长率 = 产出增长率 − $\alpha$ × 资本投入增长率 − $\beta$ × 劳动投入增长率

其中，$\alpha$、$\beta$ 分别为资本产出弹性和劳动产出弹性，索洛对 C–D 生产函数进行变形，得到索洛余值（A）：

$$A = \frac{Y}{K^{\alpha}L^{\beta}}$$

索洛余值（A）代表的是技术进步率，指在经济增长率中扣除劳动和资本投入增长率的贡献后剩余的部分。A 被称为全要素生产率。[①]

在技术经济学更为专业的理解中，技术效率（又称技术有效）是指投入的产出达到生产前沿（production frontier，又译为生产前沿面、生产边界），即"对应每一种投入水平的最大产出"，它是通过生产函数描述的生产可能性边界。

技术效率分两种，一种是工业化技术效率，另一种是信息化技术效率。二者的区别在于最大产出所指，前者是相对于同质性（简单性）变化，以数量（Q）度量改变的效率，后者是相对于多样性（复杂性）变化（如质量变化），以品种（N）度量改变的效率。二者的换算关系是，如果以 Q 度量后者，需要在前者的均衡值上增加一个幅度固定为 AC − MC 的溢价增量（代表质的变化所产生的附加值）。

《数字经济学》假设存在两种性质不同的技术，一种是关于量的技术，另一种是关于质的技术，前者以提高专业化效率为特征，后者以提高多样化效率为特征。前一种技术定义为工业技术，后一种技术定义为数字技术。前者的本质是简单性效率，后者的本质是复杂性效率。

提高专业化效率的技术是一种量的技术，是指技术的每次进步作用于投入，都意味着产出中同一种质的量较技术进步前有所增加（包括其他条件不变时消耗或成本有所降低）。因此，这种量特指产出是非新质的产出的量。熊彼特称这种情况为"循环流转"，即"质不变而量变"。

提高多样化效率的技术是一种质的技术，是指技术的每次进步作用于投入，都意味着产出中同一种量包含的质较技术进步前水平有所提升（包括其他条件不变时消耗或成本有所降低），同时包含的量也有所增加。因此，这种

---

[①]　何平. 全要素生产率测算手册［M］. 北京：科学技术文献出版社，2022.

量特指产出是新质生产力产出的量，是由创新带来的。熊彼特称为创造新价值，即"包含质变的量变"。高质量发展就是包含质变的量变。

如何理解数据要素作为生产要素与劳动要素、资本要素等并列？这同全要素生产率中，技术与劳动、技术与资本之间的关系存在怎样的关系？可以有两种基本的理解：

一是将数据要素与劳动要素、资本要素在生产函数中并列起来，这时的数据不再是技术，而是生产要素，对应的是数据要素所有权人的权利。这就好比劳动对应劳动力要素的所有权人（劳动者）、资本对应生产资料要素的所有权人（资本家），可以分别表示为 $L_D$（如数据人力资本）、$K_D$（如可入表的数据资本，即可以有形化的无形资产）。

二是将数据理解为技术，其与劳动要素、资本要素不是并列、替代关系，而是它们的系数 $a$。这样理解比较符合"数据要素×"所说的叠加、倍增、放大关系。此时，可将其归类于无法有形化的无形资产。无法有形化，在现实中对应的现象，是这种要素以过程、行为、流动、变化的方式存在，它们就是生成、流动性本身，而生成、流动性起作用的方式，是以或快或慢的变化放大价值或缩小价值。

这里进行的是技术经济学分析而不是一般经济分析，因此，我们悬置第一种解释（在数据产业化中再讨论），采用第二种解释，将数据理解为另一种技术（实际是技术效率）。

如此，可以在全要素生产率中设置两类技术参数，一类是原有的技术（特指数据技术之外的其他技术），表示为 $a_1$，另一类是数据技术（泛指相对于工业技术的一切数字技术），表示为 $a_2$。具体计算时，引入闵可夫斯基时空和洛伦兹变换的方法，合成余值 $a$（详见《数字经济学：技术经济卷》）。

## 2.1.1.2 产业数字经济

### 1. 技术经济学对数字经济的界定

不全面的定义方法，是按"基于数字技术的经济"这种格式来定义。这种定义方法存在的问题，是只说明了技术经济的一半——技术是什么，没有说明经济是什么。斯密在《国富论》中对工业经济的界定并非如此，他是用经济来定义的。经济的核心是价值而不是技术，在不带任何技术字眼的条件下，斯密就用交换价值说明了工业经济是什么。

按照这样的定义规范，对数字技术经济中的经济，我们用价值来定义，将其定义为创造附加值的经济，意思是在使用价值、交换价值之外创造的一种新的价值。这种定义，将附加值与增加值在数学上区分开。区分的标准是熊彼特定义的创新的标准，即创造新价值是否指创造新质价值，不创造新质价值的归入增加值（"循环流转"），增加值代表非差异化价值、非多样化价值、同质性价值，附加值特指差异化价值、多样化价值和异质性价值。二者之差，就是信息、数据、知识带来的专属价值。此时，再把数字技术定义进去，就形成了以差异化技术创造差异化价值的经济。技术在这里的作用，是作为信息、数据、知识等新型生产要素的系数，倍增、放大这种价值。

进一步说，差异化价值、多样化价值和异质性价值不是用经验方法定义的，而是用均衡定义。增加值是均衡点在 $P = MC$ 时的价值。附加值是均衡点在 $P = AC$ 时的价值。$AC - MC$ 代表差异化、多样化和异质性的程度。均衡时，$AC - MC$ 越大，质量、创新、体验越有价值，数字技术也越有价值；$AC - MC$ 越小，质量、创新、体验越不具有价值（相反，粗放、模仿、内卷越有价值），数字技术也越不具有价值。这就摆脱了数字经济现有定义中各种以经验现象反复描述的方法，直接触及了数字经济的价值本体。

**2. 产业经济学对数字经济的界定**

从产业角度，可以把数字经济理解为两类产业现象的集合，一是数字产业化，二是产业数字化。数字产业化和产业数字化是数字经济的两个重要组成部分，它们既有联系又有区别。

数字产业化是指将数字技术转化为可规模化生产、可市场化交易的产品和服务的过程。它涵盖了电子信息制造业、软件和信息技术服务业、通信业及互联网业等多个领域，是数字经济的基础和先导产业。例如，智能手机的生产属于电子信息制造业，办公软件的开发属于软件和信息技术服务业，电商平台的运营属于互联网行业。

产业数字化是指在传统产业应用数字技术带来的生产数量和生产效率的提升，其新增产出是数字经济的重要组成部分。它涵盖了农业、工业、服务业等所有传统产业的数字化转型过程，是数字经济与实体经济深度融合的重要体现。智慧农业、智能制造、智能交通等都是产业数字化的实际应用案例。例如，利用物联网技术可以实现对农业生产环境的实时监测和智能控制，利用云计算和大数据技术可以提升工业生产效率，利用智能交通系统可以优化交通流量管理等。

数字产业化主要集中于由数字技术、数字技术产品和数字技术服务构成的产业，是数字技术产业经济中数字技术的供给方产业；产业数字化则是将前者提供的技术、产品和服务应用于各行各业，提升其多样化、专业化生产效率和附加值产出，是数字技术产业经济中数字技术的需求方产业。两者共同构成数字经济。数字产业化为产业数字化提供技术、产品和服务支持，产业数字化为数字产业化提供应用场景和价值实现，二者是相互促进、协同发展的关系。

如果对产业数字经济再做进一步的哲学抽象，可以这样理解，数字产业化是 being（存在），产业数字化是 becoming（生成）。

前者指产业的状态，问的是"to be or not to be"（是虚是实），回答"是"，是数字技术产业；回答"否"，则是传统实体产业，如传统制造业。按北美产业分类系统，信息产业不是制造业，但这只是形式的划分。事实上，电子信息产业中的计算机硬件与通信设备（如手机、基站）都是有形的，因而可以归入制造业，即电子信息技术制造业。实质性的虚实划分应以生产方式为准：电子信息技术设备制造业，本质上是差异化技术设备制造业；工业技术设备制造业，本质上是无差异化技术设备制造业（当然，不排除少数情况特殊，如数控机床）。

后者指产业的变化（所谓的"化"），问的是"to do or not to do"（产业是按虚的生产方式变化还是按实的生产方式变化）。回答"变化"（因诉诸行动而带来变化），是产业数字化，即无论什么产业（是一产、二产还是三产），都按差异化生产方式（如个性化定制）行动，会引起价值变化（如带来附加值 $AC-MC$）；回答"不变化"（不因诉诸行动而不带来变化），是产业不按数字化方式行动而仍按原来的产业化（工业化，二者在英文中是同一词）方式行动，即仍然按单一品种大规模生产方式行动（如打价格战），不产生附加值的变化（$AC-MC=0$，即经济利润为 0）。

数字技术产业经济学以系统生成论为世界观和方法论，其坚持存在与生成的统一，将数字产业化与产业数字化共同作为定义的理论根据。为此，突出强调以往产业经济学忽略的以高质量发展、创新驱动与体验牵引为代表的生成（becoming）的学术合法性。

## 2.1.2 "两化融合"

"两化融合"即工业化与信息化的融合,是结合我国现阶段基本国情提出的中国式新型工业化发展道路。从信息化和工业化的基本内涵出发,"两化融合"就是工业主导型经济与信息主导型经济演进过程的相互交叉、相互渗透、相互补充和相互促进。工业化为信息化提供基础载体和物理空间,信息化为工业化提供发展动力和创新空间。信息化利用信息技术扩散渗透到经济和社会生活的各个方面,改造传统产业的生产方式和生产流程,促进传统产业数字化、网络化、智能化发展,提高全要素生产率,全面提升我国经济的发展质量和效益。目前学界对"两化融合"的内涵有不同的界定,现对其中部分代表性定义进行综述。

周振华(2008)认为"两化融合"不是一个简单的技术性概念或经济性概念,而是一个内涵丰富的综合性概念,其核心灵魂是全社会范围内的系统集成创新。

童有好(2008)认为"两化融合"是信息化的本质要求和工业化的生命力所在,其包含四方面的融合:发展战略融合、信息资源与工业生产资源融合、虚拟经济和实体经济融合、信息技术和设备与工业技术和设备融合。

周子学(2009)认为"两化融合"是经济社会发展的内生需求,包含两方面内容:一方面,数字化为工业化提供信息资源,使信息资源成为工业化的基本生产要素;另一方面,工业化为数字化提供基础支撑,推动数字化与实体经济深度融合。

杨蕙馨等(2016)将"两化融合"内生化,认为"两化融合"是产业结构优化升级、促进经济增长的一种生产要素,对推动我国产业结构优化升级和经济可持续发展具有重要作用。

综上所述,本书认为"两化融合"是不断发展的信息技术和工业技术的高度结合,工业化为信息化提供基础载体和物理空间,信息化为工业化提供发展动力和创新空间,工业化和信息化相互补充、相互促进,最终实现数字化、智能化的可持续工业化道路。

《数字经济学》本身的知识发现提供了关于"两化融合"的数学解。《数字经济学》认为工业化的主要技术经济特征是单一品种大规模生产,数字化的主要技术特征是小批量多品种生产。《数字经济学》通过内生品种的均衡模型 D - S 模型,用"数量—品种—价格"广义均衡建立了工业经济与数字经济的统一场。数字经济与工业经济以"$AC - MC$"为固定的"保角映射"尺度，此消彼长，沿长尾曲线（Long Tail，"两化融合"等均衡线）由短头到长尾沿历史前进方向演化。

长尾曲线来自互联网实践的经验感觉，最初只是对微观现象的一种总结，被《数字经济学》数学化后，其本质被第一次阐释为工业经济与数字经济的等均衡线。在工业经济的均衡点 $A$ 上，生产方式为单一品种大规模生产；在数字经济的均衡点 $B$ 上，生产方式为小批量多品种生产。[①] 长尾曲线是"两化融合"等均衡线，见图 2 - 1。

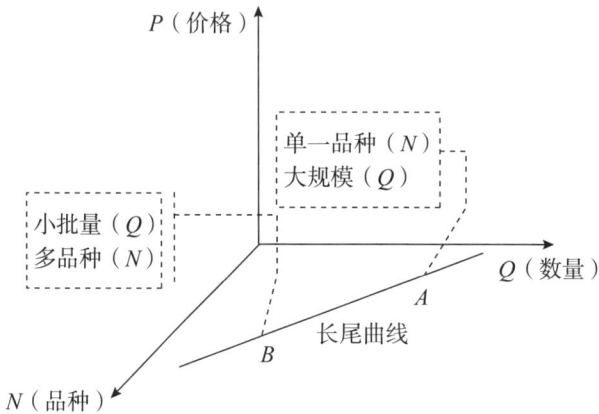

图 2 - 1　长尾曲线是"两化融合"等均衡线

"两化融合"不是"两化"等量齐观，而是随着生产方式的转变，从最初以工业化为主、信息化为辅（在图 2 - 1 中表现为均衡靠近 $A$ 端），开始转向以信息化为主、工业化为辅（在图 2 - 1 中表现为均衡点移向 $B$ 端）。

## 2.1.3　产业组织

产业组织理论是西方产业经济学的代名词。《产业组织经济学手册》将产业组织经济学直接等同于产业组织学（产业经济学）。[②] 谢泼德等也说，产业

---

① 姜奇平. 数字经济学：微观经济卷［M］. 北京：中国财富出版社有限公司，2023.

② 施马兰西，威利格. 产业组织经济学手册：第 1 卷［M］. 北京：经济科学出版社，2009.

组织理论也称"产业经济学"。① 西方经济学界把产业经济学与产业组织理论画等号，是因为相对于偏宏观与产业政策的产业结构，他们更偏好研究偏微观和竞争政策的产业组织。有时，他们会把产业结构混同于产业组织，认为产业结构是产业内企业间的关系。

产业经济学中的产业组织理论是微观经济学的发展和具体应用。产业组织理论研究市场在不完全竞争条件下的企业行为和市场构造。产业组织理论主要是为了解决所谓的"马歇尔冲突"难题（产业内企业的规模经济、范围经济与企业之间竞争活力的冲突）。

产业组织通常指同一产业内企业间的组织或者市场关系。这种企业间的市场关系主要包括交易关系、行为关系、资源占用关系和利益关系。产业组织的研究主要围绕垄断和竞争关系展开，它不同于研究企业个体的企业经济学，是对（企业与企业之间的关系形成的）市场结构对产业垄断或竞争性质的影响进行研究。

产业组织在现代制造业企业兴起后出现，早期的学者将"产业"和"制造业"等同，把产业视为生产同一或相似产品企业的集合。马歇尔首先提出了产业组织概念，在他看来，产业和生物组织体一样，是一个伴随着组织体中各部分机能分化（企业内的分工和社会分工）以及组织各部分紧密联系（企业兼并和准兼并）而形成的社会组织体。

产业组织理论主要经历了两个发展阶段。传统的产业组织理论体系主要是由张伯伦、梅森、贝恩、谢勒等建立的，即著名的市场结构、市场行为和市场绩效理论范式（又称 SCP 分析模型）。贝恩理论（20 世纪 60 年代）主要涉及厂商之间的经济行为和关系，强调市场结构对行为和绩效的影响作用，被视为"结构主义"。新产业组织理论则出现在 20 世纪 70 年代后期，该理论大量引入了新的分析方法，包括可竞争市场理论、博弈论、新制度理论（产权理论和交易成本理论）、信息理论，通过整合厂商内部组织和外部关系，进一步考察厂商行为的多重复杂关系。但从研究对象、方法和假定来看，无论是传统解释还是现代解释，产业组织理论都与微观经济学有密切的联系，在一般意义上可以视为对微观经济学的进一步扩展。

---

① 狄雍，谢泼德. 产业组织理论先驱：竞争与垄断理论形成和发展的轨迹［M］.
北京：经济科学出版社，2010.

产业组织侧重于从供给角度分析单个产业内部的市场结构、厂商行为和经济绩效。贝恩以主流微观经济理论的主要推论为基础，更重视实证研究，将产业分解为特定的市场，并开创性地通过结构—行为—绩效（S－C－P）对市场进行分析，强调不同的市场结构既会导致不同的厂商定价和非价格行为，也会导致不同的经济效率。

新的产业组织理论，尽管不再强调 S－C－P 的直线关联，但仍然以其为主要分析对象，并深入分析垄断竞争、寡占和垄断的厂商行为，而不孤立地区分市场结构状态。其将厂商视为"组织"形态，讨论的内容不仅局限于定价行为，也包括非价格竞争（广告、质量、研发、技术进步等）及策略性行为，这是对主流理论的扩展。

数字技术产业经济学的产业组织理论是对可竞争市场理论的直接继承及发展。可竞争市场理论又称可竞争性理论，形成于 20 世纪 70 年代末 80 年代初。1981 年 12 月，美国著名新福利经济学家威廉·鲍莫尔在美国经济学会年会上作了题为"可竞争市场：产业结构理论的一次革命"的发言。1982 年，鲍莫尔、潘泽、威利格一起出版了《可竞争市场与产业结构理论》，这标志着系统化可竞争性理论的形成。可竞争性理论在价格理论、产业组织理论等方面都提出了极具创新意义的见解，它将报酬递增理论从规模经济拓展到范围经济，为《数字经济学》将 D－S 模型和可竞争市场理论综合起来形成多品种范围经济理论提供了借鉴。

可竞争性理论试图解决微观经济学的这些问题，并将完全可竞争市场作为评价产业结构和行为的新基准。它通过强调潜在竞争对现有厂商行为的约束，较好地解决了一直困扰微观经济理论和产业组织理论的"马歇尔冲突"。

可竞争市场分析使我们认识到垄断并不必然导致福利损失，而是证明在一定的假定条件下，可维持性与拉姆齐最优一致，因此，在可竞争市场的垄断均衡中，厂商能在财务可行性的约束下实现福利（生产者和消费者剩余之和）最大化。传统观点认为，少数几个大厂商垂直兼并、横向兼并及其他形式的组合，有形成垄断势力之嫌，而可竞争市场的存在，使其变得无害甚至更有效率。

《数字经济学》在可竞争市场分析基础上，进一步提出了"新垄断竞争"市场结构理论，认为要联系平台内企业（中小微企业）的效率来公平评价平台企业（大企业）的效率与公平，应把整个平台＋应用的产业生态当作效率与公平的基本分析单位，以产业均衡为竞争政策基准，从产业整体得失来评估企业，以免在反对平台垄断时殃及平台内的中小微企业。

## 2.1.4 产业结构

结构是指构成整体的不同部分遵循一定的规律搭配和排列时所展现的形式。由此，对于"产业结构"我们可以有一个初步的认知：不同产业遵循一定的规律搭配和排列时所展现的形式。关于"产业结构"的概念解释，20世纪50年代日本政府和学者在制定经济发展战略时，用"产业结构"来概括"产业之间的关系结构"，侧重的是产业排列形式。产业组织理论先驱——美国经济学家贝恩在比较不同国家的经济发展时，将"产业结构"概念解释引入企业层面，将产业结构定义为产业内企业间的关系。1991年我国出版的《产业经济辞典》将"产业结构"定义为各产业部门内部与部门之间相关行业及企业的构成，以及其相互制约的连接关系，该定义涵盖了企业和产业两个层面的含义。

目前，"产业结构"的代表性定义有：洪银兴（1988）从投入和产出两个角度对产业结构进行了定义，从投入角度看，产业结构指社会资源在各产业部门的分配比例关系，从产出角度看，产业结构指各产业部门的生产能力或者说新创造的国民收入在各产业部门的分配比例。李悦等从产业发展形态理论和产业联系理论出发，对产业结构做出不同的定义：从产业发展形态理论角度看，产业结构指国民经济各产业资源配置效率的变动关系；从产业联系理论角度讲，产业结构指产业间技术经济的数量比例关系。[①] 戴伯勋和沈宏达（2001）从技术经济学的角度对产业结构进行了定义，他们认为产业结构是各产业之间的生产技术经济联系和数量比例关系。同时，国内产业经济学教材多将产业结构定义为产业之间的关联结构（杨治，1985；苏东水，2000；刘志彪，2009）。

本书对产业结构的定义：一个国家或地区不同产业的发展程度、构成比例以及技术经济联系。发展程度反映不同产业在国民经济中的占比，构成比例反映生产要素在不同产业间的配置情况，技术经济联系则反映不同产业相互作用和相互依存的关系。

---

① 李悦，李平. 产业经济学［M］. 大连：东北财经大学出版社，2002.

对于产业结构转型升级，我们首先应该知道的是"转型"和"升级"的含义。"转型"即事物从一种形态到另一种形态的转变过程，包括社会经济结构、组织模式、发展战略等的转变；"升级"指事物从低级形态到高级形态的演进过程，包括组织结构、生产方式、发展内容等的演进。"转型"和"升级"通常是一个并发过程，即转型过程中通常包含升级，升级过程中蕴含转型。结合前文对于产业结构的概念界定，我们对于"产业结构转型升级"可以有一个初步的认知：产业结构转型升级包含两个过程，一方面是产业结构从一种形态转变为另一种形态，另一方面是产业结构从一种低级形态上升到高级形态，综合在一起就是产业结构从一种较低的发展形态转变、上升为另一种更高级的形态。由此可见，产业结构转型升级是一个循序渐进的动态过程，其最终目标是实现经济、社会、技术、资源、环境等多目标的可持续、协同发展。

## 2.2　产业均衡：理论经济学的"特里芬问题"

在经济学中，人们很少听说产业还有专门的均衡，但对数字经济来说，这个问题重现了。

产业均衡问题的第一次出现，源于洛桑学派一般均衡理论与马歇尔特殊均衡理论的分别。特里芬对分歧进行了归纳：马歇尔研究的不是企业，而是产业。① 因此，他认为马歇尔研究的均衡实际是产业均衡。特里芬进而把张伯伦的垄断竞争均衡与瓦尔拉斯的一般均衡理论的分别归纳为产业均衡与一般均衡的分别。这种区分，或者说产业均衡独立于一般均衡的问题，称为"特里芬问题"②。从某种意义上来说，产业经济学就是从"特里芬问题"中产生出来的，因为产业有独立的均衡基础，所以才成为"学"。

说"问题重现"，是因为在数字经济所要求的广义均衡中，介于企业与产业之间的均衡定价机制这种现象又重新出现了。以往，人们还没有注意到产业集群定价与企业分别定价在机制上有什么重大不同，但互联网形成平台企

① 特里芬. 垄断竞争与一般均衡理论［M］. 北京：商务印书馆，1995.
② 注意，不是特里芬难题。

业＋平台内应用企业这种特殊产业集群后，其定价机制就成了企业定价与产业（企业集合，如 Apps）定价的复合，其中就出现了一个在"特里芬问题"中未涉及但在数学上具有等价关系的特殊问题，即平台定价有时被认为是垄断的（实际是自然垄断的），但平台内应用企业的定价是完全竞争的，最终产品定价是中间产品垄断与最终产品竞争复合机制的结果。那么，作为两种机制共同体的定价机制，应该如何定性与定量呢？鉴于理论经济学还没有对此做出回应，我们分两个层次（广义均衡与生态均衡）代替理论经济学展开这项研究。这个问题对于产业经济学的数字经济解释至关重要，是实现理论突破的重要切入点。

## 2.2.1　广义均衡理论

理论经济学与产业经济学（尤其是产业组织经济学）在均衡结论上有重大差异。在理论经济学中占统治地位的是完全竞争理论，在产业组织经济学中占统治地位的则是垄断竞争理论，这就造成理论经济学与产业经济学均衡理论的不一致。数字经济学以广义均衡理论建立了它们之间的统一场，并以此作为数字技术产业经济学"上位"的依据（关于均衡与最优的最后数学结论依据）。

冲突的源头，是产业与企业的区别。最初这是理论经济学内部的一场争论，时间点在马歇尔经济学出现前后。新古典微观经济学不考虑产业与企业的区别，认为二者共同遵守企业这一微观主体的行为规则（完全竞争），这等于外生了整个产业问题。产业经济学是从新古典微观经济学的垄断竞争理论中分化出来的一支，认为企业与产业以市场结构连接，多出一个导致完全竞争不成立的"进入"问题。而一旦考虑市场结构，就必然存在竞争与垄断的矛盾，从而认为真实世界中的市场结构不是完全竞争的而是垄断竞争的。因此，可以说，垄断竞争理论的提出标志着理论经济学与产业经济学分家的开始。

垄断竞争理论"逃亡"到产业经济学后，被新古典学派留了一个理论上的尾巴，这就是在承认垄断竞争符合均衡标准的同时仍以帕累托最优为最优标准。正是这一点，把产业经济学牢牢固定在了理论经济学应用分支的地位。因为判断最优的最后标准，不在产业经济学自身，而在"上位"的理论经济学。垄断竞争只能达到均衡，不能达到最优，最优只能是完全竞争的最优。这意味着垄断竞争理论只能在分支中当主流，不能在主干上当主流。

数字经济学在回顾历史的过程中对此进行了彻底的翻案，把这种冲突还原为理论经济学内部的矛盾（而不是理论经济学与产业经济学的矛盾）。矛盾的实质是非差异化均衡与差异化均衡的对立。与非差异化均衡对应的是工业技术（非差异化技术），与差异化均衡对应的是数字技术（差异化技术）。[①] 在工业经济中，非差异化是矛盾的主要方面，差异化是矛盾的次要方面。因此，均衡理论以完全竞争为主、垄断竞争为辅是合理的。但对数字经济来说，差异化是矛盾的主要方面，非差异化是矛盾的次要方面，因此，以垄断竞争为主、完全竞争为辅才是理论经济学的新格局。

理论经济学本身并没有主动进行这种调整和转变，数字技术产业经济学没有上位的基础理论根据，因此，要涉入理论经济学本身，为自己找到理论经济的根据，这就提出了广义均衡理论。

广义均衡是垄断竞争理论的推广形式，即品种—数量—价格三维均衡。与广义相对的窄义，是标准经济学中的数量—价格二维均衡，即现有理论经济学的均衡结构。

理论经济学中窄义均衡向广义均衡的转变，始于 1977 年 D－S 模型的提出。迪克西特与斯蒂格利茨将经济学的基本问题，从数量—价格二维均衡与最优调整为品种—数量—价格三维均衡与最优。《数字经济学：微观经济卷》对 D－S 模型内生品种的均衡与最优理论进行了系统化，并将其发展为多品种范围经济的均衡与最优理论。内生品种后的主要改变（也就是广义的推广所在），是将 $N=1$（品种为 1，即经济学的同质性假定）放松为 $N=1, 2, 3, \cdots, n$。最大的改变，是证明垄断竞争不但符合均衡，而且符合最优。同质性的帕累托最优，只是二维最优，不是三维最优。在二维最优映射到三维的不动点上，存在着广义最优。这就是数字经济最优的位置。

在真实世界中，这一结论对应的现实是，将高质量发展（供求非同质）和创新驱动（供给非同质）、体验牵引（需求非同质）内生进均衡与最优的新标准。数字经济本质上是这样的技术经济现象：将差异化技术传导至经济，

---

①　差异化技术指越差异化成本相对越低的技术；非差异化技术指越差异化成本相对越高的技术。

形成差异化经济（由差异化供给与差异化需求合成差异化均衡，即高质量发展）。在产业上，表现为在数字技术的驱动下，一二三产业向更加差异化的服务化方向升级，同时由提供差异化技术能力的数字产业为这种升级赋能，最终在均衡与最优水平获得比同质性均衡与最优点更高的以差异化为内涵（由$AC-MC$代表）的附加值。

## 2.2.2　生态均衡：介于产业与企业之间的均衡

### 2.2.2.1　生态均衡与传统均衡的区别

生态均衡是广义均衡的一种特殊形式，其特殊在量化了专属于数字技术影响的那一部分。具体地说，内生了数字技术外部性向数字经济资源传导影响的均衡机制，因此，其本质上是内生市场外部性的均衡。

发展数字经济，需要以生态均衡为尺度，把握好市场作用与政府作用的关系。生态均衡有助于平衡市场失灵与政府失灵，是克服"一抓就死，一放就乱"的关键。

首先定位生态均衡与传统均衡在数学上的区别。

图2-2中，$e^*$是生态型市场的均衡点，$f$（或$i$）是企业型市场的均衡点，阴影部分是外部性的市场内部化空间（有偿"搭便车"空间，一般由向平台交的会员费、使用费构成），$Q^*$右侧为外部性无法内部化的空间（无偿"搭便车"的空间）。需求曲线$d$向$D$的移动，代表外部性（技术上的网络效应）由弱到强的过程。企业型市场在此指因企业产权明晰而不存在外部性的市场，即适用于科斯定理的市场；生态型市场与之相反，是因使用权共享可以将外部性内部化的市场。市场是双边的必要条件，是科斯定理并不适用于双方之间的交易。①

生态改变了均衡点的位置，出现了有效流量与代表外部性的需求曲线共同决定内生数据后的均衡点的机制。它代表的是数字经济的稳定均衡，符合广义帕累托最优。

如果不存在可以通过市场本身内部化的外部性，则$e^*$本来代表的是超额

---

① 埃文斯. 平台经济学：多边平台产业论文集［M］. 北京：经济科学出版社，2016.

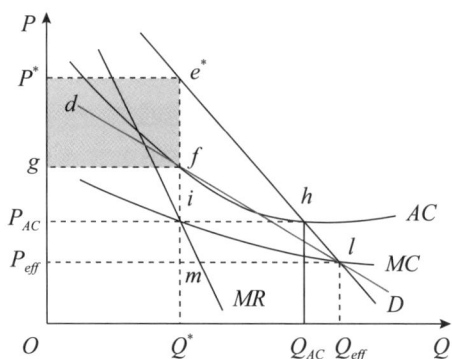

图 2 - 2　生态型市场均衡

利润，不符合均衡条件；在公共部门经济学中，阴影部分代表的可能是权力寻租空间，这是芝加哥学派预设的情况。在垄断竞争条件下，$e^*$ 是可以均衡的，但属于不稳定的短期均衡，长期来看会回到 $f$，这是哈佛学派预设的情况。

但在生态（平台 $P_{eff} l Q_{eff} O$ + 应用 $P^* e^* Q^* O$）中，市场发生了超出传统竞争政策学理、法理基础所预设边界的变化。这就是在 $d$ 移向 $D$ 的过程中出现了流量 $Q_{eff}$ 与 $D$ 决定均衡点 $e^*$ 这一新的情况。当新的情况成为常态后，$e^*$ 就不再代表超额利润，也不再构成权力寻租空间，而是成为新的均衡点，它代表的是数字经济的稳定均衡，符合广义帕累托最优。

因为数字经济与传统经济存在均衡点在 $e^*$ 与 $f$（或 $i$）的不同，所以判断政府失灵的基准就产生了变化。如果基准是 $f$（或 $i$），则市场上出现 $e^*$ 会被认为是一种市场失衡，就会出现竞争政策与政府干预，将 $e^*$ 改变为 $f$（或 $i$）。反之，如果基准是 $e^*$，则会认为竞争政策与政府干预通过将 $D$ 调向 $d$，将市场拉偏到了 $f$（或 $i$），这属于竞争政策失灵或政府干预失灵。

当前，这个矛盾突出表现在，反垄断中，一旦政府把生态型市场当作一个（外部性无法内部化）企业型市场来治理，且这种思路得到习惯于芝加哥学派传统思路的竞争法专家的支持，竞争政策就会与政府干预结合起来（竞争法专家一般是反对政府干预的），产生共振，平台企业发展就会受阻，平台生态就会遭到破坏，效率损失范围是 $gfiP_{AC}$ + $mlQ_{eff}Q^*$。前者代表共享平台资源成功的应用企业，在"失去"平台资源共享后重置固定资产，进入门槛的提高；后者代表共享平台资源并不成功（无收益）的应用企业所对应的银行坏账的影子损失（或因此加剧的"资金难"程度）。它们最终都会反映为投资的损益变化，并折射为企业预期的变化。企业一旦预期投资回报低于自然率，便会采取收缩投资、转移投资等避险行为。

### 2.2.2.2　生态定价结构

生态定价机制与数字经济的整体定价机制是一致的，本质上与服务定价的规律相同，即成本加成定价。它具有以下特点：

第一，从总的定价机制来看，生态的均衡定价与数字经济的一般定价（垄断竞争定价）一致。它的外部特征是最终产品以平均成本为基础的均衡定价，内涵是代表差异化、多样化与异质性的附加值在均衡水平的作用。

Rochet 和 Tirole（2003）率先对双边市场的定价结构进行了较为典型的模型分析。因为双边市场的定价与传统单边市场不同，不再遵循边际成本定价方法，所以他们试图用拉姆齐定价模型来刻画平台的定价机制。①

第二，作为新垄断竞争结构，生态的特点是平台－应用双层经营，在定价上也具有基础业务定价与应用业务定价的双层结构，即由平台定价与应用定价两步定价构成，平台定价可视为中间产品定价，应用定价可视为最终产品定价。

服务化定价往往是中间产品的边际成本定价（经常为 0）与最终产品的平均成本定价的成本加成定价。

数字经济的这种定价机制，是通过新垄断竞争市场结构实现的，因此，在理论本质上，是平台方、应用方（参与方）两步定价机制：在平台－应用统分结合的双层经营中，形成中间产品的边际成本定价与最终产品的平均成本定价相结合的两步定价机制。其中，平台方确定整个生态的均衡数量，同时决定均衡价格中 $P = MC$ 的部分；应用方确定整个生态的均衡价格，具体来说是 $AC - MC$ 的部分。均衡数量不是某一具体最终产品的数量，而是整个最终产品的数量；均衡价格 $P = AC$，则是整个最终产品的价格水平。

在生态中，均衡数量仍然由边际成本决定，均衡价格则由附加了外部性内部化价值的平均成本决定。

---

① WEYL E G. A Price Theory of Multi－Sided Platforms［J］. The Amercian Economic Review, 2010（4）.

一方面由变现流量 $Q^*$ 决定。平台方通过提供通用的（相对于最终增值应用的）中间产品（如微信等应用基础服务），并免费给最终用户使用，为应用方提供增值业务的具有外部性的潜在流量 $Q_{eff}$（总的用户越多价值越高）。基础业务使潜在流量 $Q_{eff}$ 成为变现流量 $Q^*$ 的数量，即均衡数量。平台之所以可以在边际成本水平（$i$）提供这种基础服务的流量变现，完全是因为这种服务具有通用性（非竞争性、非排他性）。

另一方面由最终产品价格 $P^*$ 决定。它不仅取决于边际成本，还取决于固定资产投入（从 $f$ 到 $i$），平台方借助通用性资产的通用性，将应用方所需的固定资产投入以均摊的方式提供给众多应用方，由此降低差异化、多样化和异质性增值应用的成本，使之以边际成本的方式提供，从而在其中获取成本之上的差异化、多样化和异质性加成，并由此形成服务化的基本定价模式。

第三，生态定价中存在边际成本之上的溢价（来自将双边外部性内部化这一不同于非生态定价的特殊性）。

Weyl（2010）引入了隔离定价，即在固定平台一边用户数量的基础上，通过价格调整实现另一边用户数量的期望，由此实现平台想要的两边用户数量。①

同时，定价中外部性的作用还体现在平台与应用双边（而非买卖双边）的间接内部化与不完全内部化中。

在图 2-3 中，存在着一个从 $e^*$ 到 $f$ 的外部性附加值空间。

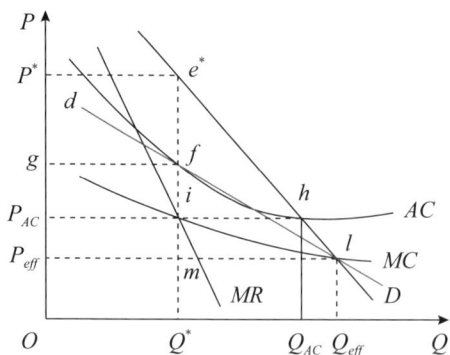

图 2-3　生态定价结构

---

① WEYL E G. A Price Theory of Multi - Sided Platforms ［J］. The American Economic Review, 2010 (4).

由平台方形成的均衡数量（变现流量 $Q^*$），以固定资产投入形成的潜在流量 $Q_{eff}$ 为基础，这一流量 $Q_{eff}$ 本身具有外部性，体现在流量本身不但是数量而且具有网络效应这种关系结构（表现在现象上就是用户越多越有价值）上。

这反映在均衡价格上，就是出现从 $g$ 到 $P^*$ 的均衡溢价。这个均衡水平的溢价，是代表外部性的需求曲线 $D$ 从不具有外部性的 $d$ 向右上方扩张的结果。在真实世界中，这种溢价是借助双重双边关系的增值应用实现的。

第四，生态均衡价格的确定（尤其是其中外部性溢价的部分）具有随机性。这表现为图 2–3 中 $e^*$ 的上限，在真实世界中是很难具体确定的。

难以确定的原因有两方面，一是技术关系方面的不确定性，二是社会关系方面的不确定性。前者是指，生态由平台与应用双层构成，应用的个性化、多样性决定了价格的随机性，由此引发了消费者福利、消费者剩余、歧视性定价等与个性化定价、情境定价有关的问题。深层问题在于偏好的主观性（与个人预算因素相关）与个人知识的非趋同性，都与传统的列表价格（明码标价）在机制上有所不同。后者是指，$P^* e^* fg$ 这个值域，也是社会关系值域（权力的值域）。生态本身就处在私域与公域界限模糊之处，社会利益关系中存在的冲突与博弈的不确定性，导致公私利益的均衡基准很难确定。

## 2.3  产业组织：产业的微观市场结构

### 2.3.1  垄断竞争理论：结构的均衡意义

#### 2.3.1.1  垄断竞争理论的标准表述

产业组织理论的均衡理论，以垄断竞争理论为基础。在产业经济学中，由于进入门槛的存在，很少有人接受完全竞争均衡的观点。

垄断竞争均衡，是一种既有竞争因素又有垄断因素即竞争和垄断相结合的均衡。无差异均衡在现有理论中称为完全竞争均衡。①

---

①  它实际的意思是同质完全竞争。现有"完全竞争"这个词虽覆盖了同质完全竞争，但覆盖不了异质完全竞争，这等于把质量、创新排斥出完全竞争而当作垄断因素来反对了。

垄断竞争市场的条件：市场上买卖双方人数较多；各厂商生产的产品有差别（这是差异化均衡的原因）；生产要素可以自由流动。

在需求方面，"垄断"（乃至整个不完全竞争）条件下的需求曲线是一条向右下方倾斜的曲线，因为其总收益是建立在价格递减基础上的。

垄断竞争市场商品的差别性和替代性，使该市场中的每个厂商都有两条斜率为负的需求曲线，相对而言，一条代表差异较小的需求，一条代表差异较大的需求。它们之间的价差，代表需求的差异化程度。

在经济学史上，差异化的本质是通过一种表象观察到的，这就是观察个别厂商改变价格是否可以在产业（群体）范围内引起同步价格反应。在同质完全竞争（"纯粹竞争"）条件下，答案为是，即一旦个体将价格提高到 $MC$ 之上，群体就会做出抑制性反应，使之无法影响 $P = MC$ 的均衡定价，根本原因是产品无差异。在垄断竞争（差异化竞争）条件下，答案为否，即个体可以维持 $P = AC$ 而不担心他人同步提价，进而影响群体以 $MC = MR$ 决定均衡数量，根本原因是产品差异化。

### 2.3.1.2　垄断竞争均衡的数字经济解释

在数字经济学语境下，数字经济与工业经济的区别，同垄断竞争均衡与完全竞争均衡的区别，在价值本体①②上是对应的。两种均衡分别代表差异化与无差异这一对基本矛盾。

工业经济本质上是无差异技术（工业技术，具有技术专用性）与无差异经济（同质性经济，具有资产专用性）的技术经济组合；数字经济本质上是差异化技术（信息技术，即通用目的技术）与差异化经济（高质量经济，具有资产专用性）的技术经济组合。

在数字经济的真实世界中，作为矛盾复合体，当然也存在矛盾对立方面的特征，即以求同为特点的完全竞争，如相互模仿，直到无差别，但就其不同于工业经济的特殊方面而言，它总体上更倾向于以求异为特点的垄断竞争，如独一无二的质量、拒绝抄袭的创新。

完全竞争在无差异均衡点（$P = MC$）确定自己的均衡价格和均衡数量，

---

① 姜奇平．论数字经济的价值本体［J］．东北财经大学学报，2021（2）．
② 强调分工专业化创造无差异价值，分工多样化创造差异化价值。

垄断竞争在差异化均衡点（$P=AC$）确定自己的均衡价格，均衡数量则仍由 $MC$（$MC=MR$）条件决定。图 2－4 就是其图示。此时，均衡比较的实际是当均衡数量条件相同（均为 $MC=MR$，即个别企业追求利润最大化时的整体均衡数量 $Q^*$）时的均衡价格差别。需要说明的是，$P=MC$、$P=AC$ 这种表述，并不代表这是成本理论，均衡点的形成是成本与收益相权衡的合力的结果。它们等价于 $P=MR$、$P=AR$。因此，$AC-MC$ 等价于 $AR-MR$。

图 2－4 （b）中，垄断竞争均衡价格 $P=AC$ 与 $P=MC$ 之差，为 $AC-MC$，也就是完全竞争均衡价格与垄断竞争均衡价格之差。这个差，就是差异化的度量。掌握这个规律，对于获得数字经济均衡的统一直觉是非常重要的。这里需要说明一点，用成本定义价格只不过是约定俗成的，并不表明讨论的是供给问题。$AC-MC$，从收益方面表述为 $AR-MR$，也是可以的。

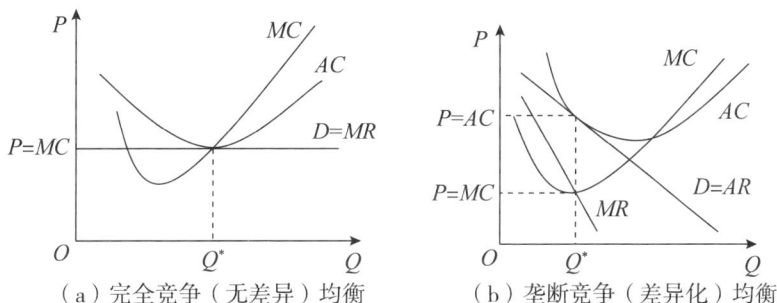

图 2－4　完全竞争均衡与垄断竞争均衡的比较

形成 $AR-MR$ 这个差，是因为代表差异化需求的曲线 $D$（$AR$）将 $MR=MC$ 时消费者肯支付的价格抬高到了 $P=AC$（实质是 $P=AR$，只不过是 $D$ 曲线对应的成本水平）。现实的含义是，消费者愿意为差异化产品付出比无差异产品更高的价格，因为在消费者的选择中，差异化产品比无差异产品更贴近处于不同参照点①的用户需求。

在垄断竞争内部，短期均衡与长期均衡存在着差异化程度的不同，平均收益（$D$）越高代表差异化程度越大，反之则代表差异化程度越小。如图 2－5 所示，短期来看，当 $D$ 高于 $AC$ 时，存在超额利润；长期来看，随着 $D$ 压低至

————————

①　这里引入一个代表规则改变的新概念——参照点（参照依赖点），这个概念最初是由卡尼曼和阿莫斯在前景理论中提出来的，其意义在于改变了需求曲线之前效用函数的规则。

$D'$，这一超额利润消失，但这时仍存在 $AC - MC$ 这一附加值，高于完全无差异状态（$P = MC$），同时，存在 $Q^* Q_1$ 这一区间的所谓的"超额能力"，其实际是在垄断竞争均衡中为了差异化而损失的可用于增加无差异生产的数量的能力，如果没有差异化，这部分能力可以提供更多的（$Q^* Q_1$）同质产品产量。

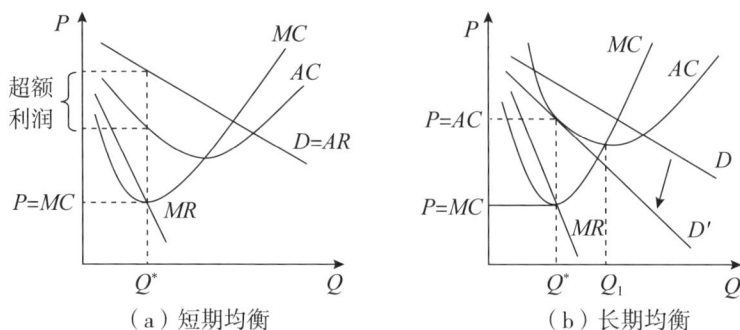

图 2 - 5　垄断竞争的短期均衡与长期均衡

对该技术性内容进行思想性透视，即认为 $Q_1$ 时（此时 $AC$ 处于最小值）的效率高于 $Q^*$，这反映了差异化均衡不符合帕累托最优的传统观念。其中包含这样的含义：一方面，$AC_{min}$ 代表的是全局无差异；另一方面，它与（$P = AC$ 时的）$AC$ 值的差值是由系统全局包含的净差异度决定的。结合起来，就是认为无差异比差异化更有效率，否定个性化、多样化的效率。这实际是对工业化中标准化实践的经验概括。

这种结论的对错不取于数学，而取决于历史，取决于对经济常态的判断。如果认为无差异是常态，则最优点在 $AC_{min}$ 处就是自然而然的；如果认为差异化是常态，则最优点在 $P = AC$ 处是不言而喻的。那么，这两种相互对立的结论有没有是非对错？历史是一个客观标准。新古典理论认为无差异是常态，其根本依据是大规模标准化生产的实践这种历史事实。$AC_{min}$（包括与 $MC$ 的交点，代表全局无差异与个体无差异条件的重叠）只不过是对于把标准化生产规定为常态的先验描述。在工业经济条件下，帕累托最优的逻辑自然是对的。但当经济条件（主要是生产方式）发生根本性改变时，例如，高质量发展、创新驱动将信息生产力作为生产方式基础而成为新常态时，再把 $AC_{min}$ 与 $MC$ 的交点作为最优点，就会失去对现实的解释力，等于在把质量、创新这些差异化因素排挤出经济主干逻辑。

从数字经济角度看，$Q^*Q_1$ 这一区间并不是所谓的"超额能力"，因为它代表的是质量对（同质）数量的替代。"超额能力"这个概念，反映的是一种保守的观念，这种观念认为经济为高质量发展（比如 $D$ 变为 $D'$ 所提高的体验的价值）所做的努力，还不如用来增加一些同质化产品的数量。对工业经济来说，"超额能力"理念是"对"的；对数字经济来说，却是"错"的。这取决于对经济常态是粗放式发展还是高质量发展的判断。一般来说，在普遍全面的产量过剩出现之前前者对，之后前者错。我们需要结合历史来看待逻辑，而不是把前一段历史形成的逻辑当作教条，将其普遍适用性不适当地延伸到后一段历史（当前是数字经济）中去。

新古典经济学理论是同质完全竞争理论。它除了同质性假定，另一个重要的判断是报酬递减或报酬不变。这意味着 $P = MC = AC_{\min}$，不存在有可能使均衡偏离帕累托最优的固定成本、进入等问题，更不存在可以令差异化、多样化等因素（如创新、体验因素）变得经济的逻辑。

从广义均衡的全局来看，我们需要补充一个其中隐含但过去没有声明的重要前提：$N = 1$（品种为 1）。也就是说，我们把同质性假定看成内生异质性（包括 $N = 1$ 和 $N > 1$）的一个特例。在高级解释中，后者（$N > 1$）称异质性假定。但初级解释暂不突破同质性假定，称异质性为同质性假定条件下的差异化。

上面是从新古典主义理论角度解释两种均衡，侧重的是其中的逻辑关系。还有一个角度，即历史的角度，该角度把经济理解为一个发展过程。从历史的角度可以将上述逻辑结论表述为如下推论：工业经济与数字经济的关系，体现的是代表无差异的分工专业化与代表差异化的分工多样化的矛盾运动。从工业经济向数字经济的转变，是生产方式从无差异均衡主导向差异化均衡主导的转变。

对数字经济的发生，现有数字经济学往往持"外因说"，即认为数字经济是信息技术这个外因刺激的结果。但实际上，数字经济的发生是内因起决定作用的结果，即工业经济内部存在的矛盾及其矛盾主次方面的转化，在经济内部催生了数字经济。

这样的认识，需要有逻辑与历史相结合的观念。工业经济与数字经济的均衡关系，从均衡的逻辑上看是相互对立的关系，但从均衡的历史（无论是经济史还是经济学史）来看，又是相互依存、相互转化的关系。

经济学史上具有历史视角的理论，包括德国历史主义学派（李斯特）与历史唯物主义理论（马克思），二者都在经济分析中加入了（新古典理论缺失的）生产力视角。分析数字经济离不开历史视角，因为抽离信息生产力（数据生产力）这个历史发展的动力背景来讨论数字经济，会将数字经济置于同质化（完全竞争）这一总的工业化幕布下，变成一种浮于表面的分析。比如，按照同质完全竞争是经济常态的历史默认选项，会产生信息化的差异化均衡可以达到均衡但不符合帕累托最优的观点。这种观念的误导，在于会令高质量发展、创新驱动在经济学的内核上找不到逻辑根据，从而成为短期的权宜之计。

经济理论是经济现实的产物，在经济思想史的发展中我们可以看到数字经济的潜在逻辑变化。

在经济学史上，均衡本身存在无差异结论与差异化结论的基本矛盾。前者基于边际革命理念，往往将基于企业的局部均衡条件（$MC = MR$）当作一般均衡结论，从而得出边际成本决定均衡价格的同质性经济结论，以适应对无差异经济（如单一品种大规模生产）的解释。后者基于古典经济学传统（平均值分析传统），往往用基于产业的一般均衡条件（$AC = AR$）来覆盖局部均衡结论，由于在产业中存在更多企业间的差别和市场区隔（更不用说还存在利益上的异质性），进而从中衍生出平均成本决定均衡价格的差异化经济结论。①

完全竞争理论与垄断竞争理论的定型，标志着无差异均衡与差异化均衡两种相互矛盾的均衡状态在经济学内部被普遍接受。

从数字经济角度回顾经济学思想史，可以发现，完全竞争理论是传统工业化价值本体（产业化或产业无差异、标准化）的理论概括，垄断竞争理论是信息化价值本体（其前身是产业差异化、服务化②）的理论概括，二者在均衡高度上体现了经济整体在生产方式层面无差异与差异化这一对基本矛盾。工业化与信息化的融合发展，是生产方式基本矛盾中无差异与差异化这一对立面在不同历史条件下相互作用、相互转化的发展过程。

---

① 特里芬. 垄断竞争与一般均衡理论［M］. 北京：商务印书馆，1995.

② 张伯伦最早从销售成本中提炼出服务差异化因素。

### 2.3.1.3　数字经济学的特殊结论

这里需要特别指出的是，作为数字技术产业经济学学科理论经济学基础的垄断竞争学说，是广义均衡下的垄断竞争理论。其均衡结论与标准教科书中的垄断竞争理论没有区别，但两种理论在最优结论上有一个重大区别：标准教科书中的垄断竞争理论下的均衡不符合帕累托最优，只是一种短期均衡现象，长期来看，要想达到帕累托最优，一定要实现 $P = AC_{min} = MC$。与此不同，《数字经济学》提出垄断竞争可以达到广义均衡中的最优。政策含义上的区别，是标准教科书中的垄断竞争理论在最优结论上为创新判了死刑（因为 $P = AC_{min} = MC$ 只有模仿没有创新）；《数字经济学》的最优结论，则判定创新合法。

因此，数字技术产业经济学与其他产业经济学虽然共同拥有垄断竞争理论这一理论经济学基础，但决裂在创新这一点上。数字技术产业经济学实现了鲍莫尔的理想：将创新纳入标准的微观经济分析框架。[①]

一旦认定创新符合最优，那最大的政策结论上的改变在于，创新除了依靠加大研发投入，还有另外一条可行路径，即鼓励不依靠研发投入的市场组织创新，实现技术创新与市场创新的结合。

## 2.3.2　规模经济与范围经济理论：技术与经济的结合

### 2.3.2.1　规模效率与范围效率

规模效率表示的是向技术最优生产能力或规模移动时生产率所能增加的量，它是技术意义上的规模报酬递增。

范围效率表示的是向技术最优生产能力范围移动时生产率所能增加的量，它是技术意义上的范围报酬递增。与理论经济学中的成本范围经济相比，它没有加入对价格的考量。

由图 2-6 和图 2-7 可知，无论是从规模技术效率还是从范围技术效率的 E 点向规模效率或范围效率的 B 点转移，E 点与 B 点的技术效率都是一样的。也就是说，规模效率与范围效率本身并不提高技术效率。从这个意义上

---

① 鲍莫尔. 创新：经济增长的奇迹［M］. 2 版. 北京：中信出版社，2016.

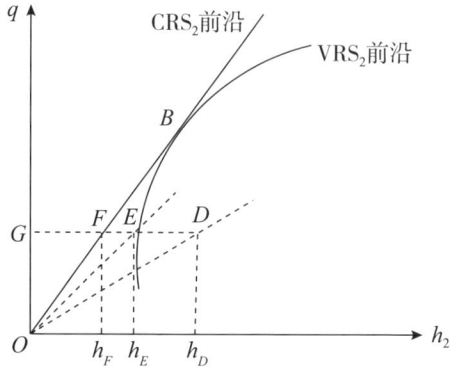

图 2-6　规模效率

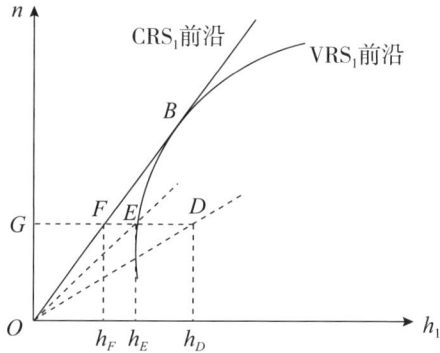

图 2-7　范围效率

说，它们并不是一种单纯的生产力现象，而是接近技术效率随投入产出变化而变化的现象。这一点应与效率变化区别开来。

#### 2.3.2.2　数字技术经济学的判断

相对于现有的技术经济学（工业技术经济学），数字技术经济学有以下关键特征。

第一，它不否认规模经济，但也不限于规模经济。

工业技术经济学对报酬递增、成本递减的理解，仅限于规模经济；对范围经济的默认看法，是范围在需求方是经济的，在成本方是不经济的。因此，才有 D-S 模型以规模经济补贴产品多样化的成本。其不承认范围经济且规模不经济这种组合，否定个性化定制有可能是经济的。

　　数字技术经济学认为规模经济可以实现报酬递增和成本递减，但报酬递增和成本递减不但可能源于规模经济，而且可能源于范围经济。在工业技术与信息通信技术两种相反的作用力下，最常见的是规模经济且范围经济。

　　第二，它不但肯定范围经济，而且将范围经济与信息通信技术、信息生产方式内在联系起来。

　　钱德勒也提范围经济，但没有将其与信息通信技术联系起来，也没有与信息生产方式联系起来，只是在管理学水平上进行范围经济的经济史研究。钱德勒对范围经济中多角化经营的研究，回避了数字技术经济学中的一个关键问题，即低成本差异化这一现象与技术的内在联系是在管理层面偶然实现还是在经济层面必然实现，也漏掉了数字经济中特有的经营问题。例如，在以所有权为单位的并购之外，仅以使用权为单位，结成利益共同体的虚拟组织（虚拟企业与虚拟企业联盟），进而双边市场、"平台＋应用"的生态组织，在经营层面之上的产权层面，在制度经济学逻辑上何以可能。

　　在管理学水平研究范围经济，与在经济学水平研究范围经济有一个明显的不同。管理学（如波特竞争战略）会把范围经济同差异化战略（所谓"标歧立异"）混为一谈，差异化战略所持的隐含的均衡观点，与 D－S 模型是一样的，即认为多样化可以提高价格，但在提高价格的同时会增加成本。范围经济则认为多样化可以提高价格，但在提高价格的同时有可能（因成本次可加性）会在均衡水平降低（平均）成本①。

　　两者（规模经济中的多样化与范围经济中的多样化）之间有一个令人迷惑的交集，即在差异化水平上升过程中，都可能存在一个边际成本下降的区间。只有在经济学水平，才能分清二者的实质区别：在没有补贴的条件下，看平均成本在均衡水平是上升还是下降，规模经济认为是上升，范围经济则认为是下降。这就看出信息通信技术的自动化效应与智能化效应的实质区别。以此标准来看，波特竞争战略中的差异化战略缺乏经济学基础，只是一种脱离基本面的战略分析。经济学不进行战略分析，是因为战略分析所说的利润只是会计利润，不符合经济基本面（经济利润），在里边存在一个投机风险。

———————————

　　① 能否降低边际成本，要看成本曲线的具体形状如何，所以边际成本递减并不是范围经济的绝对特征。详见《产业组织经济学手册》的分析，在此不作讨论。

第三，它认为范围经济可以独立于规模经济。

数字技术经济学认为范围经济可以独立于规模经济，并且接受范围经济且规模不经济这种可能。如 3D 打印，其经济性与规模无关，而这是工业技术经济学绝对不能接受的，为此，工业技术经济学只当 3D 打印不存在或是特例。不过，所有内容产品（特别是体验服务）都多少存在类似 3D 打印的经济特征，一重复生产就会被视为抄袭（如时装的"撞衫"），或不能把一位用户的个性同另一位用户的个性等同（会被视为一种侮辱或不尊重），只能以多品种方式生产和服务。

可竞争市场理论也是范围经济理论，但没有特别内生信息通信技术于范围经济，因此它是经济学却不是数字技术经济学。它把数字经济中的一半技术经济现象划出研究领域，只能解释大规模定制（范围经济且规模经济），不能解释个性化定制（范围经济且规模不经济），如 3D 打印、内容产业（包括所有限制抄袭的产业）。

以上基本特征决定了信息通信技术经济评价的均衡基础成为数字技术经济评价和新质生产力评价的理论基础。

总之，数字技术经济学作为一般技术经济学，因为全面包括了规模经济与范围经济两种相反的报酬递增均衡逻辑，所以可以视为一种通则型的技术经济学。相反，现有的技术经济学，因为只具有规模经济一种报酬递增理论，尤其与范围经济的成本结论格格不入，主要适合解释工业技术经济而难以解释数字技术经济，所以应该将其从一般技术经济学贬低为特例形态的技术经济学，即工业技术经济学。

### 2.3.2.3　数字经济以范围经济为新常态

从广义均衡角度看，规模经济是建立在专业化效率基础上的关于数量 $Q$ 的效能状态，范围经济是建立在多样化效率基础上的关于品种 $N$ 的效能状态。二者在逻辑上没有绝对优劣之分，但在历史发展中存在何为常态的不同。工业经济以规模经济为主要的效能常态，范围经济是次要的效能形态；数字经济以范围经济为主要的效能常态，规模经济只是基础性的效能形态。

这种不同，是由工业生产力与信息生产力效率性质的不同造成的。工业生产力所提高的效率，本质上是专业化效率；信息生产力所提高的效率，本质上是多样化效率。这是从理论抽象的角度说的。当然，具体到现实存在的技术，一些工业技术也可以提高多样化效率，一些信息技术也可以提高专业化效率。同时，在信息化初期，人们经常用擅长提高多样化效率的技术来提高专业化效率，例如，用擅长管控扁平化分布式结构的技术来加强对金字塔式结构的集中管控，其效果甚至比工业技术的集中管控效果还显著，等等，但这些都不是否定工业技术与信息技术存在技术革命关系的理由。

数字经济学以范围经济理论为重心，是出于解释新现实的需要。我国范围经济理论（多品种范围经济理论）与美国范围经济理论（多产品范围经济理论）的一大不同：我国范围经济理论是建立在广义均衡框架（数量 $Q$—品种 $N$—价格 $P$ 框架）中的范围经济理论；美国范围经济理论是建立在窄义均衡框架（数量 $Q$—价格 $P$ 框架）中的范围经济理论。二者在规范范式上具有很大区别。

品种是差异化、多样化和异质性的计量单位，将品种作为均衡框架的一部分，其规范性含义只有一个，即将异质性作为基本范式，使其被涵盖于经济学基本假设。即使持相同的差异化、多样化均衡结论以及计算结果相同，是否修正经济学的同质性假定，仍然构成经济理论"体"的不同。美国范围经济理论在方法上没有内生品种，与之持同质性假定有关。多产品范围经济中多产品的含义，就是"多个同质性产品"，含有多样化只带来用变而不带来体变之意。因此，它只停留在多样化均衡理论阶段。多品种范围经济理论则通过引入品种数列（1，2，3，…，$n$），放松了 $N=1$ 这一同质性假定，从而迈出了与传统经济学决裂的一步。

规范是相对于实证而言的。范围经济所涉及的规范意义上的异质性，包括资源配置与利益分配两个方面的含义。

配置上的异质性，包括创新这种供给方异质性（含资本异质性、劳动异质性）、体验这种需求方异质性（含行为经济学所研究的行为异质性）、信息这种复杂性的异质性（如阿瑟复杂经济学所研究的复杂经济）、竞争异质性（含质量异质性，差异化、多样化行为的异质性）、宏观异质性（政府干预、"动物精神"）等。

当广义均衡将异质性作为规范范式后，比多样化均衡理论（尤其是新凯恩斯主义取向的 D – S 模型的多样化均衡理论）多出的部分，将是把市场化的创新理论、行为经济学、复杂经济学等用相同的数学逻辑综合在同一种解释之下。

　　数字经济学作为广义均衡的主要运用领域，在放松同质性假定、引入异质性并从品种维度框架上实证化之后，与一般不采用广义均衡框架的数字经济解释相比，在技术及其产业、技术应用之外，可以"额外"地多解释以下超越了同质性逻辑的现象：体验化、人文化、社交化、成瘾化的数字经济现象（微信、短视频、文体、娱乐、时尚等），分布式结构的数字经济现象（如区块链、信任机制、生态圈等），非因果关系的数字经济现象（如人工智能、脑机界面、基因重组等），以及数字经济中较少依赖物质投入的创新现象（如市场创新、创意、匠人工艺等），超越规则网络算法以幂律形式爆发的现象（网红、疫情、谣言），大众创新现象（微商、草根创新创业、在家办公），等等。也就是说，除了可以解释中老年人比较理性的数字经济，还可以解释年轻人与下一代的数字经济。

　　利益上的异质性，包括（政治经济学所讲的）劳动价值（斗争博弈）与（新制度经济学所讲的）交易费用（谈判博弈）两种立场相反但数学一致的利益互动分配逻辑。异质性在利益上的数学表现与通解在于，均衡值一定是平均值，不能收敛于边际值，一旦收敛，就会滑向新古典的边际要素分配论（从而成为在数学上难以做到观点与方法自洽的新古典政治经济学或新古典制度经济学）。

　　广义均衡理论综合了政治经济学与新制度经济学两方面的利益学说，而与边际要素分配论保持明显距离。对政治经济学来说，均衡定价概念的核心是"社会必要"（社会必要劳动时间），包括两步定价：一是供求定价（同质定价），定出的只是均衡数量（对应生产价格），遵循的是边际定价原则，它分配的只是资源配置基础，而非实际；二是剩余定价（异质定价），这才定出均衡价格，体现异质分配的实质（从社会角度看是否"必要"），这时遵循的是平均值定价原则。二者之差（与古典经济学一样，称为"剩余"），是利益主体间矛盾甚至斗争的结果。它一定会偏离 $MR = MC$ 时的值。对应的量差（"过剩生产能力"），不是短缺就是产能过剩。对新制度经济学来说，情况是同样的，其均衡价格（如果有的话）实际也包括两步定价：一是供求定价，同样只决定均衡数量不决定均衡价格，对应资源配置上的零摩擦状态（等于边际值）；二是交易费用定价（异质定价），它决定均衡价格，但这个价格同样偏离零摩擦的边际值，从而成为平均值定价，偏离的动力来自谈判（除零摩擦之外的谈判，必偏离边际值）。与边际要素分配论边际值偏离的值，称为交易费用，等于租值。两种异质利益学说有一个数学上的共性，即均衡值一定会按 $AC-MC$ 这个"保角映射"尺度固定地偏离（边际生产力要素分配论的）边际值，只是这部分利益归属在立场上正好相反。

数字经济学由此形成体现范围经济特征的异质性利益学说，它建立在政治经济学与新制度经济学共识部分（平均值由于利益相互作用而偏离边际值）的基础上，但生产力前提与二者有所不同，由信息生产力推出自身的分配逻辑。一方面，它反对边际生产力分配论，因为边际值分配论排斥创新与体验，从而有违高质量发展。另一方面，它主张生产关系由生产力决定，也就是说，谁获得剩余或租值，谁就代表先进生产力决定（它决定斗争或谈判的长期解决）。具体来说，异质范围经济理论从自身逻辑中（包括互联网实践中）会得出这样的判断：数字经济会长期存在分配优化效应与分配劣化效应（分配极化效应）的矛盾，但从长期基本面来看，多样性红利将成为最终的主导趋势，创新、创业者将赢得剩余。这时的利益分配最优一致于资源配置最优。

## 2.3.2.4　范围经济是主导逻辑

谢伏瞻曾做过一个重要判断：进入互联网时代，范围经济取代规模经济将成为产业组织的主导逻辑。[①] 我们按主导逻辑的不同来区分两种经济——以规模经济代表工业经济，以范围经济代表数字经济，[②] 并将全要素生产率中的技术区分为两种不同内涵的生产率——规模报酬递增与范围报酬递增。

标准效率分析涉及的报酬递变，一般只是规模报酬递增（Increasing Returns to Scale，IRS）和规模报酬递减（Diminishing Returns to Scale，DRS），数字经济要分析的报酬递变，还包括范围报酬递增（Increasing Returns to Scope，IRS）和范围报酬递减（Diminishing Returns to Scope，DRS）。为了区分二者，我们将 IRS 中的范围报酬递增标为 $IRS_1$、规模报酬递增标为 $IRS_2$；把 DRS 中的范围报酬递减称为 $DRS_1$、规模报酬递减称为 $DRS_2$；把报酬可变统称为 VRS，其中，范围报酬可变标为 $VRS_1$、规模报酬可变标为 $VRS_2$；与之相对，

---

① 谢伏瞻. 论新工业革命加速拓展与全球治理变革方向 [J]. 经济研究，2019 (7).

② 在真实世界中，规模经济与范围经济处于混合状态。出于理论抽象的需要，我们对二者进行如下区分：以规模经济为主导、范围经济为辅的经济归为工业经济；以范围经济为主导、规模经济为辅的经济归为数字经济。

把报酬不变统称为 CRS，其中，范围报酬不变标为 $CRS_1$、规模报酬不变标为 $CRS_2$。

与理论经济学中简化的基于平均成本的报酬递变分析不同，技术经济学在投入产出平面上分析报酬递变。

我们先看投入存量对生产率的影响，参见图 2-8。

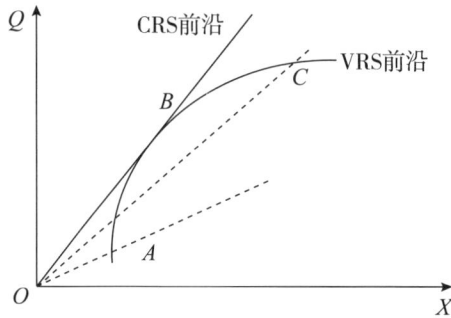

图 2-8 投入存量对生产率的影响

先把投入存量统称为 $X$（不区分异质、同质两种投入）、产出统称为 $Q$（不区分异质、同质两种产出）。厂商存在 $A$、$B$、$C$ 三点上生产率相对产出变化的不同。

$B$ 点是 CRS 前沿与 VRS 前沿的交点，这就是报酬递增最大化之点。这一点是从原点出发的射线与 VRS 前沿曲线的交点，称为技术最优生产能力规模或范围（Technically Optimal Productive Scale 或 Technically Optimal Productive Scope，TOPS），相当于 VRS 上最大化生产率之点。

同在技术和配置有效率状态下，$A$ 点位于报酬递增区间，增加投入存量会使生产能力更强；$C$ 点处于报酬递减区间，增加投入存量会使生产能力更弱，因此，这时应减小投入以增强生产能力。

## 2.3.3 双边市场理论：数字技术决定市场结构

双边市场理论彻底改变了市场结构学说的工业化基础，解构了芝加哥学派和哈佛学派的市场结构学说，使产业组织理论进入数字经济时代。

工业时代产业经济学的市场结构学说，建立在科斯型市场的假设之上；数字时代的市场结构学说，建立在非科斯型市场的假设之上。这使市场经济体制改革的根本问题发生了前提假设一级的范式转向。这启示人们，市场经济道路有两种走法，一种是无视外部性的走法，另一种是正视外部性的走法。

数据要素具有鲜明的外部性属性。数据作为数字经济的新型且主要的生产要素，具有一定的公共产品属性，在应用中呈现网络效应特点，借助平台（双边市场），能将这种外部性在市场内部予以内部化（而不一定导致"搭便车"的效率损失）。这是双边市场理论给高科技条件下的产业组织与市场结构带来的新的启示。企图绕过数据的根本属性使数据要素市场化进而发展数字经济，必然误入歧途。

平台经济理论认为外部性的市场化将否定科斯定理。埃文斯给双边市场下的定义就是直接针对科斯定理的：市场是双边的必要条件是科斯定理并不适用于双方之间的交易。① 梯若尔明确指出，在科斯研究的世界里，市场是单边性的，基于科斯定理，不区分市场的单边性与双边性而对价格结构问题进行商业和公共政策方面的讨论，是误入歧途的。② 我国平台治理中若不区分单边性与多边性问题，同样会误入歧途。

这直接影响到数据要素市场化的重点是放在单边市场（如贵州大数据市场）还是双边市场（如平台市场），传统经济学不承认平台是市场，其根源是受限于竞争政策的传统原则，认识不到外部性是数据要素的根本特征，双边市场是专门用来内化外部性的市场。诺贝尔奖获得者针对平台监管中的"软肋"，特别指出，监管机构应避免机械套用竞争政策的传统原则，因为它们根本就不适用于双边市场领域。新的适用于双边市场的竞争政策指导原则，应将市场的双边同时纳入分析。③ 将双边同时纳入分析的唯一区别，是要坚持外部性内部化原则。

### 2.3.3.1　双边市场理论的深化：双重内部化

数字技术产业经济学将双边市场理论从交易理论发展为资本理论，称其为双重内部化理论。第一重在商品层，与梯若尔理论一样，分析等价交换中的佣金关系；第二重在资本层，不同于梯若尔，分析平台企业与平台内双边主体之间的资本（合作）关系。

---

① 埃文斯.平台经济学：多边平台产业论文集［M］.北京：经济科学出版社，2016.

② 让·梯若尔.创新、竞争与平台经济［M］.北京：法律出版社，2017.

③ 让·梯若尔.共同利益经济学［M］.北京：商务印书馆，2020.

第一重双边市场（梯若尔双边市场），从市场角度把生态理解为一种特殊市场，指出它具有相互外部性与间接内部化（通过平台这一第三方将双边的外部性内部化）的功能与特征。下面从生态中的平台企业机制角度进一步深化这个主题，指出生态中企业机制的一面——要素之间进行市场化外部性交换的机制，即第二重双边关系。

鉴于现有双边市场理论普遍遗漏了平台方对应用方的投资关系（如同本金产生利息）这一本质特征，我们需要从企业投资角度（不是把平台视为商人，而是视为资本家）重新审视平台，建立第二重双边市场的理论，以全面反映平台特征。

新增的知识体现在，除了交易外部性（会员外部性、使用外部性），平台还存在投资外部性。投资外部性是指，平台投入建设供双边共享使用（因共享使用而产生外部性）的应用基础设施的固定成本，利用在应用（买卖双方）成本中的均摊，收取投资回报，将共享平台的外部性内部化。这个过程与资本家投入资本产生利润如出一辙，而与商人收取中间佣金（以等价交换方式衔接两个等价交换过程所得）具有本质上的不同。

### 2.3.3.2　间接内部化：生态要素价格机制特点一

我们将第二重双边关系模型化为要素交换关系（以往是以企业内部劳资关系形式表现的）。

平台要素交换定价机制的第一个特点，是外部性的间接内部化，俗称"羊毛出在猪身上"。"羊毛"指平台提供外部性的回报，"猪"指应用，"出在猪身上"指应用把"搭便车"的部分折成外部性资源的使用费返还给平台。外部性的间接内部化，是互利的等价交换表现形式，或者说是互利的交换形式（或称"市场"形式）。

需要说明的是，生态与企业不同，虽然都有"上层－下层"结构这种形式特征，但企业是上层（如资本）与下层（如劳动）之间的不平等交换关系，生态则可以是上层（如平台）与下层（如应用）之间的平等交换关系①。也就是说，企业的上下层不存在分成关系，生态的上下层是分成关系。

---

① 当然，也有不平等交换的情况。

一般双层规划的形式如下。

**1. 上层规划**

$$\min F(x,y)$$
$$\text{s. t. } G(x,y) \leqslant 0$$
$$H(x,y) = 0$$

其中，$y$ 是生态中的上层决策者的决策变量，指生态中的固定资产（生态固定成本）拥有者的决策变量，这里指平台方；$F(x,y)$ 是上层决策者（平台方）的目标函数；s. t. 后面是拥有者在决策过程中受到的约束条件；$x$ 是生态中的下层决策者（应用方或消费者）的决策变量。这体现了生态中外部性与内部化的间接性。在实际决策中，平台方需要考虑，不由自己提供基础业务并收费（比如对 QQ 收费），否则就等于在上式中去掉了 $x$，而以向下层业务（增值业务）收费（如会员费、使用费）的方式来间接地实现投入的内部化，因此需要将间接内部化的对象（$x$）作为内生在目标中的变量。

在基础业务的约束条件中，平台方需要考虑把为下层决策者提供外部性（如微信免费共享）这种付出纳入约束条件。

与企业不同，生态的目标函数中包含下层决策者的决策变量，这相当于在生态中利益相关者处于平等地位。企业由于是股东价值第一，不包含被雇用者或消费者的决策变量。

**2. 下层规划**

在固定资产拥有者的决策变量 $y$ 给定的条件下，下层规划如下：

$$\min f(x,y)$$
$$\text{s. t. } g(x,y) \leqslant 0$$
$$h(x,y) = 0$$

其中，$f(x,y)$ 是生态中的应用方（或消费者）即固定资产（生态固定成本）使用者的目标函数，它也包含上层决策变量，要考虑利益相关方平台的利益。这是生态中固定成本的外部性得以内部化的逻辑基础。

应用方自身的目标 $x$ 是最大化最终产品的价值，但是其中包含返还给平台的部分（$y$），因此，其反对股东价值第一，但实际把股东当作利益相关人来考虑其利益（而且一旦外部性足够充分，因为"税基"更大，可能股东的绝对收益要比"股东价值第一"模式更高）。返还给平台的部分，是共享平台固定成本的使用费，前提是下层决策者 $x$ 的目标得以实现（$x$ 目标实现，称为有效；没有实现，如亏损，称为无效）。

　　s.t. 后面是使用者在决策过程中受到的约束条件。在实际的生态中，平台方与应用方进行社会分工，分别提供整个生态的固定成本与可变成本。下层决策约束条件中的 $x$，指可变成本（如时间、精力、个人知识禀赋等）。应用方不同于生态外的独立企业，其必须为对方（平台）的成本考虑。在独立企业状态下，固定成本不由平台承担，而由各个小企业自己承担；在生态中，固定成本不由小企业承担。虽然应用方（如 App）破产时，不需要在资产负债表上为平台的损失（生态 $FC$）负责，即其无"产"可破（只是项目失败，不一定是破产），但是当应用方盈利（或获得消费者剩余）时，其有义务为生态的固定成本提供补偿，即将平台对 $FC$ 的投入（并以外部性方式提供给自己使用）内部化，形式通常是交服务费或会员费（可以统称为进入费，即平台进入费）。

　　双层规划体现了间接内部化这个特点。外部性的提供者，不能自己直接（在自己业务内）收回，加以内部化，而必须间接收回，即在利益相对方的业务中收回，加以内部化。比如，平台自身的业务是提供基础业务服务（为应用方提供生产资料等交易条件），其不能对这一业务收费，否则流量用户便会消失殆尽，而只能从应用方的业务（增值业务）中扣除回报，通过增值应用间接地将基础业务的投入内部化。为了区别于不求回报的共享，我们将这种以间接内部化方式提供外部性的共享称为有偿共享。

　　生态关系与企业关系的不同之处：生态关系中的每一要素都完整地包含成本（相当于"本金"）与剩余（近似"利息"）两部分，一起进行交换。在数学形式上，这主要体现为，双方无论是目标函数还是约束条件，都要把对方利益作为平等主体（位置可互换）内生进来。单层规划（一般用来描述雇佣制企业的要素交换关系），在数学形式上就不具有这种"设身处地为对方着想"的设计。从数学上看，可以把雇佣制（要素不平等交换）视为双层规划的一个特例，即在规划中，将 $x$ 固定为最小值（意思是劳动的交换目标只是得到工资这个成本而不考虑分成，即剩余为 0）。

### 2.3.3.3　不完全内部化：生态要素价格机制特点二

　　生态中外部性的内部化不是一般内部化，而是不完全内部化，它体现的是互利的上下层关系，或者说互利的权力交换形式（或称"企业"形式）。

内部化的不完全，体现的是风险、不确定经济的特点。也就是说，不是所有外部性的受益者都要向提供者付费，而是只有部分（因此是不完全的）受益者付费。这个部分是指盈利的那一部分，亏损的部分虽然使用了平台的资产，但不付费。因此，原则是谁受益谁付费，不受益不付费。

这里的不受益，不是说不对外部性加以利用，而是即使利用了也没有实际效果。比如，同是共享了平台的虚拟店铺，97%的网商并无收益或出现亏损，这些网商虽然"搭"了平台的"便车"，却没有将外部性内部化（向平台交使用费）的义务。平台能不能收回生态固定投入（固定资产、固定成本），完全取决于这个"不完全"内部化的总量，比如，3%的盈利者到底是100人、100万人还是1亿人。只有平台共享的规模与范围足够大，才能凑够回本的基数（类似"税基"）。这是平台方即使在道德上是一个贪婪的人，但在共享方面必须表现得比慈善家还大方的原因。"不完全内部化"揭示了在机会公平（生产资料共享）上共享发展为什么不依赖道德而能成为一种由经济规律决定的必然选择的内在原因。历史上只有马克思预见到了这一点，共享发展不是主观的，而是客观的，共享是生产力发展到一定阶段必然出现的趋势。

这一点，甚至不同于提供公共产品的政府的模式。政府收税并不是完全按照公共产品的使用效果收费，而主要是按使用收费。当然，税收有受益原则，即受益多者多缴税，受益少者少缴税，但很难想象不受益者不缴税。因为政府提供的公共产品，其外部性遍及公民（如通过战争形式保家卫国），个人很难说没有享受到这种福利，除非是费，如高速公路的过路费（如果政府把作为公共基础设施的高速公路特许给高速公路公司经营，则可以按照是否使用高速公路及使用路程的长短来收费了）。生态中的收费方式，则允许免费"搭便车"的情况存在。共享生产资料后"使用效果不好"的人群，即创业失败者，就相当于给他们免除了"税收"。政府减免税收，可能只是针对特定人群，而在生态中免费"搭便车"的群体（比例可能大到93%~97%的程度），可能远远超过有偿"搭便车"的群体。

我们把数字经济中生态化市场的核心机制概括为不完全内部化。这个概念对应于"不完全竞争"。竞争的本质是内部化，合作则相当于外部化。竞争的不完全，对应的就是内部化的不完全。不完全内部化与生态外部性、数字外部性是同一个概念，只不过概括的角度不同。

对主体自身来说，可以把外部性当作自己付出（失去）、他人获得，相应地，内部化就相当于自己收入（获得）。对于他人来说，负外部性是他人的付出（失去），负内部化（如果有这个概念的话）是自己（从他人的付出中）获得（损人利己）。

完全内部化是在完全竞争条件下发生的，不存在合作（合作在此特指"1＋1＞2"，因此，交换不算合作，只是相互自利）的情况。在完全竞争中，不存在对他人没有对应回报的付出，所有的付出都得到回报，因此是完全内部化。

不完全内部化特指在自己付出、他人获得的情况下，自己索取回报时只获得付出的一部分（而不是完全的）。例如，风险投资、数据要素有偿共享等，都存在不完全内部化的情况（付出100%，可能只能从3%中获得回报）。这时提供的无回报外部性，不是由于善心，而是因为风险、不确定性。同样，一个平台向众多增值应用商共享数据生产资料（如虚拟店铺），其虽然知道这些增值应用有3%的成功概率，但不知道具体谁会成功。其虽然不想白白给那97%的增值应用投入，但如果不分享这种外部性，很难在那3%中获得回报。这3%是高于、等于还是低于所提供的外部性投入（例如，开发虚拟店铺的投入），主要取决于企业家（一般是创始人）才能。如果这3%远远高于生态的固定成本投入，就可能引发租金盈余，从而触发规制，那么这就是另一个问题了。

单就市场本身来说，不完全内部化几乎是数字经济市场的一个本质特征。它反映的是本质，是市场高风险、不确定的一面。网络、平台等生态可以认为是与信息生产方式的内在特征（差异化、多样化和异质性）相联系的配置高风险、不确定资源的市场机制。不完全内部化是这一配置机制的内在特征，而不是偶然特征。就不完全内部化这个特征来说，风险投资与平台是无区别的同一事物。这就可以解释为什么平台很难由银行贷款来支持了。平台的收入在本质上是通过不完全内部化实现的。这一点之所以是数字经济独有的特征，因为在工业实体经济中，如果成功率只有3%，另外的97%失败，那投资将血本无归。但在成熟的数字经济中（成熟意味着特有要素占比已占主导地位），数据要素一旦成为主要投入，由于资产通用性，投100家与投3家的成本几乎是无区别的（因为只不过是同样代码的复制），同样是3%的成功率（高风险必定对应高收益），意味着外部性损失可以忽略不计，因为另外97%的失败并没有实际导致所分享的固定投入的减少。例如，用1000亿美元的风险投资开发虚拟店铺（包括运维），让1000万个网商重复使用代码，即使 970 万个网商失败，投入的 1000 万美元既没有增加也没有减少，只要成功的 30 万个网商交的虚拟店铺使用费（一般称服务年费，按使用效果有偿共享的可内部化部分）可以超过 1000 亿美元，那平台的投入就不会亏损，至于不可内部化的部分（另外 970 万个网商无须交也交不起这笔费用），并不造成或加大这 1000 万美元的亏损。

1000 亿美元均摊在每个应用商身上是 1 万美元，应用商即使失败，也不会破产（承担 1000 亿美元部分的负债表），因为其承担的 1000 亿美元的"产"并不属于自己，而是借来的，或者说是"复印"（复用）来的。

图 2－9 中的阴影部分就是不完全内部化所处的值域。其中，图 2－9（a）代表平台上市前的不完全内部化（"不完全"是相对 $P_{eff}lQ_{eff}O$ 而言），图 2－9（b）代表平台上市后的不完全内部化（"不完全"是相对 $P_{AC}hQ_{AC}O$ 而言）。

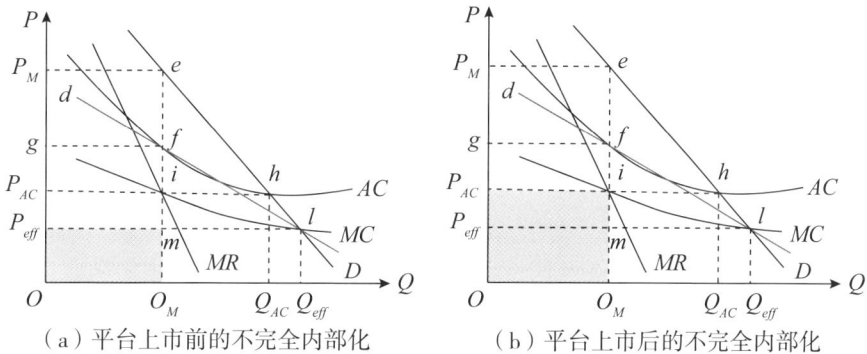

（a）平台上市前的不完全内部化　　　（b）平台上市后的不完全内部化

**图 2－9　不完全内部化示意**

$D$ 是代表外部性的需求曲线；$d$ 代表没有外部性时的需求曲线；$AC$ 是不考虑外部性时平台本来的平均成本曲线，其均衡定价是 $g$（如果不借助生态化外部性，只有定价在 $g$ 时才能收回 $f$ 至 $i$ 的固定成本）。

图 2－9（a）中，$P_{eff}lQ_{eff}O$ 是平台外部性（共享平台资源）区间，阴影部分 $P_{eff}mQ_MO$ 是可内部化的部分，空白部分是无法内部化的部分，相对 $P_{eff}lQ_{eff}O$，阴影部分是"不完全"的。内部化来源于 $P_MeQ_MO$，即应用部门的最终定价收入。它分为 $P_{eff}$ 以下部分（平台分成，一般占 30%）、$P_{eff}$ 至 $P_M$ 部分（应用分成，一般占 70%）。从图中可以看出，平台看重的并非分成比例，而是流量基数 $Q_{eff}$，这个流量越大，$D$ 向右上方移动的幅度越大，阴影部分的绝对值才会越大。

图 2-9（b）显示，平台企业上市后，通过提高会员费与使用费，使不完全内部化的部分从 $P_{eff}mQ_MO$ 扩大到阴影 $P_{AC}iQ_MO$ 部分。这时的不完全，是相对 $P_{AC}hQ_{AC}O$ 而言的。

从把平台外部性（应用基础设施投入）内部化的应用方来看，对平台固定投入（应用基础设施投入）$gfQ_MO$ 的补偿（内部化），来自 $P_Mefg$ 部分，这是平台外部性带来的超可加性，$gfiP_{AC}$ 则不是内部化的价值来源，它是应用自身差异化价值（或创新价值、体验价值）的体现，$P_Mefg$ 是对这种差异化价值的放大。如果应用是同质化产品和服务，且不存在应用方固定投入，则需要合并图中的 $g$ 与 $P_{AC}$，那么 $P_Mefg$ 加强的就只是应用打价格战的效果（规模经济），这时的 $AC$ 只代表平台，不代表应用。

由于存在这样的不同于工业实体经济的配置机制，市场机制就可以完全在存在大部分（高比例）外部性、小部分（低比例）可以内部化的情况下正常运转了。

如果说市场机制有效性的评判标准是资源利用的充分性，那么，数字经济带给市场机制最大的改变就是由完全竞争代表对资源的最高效利用改变为由垄断竞争（不完全竞争、不完全内部化）代表对资源的最高效利用。此时的垄断竞争，与哈佛学派所理解的工业经济的垄断竞争不同，是"新垄断竞争"，即垄断与竞争双层经营的竞争，是生态的垄断竞争。哈佛学派所理解的垄断竞争，垄断企业与竞争企业从事同样的业务，只是在位企业通过不可分享的固定投入筑起了对于从事同样业务的竞争对手来说的进入门槛（竞争对手仍可进入，只要其投入达到门槛要求）。竞争企业的竞争行为表现为打破进入门槛，与在位企业"分食"同样业务的市场份额。而生态的垄断竞争中，垄断企业（平台企业）与竞争企业（应用企业）从事的不是同样业务，而是上下游业务（基础业务与应用业务），垄断竞争中的垄断与竞争是互补关系。这种新垄断竞争的竞争性，不表现在应用企业打破平台进入门槛与平台企业竞争这一点上，而表现为应用企业在有偿共享平台企业（垄断企业）提供的外部性资源（如有偿共享通用性资产）中彼此展开竞争，应用企业与平台企业是合作互补关系。只有在位企业与竞争者竞争的是平台主导地位时，才与传统垄断竞争一样。平台企业会由于提供外部性（向应用企业共享平台资源）而使资源得到比不垄断（因而也没有动机与动力共享外部性）条件下更充分的利用。例如，平台企业广泛分享虚拟店铺的代码，使这一资源的利用比封闭使用（仅允许拥有者使用）更加充分。不完全内部化在市场中的可行，创造了资源利用更加充分的最基本条件。

这时，与芝加哥学派不同，不能认为垄断一定会降低效率（减少产出或提高价格），而必须考虑由部分内部化作为动力分享出去的资源所提高的应用方的效率（不必再进行同样的、重复的固定资产投入），以及平台因激发应用者之间的竞争（无论是同质完全竞争还是异质完全竞争）而提高的效率。

由以上分析可以看出，生态化的市场机制实际是一种上下两分结构，下层结构是平台，相当于生态中的公共品经济部分，承担提供外部性的功能（分享可复用的数字化生产资料，如共用通用软件）；上层结构是增值应用，相当于生态中的私人产品经济部分，提供内部化的功能。生态型市场机制整体上相当于"公共产品－私人产品"混合机制，或者称"外部性－内部化"混合机制。不同于工业经济中由提供外部性的部门在自身业务中实现内部化（例如，提高公路收费），生态机制中，内部化来源于外部性受益者的业务（增值业务）（相当于公路仍然免费，但对运输业务，根据享受外部性的程度和效果来收费；如果运输业务亏损则不收费）。

在这一语境下，垄断与标准化几乎是等价的，说垄断降低效率无疑是说标准化会降低效率，这显然是不能成立的。经济学家一般把平台垄断机制类同于自然垄断，但数字经济中的平台垄断，首先实际是技术垄断，或径直叫标准化垄断（包括商业标准，如模式）。市场机制要不要反对标准化这种垄断？从生态的角度看，是不应该反对的。这个道理与铁路轨道要不要标准化是一样的，如果轨道不标准，宽轨与窄轨多元化，当把不同国家的火车当作一个生态整体来计算时，一定会认为降低了效率，而不是提高了效率。如果生态市场机制不反对标准化垄断（当然，这与标准形成过程中鼓励不同标准展开竞争并不矛盾），则数字经济中的市场机制就会出现一块与工业时代不同的部分。

这对市场经济体制机制设计来说是一个重大转变。由于不完全内部化的存在，市场的理念不再是竞争越完全效率越高，垄断越存在效率越低。当出现平台－应用的双层垄断竞争时，垄断也"可能"提高效率。说"可能"是因为，要权衡平台垄断带来的平台效率的降低（目前，这也只是一种可能，事实是创新迭代的加快使平台不敢冒降低效率的风险）与平台垄断刺激产生的应用效率的提高，哪种效果更突出。因此，市场机制的设计理念将转向主张标准化基础上的完全竞争，也就是在标准上垄断、在标准的应用上竞争。

　　在工业经济中，垄断竞争主要通过创新和品牌化等方式提升效率；而在数字经济中，除了创新和品牌化，生态外部性也成为促进效率提升的重要途径。一方面，可以通过不完全内部化，使分享资源提高效率、降低应用创新成本的行为得到完全补偿；另一方面，可以通过不完全内部化，使合作从不经济变得经济，从而在竞争之外增加了一个新的效率来源（"1＋1＞2"的增量）。在工业经济中，合作不可行，不是道德方面的原因，根本性原因是同质完全竞争本身是零经济利润的，没有零和关系之外的余量支持"1＋1＞2"的分配。

　　现实中发生的事情，往往是不完全内部化对外部性补偿过头，造成由租金盈余带来的困扰，而不是补偿不充分、不完全（那最多也仅仅是无法上市或业绩不好退市，成为风险投资市场上正常的分母），即图2－9中阴影部分远远超过平台的固定成本投入。风险投资市场指数的不断升高，说明基本面的情况是，在均衡水平不完全内部化足以补偿垄断者对整个生态的固定成本投入。

　　当不完全内部化的补偿远远超过平台实际的固定成本投入时，阴影部分的性质就需要重新讨论了。这部分收入还能算要素等价交换所得吗？从林恩的分析可以看出，此时平台与应用的关系已经具有了企业内部资本与劳动关系的影子，只是应用不是拿工资而是分成，这是一种半企业、半市场的关系。可以认为，平台进行固定成本投入，不是在做等价交换，而是在投资，所以其分成无论比例高低都包含本金之上"利息"的存在。利息（或利润）是从哪里来的呢？从生态理论的角度解释，应来自 $d$ 向 $D$ 的运动，也就是说，实体的资本投入，是在外部性中获得其本金之上的收入的，其本质是资本的外部性，或者说，资本在将外部性内部化的过程中获得的本金之上的增值（"利息"）。因此，这不是简单的双边市场（第一重双边关系），而是第二重双边关系（投资关系），与企业不同的是，它不是雇佣制的而是合伙制（合作制）的。从这个角度来讲，生态机制实际是一种特殊的企业，即合伙制或合作制企业的自由联合。它的理念应是利益共同体，而不是单边的一方股东（无论是平台方还是应用方）价值第一。

　　与双边市场解释相比，不完全内部化的解释，以企业机制来解释平台行为，同样是外部性的内部化，它不认为双边外部性是买卖双方在等价交换市场中自然形成的，而认为这种外部性是平台企业投入资本所获得的产出。这种资本构成整个生态的固定成本，通过均摊到双边的每笔买卖中，产生成本次可加性，从而带来"1＋1＞2"这种外部性。而在由平台企业与应用方（买卖双边）构成的生态中，平台所收的加入费和使用费都是平台共享资产的使用费，只是加入费是对平台固定资产投入 *FC* 的补偿，使用费涉及的是对增值应用的分成。

前文将间接内部化称为有偿共享。加入不完全内部化后，定义了如何有偿共享，即按使用效果而非按使用收费。生态价格机制就可以完整表述为，按使用效果收费，有偿共享。按使用效果收费，指的是只对一部分收费，因此对外部性的内部化是不完全的。

# 2.4  产业结构理论：产业政策的宏观原理

## 2.4.1  产业结构演变理论

世界各国的经济发展实践都表明，产业结构在经济发展过程中存在一定的规律性。这种规律性主要体现在两点：

一是产业结构演进与经济增长之间的规律。大量的理论研究和实证研究发现，产业结构演变与经济增长之间存在紧密的内在联系，二者互为因果、互相依存。一方面，经济增长带动产业结构演变，即经济总量的增加带动产业结构正向升级。经济增长不仅是经济总量线性变化的过程，还是经济结构深入变化的过程，经济的高速增长率，导致产业结构的高频转换率。另一方面，产业结构演变推动经济增长，即产业结构的优化可以推动经济增长的数量和质量发生积极变化。产业结构可以优化产业布局体系，优化经济发展中的生产要素配置，产业结构的高频转换率导致经济的高速增长率。

二是产业结构自身的演变规律。产业结构演变是产业不断自我更新的过程，这一过程中产业结构呈现出有序性、主导产业递进性以及自身惯性。产业结构演变的有序性，指产业结构从低级到高级过程中，会由第一、第二产业占比较大的形态转变成第二、第三产业占比较大的形态。主导产业递进性，是指主导产业从一个部门到另一个部门的更替变换。产业结构演变的自身惯性，是指产业结构的演变是不可逆的，且当期产业结构会对下期产业结构产生影响。关于产业结构演变的理论研究有很多，本书选择最具代表性的三大理论：配第－克拉克命题、库兹涅茨产业结构变动理论和罗斯托的主导产业理论。

### 1. 配第－克拉克命题

配第－克拉克命题是由17世纪英国经济学家配第提出，经费希尔肯定，再由克拉克进一步发展形成的著名的产业结构演变理论，这一理论可以很好地反映社会经济进步过程中"产业软化"的实际情况。

首先，配第在研究英国经济数据时发现，船员收入高出农民收入4倍，两个产业从业人员存在巨大的收入差异，由此，配第总结出，比起农业来，工业的收入更多，商业的收入又比工业的收入更多[①]，这种收入上的差异会导致劳动力在不同产业部门流动，从低收入部门流向高收入部门。其次，费希尔在配第产业思想的基础上，提出了三次产业的划分方法[②]，三次产业划分法是产业结构研究中使用很广泛的分类法之一。最后，克拉克又在费希尔产业划分理论的基础上发现了劳动力在三次产业间的转移规律：劳动力在三次产业间的分布结构会随着产业收入差异的变化而变化，劳动力将从低收入部门流向高收入部门，即劳动力会由第一产业向第二、第三产业转移。在劳动力转移发生的同时，伴随经济发展水平和人均收入的提升，一产劳动力占比会逐渐下降，二产特别是三产劳动力占比会显著提高。

分析配第－克拉克命题发展历程，可以总结出其特点：①理论基础是三次产业划分法；②研究样本是时间序列数据；③产业结构变动的衡量标准是劳动力在三次产业中的分布。

### 2. 库兹涅茨产业结构变动理论

在克拉克相关研究的基础上，西蒙·库兹涅茨对产业结构的演进做了进一步的探讨。他根据不同产业在生产中对资源的依赖程度和需求种类的差异，用农业、工业、服务业替代了之前的第一、第二、第三产业。他利用现代统计体系，收集整理了1958年50多个国家的截面数据，并按人均国民收入由低到高将其分成8组。本书将他收集的数据整理成百分比堆积柱状图（见图2－10、图2－11），以更好地反映产值结构和劳动力结构随人均国民收入的增加而产生的变化。

---

① 配第. 政治算术 [M]. 北京：商务印书馆，1978.
② 费希尔在《安全与进步的冲突》中首次系统地提出三次产业分类法。

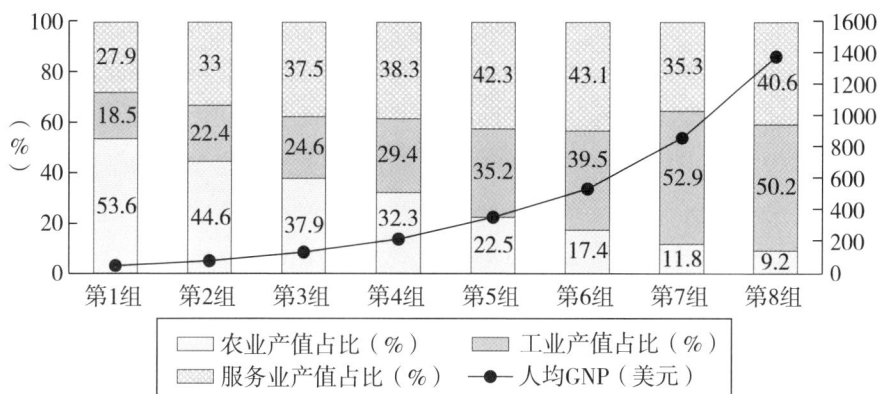

图 2-10 库兹涅茨 1958 年 57 个国家产值结构变动规律①

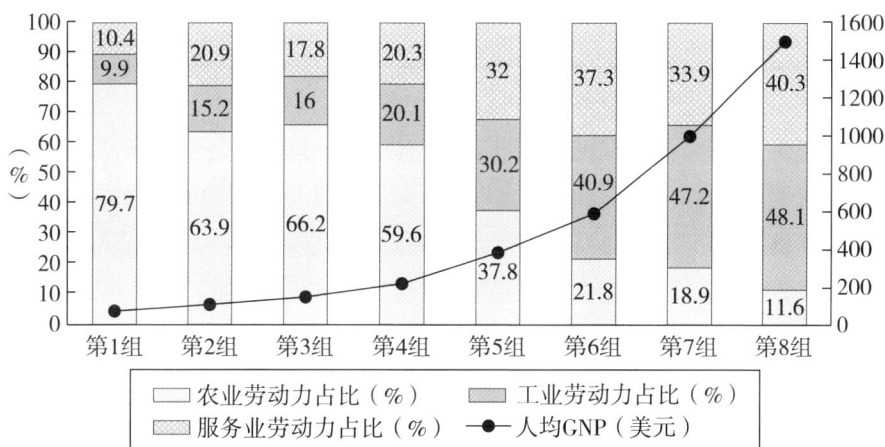

图 2-11 库兹涅茨 1958 年 59 个国家劳动力结构变动规律②

从各产业产值结构（见图 2-10）来看，随着人均国民收入的增加（第 1 组→第 8 组），农业在国民经济中所占的比重不断下降，工业比重增加，服务业所占比重增加。从各产业劳动力结构（见图 2-11）来看，随着人均国民收入的增加（第 1 组→第 8 组），劳动力在三次产业结构中的分布也发生相应变化，农业劳动力在总劳动力中所占的比重不断下降，工业劳动力的比重上升，服务业劳动力的比重波动上升。综合对比图 2-10 和图 2-11，我们发现，随着一国经济水平的持续发展，会出现以下情况：①农业

---

① 库兹涅茨. 各国的经济增长 [M]. 2 版. 北京：商务印书馆，1999.

② 同①.

产值和农业劳动力的比重均会显著下降，农业在产业结构中的地位下降明显；②工业产值和工业劳动力比重均大幅提升，但产值提升速度要快于劳动力提升速度，即工业创造产值的能力要高于吸纳劳动力的能力，工业在产业结构中逐渐占据主导地位；③服务业产值和服务业劳动力比重均大幅提升，但劳动力提升速度要快于产值提升速度，即服务业吸纳劳动力的能力要高于它创造产值的能力，服务业在产业结构中将逐渐成为规模最大的产业。

经过上述对库兹涅茨产业结构变动理论的分析，我们可以总结其特点：①理论基础仍是三次产业划分法，但他根据不同产业在生产中对资源的依赖程度和需求种类的差异，用农业、工业、服务业替代了之前的第一、第二、第三产业；②研究样本是截面数据和时间序列数据；③产业结构变动的衡量标准是产值和劳动力在三次产业中的分布。

### 3. 罗斯托的主导产业理论

配第 - 克拉克命题和库兹涅茨产业结构变动理论是对经济增长带动产业结构演变的理论概括，罗斯托的主导产业理论则是对产业结构演变推动经济增长的理论分析。罗斯托根据经济发展过程中产业结构变动和生产率增长的不同特点，将经济增长划分为 6 个阶段（见图 2 – 12）：传统社会阶段—"起飞"创造前期阶段—"起飞"阶段—成熟阶段—群众性高额消费阶段—追求生活质量阶段。

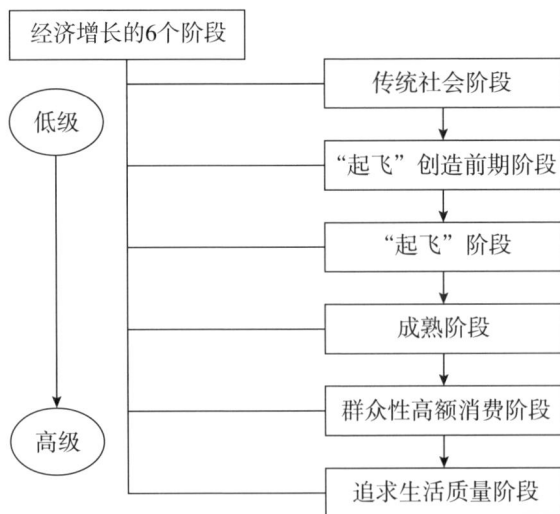

图 2 – 12 罗斯托经济增长阶段

罗斯托认为产业结构推动经济增长主要体现在两个方面。一是主导产业更替给经济发展提供动力。不同的经济增长阶段以不同的主导产业更替为特征，随着时间的推移，各阶段主导产业应该分别为工业、服务业及信息产业、物流业、金融业等行业，产业更替中新产业的发展可以为经济增长提供强劲的动力，正如罗斯托所言，现代经济增长对技术创新的吸收本来就是一个产业经济过程，是主导产业部门依次更替的过程。二是产业结构通过强扩散效应（前向效应、后向效应、旁侧效应）推动经济体快速增长。产业结构体系内的每个产业都通过前向联系、后向联系、旁侧联系等与其他产业紧密关联起来，主导产业的产业优势通过 3 种效应辐射到产业关联链条上的其他产业，带动其他产业深入发展，促进产业结构转型升级，推动整个经济体全面发展。

## 2.4.2　产业融合理论

伴随现代科学技术的飞速发展，计算机、通信、媒体等行业从 20 世纪 70 年代就开始不断发生技术和内容的融合，学界将这一经济现象称为产业融合。20 世纪 90 年代以后，信息科技的爆发式发展，信息技术的超强渗透能力和结合能力，推动越来越多的产业互动融合，这打破了产业间原有固化的功能边界，促进了新兴产业的形成与发展，衍生出一大批如数据处理、信息咨询、产品设计等新兴产业，这些新兴产业的强大动力有效地推动了传统产业结构转型升级。作为产业创新的一种新模式，产业融合是新经济时代的重要标志和引擎。

产业融合理论研究是当前产业经济学的前沿研究课题之一，研究产业融合理论，有助于我们更全面地了解和掌握产业发展规律和趋势。尼古拉斯·尼葛洛庞帝是最早对产业融合现象进行研究的学者，他用 3 个重叠的圆分别代表计算机、广播和印刷 3 个行业，圆圈边缘代表产业边界，这 3 个圆的重叠部分代表产业融合领域，也指出，这个重叠部分是成长最快、活力最强、创新最多的领域，见图 2 - 13。

关于数字化与产业融合之间的关系，国外学者的研究比较丰富，他们普遍认同数字化是产业融合的重要驱动力。Yoffie（1996）强调数字技术的重要作用，认为产业融合是原本各自独立的产品采用数字技术后整合的结果；Gaines（1998）揭示了信息技术融合的技术基础，认为信息技术融合过程中同时发生技术替代和技术相互学习，数字技术是产业融合的推动力量；澳大

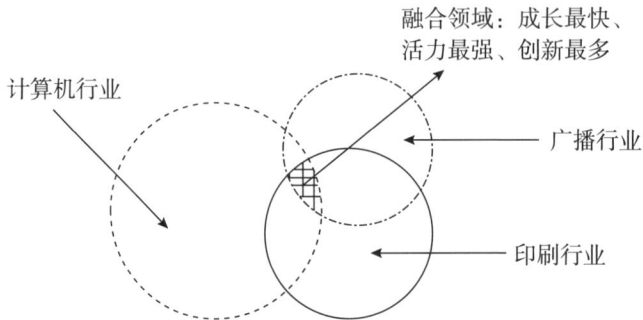

图 2 - 13　产业边界与产业融合

利亚政府信息管理办公室（2000）在报告中提出，产业融合是由数字化激活的服务部门的重构；Martha（2001）指出，信息产业融合导致跨产业边界服务的出现；植草益（2001）指出，产业融合就是通过技术革新和放宽限制来降低行业间的壁垒，加强行业企业间的竞争合作关系。国内学者周振华（2003）认为数字化是产业融合的前提，尽管推动电信、广播电视和出版三大产业融合的动力来自信息技术、政府放松管制和管理创新 3 个方面，但其中起决定作用的是信息技术①，他认为从历史逻辑顺序来看，先有数字化才有后续的产业融合现象。产业融合是数字化发展到一定阶段的产物，是数字化进程中出现的一种产业新范式。

---

① 周振华 . 信息化与产业融合 ［M］. 上海：上海三联书店，2003.

产业组织篇

# 3 数字技术产业的生态价格机制

本章的主题是产业与市场的关系，主要是通过市场结构解析产业的微观结构。

## 3.1 市场机制的生态化：间接定价

### 3.1.1 市场机制机理改变：直接定价与间接定价

前文从定价机制的历史演变中归纳了工业经济中的标准市场与数字经济中的生态市场的演进关系。事实上，市场机制有比定价机制更为广泛的内涵，定价机制只是其中的一个方面。

数字经济对经济体制改革中市场机制的变革提出了议题修正的潜在问题，并提出了转型方向上的新议题。因为最主要的生产要素从实体要素转变为数据要素，所以从生产力、生产关系到生产方式都将发生根本性的改变。

概括而言，生态具有与市场相反的本质。二者相反之处在于与外部性的关系相反：市场排斥外部性，生态则内生外部性。相反，意味着数字经济将带来市场机制的一场革命。

下面我们从两个最主要的方面，即资源配置机制与社会分配机制方面，讨论这种改变。

资源配置机制的改变，又可以细分为价值交换与使用交换两个方面。二者的共同点在于，改变都集中在由同质性市场向异质性市场改变这一总的方向上。价值交换上的改变，主要是异质性作为外部性内生于市场机制，这迥然有别于工业经济中标准的市场机制。本章主要从商品交换这个层面来讨论新机制的问题（下一章将从要素交换这个层面深化这个主题）。使用交换上的改变，主要在于异质性以通用这种特殊性质，决定了数据要素的产权交换（本章仅限于讨论要素作为商品交换时的产权）不同于实体要素的产权交换。这对市场经济体制改革中"充分利用资源"这个命题将产生颠覆性的冲击，会导致淡化所有权、强化使用权的有利于经济体制改革的新结论。

外部性与通用性是数据与数据要素基本性质的一体两面，外部性是价值方面的性质，通用性是使用价值方面的性质。在数字经济中，外部性主要是通过通用性得以表现，通用性也一定表现为外部性。这与工业经济中的实体要素形成对比。

社会分配机制的改变，主要在于分配平等性方面的改变，在于"平等使用"这个主题的凸显。数字经济市场机制的设计，需要将机会公平内生于资源配置机制，这会产生零次分配（生产资料可不可以共享）这样的新问题。

以新综合为特色的数字经济学附加议题，就是从分配均衡角度提出的平等的资源配置（平等使用资源）要求。

对市场化改革思路提出修正与补充意见，主要是鉴于传统市场机制改革的目标模式所依据的一些纯工业化前提假设在数字经济条件下发生了变化。

以上几个方面的改变，对市场经济体制改革的底层逻辑提出了议题重置要求。

首先，传统的市场经济体制改革主要是价格改革，价格改革的思路主要是促进市场竞争。数字经济带来的新变化，是市场内生外部性后，客观上要求竞争政策向竞合政策转变，也就是说，在鼓励竞争的基础上，还要促进合作，实现生态双赢。

其次，数字经济还带来原有工业经济不存在的一个新情况，既两权分离比两权合一更有利于"资源充分利用"。这要求数据要素淡化所有权，强化使用权。

最后，数字经济在资源配置机制中发现了新的公平逻辑，从而要求市场经济改革补充有关公平的新逻辑。此前，在工业化条件下，人们普遍认为公平会降低效率，但在数字经济中，有偿共享通用性资产导致机会公平，这比不公平、不共享更能提高效率。因此，倡导效率的市场经济改革应加入公平促进效率方面的新内容。

## 3.1.2　交换机制变化：内生外部性后的市场

### 3.1.2.1　在交换机制中内生外部性：双边与单边的区别

如果不进行深入研究，人们会觉得市场机制是普遍、永恒适用的现象，不受时间、历史局限的影响。但事实上，数字时代的到来改变了市场机制中一些看似不可变化的基本方面。

极简地概括数字经济市场机制与工业经济市场机制基本方面的不同，那就是生态化，即数字经济市场机制是一个生态化的市场机制。生态化的意思，就是可以依靠市场本身将外部性内部化。这一点是工业经济的市场难以做到的，正常情况下，会出现"搭便车"的现象。

这超出了经济学的现有常识。外部性这个概念，本身就含有与市场机制相抵触之义。市场中一旦出现外部性，就会有人"搭便车"，使经济人的投入得不到应有回报。一直以来，这被认为是对市场机制的破坏。

这种认识的理论根据，与科斯定理联系在一起。在工业经济中，一个正常的市场一定要符合科斯定理。商品的所有权在转移时，必须以明晰的产权为前提、以确定正常的状态为基准。外部性使产权边界变得不明晰，分不清所提供的产品是你的还是我的。一旦不符合科斯定理，就会出现科斯所说的交易费用，也就是界定清楚产权所需要付出的代价，例如，不让外人（与自己不同的产权主体）"搭便车"所付出的努力的代价。但这个逻辑在"付出—回报"等式上并不严谨。反例是，政府提供公共产品是全民与政府之间的交换。这一交换在形式上也具有外部性，因为公共产品让全民"搭便车"。但即使把政府视为经济人，其也不一定会因为"搭便车"而"亏本"，因为可以通过税收将公共产品内部化。可以认为，公民是在用纳税来购买公共产品与公共服务。

由此可见，问题不在于只要有外部性就不可以内部化，而是科斯定理把产品收窄为私人产品，把市场收窄为私人产品交换，只有在这种情况下，外部性才不可以内部化。在私人产品市场上，"搭便车"可行还是不可行，不但取决于所有权（在两权合一状态下等同产权），而且取决于使用权。所有权专有而使用权专用，这两个条件合在一起，才使科斯定理成立（这也确实是工业经济的实际运行条件）。在工业经济条件下，专用性产品确实难以找到将外部性内部化的方式，例如，商家难以设计出类似"私人税收体系"的内部化机制。

但仅仅由此就判定市场不可交换外部性产品是轻率的。因为一旦出现两权分离，其中使用状态为通用，使用权状态为（有偿）共享，人们就会发现，科斯定理漏算了由云计算带来的云收费模式（交换中不转移所有权，只转移使用权，且使用状态为通用——不断复用）。这种模式对数字经济来说是普遍的现象。反复复用中包含着外部性与"搭便车"的价值递增（网络效应）。

数字经济与工业经济的不同，在很大程度上取决于资源与要素通用与非通用的不同。数据产品和数据要素，即使在交换价值上具有专有性，在使用价值上也一定具有通用性。这种交换价值与使用价值在专有与通用之间的矛盾，造成了所有权与使用权（在对应收益权及收益上的）两权分离。这导致数据产品和数据要素的市场交换，逐渐开始具备与工业经济市场不同的特殊机制，即不是靠政府机制而是靠市场机制将外部性内部化。

在数字经济中判断市场可不可以交换外部性产品，不仅要看产权明晰与否，还要看使用的性质是专用还是通用、使用权是否可以分享。

### 3.1.2.2 双边市场：与科斯定理相反的市场

新规制经济学首先发现了与科斯定理相反的市场，其创新性的概念是双边市场。双边市场就是一个与科斯定理形成悖论的、可以将外部性内部化的市场。埃文斯给双边市场下的定义就是直接针对科斯定理的，市场是双边的必要条件是科斯定理并不适用于双方交易。① 双边市场指出存在两种外部性，一种是不可内部化的外部性，另一种是可以内部化的外部性。

本来，数字经济学需要将价格理论与产权理论结合起来，建立关于"外部性内部化"机制的理论框架。最初这个方向的理论，是从价格理论的实证研究开始的。

最初借用"不可内部化的外部性"的，是卡茨、夏皮罗，他们以此描述终端用户之间的关系，但不涉及梯若尔后来提到的价格结构。② 梯若尔则第一次用价格结构来正式描述将外部性内部化的市场价格机制。梯若尔并没有对理论经济学多作探讨，而是一开始就进入将外部性内部化的细节。

梯若尔将双边市场中可以内部化的外部性分为两类，一类是会员外部性，另一类是使用外部性。③ 会员外部性的内部化，主要通过平台收取会员费实现，用以补偿平台企业提供外部性资源（资产）的固定投入，这种投入往往

① 埃文斯. 平台经济学：多边平台产业论文集［M］. 北京：经济科学出版社，2016.

② KATZ M L, SHAPIRO C. Network Externalities, Competition, and Compatibility［J］. The American Economic Review, 1985（75）：424-440.

③ 让·梯若尔. 创新、竞争与平台经济［M］. 北京：法律出版社，2017.

是固定的沉淀成本，所以收费也是固定的；使用外部性的内部化，则主要通过平台收取外部性资源的使用费实现，不同应用方使用的获益情况不同，对应用方收取的使用费也是可变的。

梯若尔指出，双边有所特指，并不等于买卖双边本身。双边指的是买卖双边涉及的外部性，如果不存在外部性，买卖双边就是"单边"的。[①] 也就是说，工业经济中买卖双边构成的市场（由于外生外部性）是单边市场；数字经济中买卖双边构所的市场（由于内生外部性）是双边市场。

梯若尔解释了双边市场与科斯定理的关系。[②] 科斯定理是指在某些条件下，经济的外部性或者非效率可以通过当事人的谈判得到纠正，从而实现社会效益最大化。

具体而言，第一，在交易费用为0的情况下，不管权利如何初始配置，当事人之间的谈判都会导致资源配置的帕累托最优。这里的"谈判"不是一个配置概念，特指社会分配或权力矛盾的解决。交易费用为0，代表的是分配因素不"干扰"配置问题。不同利益主体正好在配置均衡点达到势均力敌的状态。分配均衡等于配置均衡。也就是说，代表异质性的权力因素，在争斗中正好在理性上达到均衡，因此与理性经济人没有矛盾，看不出差异。

第二，在交易费用不为0的情况下，不同的权利配置界定会带来不同的资源配置。交易费用不为0，意味着社会分配达不成理性水平上的一致，分配均衡（力量平衡）不等于配置均衡（供求平衡）。不同的权利配置界定，是指制度，如产权制度，在交易发生之前就规定了交换中的利益比例与结构，由此带来不同的资源配置（配置上的刚性）。

第三，交易费用的存在，使不同的权利界定和分配带来不同效益的资源配置，因此，产权制度的设置是资源配置优化的基础（达到帕累托最优）。产权是将不同的权利配置变为规则与制度。科斯定理虽然没有明文指出，但实际指的是工业经济中非通用性资源的分配与配置情况，其特征是所有权与使用权共享同一个受益权，适用的是单边市场。这里说的产权制度，还特指所有权与使用权在收益权上完全合一的情况（所谓现代企业制度的情况）。科斯显然没有意识到梯若尔意识到的那一类问题——外部性渗入产权并被市场充

---

① 让·梯若尔. 创新、竞争与平台经济［M］. 北京：法律出版社，2017.

② 同①.

分内部化所带来的问题（双边市场问题）。梯若尔所说的在科斯研究的世界里市场是单边性的①，可谓一针见血。

### 3.1.2.3　梯若尔辨析交易费用与外部性的关系

科斯定理实际是古典经济学与新古典经济学的分界线定理。它把古典经济学当作新古典经济学的一个特例（极端情况）来建立新制度经济学的古典边界。这个特例就是交易费用为 0。交易费用为 0 时的古典与新古典是没有区别的。

然而，平台的出现动摇了整个传统经济学关于外部性理论的根基。基于科斯定理，不区分市场的单边性与双边性问题而对价格结构问题进行商业和公共政策方面的讨论是误入歧途的。② 在出现当数字经济与工业经济的新旧利益矛盾出现时，这个问题开始成为核心争论背后的理论根据。代表工业经济的传统既得利益集团为在数字经济中受到的平台利益冲击而报复时，总是用单边市场的思路对待双边市场，进而会出现"关公战秦琼"的现象。

为了讲清楚理论上的变化，梯若尔从辨析交易费用与外部性的关系这个源头出发。交易费用与外部性是什么关系呢？外部性问题，有一部分（社会关系部分）与谈判直接有关，另一部分（技术关系部分）与谈判间接相关。

用梯若尔的理论来解释，单边性主要表现为，在买卖双方互动需要靠平台中介实现的情形中，市场双边的终端用户通过交易获得的收益取决于总价格水平而不是价格结构分配，价格结构分配对总交易量、平台利润和社会福利没有任何影响。③

梯若尔认为，科斯定理假设的市场，相当于他语境中价格结构中性的市场。价格结构中性，意味着外部性不被有效识别，也不会被内部化。对价格没有影响，即这种外部性存在与否，都不影响总价格水平。这与是否存在交易费用既有联系又有区别。

梯若尔进一步将科斯定理拆解为两个子命题来说明，命题一是市场双边的终端用户无法通过议价达成市场有效的结果，命题二是平台的价格结构是非中性的，结论是科斯定理失效并不意味着市场是双边的。④ 其意思是，平台

---

①　让·梯若尔. 创新、竞争与平台经济 ［M］. 北京：法律出版社，2017.

②　同①.

③　同①.

④　同①.

这一市场是否内生了外部性（"非中性"意味着可内生外部性），仅判断是否存在交易费用是不充分的，因为非外部性也可能引发交易费用。交易费用是必要条件，但不是充分条件。不能通过议价达到帕累托最优，等于说交易费用不为0，这时不一定存在外部性。梯若尔举了信息不对称的例子，这里没有外部性，但仍存在交易费用。交易费用的存在，又是外部性存在的必要条件。在这里，梯若尔在配置理论中引入了制度因素（这也是新规制经济学的特色），指涉的是，网络中存在的外部性，是通过一定的制度（相当于价格结构上的刚性）加诸市场交换内部化的。这一点非常关键，后来的新布兰代斯学派的反垄断理论，与此在逻辑上是内在关联的。梯若尔还区分了外部性引起的社会关系成本与非外部性引起的社会关系成本。

外部性与交易费用之间的关联在于，生态中的交易费用是将外部性内部化所产生的交易费用。也就是说，将外部性内部化，可能带来社会关系中的摩擦。平台化解这种成本，就像企业化解私人物品的社会成本一样，是一种制度成本或由制度加以消解的成本。从这个意义上说，平台方向应用方征收会员费与使用费，是在取得降低与外部性相关的交易费用的报酬。这种交易费用，应与处理纯私人物品而生的交易费用区别开。我们需要在理论上明确，平台向应用收费的本质是收取外部性的交易费用，平台服务的本质是降低生态中外部性的交易费用。

双边市场所内部化的外部性，具有可纳入交易费用框架进行分析的内在逻辑，但需要与纯社会关系分析中的交易费用区分开。这主要是因为，数据外部性与网络外部性一样，都与通用目的技术有关，由此产生的社会性交易费用，不同于一般的"议价"与"谈判"。按数字经济学的观点，通用目的技术决定通用目的资产，这是生产力在决定生产关系，是不以人的主观意志为转移的；相反，外部性转化为交易费用，则代表了社会关系被技术关系决定的一面。在实务中，梯若尔采用倾斜式定价框架，将因外部性而生的交易费用纳入平台收费范围。

## 3.1.3 使用价值与资源利用机制

### 3.1.3.1 市场资源配置信号机制变化

数字经济条件下，市场经济体制目标模式中的价格信号机制应发展为

"高质量价格信号"机制。

### 1. 价格信号内部机制的变化

在当前经济格局下，最显著的变化，在于市场的常态正在从同质性市场转变为异质性市场（以包容质量、创新与体验三大异质性）。市场配置资源的作用，集中表现为价格信号的作用。这直接意味着价格机制中的定价机制，正向着非价格信号（如以异质性为内容的信号、流量外部性信号）加入定价机制的方向转变。

举例来说，流量（网络交互数量）本身是非价格信号，但在总流量中能分化出产生销售收入的流量，这种非一般等价物信息，就可能与传统价格信号结合起来，成为定价因素。这相当于资产定价中随机贴现因子（$\beta$）的功能，以信息透明的方式实现。随机贴现因子作为化解信息不对称的信号，与收益信号（$x$）结合在一起，构成期望（$E$）定价的一部分。流量变现的信号，就是对随机贴现因子内含信号的一种替代。

（1）异质性对定价机制的改变：异质市场

原有的市场有效性假设，隐含的内容是，市场价格信号的有效性建立在窄义帕累托最优标准（同质性市场）之上。它仅相当于 $P = MC$ 的部分，排除了质量、创新与体验在定价中的主导作用。市场有效性的问题，有时在市场失灵之前，就已经凸显出来了。对市场机制设计来说，要让市场有效发挥作用，在这里首先要回应这个有效指什么。对打价格战从而获得零经济利润有效的市场，对通过品牌获得高附加值未必有效。

一个体现质量、创新与体验信息的价格信号，必然以广义帕累托最优为标准（其中均衡从一个点变成了一条等均衡线，即长尾曲线）。因此，市场在资源配置中的决定性作用，开始出现新的含义，从边际成本定价，系统地转向平均成本定价。市场机制设计，由此多了一个满足命题2设定的新要求。实际面对的问题，是市场机制设计从鼓励打价格战转向高质量发展（如品牌化）、创新驱动（内生固定成本，如罗默）以获得附加值。不沿着这个新方向设计市场机制，就会遇到企业不愿在这样的市场环境中进行研发投入之类的问题。

除了交易品的异质性，交易行为中的异质性如流量外部性，也改变着定价机制。

（2）生态化对定价机制的改变：市场 + 平台

数字经济条件下，将出现市场定价与平台定价结合、单边市场定价与双边市场定价结合、直接定价与间接定价结合的资源配置新方式，将产生直接配置外部性资源的新功能。

定价机制的另一个问题是，对竞争有效的机制对合作未必有效。数字经济中的生态化定价，就是一个竞争＋合作类型的定价机制，其价格机制包含市场与平台的双重作用。

生态化使中间产品与最终产品从相互独立的市场变为同一市场的上下双层结构，进而影响中间产品与最终产品的定价机制。

在以边际成本定价为最优标准的传统市场价格机制中，作为一种效率标准，边际成本定价既适合中间产品也适合最终产品。如果加以区分，一种做法是将内生品种的垄断竞争定价机制作为中间产品的定价机制，另一种做法则是将垄断竞争定价机制作为最终产品的定价机制。

在数字经济中，出现了以生态形式且依互补的价格信号配置资源的情形。这是指在平台生态这样一种特殊市场（双边市场）中，中间产品市场（如平台基础业务）可能依边际成本定价（往往又因边际成本为 0 而免费），最终产品市场（如 App）可能依平均成本定价（甚至可能出现歧视性定价、情境定价等），两种定价方式互补，具有引发合作行为的可能。

传统竞争政策无视二者的互补关系（视它们为分别的市场），视平台方为边际成本定价或低于边际成本定价，或视之为掠夺性定价，这些都没有把握生态定价机制的实质，把双边市场误当作了单边市场。

数字经济价格机制在这里成为一个市场定价与平台定价相结合的问题，这样的市场机制设计，着重点肯定有所不同。

数字经济实践为市场机制带来的一个现实改变，是在单边市场之外发育出双边市场。双边市场本质上是价格信号与非价格信号结合的新市场形式。在梯若尔的定价理论中，平台收取的会员费可以视为成本法定价的价格信号，反映的是数据要素方投入（固定成本）的价格，它不同于传统经济的使用费，是与流量联系在一起的收入。不同应用主体（双边中的边）有不同的流量变现方式，数据资产定价中的这一部分，体现了依场景不同而不同的情境定价特征，反映的是非价格信号（场景信号）对定价的影响。流量中富含的外部性信息，通过场景化信号，体现在最终的资产定价中。

**2. 非价格机制与信息机制的内生**

数字经济条件下，市场经济体制将出现价格机制与信息机制相结合的新机制，从而实现场景定价、个性化定价。

数字经济市场机制设计中还会出现另一类新的问题，这就是价格机制之外的配置机制问题，即经济学所说的匹配（配对市场）问题。这一问题与数字经济存在内在联系。因为任何匹配与配对，都只能是信息的匹配与配对，而不是物本身的匹配与配对。

从信息角度看，价格市场只是配对市场的一个特例。因为价格只是代表共同价值的同质信息（抽象价值信息），匹配则涉及私人价值背后的异质信息（具体价值信息）。

在现实中，双边市场就是一个典型的配对市场。其中，供求配对中批量化进行的比例越来越低，使得个性化一对一匹配逐渐成为趋势。将流量外部性作为公共池资源，有效降低一对一配对的交易成本，就成了创新的方向。将公共池机制作为流量变现的中介平台，是市场经济体制转向信息内生的一个重要动向。

### 3. 资源最优利用的生态价格机制

传统的价格机制，主要是一种套利机制，其重心在价值而非使用价值。但数字经济在使用上的可复用性，导致价格机制的重心转向了资源最优利用，比如避免资源闲置。传统价格机制具有产权无关的隐含设定，因此，价值与使用价值在配置上是同一个问题。但数字经济暴露出拥有权、使用权分离的矛盾，因此，一类问题凸显，也就是当专有产权成为资源闲置、不使用的保护机制时，市场机制设计需要有合理的安排，以确保资源的充分利用，如拍卖、有偿共享等。在数字经济中，按市场化原则共享资源有可能成为市场机制设计的核心问题。

理论界通常用双边市场来解释平台。其实，双边市场并不是平台特有的特征，交易所、电视广告等都是双边市场，却不是平台。平台特有的特征，在于它是双重的双边市场，一重双边关系是买方与卖方双边之间的关系，另一重双边关系是平台（基础业务）与应用（增值应用）双边之间的关系。前一种关系接近市场（等价交换），后一种关系接近企业（不等价交换）。

理论界通常用双边市场解释平台。其实，双边市场并不是平台的特有特征，交易所、电视广告都是双边市场，却不是平台。平台的特有的特征，在于它是双重的双边市场，一重双边关系，是买方与卖方双边之间的关系；另一重双边，是平台（基础业务）与应用（增值应用）双边之间的关系。前一种关系接近市场（等价交换），后一种关系接近企业（不等价交换）。与传统市场、企业的不同，都在于把各自的双边中的外部性加以内部化。下面分别讨论双重双边市场的经济特征。

### 3.1.3.2 使用交换与资源利用

#### 1. 从拍卖到拍"租"：具体与异质价值的定价

如果说上述的主张是微观市场机制（价格机制）与宏观市场机制（租金机制）结合型的思路，那么，下面要讨论的则是基于同样思想的纯微观市场机制设计思路。

作为经济学的前沿热门理论，拍卖理论原本的思想性并不突出，表现为基础理论乏善可陈。各种拍卖论著的理论经济部分经常是寥寥数语且语焉不详，只有当与博弈论这种更注重局部微观操作的理论结合起来时，才开始长篇大论。因此，拍卖理论容易被误解为只是一种实证操作理论。

出于研究数字经济的需要，发展出有关拍卖的规范性理论。

首先，规范性理论需要探讨拍卖的本质是什么。

如果不深入研究，随口而答，很可能把拍卖默认为，当价格围绕价值上下波动时，市场机制专门截取向上波动的部分来定价。这甚至不能称为一种"理论"，因为不符合均衡逻辑，只能当作套利中的投机取巧和短线操作来看待。

如果把符合均衡定价这一要求作为规范性地理解拍卖的前提，应当认为，拍卖是一种特别的价格机制，是可以显示与实现高于边际成本定价之上的溢价信号与增值（加成）利益的机制，这种溢价满足均衡数量要求且符合均衡定价要求，无论是定价于短期均衡（高于平均成本）水平还是长期均衡（等于平均成本）水平。

其次，规范性理论要追问拍卖的价值基础是什么。

在传统市场机制中，人们容易把价格（垄断竞争均衡价格）信号理解为交换价值与使用价值统一时的数量表现，因为拍卖价格看上去像是一个"买卖"信号——因为是在买卖中形成的，但很不容易想到，它作为使用权竞争的结果，还可能被当作一种潜在的使用潜力（利用潜力）信号——这种使用潜力因人而异，因此更多地属于数量信号，从而忽略其中包含的思想性。

如果我们跳出工业化的视角，把拍卖价格主要理解为交换价值信号这种定见再看拍卖，那拍卖形成的价格完全可以理解为反映使用价值的信号（所谓"数量信号"），拍卖过程反映了交换价值与使用价值的不一致，这等同于一块土地的资源利用效率在拥有者与耕种者之间存在租值之差。换言之，当我们把拍卖胜出者的定价理解为其对拍品的交换价值的高估（这本身也是可能的）时，应想到还有另外一种可能，也就是除了对拍品共同价值（共同知识、共同信息）的评估，还有与众不同的私人价值（私人知识、私人信息）评估。私人价值高于（通常在完全竞争市场上形成的）共同价值的部分，构成了其拍卖时付出的溢价。这种私人价值，主要体现的不是主观偏好，而是关于使用价值的信息。如果不认可这一点，就无法解释为什么不能将拍卖价格还原为一般市场价格。

相比于工业经济，农业经济与数字经济更加聚焦使用价值，包括功能上的使用价值与意义上的使用价值（以符号表征的目的、意义本身）。联系对重农学派的重新挖掘，包括对土地拥有者，引入耕种者进行价格竞争（包括宏观上的单一税）的思想，就可以豁然发现二者的联系了。

使用价值本来就具有具体性，这是贯穿前现代、现代与后现代交换过程的共性特征。但是，农业经济与数字经济在具体性之外，还赋予使用价值以异质性这个不同于工业经济的特性。当拍品不是制造品因而不归类为同质使用价值时，拍卖的独特性就显现出来了：当异质使用价值（如书画、古玩、具有内容纪念意义的物品）与具体交换价值结合起来时，就会出现拍卖定价，其实质是具体交换价值的定价过程。抽象交换价值是工业经济的主导交换价值，具体交换价值是数字经济的主导交换价值。这时，拍卖作为数字经济定价机制的思想性与理论含义就显露了出来。

表面上拍卖与数字经济的内在本质似乎毫无关联，但换个角度可以发现，它可能为数字经济市场体制改革中价格机制设计的核心部分提供了理论经济学的逻辑支持。这里的换个角度，是指从现代经济（工业经济）范式转向前现代经济（农业经济）与后现代经济（数字经济）范式（因隔代遗传而与工业经济范式具有共同的相反性，或称革命性）。换了角度后，不再仅从套利的角度认识拍卖，而可以把拍卖理解为具体交换价值与异质使用价值的标准价格信号机制。

当然，与农业经济不同，数字经济"使用而非拥有"背后强调的使用价值，不但是物的使用价值，而且是意义价值这种更高的使用价值。使用价值在口语中经常被表述为"这个东西有什么用"，这是说它在满足人的目的方面有什么实际价值。但把意义价值表述为使用价值，就变成了问"人的目的本身有什么用"，正确的回答应该是无用之用。人的目的、意义本身是没有"用"的，它就是用本身，即用所趋向的东西本身。用康德式术语来概括，就是合目的离开了目的就不成为合目的，因为它要"合"（符合）什么目的就不知道了。

在拍卖中，"为什么私人价值会对共同价值产生溢价"也就有了新的解释。不是拍卖的胜出者意气用事，这只能导致"赢家的诅咒"，而是拍品对于这位拍者的意义高于对于其他拍者的意义，拍卖实际成为显示意义价值（这是典型的具体交换价值与异质使用价值的结合体）的价格机制。意义价值会对交换价值产生上下浮动的力量。举例来说，拍卖一位歌星（比如邓丽君或杰克逊）的遗物，拍品的交换价值可能对所有人都是一样的（是一个理性市场价格），但对这位歌星的粉丝来说，这个拍品会比不是粉丝的人具有更高的意义价值。对一个不是粉丝的人来说，他也可能参与拍卖，但他的想法与粉丝不同，他想的只是转卖套利，他的出价是在交易费用可承受的条件下市场的正常出价。他将来出手时，不是在市场中出售，而是一个一个地私访潜在的粉丝，试图以更高的价格出售，然而，这种做法付出的代价可能高于溢价本身。粉丝获得这一有纪念意义的拍品，却很可能根本不会出售，因此，其只要自己觉得值就肯出价。

下面转入正题，如果不是把拍卖用于艺术品，而是当作数字经济价格机制的一种通用设计，会产生怎样的影响？

研究的出发点在于，如果证明围绕交换价值进而围绕产权明晰（绝对化拥有权）的市场机制设计，可能存在资源闲置的巨大漏洞，那么，为了比理性市场有效假设更有效地利用资源，需要一种能够引入使用权竞争的市场机制，把附加值所包含的溢价潜力，作为资源利用上更高效率的部分，通过价格机制倒逼出来。

沿着这种机制，我们可以将有关价格机制设计纳入拍卖，再进行观察与理解。

我国农村的基本经济制度，可以视为一种拍卖机制。当土地拥有者在产权明晰（村集体拥有土地）的条件下不能更有效地利用土地时（这可以等价于杜阁所说的"许多土地所有者必然会占有多于他们所能耕种的土地"），将土地使用权承包给耕种者，相当于在有限范围（村的范围）内引入了使用者之间的竞争，在剩余索取权（交够国家的，留足集体的，剩下都是自己的）的刺激下，使用者报出比拥有者更高的价格（其中盈余包含在"剩下都是自己的"之中），比村集体统一经营高出的那部分溢价，视同拍卖溢价。三权分置中的使用权流转，将使用权竞争的范围进一步扩大到社会。也就是说，在村的范围之外，当耕种者的拍卖价格高于本村耕种者时，使用权将进一步转移到更高效的资源利用者手中。

在数字经济中，作为双边市场，从价格机制理解，平台经济可以视为一种拍卖价格机制。这种价格机制的基础，是交换价值（拥有权）定价与使用价值（使用权）定价的两权分离。人们称为云模式，其特点是采用了拥有权免费而使用权收费的价格机制。比如 SaaS，指不转让软件拥有权但转让使用权，按使用（从供方讲是服务）来收费。又如 DaaS，是指不转让数据的拥有权而转让数据的使用权，并按数据的使用或服务来收费。

当双边市场演化为中间产品与最终产品分离互补定价时，就形成了成熟形态的拍卖市场，即由按使用收费发展为按使用效果收费。其中，按使用效果收费，意思是有的应用方使用那些拥有权在平台的资源（中间产品，相当于拍品，拍的是生产资料使用权），获得的最终产品（增值服务）溢价高，这称为效果好；有的应用方使用平台的资源，没有从增值服务中获得溢价，或亏损，这称为效果不好。平台方只从生产资料共享租赁中使用效果好的应用方收取资源（生产资料）使用费。这相当于拥有方在拍卖中间产品的使用权，使用权的价格是由更有效的使用者报出的。获得拍品使用权的不是一个拍者（因为数据资产可以通用、复用），报价完全由资源利用效率决定。较小比例的高效利用者（可能占全部使用者的 3%）集合起来，形成一个虚拟的拍卖者，其报价只要高于拥有者售卖拍品的市场价（补偿回中间产品作为固定投入的市场价 $P = AC$，通常情况下有偿使用费远远高于平台方投入），就会实现这样的资源配置效果：市场价格机制筛选出足够多的资源高效利用者（相当于杜阁所说的比地主更高效利用土地的耕种者），从而令拍品在非拍卖市场形成的理性价之上，因使用增值而产生溢价，进而实现比理性市场更高的资源利用效率。在现实中对应的现象是，平台对基础业务进入资本投入，一旦形成更多的双边流量（更多的供方、更多的需方），就有可能在固定资产投入形成的资源交换价值之上获得因资产复用而产生的使用费，最终的市值可以理解为是这种使用权的总的拍卖价格。相对于平台对中间产品投入形成的交换价值价格，平台的市值是飘忽不定的，但又不是完全主观的，因为双边流量是客观的，由此形成的拍卖机会也是客观的，甚至使用效果的好坏比例也是相对稳定的，稳定在风险资产收益的概率（3% ~ 6%）上。在真实世界，3%以上的收益概率已足够让平台获得垄断性超额利润，因此，需要引入亨利·乔治类型的市场规制，对其中的租金盈余进行征税。

这就改进了现代产权机制中工业化界限造成的非效率一面，实现了资源更充分的利用，形成了更有效的资源配置。

**2. 配对市场：信息信号的决定性作用**

（1）罗斯：配对市场与市场机制设计

罗斯在《共享经济：市场设计及其应用》中提出了与商品市场相对的配对市场的概念，指出市场设计的新经济学对配对及其市场进行了科学的阐述。[①] 商品市场以价格信号为核心，配对市场则以信息信号为主。罗斯的这一著作有助于理解传统市场与数字经济市场的市场机制区别。

罗斯给出了配对的定义：配对在经济学术语中可以解释为，我们如何从生活中得到既是我们选择的同时是选择我们的事物。[②] 商品交换是交换价值与使用价值之间的交换。在此，交换价值是抽象的（抽象价值），使用价值是具体的（具体价值）。但这种交换不是"我们选择的"与"选择我们的"的交换，因为我们付出抽象价值（货币），获得具体价值（货物），"我们选择的"货物是不可能"选择我们的"（所有货币都一样，不能像选择邮票那样选择货币）。因此，当"我们选择的"与"选择我们的"交换时，只能是具体交换价值与异质使用价值的交换，具体交换价值是因人而异的情境定价，体验不同价格不同，因此是可选择的，交换而来的，是"我们选择的"使用价值，是个性化的使用价值。使用价值本身是具体价值，个性化的使用价值则是具体的异质价值，它也是因人而异的，用来交换它的，是"选择我们的"价格，是情境定价的价格。进行这种双向选择（罗斯称为"交互"），除了需要货币，还需要信息，只有信息才能辨识出交换价值与使用价值的因人而异之处。匹配这种供求的过程，就是配对。

对数字经济来说，配对概念具有特殊重要的意义。第一，互联网中的交互概念来自技术，对应的经济概念应该就是配对。因为交互不仅是技术意义上的信息交换，更是经济意义上的利益配对。在互联网上大量发生的交互，实际是以意义认同的配对为基础进行利益本身的配对。社会生产的目的，就是在反复配对中体现出来的，是合目的与目的之间的配对。第二，利益配对在此还有特指，不是指交易，而是指交互。前者只以货币为中介，是理性的、

---

① 罗斯. 共享经济：市场设计及其应用［M］. 北京：机械工业出版社，2016.

② 同①.

"冷冰冰"的交换；后者含有交流之意，须以信息（语言）为中介，是信息交换，从中产生体验这种附加值。交互可以认为是在交易（价值交换）的基础上附加信息交换。

传统市场交换由商品交换与货币交换构成，对应经济学中的数量与价格；平台交换由信息交换、商品交换与货币交换构成，对应数字经济学中的品种、数量与价格。帕克、埃尔斯泰恩、邱达利将平台的交换过程区分为信息交换、商品或服务交换与货币交换 3 个部分，认为信息交换构成平台的特色：每一次的平台互动都是以信息交换开始的；每个平台商业都必须提供信息交换。①

传统市场中当然也存在信息交换，如用语言讨价还价，但它只是附属于商品交换与货币交换的，表现为语言并不改变均衡定价的位置，而只是发现这个位置的手段。但数字经济不同，信息交换是定价本身的因素，信息内生于均衡定价。信息经济学开始将信息不对称当作垄断竞争定价的内生因素，这时的信息还只是被当作价格信息的一个附属部分，是"关于"价格的信息，这种信息对称或不对称，都是相对于价格而言的。帕克、埃尔斯泰恩、邱达利将信息交换称为交互，这就多出了一层意思，即把信息当作用于一对一配对的信息。

用于配对的信息信号不同于货币，是非一般等价信号，可以表示使用价值的具体价值（将交换价值的使用价值区分为针对不同用户的不同价值），并可以把这种具体使用价值转化为具体交换价值（$AC-MC$）信号，以附加值的形式纳入合成后的价格信号。举例来说，速效救心丸的市场价格，并不区分对急用者还是非急用者的具体交换价值，但对于急用速效救心丸的人来说，他可能愿意通过加价马上获得。网络一旦通过信息交互，在供求间配对成功，加价便如期送至，形成的就可能是附加了增值服务的临时价格。但由配对信息形成的加价并不能推广，因为需求情境不同，比如，将速效救心丸作为备用药品的购买需求就不适用。

用于配对的信息信号，不同于货币信号的另一个地方，是表示更高的使用价值，即意义价值。此时，配对的本质是意义认同。意义认同不同于价值认同（特指对抽象交换价值的市场认同），它可能是因人而异的。社交

① 帕克，埃尔斯泰恩，邱达利．平台革命：改变世界的商业模式［M］．北京：机械工业出版社，2017.

网络中的交互（从对话到社交），实质是对意义的交互认同，合则聚，不合则散。这里的合，就是配对，也就是认同。意义价值具有抽象价值之上的具体交换价值。形成意义认同的商品，价格会高于一般市场价格，比如对具体歌星的演出门票，其粉丝的出价会高于一般听众，高出的部分，就是意义价值，它也可以通过配对在粉丝团、粉丝圈等范围形成。从某种意义上来说，粉丝相当于拍卖中的出高价者，这会导致高于一般市场价格（抽象交换价值或"理性"的价值）的发现机制，即表示意义价值的私人信号显示机制。

把信息交换与配对联系在一起，将其理解为交互，还会产生新的知识，即"1 + 1 > 2"的市场机制，它通向对合作（共赢）、范围经济（报酬递增）的新认识。传统市场机制没有"1 + 1 > 2"的基础性逻辑。我们或许可以把平台定价中溢价部分的价值来源赋给合作及范围经济。

罗斯指出了现有市场机制设计存在的问题：经济学家常常会忽略配对市场，而集中关注于商品市场，在这里，价格是决定谁得到什么的唯一因素，但在配对市场，价格并不这样工作。[1] 他提出"信息交换中心"这个概念，认为在配对市场中，这是与"价格交换中心"同样重要的内容。货币是无差异的，因此是没有选择功能的（比如，收取 10 元钱，不能选择收取哪个图案的 10 元钱）；信息是差异化的，因此具有选择功能。

像 D – S 模型改变经济学基本问题，从数量—价格的均衡最优转向品种—数量—价格的均衡最优一样，罗斯在此改变了市场机制设计的元问题，从"所有人得到什么价格，以及为什么"转变为"谁应该得到什么，以及为什么"。[2] 这是经济体制改革中市场设计顶层理念的一个重大改变。

第一个改变，从"所有人"变为特定的"谁"，这意味着"完全的匿名商品市场"转向了"特定的匹配市场"。市场交换的核心，由抽象交换价值转向了具体交换价值。这是数字经济学特别强调的。"所有人"代表的是价值抽象，商品市场的抽象性表现为，"一个待售的商品对应的是整个市场（任何一个人买一瓶树莓都是 5.5 美元）"，因此，"交易价格做得比较好"。"谁"代表的是具体的个人，"在配对市场中，每一笔交易都需要单独考虑"，因此，

① 罗斯 . 共享经济：市场设计及其应用 [M] . 北京：机械工业出版社，2016.
② 同①.

需要信息交换。"在匹配的市场中，钱并不是万能的，你在意的是你在和谁交易"。①

第二个改变，从"得到什么价格"转向"得到什么"，也就是说，从交换价值转向了使用价值（而且是与具体交换价值对应的异质使用价值）。这也是数字经济学特别强调的。商品市场的重心在商品化，配对市场的重心在产品差异化。罗斯提醒人们注意商品化和产品差异化之间的矛盾，他指出，产品的差异化主要表现为卖家尽量让产品与众不同并以此来吸引众多的买家。② 买家追求差异化，不是为差异化而差异化，根本原因在于，对人的自我实现而言，手段是相同的，而目的各有各的不同。当以差异化为手段追求目的时，只有信息可以辨别使用价值的不同，价格不具有这一功能。

这两个改变，都指向同一个问题：市场有效性到底指什么，是指价格（抽象、同质的价值）还是"什么"（具体、异质的价值）。对资源配置来说，所谓无效，就是另一种配置模式会使每个参与者的处境变好。信息以其区别价值与使用价值个性化差异的能力，为"配对的质量"和"市场可能提供的匹配类型"提供有效信息；与此相对，货币信息对此功能是无效的。"市场设计为配对这一古老的专业带来了全新的视角""从一种新的视角去观察市场"。③ 数字经济通过改变市场有效性的标准，从而为市场经济体制改革中的市场机制设计注入新的内容。

（2）配对市场："价格–信息"两步定价机制

配对市场的特点在于，价格不是唯一的决定因素，利用使用价值信号进行供需匹配，成为广义定价机制的一部分，由此形成"价格–信息"两步定价机制。这里的价格，特指传统价格（均衡价格为 $P = MC$ 时的市场价格），两步定价后形成的价格则是新的价格，是"价格–信息"复合后的价格。

互联网发展起来后，网络作为一种市场，比传统市场（以价格信号配置资源的机制）更接近配对市场，它以价格信号与信息信号共同配置资源。从某种意义上说，配对主要指的是信息配对。

---

① 罗斯. 共享经济：市场设计及其应用［M］. 北京：机械工业出版社，2016.
② 同①.
③ 同①.

这正是数字经济市场机制的重要特点。加入信息交换中心后，对应附加"关于质量的信号"，甚至（非价格）数量信号后的价格。与传统价格信号相比，它在交换价值上多了一个附加值。

同样以最终价格成交，其价格机制可能不同：一是两权分离——交换价值与使用价值相交换的商品交换机制转化为商品交换与使用权交换的分离；二是从单边市场变为双边市场，产生平台定价与应用定价双层定价，后者成为增值部分。

第一点，可以用器官移植来说明。

配对市场上两权分离最明显的例子是，肾脏交易被禁止，但肾脏交换（交互）被允许。其中的含义是，肾脏的买卖（拥有权交换）被禁止，但肾脏本身的交换（本质是使用权交换，一方因死亡不再使用而许可另一方使用）被允许。理由是，器官属于个体主权的一部分，因为主权不可转让，所以器官买卖不被允许，但是，器官的利用可以从主体中分离——可以亲自使用（让器官长在自己身上），也可以转让使用（让器官长在别人身上），这构成使用权流转。器官使用权的流转，从理论上说，器官的归属并没有改变，还是原主人的，但经过交换（在交换中原主人放弃使用并允许他人使用），原主人已不打算、不能够再索回转让的器官（通常是因为原主人死亡），这时的器官移植相当于土地永佃，此时的价格本质上是租赁价格（使用权价格）而非买卖价格。

第二点，可以用拍卖来说明。

作为一种以私人信息为基础的价格发现机制，拍卖导致（对应抽象价值的）价值与（对应具体异质价值的）使用价值在定价中功能性分离。

在传统市场中，完全竞争导致的均衡定价是一个边际成本价格。如果拍卖品在这样的市场中出售，那么它的价格很可能是这样的价格，我们称之为理性市场价格。拍卖市场则在这一定价基础上，进行了另一重的价格发现，形成了高于理性市场价格的价格（否则将流拍），我们称之为拍卖市场价格（或信息交易价格）。拍卖市场价格，实际是使用权竞价的结果。罗斯描述了这种价格发现机制的特点：市场会告诉你从所卖商品中寻找到怎样的价位，并且你能够以这样的价位对谁出售。①

---

① 罗斯. 共享经济：市场设计及其应用［M］. 北京：机械工业出版社，2016.

以数字经济学的原理解释，这样的一个价格实际是复合价格，是由理性市场价格 $P=MC$ 与来自异质使用价值（通过私人信息配对）的加价共同构成的，其均衡点为 $P=AC$。

罗斯举了无线广播使用权拍卖的例子。在这一例子中，拍卖的对象是无线广播的使用权，拍卖的目标就是将那些许可牌照分配到最有价值的使用途径中。[①] 如果说拥有权的价格是一个理性定价水平的价格，那使用权竞争形成的拍卖市场价格反映的就是更能充分利用资源的价格。

理性市场价格相当于完全竞争定价机制，拍卖市场价格即垄断竞争定价机制，数字经济市场机制以后者为常态，而不是以原有的没有附加值的完全竞争定价机制为常态。这反映了数字经济学的一个核心判断，即市场经济机制设计要求从现有的帕累托最优转向广义帕累托最优。在平台生态中，自然垄断的平台方与完全竞争的应用方的上下分层结构，形成了新的垄断竞争定价机制。

在信息信号的作用下，市场机制发生明显改变，由一步定价制变成了两步定价制。以黄牛市场为例，售票窗口的价格代表一般市场价格，它不区分粉丝与非粉丝、球迷与非球迷，是第一步定价，是代表抽象交换价值的价格；黄牛加价机制，可以视为一种非正规的拍卖机制，是第二步定价，形成代表具体交换价值（均衡区间为 $AC-MC$）的价格——在一般市场价格之上附加了由私人信息决定的溢价。在黄牛市场上经常可以看到一种奇异的现象：如果粉丝或球迷数量有限，在最初的抬价之后，临近开场前，因为普通观众不足，票卖不出去，价格可能急跌，甚至出现低于正常市场价格的情况。一个理性的粉丝或球迷，也可能遇到这样的两难选择，继续等下去，等到开场最后一刻买，可能等到低价票，但万一票没有了，再想出高价，为时已晚。这与拍卖参与者遇到的情况在本质上是一样的。

配对市场上定价机制的基础，在于货币定价与信息定价最终要统一为同一个最终定价。但实际的配对，往往是在平台与应用合作基础上发生的。在实际定价机制中，两权分离与双层经营这两个条件，引出了平台生态两步定价的价格机制。

平台作为一种资源配置机制，具有配对市场的性质。它的两步定价，是

---

① 罗斯. 共享经济：市场设计及其应用［M］. 北京：机械工业出版社，2016.

中间产品定价与最终产品定价的两步定价。中间产品，即平台提供的基础业务，往往是免费的，但不等于没有价格，它的实际价格，由最终产品的配对结果决定。最终产品定价，也就是应用方提供增值业务向最终消费者报出的价格。应用方从最终收入（价格与数量之积）中，向平台返还租金，这个租金的多少决定了中间产品的实际价格水平。

把这个过程视为拍卖更容易理解，设最终产品（如某 App）的价格在中间产品价格（固定成本）之上有增值方的加成。App 能否卖出去，能卖多少，事先是不知道的。其中，增值的价值，要通过信息匹配来实现。也就是说，有足够多的拍卖参与者（最终用户）根据他们的个人信息，认同这些无法比价的 App（各 App 是异质的、各不相同的且往往是不可比的）的具体交换价值。均衡价格的规律：成功售出的各 App 集合（Apps）的总收入中，当返还给平台的使用费（如服务年费，一般比例是30%）等于平台固定成本时，中间产品的价格为均衡价格。如果长期低于这个价格，平台将退市。但这个价格并不是最终产品价格，Apps 的价格（收入占比70%左右）构成真正的拍卖价格，也就是成本加成中的加成价格。因此，可以认为，平台的均衡定价机制主要是基于平台固定成本的成本加成定价机制，相当于一个双层双轨制。这一点与传统市场不同，而与拍卖的原理基本相通。

通过分析拍卖与配对市场，我们发现其对于市场经济体制改革的启示在于，在数字经济中"让市场发挥资源配置的决定性作用"，已不是原来意义上的只让价格一个信号发挥决定性作用，而是让价格信号与信息信号共同发挥决定性作用。两个信号叠加在一起，最终形成的价格正好等价于高质量发展对应的价格信号（成本加成信号，即均衡价格为 $P = AC$ 时的市场价格）。因此，市场经济体制目标模式中的价格信号机制，应定位为"高质量价格信号"（意思是能反映使用价值质的区别的价格信号）机制，或干脆叫"价格—信息"信号（简称价格信息信号）机制。这就排除了把打价格战作为主导方向粗放发展这层意思。只有明确了这一点，才能为竞争政策（包括反垄断政策）指明资源配置角度的方向，避免违反数字经济规律乱来，例如，把信息发挥作用形成的成本加成混同于权力作用下的垄断利润。

## 3.2 生态定价机制

### 3.2.1 生态定价机制：规则与随机两部定价

#### 3.2.1.1 作为市场与企业推广形式的生态网络

**1. 作为社会资本的"流量"**

技术上的网络，可以定义为经济上的生态，合称生态网络，等价于生态或网络。生态主要由平台与应用构成，以存在合作、合伙关系的集群的方式存在。

生态对应的资本是社会资本，我们也可以称社会资本为可内部化的外部性资本。作为固定投入，社会资本形成的固定资产是流量，而非通常表内资产中的有形化资产。

流量本质上是以社会关系形式存在的资本，是社会资本投入形成的产出。当平台方通过固定成本投入形成流量时，这一流量的成本等于平台固定成本的投入。买卖双边通过流量获得"1＋1＞2"的收益增量。这一增量在双边市场理论中归属于外部性，这一外部性是从社会资本的关系（网络节点互动关系）中产生出来的。考虑到流量是平台方资本投入的产出物，又相当于是应用方产出增值服务的投入物，我们可以把它的作用等价于生产资料所起的作用。当平台方向应用方共享流量时，它共享的实质是平台的生产资料或者说平台的资产。

流量不同于机床之类，是"附身"于主体的异质性资本。① 其异质性表现在社会网络的关系和信任之中，二者都具有相互外部性，都可以相互内部化，这是其与传统市场及企业相反之处。这意味着，该机制与科斯原理是相反的。在科斯原理中，外部性带来的经济后果是成本，社会外部性带来的成本是交易费用。社会资本将外部性视为一种利得，社会外部性带来的收益是可聚集的租值。

---

① 按古典经济学口径，社会关系相对于技术关系是异质性的，社会关系资本属于异质性资本。

流量产生的增量（对应流量转化），对应资本产生的利润（利息），在技术上表现为网络效应。从这个角度讲，网络效应实际是数字经济的本金产生利息的机制。

同样是将资本投入于人而非物，流量有别于人力资本。人力资本是主体形态的资本，是投入于个体的资本；流量是客体形态的资本，是投入于社会关系的资本。流量只存在于网络之中，是社会资本的存在形式，关系和信任则是社会资本的存在内涵。

流量是平台方与应用方共同努力形成的，产权上属于平台方，因为是由平台方投入固定成本，以基础业务的方式服务于供求双边形成的。这一服务是由分成合约在平等交换基础上形成的，平台方以基础业务服务，换取供求双边应用方的参与，作为交换，应用方授权平台方使用流量获得增益，双方依使用合约分享这种收益。

网络是市场与企业推广后的形式，是广义的图。网络对市场的推广，表现为网络将边的均质性放松，推广为包含异质边的图。网络对企业的推广，表现为网络将节点的中心性和以中心节点为中心扩展层级的结构，推广为中心不确定甚至中心对等的结构。这种推广是以继承为基础的，网络不是对于市场和企业的简单替代，而是扬弃，即将市场和企业（规则网络）中的规则性继承下来。这种肯定、继承关系，保证了网络不是回到前现代的小农经济（随机网络），而弃的方面，表现为加入了随机网络的某些特征。这种随机（或叫自由选择）是在更高发展阶段，螺旋式上升的"再复杂化""再小农化"，呈现出高级的自由选择的特性。这种"高级"性，具体表现为网络的自由选择不是自然随机而是社会随机，是专业化基础上的多样化、规则化（如标准化）基础上的个性化、规模化基础上的定制化。举例来说，同样强调最短路径优先，它强调的不再是农业社会那样自然村落上的短路径或血缘关系上的短路径，而是在地球村中，经过万千人比较选择后，找出的心理上最近的邻居，是陌生的熟人（"天涯若比邻"）。

对于研究来说，要解决两个方面混淆的问题：一是把网络混同于市场（它们都是扁平化的），把网络经济混同于市场经济；二是把网络混同于企业，把新型网络组织习惯性地当作企业（如称互联网企业）。在海尔的经验中，企业转型意味着把企业转型为一个网络组织，而不是把企业从一种企业转型为另一种企业。相对于前一种混淆，后一种混淆更加难以辨识。

### 2. 内生流量的数据交换与价值确定

作为生态的标志，流量同时具有市场与企业的特点，但又不同于市场与企业。

第一，流量中蕴含外部性等价交换特征。生态表面上也像市场一样，可以把数据作为商品进行等价交换。但难点在于，数据与数据要素作为商品，是难以在产品水平上仅凭所有权交换与转移确定其交换价值的。这主要是因为，数据只有在流量使用中（在其意义实现中）才能变现，数据不是原子型的存在，而是关系型的存在。数据在使用中形成的关系，就是它存在的语境。数据的意义只有在它的语境中才完全存在。数据的意义价值也只有联系它的"语用"才能真正确定。如果脱离使用场景进行交换，蕴含在数据价值中的双边外部性就难以内部化了。因此，需要在数据全部价值可以内部化的条件下确定价值。这决定了数据交易不同于一般的商品交换，它的等价需要内生外部性后在内部化的过程中确定。

在微观的报表上，对应的是会计记录价值的时点，不是在交易发生的那一刻（所有权转移那一刻），而是有一个滞后，是在意义价值浮现的那一刻。计量的不是交换的价值，而是体验的价值（产生效果的价值）。例如，计量口碑价值的 NPS（净推荐值）方法，指标是看商品或服务售出后用户是否向他的朋友推荐。计量的不仅是值得不值得，还有满意不满意（通过意义实现而溢价）。口碑价值就是一种外部性的价值。

第二，流量中蕴含社会资本的结构特征。按使用效果收费，是不同于非生态市场机制的主要定价特点。内生流量才能确定价值的数据，按使用权定价比按所有权定价更符合价值规律。

与传统的租赁不同，数据使用权的交换，要求按照使用效果而不是按使用来定价（交费与收费）。这意味着，数据使用没有效果，就相对于具体权利人没有价值；数据使用有效果，就相对于具体权利人有价值。这与实体产品完全不同，而与服务相通。

流量对于数据来说，相当于语境之于文本。文本有没有意义，意义是什么，主要取决于它的上下文语境（取决于文本的"使用"，没有使用就无所谓语境）。同样，数据的价值必须以意义的方式存在，它的价值只有在使用过程中才能得到确定与实现，只有在流量中才能变现。那些没有实现价值的数据，是没有价值的数据，它相当于没有能实现其交换价值的使用价值。但数据与实体不同，可无穷复制，对于使用无效果的数据，其复制成本几乎为零，因此不收费也没有什么损失，这就决定了，转移房屋使用权必须按使用收费而不能仅按使用效果收费，转移数据的使用权应该按使用价值收费而不是按使用（不管有无效果）收费。收费方式决定了数字产品的定价方式——根据使用权特点确定。

保护流量，等价于工业时代的保护产权。流量是平台企业对生态的固定投入而形成的经济资源，它等价于对企业的固定投入而形成的生产资料，只不过它是在主体一端存在。流量与应用基础设施对生态来说互为表里。流量是生态的社会构成，应用基础设施是生态的物质构成。应用基础设施的容纳内容是由供求双边构成的流量，流量的容器是应用基础设施。

### 3.2.1.2　定价中的社会因素：迪克西特的关系型合约

在生态定价机制中，$P^*e^*fg$ 可认为是一个叠加在经济之上的"社会"区间。从新综合的大框架来看，这一区间（传统上政府经济、公共部门经济空间）又是一个"古典"（由社会关系而非技术关系决定）的空间。

从生态关系中，我们认识到垄断竞争两步定价机制在确定均衡价格方面不同于单边市场的特点。如果把这种行为概括为市场规则，则可以把工业经济与数字经济中的市场机制区分为正式规则（法律性合约、正式合约）与非正式规则（关系型合约）。非正式规则（关系型合约）代表了生态机制中随机的一面。$P^*e^*fg$ 区间就是非正式规则的值域。这时的社会关系特指古典经济学语境中与理性的社会关系（经济人关系）不同的那种权力关系。

网络配置资源与市场配置资源，在数学上有一个明显的区别。市场配置资源的单位，是原子论中的点（相当于波粒二象性中的粒），在数学上就表现为 1，2，3，…，$n$ 这样的数，网络配置资源的单位，除了点，还要加上关系（相当于波粒二象性中的波），在数学上表现为由点与边共同构成的图（图论中称"网络"为"图"，由邻接矩阵表示）。这个图，就是我们所说的生态。

平台涉及的双边，只是图中边的一种特殊形式。实际上，生态是多边的。多边的组合关系，是网络这种配置机制不同于市场的特点。关系在传统市场中是被忽略的，忽略的原因，从图论原理解释，是市场中所有的边都是等长的（意味着公共关系、生人关系），这样构成的网络是正则网络。

在市场这种网络中，任何一条边都不会改变价格，因此可以不参与均衡计算。网络（平台或生态）则是市场的推广形式，它将边相等这个特例推广为各个边不相等，因此要将关系内生于价格生成机制。这对市场经济机制产生了深远的基础性影响。

迪克西特提出用关系型合约来界定这种关系型配置机制。他将网络关系（点加边的集合）内生于市场关系（点的集合），从配置角度将社会关系嵌入价格理论。

切入点首先是区分关系型合约与正式合约，前者相当于私人关系合约（随机网络），后者相当于公共关系（正则网络）合约。

对于图来说，关系型合约的网络中，各个边（邻接关系）是不等长的，社会关系的类型是邻居关系。邻居的优点是相互知根知底，实现信息对称（相互具有"可观察信息"①，即透明信息）的交易成本非常低，一旦违约，可能受到失去社会资本（关系网络）的惩罚，因此构成了对于相互欺骗的抑制，增加了合作的机会；缺点是一旦违约，不一定能得到法律保护。

正式合约则正好相反，它的各个边是等长的，优点是一旦违约，第三方"可证实信息"② 可以作为仲裁依据，便于法律强制执行；缺点是"可证实信息"与"私人信息"③ 是不对称的，因此实现信息对称的交易成本非常高。

传统市场是基于正式合约的配置机制，早期斯密式的市场假设不存在私人信息，只有价格信号作为可证实信息起作用，但新制度经济学认为，市场实际是存在交易费用的，为了降低这一交易费用，需要用企业这种合约（张五常认为企业的本质是合约）来替代市场，降低弥合可证实信息与私人信息的差距所费之成本。但迪克西特指出，在"合约方式"（配置方式）中存在另一种合约——既不同于市场也不同于企业的合约（市场与企业二者可统称为规则网络合约），这就是关系型合约，它的特点是由邻居型关系构成的网络（社会资本）。由前面的讨论可知，它的邻接矩阵具有随机与规则网络混合的特点。

当然，从数字经济学的观点看，"私人信息"不为他人所知，根本原因在于它是个性化信息——这种信息不可能通过对于点的知识获得，只能通过边

---

① 迪克西特. 法律缺失与经济学：可供选择的经济治理方式［M］. 北京：中国人民大学出版社，2007.

② 同①.

③ 同①.

（所谓情境、语境）来锁定。它是一种过程（becoming）信息，而非状态（being）信息。传统市场（同质完全竞争市场）的价格信号只反映同质性信息，但在数字经济的均衡中，个性化信息（差异化、多样化、异质性信息）可以通过加成的形式（附加值形式）成为定价因素（不但是成本因素，而且是溢价因素）。这一点决定了，在数字经济中关系型合约在均衡水平必然是某种垄断竞争定价。在被称为生态的新垄断竞争市场结构中，这种关系型合约同时蕴含着合作博弈合约带来的特别增值（$P^*e^*fg$ 区间的 "1 + 1 > 2"）。因为溢价的来源，从其结构看，正好具有被外部性放大后的成本分摊型合作博弈的特点，它同时又在定义上基本等价于报酬递增。在这个意义上，关系等于在说合约的双方（或多方）相互提供外部性，进行价格上的交叉补贴，这是 "1 + 1 > 2" 的价值来源。

此时的竞争政策不应限制生态合作中的交叉补贴，而应加以支持，因为交叉补贴有利于资源在合作互补中充分利用，进而形成新的增量价值。

### 3.2.2 生态组织的定价机制：外部性与间接定价

平台协同的动力机制，是指使利益机制发挥作用的资源配置与社会分配作用机制。

本书把外部性与某种程度的公共性联系在一起，展开深入讨论。在生态型市场中，商品与要素的交换具有私人产品与公共产品混合的性质。前文从组织角度分析这种公私混合，后面将从市场价格机制角度做进一步的分析。

研究表明，平台受到公共性与私人性两种作用力的推拉而达到均衡。资产的通用性使之推向公共目标，共享的有偿性将之拉向私人目标。两种作用力在云机制的作用下达到平衡，最终使平台在公私中间最为有利。平台站在中间立场去协调私人目标与公共目标，最符合这种内在利益动力机制。将平台治理成纯私人部门或纯公共部门，都可能带来非理性的后果，使平台企业失去投资动力或活力。

平台为什么重要？可以把这个问题转换一个角度：市场经济与社会主义如何结合？在平台配置机制中，它等价于竞争与合作如何结合。长期以来，市场经济与资本主义似乎是竞争机制的同义词，而社会主义与合作机制又往往联系在一起，把两者结合起来的关键，是将竞争与合作统一于同一个机制。平台正是这样的机制，竞争机制是个体间相互排除外部性的经济，合作机制是个体间相互提供外部性的经济，平台是通过角色置换将外部性内部化的机制（前面称为"间接内部化"），它既是反外部性机制（因为化解了"搭便车"这一主要的合作障碍），也反映了内部化机制（因为化解了共享这一主要的竞争障碍）。

在互联网中，平台方的收入既涉及外部性（资源配置），又涉及公共性（社会分配），但在取得由此而产生的收入时，企业的性质既不同于以公共性为主的国营企业，也不同于商业性的一般民营企业。其从数字外部性中取得收入的方式，是按市场化原则、商业化方式有偿共享。因此，在总的分类上仍应将平台当作私人部门来对待。

平台在协同市场与政府发挥治理作用方面，具有背离私人资本目标而倾向公共目标的内在动力，这种动力，源自生产力（通用目的技术）的通用性，以及传导内生资本机制后产生的通用性。通用性，决定了资源与利益上合作的收益大于不合作的收益。私人资本如果顺应通用性资产的特性（开放共享）进行决策，就会发现将市场与政府协调起来，比对立起来更符合自身利益。相反，如果把通用性资产当作专用性资产来运作，封闭经营，将在收益上受到惩罚，从而损失机会成本。

### 3.2.2.1　生态的企业经济学含义

从经济哲学的视角来看，生态的核心含义在于互利。如果说内部化代表自利、外部性代表利他[1]，那么生态就是在市场内部将外部性内部化，将利他与利己统一为互利。也可以认为，生态意味着要把自利假设替换为互利假设。它是利益共同体、合作共赢等现象的理论基础。

数字经济中的市场是生态化的市场，工业经济中的市场是非生态化的市场。

生态化与非生态化的区分，可以以外部性（利他）与内部化（利己）的关系为标准。

非生态化的配置机制（市场机制与企业机制），以自利为前提假设，将外部性全部内部化，在其最优状态，不允许不能内部化的外部性存在，如果存在，就将其归入科斯所说的交易费用。企业在明晰产权的状态（实质是明晰

---

[1] 负外部性等于负的利他（损害他人），但负的利他不一定等于利己，因为可能存在损人不利己的情况。

财产内部化的边界）下，也要将这种外部性降到最低。外部性要想正常存在，必须以公共产品的形式划到市场之外，由政府机制解决，政府负责资源供给利他的部分，以税收的方式实现内部化。市场之内则完全是内部化的，负责自利的部分。外部性（公共产品）与内部化（私人产品）是对立的、相反的机制。

在生态化的配置机制中，提供外部性的一方（平台企业）与提供内部化的一方（应用企业）是互补、合作的关系，二者处于同一个效率与公平单位——生态组织。如果将生态视为一个合约，那生态可被视为利益相关方基于使用权达成的共同利益合约。这些利益相关方在使用权上是同一经济主体单位（而在所有权上分属不同的经济主体单位），生态中的各方并不是竞争关系（如果平台企业与应用企业之间发生竞争，将纳入后面的规制范畴）。

工业经济的市场机制是建立在完全内部化基础上的，数字经济的市场机制则以不完全内部化为基础，这就决定了工业经济中外部性是不经济的，数字经济中外部性可以是经济的（只要实现不完全内部化就可以做到）。这改变了市场机制设计的底层原理，竞争的方式本质上是完全内部化的方式，工业经济中的市场机制不同于公共产品机制，是建立在竞争与排他基础上的。但数字经济的市场机制，需要引入非排他、非竞争的资源和要素，需要建立不完全内部化（同时也是不完全外部性，即准公共性）的机制。

生态是外部性市场机制，当生态不仅是双边市场也是平台市场时，市场的价格机制就转化为企业（要素）的价格机制。这种机制体现为双重内部化，一重是市场化的，另一重是"企业"化的（加引号是因为不是企业内部机制，而是企业间关系，类似企业内部机制）。

在"企业化"的内部化中，外部性被视为企业有意识的投资（投入）行为的结果（产出）。例如，流量中蕴含的网络效应（"1＋1＞2"），对应用企业来说是一种外部性，在此被视为（平台）企业投入带来的产出，即投入量值为 $FC$ 的平台，通过将免费的基础业务（如社交功能）作为对消费者的"投资"，刻意形成"流量"这种外部性。再比如，应用企业聚集蕴含的网络效应，对消费者来说是一种外部性（可以减少搜寻成本，增加选择余地，带来消费者剩余），在此被视为（平台）企业投入带来的产出，即投入量值为 $FC$ 的平台（如提供一个线上与线下相结合的批发市场），通过将免费（或低于市价）的基础业务（如匹配①、库存、物流配送服务）作为对应用企业的"投资"，刻意形成卖方云集（如购物中心）这种集群外部性。

这种可以带来生产者剩余与消费者剩余的外部性，在数学上等价于垄断竞争均衡水平下固定成本（$FC$）均摊到生产者（应用方）和消费者预算约束中带来的报酬递增或成本递减（$AC-MC$）。因此，这种对应收益超可加性与成本次可加性的外部性可以在均衡水平用 $AC-MC$ 这一尺度来计量。

在"企业化"的内部化中，外部性是资本投入带来的产出，是本金带来的利息；在市场化的内部化中，外部性是商品交换自然产生的（例如，消费者流量是非有意识的投资行为形成的，是不经意间的疯涨），是从本金到本金的交换，是本金偶然的、"神经质"的膨胀，因此，内部化是对不明原因膨胀的本金的分割（与资本机制无关）。中介（平台）的佣金只是在最终价格中扣除的中间成本。质言之，平台只取得成本，不涉及资本增值的利润。如果只是这样，没有投资人会在风险投资市场上对平台进行投资。投资人会用看待咨询公司（收入很高但无法上市）的眼光来看待平台，因为同样是在耗费成本（人力资本密集，高度依赖劳务成本）而不具有成本之上增值的潜力。然而，事实完全不同，平台之所以成为上市热门，恰恰在于它本质上不像商人而更像资本家（而且是高风险高收益的资本家）。双边市场理论最不符合实际的地方就在于，它把平台描绘成商人而不是资本家。

进一步展开生态价格机制，可以将外部性机制分为间接内部化与不完全内部化两个基本特征。其中，间接内部化是工业经济也可以具有的特征，在数字经济中则是由网络（互联网）进一步加强的特征；不完全内部化是只有数字经济（而且只有以数据资产投资为主）才具有的独一无二的特征。这时的数字资本具有和风险资本一样的特征（一个极小比例的具有高风险、高收益特征的成功投资，补偿其余比例的失败投资而有余），体现的是数字经济不确定、高风险这一核心特点。

### 3.2.2.2 数字外部性：通用性资产与共享赋能机制

#### 1. 外部性有关概念
外部性指在社会经济活动中，一个经济主体的行为直接影响另一个相关

---

① 俗称提高转化率，即将流量转化为实际购买者。

经济主体却没有得到相应补偿或承担代价的情况。外部性可分为正外部性和负外部性。

正外部性是某个经济主体的活动使他人或社会受益而受益者无须花费成本的情况。正外部性涉及的主要是收益。他人"搭便车"获得收益却无须为此付出成本，相当于"不劳而获"；经济主体（企业）一般会因外部性受损（包括机会受损），劳而无功。

负外部性是某个经济主体的活动使他人或社会受损而该经济主体没有为此承担代价的情况。负外部性涉及的主要是成本。他人因外部性受损，付出成本，相当于"无妄之灾"，而造成损害的经济主体（企业）可能从中获益而不付出代价，相当于"不劳而获"。

数字外部性，指由数字化原因导致的内部化收益小于外部化收益的情况。通用性资产作为平台企业的主要投入，改变了企业经营中外部性的动力机制，使外部性由不能为市场所内部化变为利用市场机制本身就可以内部化。

**2. 数字外部性的界定：反外部性**

反外部性，是指可间接内部化的外部性。

数字外部性的背景，是通用性资产①随数据成为新型生产要素的兴起和主流化。

由于资产专用性与通用性相反，它们各自的外部性也具有相反的特征。数字外部性的特点表现为行为主体将外部性内部化（如可共享生产资料不加以共享）的收益低于外部化（例如，以云模式共享并按服务或使用收费）的收益。

数字外部性包括相对于专用性资产外部性的反的正外部性与反的负外部性。姑且称这种特性为相对于专用性资产外部性（专用比通用收益高）的"反外部性"。

反的正外部性是指，行为主体企业（平台方）因外部性（共享）受益，即让其余企业"搭便车"而自身不受损（产生租值耗散）反受益（产生租金盈余）。在"搭便车"的过程中，最终收益的一部分（70%）归"搭便车"

---

① 叶秀敏，姜奇平. 生产要素供给新方式：数据资产有偿共享机理研究［J］. 财经问题研究，2021（12）.

企业，另一部分（30%）则作为租金返还给行为主体企业。

具体表现为，平台方按市场化原则、商业化方式有偿共享（数字）生产资料，按使用效果向应用方收费。与专用性资产外部性不同之处，是数字生产资料可无限复制的特性，产生"无限的租"，导致外部性收益超过内部性收益。

反的负外部性包括，行为接受主体（应用方）因行为主体企业（平台方）的负外部性而受益，平台竞争一旦实现基于标准的垄断，会因赢家通吃而限制应用方的选择（比如淘宝、京东、拼多多、抖音，如果竞争只剩下一家，网商将别无选择，只能选择一家平台），同时也构成对平台竞争者而言的负外部性（即消除了使竞争者成为此领域平台的机会，所谓"数一数二，不三不四"①）。但是，应用方会从标准的统一中受益，例如，减少转换成本、避免重复投入等。

与资产专用性造成的负外部性相反，这里却可能导致他人因行为主体减少他人（平台竞争者）机会成本的行为而受益。

行为主体因数字外部性而从负外部性中产生的社会成本，具体表现为由标准垄断而产生的负外部性所对应的成本：一是治理成本，由政府、社会与其余企业付出的治理成本；二是成为潜在平台方的机会损失（失去成为平台的必要生产与服务条件），包括沉淀成本；三是税基成本，大量中小企业作为应用方向平台交"税"（如"苹果税"），而这笔"税"不以租金盈余再分配的形式返还给社会，这等同于政府部分税基流失。② 这些成本并不由平台方承担，平台方却从中获得均衡水平之上的超额剩余（盈余租金）。

负外部性本来要求行为接受主体（如排污企业之外的企业或地区）承担行为成本（如污染带来的治理成本），而在这里，应用方从标准垄断行为（这种行为可能因"大"而伤害公平）中享受利益（提高自身的效率）。典型的情况是，深陷资金困境的中小企业，在无法获得资金时，由于成为互联网生态中的应用方，从重资产运作（破产时将造成银行或自有资产的损失）转向

---

① 在互联网领域，每一个细分领域往往只有排位第一、第二的平台方有机会上市，排在第三、第四的企业往往或被收购或遭遇失败。

② 是不是这样，还需要具体计算。比如，同是促进就业，同一笔租金盈余是收归政府后以公共项目形式投入下去解决的就业多还是留在平台通过进一步的生产资料共享解决的就业多，要具体计算后再下结论。不排除税目越少税越多的情况。

轻资产运作（破产后无资产损失——资产系复制所得，破产不交资产租赁费用），从而降低进入市场的门槛。政府也可能在税基缩小的同时，从通用性资产的资金替代中缓解中小企业资金难的情况，从而扩大税收。平台越大，分享生产资料的动力越足，这种受益面就越大，甚至导致受益部分超过受损部分。

### 3. 数字外部性的特征

（1）数字外部性的过程特征：内部化与外部化混合

在互联网生态中，反外部性是通过平台方向增值应用方有偿共享数字生产资料实现的。其中，有偿是内部化，共享是外部化。有偿共享是内部化与外部化的结合，也可以据此认为数字外部性是一种混合外部性，即部分（3%左右）收费（内部化），部分（97%左右）免费（外部化），按一定比例内外混合。

按使用效果对数字化生产资料收费的具体做法，包括内部化（收费）与外部化（免费）两种。

内部化是指对"使用效果好"即利用生产资料获得收益的企业（个人）及应用，按一定比例分成（一般是三七分成，即资三劳七[①]，如"苹果税"）。这时的外部性已被完全内部化。反外部性的"反"主要来自这里。

外部化是指对"使用效果不好"即利用生产资料未获得收益的企业（个人）及应用，免收生产资料使用费，这时平台提供的固定成本又成了完全的公共产品。反外部性的"外部性"主要来自这里。

内部化与外部化的比例，在互联网生态中大致为 3% : 97%。可见，外部性是平台方提供数字化生产资料共享服务的主导性质。由于对 97% 的应用方免费，可以认定互联网平台方具有准公共性质。认为它不属于完全的公共企业，是因为对 3% 的应用方收取服务费是纯商业行为，成功的平台方往往可以通过绝对值数量庞大的 3%（例如，1000 万家企业中的 30 万家企业）把 97%的企业"搭便车"的损失加倍补偿回来，因此，平台方在此主要是私人企业。现有的互联网平台方多为具有准公共性质的私人企业。

---

① 这里的劳，泛指 App，以无"产"（这个"产"仅指生态中的固定成本 *FC* 部分）者身份加入生态组织。虽然 App 实际上可能是中小企业（甚至少数大企业），但其由自身生产资本带来的价值不应计入"苹果税"，只应付给平台渠道佣金。

（2）数字外部性的结果特征：反外部性相反在何处

互联网平台从准公共性中为自己带来的是寻租效果，这是通过数字外部性的结果看出来的。反的外部性往往与社会分配有关，且受益均与他人机会丧失这种不公平有关。这种机会分布（分配）中包含着体现市场秩序和机会公平的公共利益。

互联网生态中的反外部性（反的正外部性）表现为，受益者的位置由行为客体颠倒为行为主体。也就是说，行为主体表现得好像行为客体一样。从形式上看，当政府作为行为主体提供公共产品的时候，公众作为行为客体（外部性的接受者）在正外部性中受益。反外部性的行为主体（平台方）的受益方式，却与正常外部性的行为客体在表面上类似，都不因外部性受损，反而因外部性受益。只不过反外部性（反的正外部性）的行为主体与客体之间的受益关系颠倒了过来，现在变成了行为主体即平台方，成了受益的一方。这与传统"搭便车"的损益关系正好相反。

反的外部性是就单独个体而言的，对整体来说，它依赖于施惠者与受惠者之间的相互外部性，以及相互内部化。

第一个相反之处在于，行为主体的投入产生正外部性后，不从外部性中受损，反而从外部性中受益。例如，仅对少部分（3%）资源使用者收费，而允许多数（97%）资源使用者"搭便车"，所得竟然大于所失。

第二个相反之处在于，由于存在数字外部性条件，将外部性内部化对主体企业并不有利。比如，对数字中台，行为主体（平台）既可以内部化（不分享），也可以外部化（分享），但不分享比分享获利更少而不是更多。典型如云模式（SaaS、PaaS、DaaS等），都是通过外部化来扩大收益的。

由以上分析可以得出一个结论：平台具有通过共享生产资料为公共目标的实现赋能的本质特征。这是平台不同于纯私人企业的地方。平台在向（数量达百万量级或千万量级的）应用方共享生产资料时，表现得像是公共部门或公益部门，只是不具备不以营利为目的这个条件。既然平台有表现得接近公共部门的一面，那利用其实现真正的公共目标（如共同富裕、就业、内需等）时，其就有与政府协同治理的充分可能。

### 3.2.2.3　平台的私人补偿机制："无限的租"模型

在平台经济中，出现了一种新的经济学逻辑，即"无限的租"的逻辑。

"无限的租"的制度经济学前提，是通用性技术（General Purpose Technology，GPT）决定通用性资产（General Purpose Assets，GPA），与之相反的制度是专用性技术决定专用性资产的制度，即威廉姆森的"资本主义经济制度"。[①] 前者是数字经济典型的产权制度，后者是工业经济典型的产权制度，二者的主要区别是资产在使用价值上能否复用。通用性产权制度的典型特征是产权重心由所有权转向使用权，原因是同为资本，所有权与价值形态的资本无法复用（复印），否则会犯伪钞罪，但使用权与使用价值形态的资本（生产资料）可以复用（复制）。由于复用生产资料合法，从中产生了利用"数字化生产资料共享"[②]，在资产"复用"中反复收取租金，形成"无限的租"的机会。

从经验上看，当分享经济的平台在技术上具有使用的非排他性时（且越分享，随着使用节点的增加，使用价值越大），App 的数量可以无限增加，App 中具有使用效果者（交得起租金的人）也可以无限增加，App 创造的差异租也就可以无限增加，因此，按使用效果收费得到的租金（主要是差异租）也可以是无限的[③]。与"无限的租"相反的是"有限的租"，比如租房，实体房屋在使用上具有技术上的排他性，同一面积在同一时段租给一家，就不能同时租给另一家，因此只能收取一份租金，不能像分享经济的平台那样把同一资源同时租给不同主体，重复收取租金。

如图 3-1 所示，在 $DEGF$ 复制、倍增 $Q_1DFQ_2$ 的过程中，如果存在固定成本 $FC$（如平台），那么，$FC$ 一般是不随 $GF$ 的延长而增加的，但平均成本 $AC$ 会不断下降。$U_{r_2}$ 外移时，效率可能并没有改变，但如果存在固定成本，效能则会完全改变。随着 $U_{r_2}$ 外移，$Q_n$ 的值不断加大，此时不是存在规模经济（当 $Q$ 代表 $q$ 时）就是存在范围经济（当 $Q$ 代表 $n$ 时）。

在所有权与使用权两权分离的产权结构中，产品拥有与服务使用形成了分离互补。用 SaaS（云计算中的软件即服务）来验算，它的特点是产品（软件）不收费而服务（使用）收费。在服务化的深层阶段，这种模式进一步演

---

① 概念出自威廉姆森的《资本主义经济制度》。其中，"通用性资产"在我国首次见诸政策文件《国家发展改革委 中央网信办印发〈关于推进"上云用数赋智"行动 培育新经济发展实施方案〉的通知》（发改高技〔2020〕552 号）。

② 首见于发改高技〔2020〕552 号。

③ 除非受到人口统计学意义上的限制（使用者不可能超过人类的总人口）。

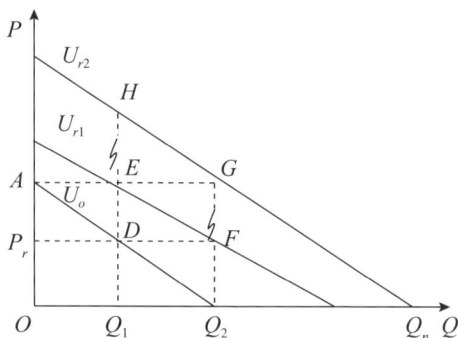

图 3-1　"无限的租"

变为承载固定成本的平台不收费而使用平台的高度差异化的增值应用（App，越小越美的主体）收费。平台按固定成本的使用效率（多样化效率），向 App 服务收取租金（$DEGF$）。这种租金（不同于实体租金之处在于可以通过无穷复制 $Q_1DFQ_2$ 而倍增）足以补偿作为准公共品的平台被"搭便车"（免费使用）的损失且有剩余。但一旦超过必要的度（如"守门人"界限），私人所得就开始产生对应租金盈余再分配的"舞台"机会这种公共价值。

由以上分析可以得出另一个结论：平台具有通过有偿共享为实现私人目标索取剩余的本质特征。平台共享生产资料是为了盈利，是商业化行为，而不是在做慈善，这就为治理中的另一个方面即与市场经济相协调与对接创造了条件。

### 3.2.2.4　"私人税收体系"治理与替代方案评估

**1. 多重归属与生态产权保护**

生态产权保护，在此主要指使用权与流转权的保护，所有权的保护则归类到传统产权保护中，多重归属就涉及资产使用权关系。对数据资产的保护，主要是对使用权与流转权的保护。按使用效果而不是按使用收费，将显示出数据产权保护标的与实体产权保护标的不同。

如果平台在公共目标与私人目标的取舍上达不到平衡，特别是偏向私人资本利益时，那它所发挥的作用就不是协同市场作用与政府作用，而是倒向自由市场的一边，并为此与公共目标发生冲突，具体表现为私人攫取盈余租金，将"苹果税"变为"私人税收体系"，"二选一"行为，等等。

平台盈余租金、"苹果税"、"二选一"都涉及私人资本侵占公共利益，但侵占到什么程度，需要具体分析，特别是要与保护私人企业产权相权衡，找到治理的合适分寸。除了特定情境，应把握市场与政府关系的中线。

平台盈余租金道理如前所述，"苹果税"符合"按市场化原则、商业化方式""有偿共享"这一数字外部性收入取得方式，但是否将其完全等同于"私人税收体系"，在欧美司法实践中产生了重大分歧。

"苹果税"设计的本意不是以双边市场而是以"新垄断竞争"结构为前提。它假设在平台上销售的所有产品和服务，都以平台提供的生产资料（如开发工具）为唯一的资本（固定成本）来源。也就是说，App 是由苹果公司提供的开发工具开发出来的。因此，三七分成，其中交给苹果公司的"三"（30%，即所谓的"苹果税"）是苹果公司的生产资料有偿共享使用费（在阿里巴巴，称为"服务年费"）。但令人意外的是，出现了不使用苹果公司生产资料的情况。一些外部品牌（独立厂商）以 App 形式加入后，其生产资本与生产成本是在独立厂商内部形成的，与苹果公司无关。他们仅仅把苹果商城当作销售渠道，也就是双边市场来看待，因此，他们认为给苹果公司交费不是给资本交费，而是给渠道交费。

这涉及平台经济的根本定义到底是双边市场还是"新垄断竞争"市场。在真实世界中，互联网平台具有双边市场（贸易关系）与"新垄断竞争"市场（资本关系）的双重属性。前者属商品交换范畴，后者属要素交换范畴。合理的做法是建立行业规则，区分平台的两种功能与两套收费规则，分别建立平台方与应用方之间的合约。

"二选一"问题属于同一性质。如果外部品牌只是"路过"平台，也就是把平台当作渠道（双边市场），那么"二选一"就不合理，因为把等价交换关系变成了投资关系；反之，如果产品与服务在平台内形成，且以平台有偿共享的生产资料为基础，则不允许"二选一"，因为这时"二选一"相当于削弱了对平台方的产权保护，它等效于对平台提供生产资料进行限价直至强制其免费，与"吃大户"无异了，一时矫枉过正可以，长期实行存在潜在的寻租风险（例如，被资本利用，打击竞争对手，换取上市先机）。

如果私人资本坚持将平台引向"私人税收体系"，从而与国家税基冲突，那么最激进的替代方案是国有化。但国有化存在效率低下的可能，各国的经验教训都不少。例如，法国铁路国有化就是一个失败的案例。

迄今为止，还没有看到国营企业成为超大型互联网平台方的成功先例，但不能从理论上将这种可能排除在外。假设以普遍服务为主，因而可以视同公共部门的国有企业，占据现有民营企业的互联网平台位置（区别起见，称其为"链主"），仍然适用于租金盈余再分配分析，但需要进行一个"换算"，即将租金盈余再分配折算成与普遍服务相对应的利润上缴及税费支出，包括公益性行为的付出，将该国有企业从公共部门还原为私人部门。但采用这种替代方案应慎之又慎，必须从社会主义基本经济制度建设与国际竞争全局出发通盘考虑。

结论是，判定私人资本是否侵占公共空间、是否应纳入租金盈余再分配来治理，应以平台是否利用通用性资产进行投资获益且获取盈余租金为判断依据。

### 2. 平台中性：看门人与自我优待

新布兰代斯学派提出平台企业因为经营商业基础设施（应用基础设施）这样一种具有准公共性的产品，所以具有与政府类似的"看门人"（裁判员）的角色，平台企业是经济人，因此，一定会利用这个角色进行"自我优待"（相当于以权谋私）这样的寻租行为。

新布兰代斯学派这种观点的理论基础是寻租经济学（新古典政治经济学），新布兰代斯学派理论的优缺点与寻租经济学的一样。从优点来说，如果平台是经济人（平台＝私人资本）这个假设成立，那"看门人"与"自我优待"的逻辑是成立的。在现实中，平台企业把自己仅仅定位于私人资本（与应用企业定位相同）的情况也是客观存在的。但是，本书的分析表明，平台企业把自己等同于应用企业（私人部门）这一定位是不可持续的。与之所处位置相符的定位，应介于社会企业与承担社会责任的企业之间。"看门人"与"自我优待"的理论漏算了这种变化，我们可以简单地验算一下。一个国有企业进入平台（链主）的位置，其表现并不必然"自我优待"（虽有可能，但不必然）。

"看门人"与"自我优待"理论的第二个漏算，是完全忽略了梯若尔双边市场理论中外部性内部化这一平台经营核心原则。平台机制并不像拉丰所谓的公共部门的以权谋私，与公共部门以权谋私最主要的区别在于，平台企业（准确说应是平台"组织"或"生态"组织）可以经营，而公共部门是不可以经营的，不能认为平台收取进入费与使用费是在以权谋私，因为以权谋私针对的是税，不是费。

当然，平台不可以随意收费而没有限制，平台税就是对平台收费的一种限制。平台税等效于价格管制，但价格管制存在扭曲市场供求信号这一副作用——它可以解决自我优待问题。比如，如果平台方与应用方围绕收入进行三七分成，则收取15%（三成的一半）的平台税，就可以直接剥夺平台可能的自我优待。同时，也可以用市场规则来维护公平秩序，比如，英国的足球规则之一是允许裁判员的儿子下场踢足球，但会通过规则来限制父亲给儿子吹偏哨的情况。这比简单的价格管制更合理。

# 3.3　平台的均衡定位：均衡定价与租金盈余

平台第三部门定位问题，从定量角度可视为一个特殊均衡问题。当平台在私人利益与公共利益之间取得平衡时，我们视之为均衡。只不过，这个均衡点的确立，不但涉及新古典均衡（技术关系与资源配置均衡），而且涉及古典均衡（社会关系与社会分配均衡）。下面通过建立"新古典－古典"综合均衡模型来分析。

## 3.3.1　公私利益平衡点：自然垄断行业定价分析

### 3.3.1.1　租金盈余与价格管制

加入古典经济学因素的均衡分析，等价于在新古典分析上叠加了公共部门经济学或制度经济学变量的分析，旨在用公共利益来平衡私人利益，"校正"出新的均衡点。

定义互联网平台所在生态位于基于技术或商业标准的自然垄断行业，市场结构为新垄断竞争结构，即平台方垄断与应用方竞争共同形成双层经营市场结构。

互联网生态（平台方＋应用方）近于自然垄断行业。只不过，互联网生态实际是业态，而不是行业。一个行业可以由诸多（以平台划分的）生态构成。互联网生态的自然垄断，不是行政形成的，而是市场形成的，是由标准（具体来说是由数字技术标准或数字商业标准）形成的。

平台垄断来自技术或商业标准的锁定。打破这种锁定可能引起以下几种效率下降的情况：一是平台竞争重复投入造成无效率；二是用户转移成本、学习成本较高带来的无效率；三是平台恶性竞争导致平台产权得不到有效保护引起的无效率；四是平台产权受损，最终影响向应用方有效地提供固定成本均摊，带来应用方的效率损失（得不到充分共享带来的损失）。在互联网生态中打破自然垄断可能产生破坏社会生产力、阻滞创新、自我限制国际竞争力等恶果，因此，积极而稳妥的做法是采用治理自然垄断的办法，配合再分配调节，来解决平台垄断带来的不公问题。

对于自然垄断行业的定价，一个共识是，自然垄断行业的边际成本定价虽然最有效率，如图 3 - 2 中需求曲线 $D$ 与边际成本曲线 $MC$ 的交点（$P_{eff}$，$Q_{eff}$），但是会违背公共物品和服务的税收受益原则。[①] 替代边际成本定价的，是以平均成本定价为基础的自然垄断价格，即税费的"费"。例如，自然垄断价格在美国被称为各种费（如电费、公路费），可视为变相的税，因为它们是由"公共决定"的价格。[②] 在图 3 - 2 中，用 $D$ 代表自然垄断特有的上述"公共决定"内涵的需求曲线。

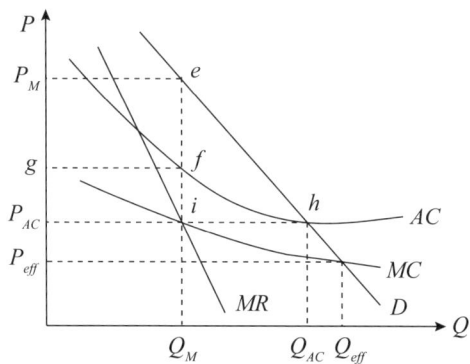

**图 3 - 2　特许垄断经营与价格管制下的平均成本定价**

对自然垄断价格，有两类定价方案，一类是特许垄断经营定价，另一类是管制下的平均成本定价。图 3 - 2 中的 $P_M$ 是特许垄断经营定价，$P_{AC}$ 是管制下的平均成本定价。此前提出的特许经营概念，可以对应于图中的 $P_M efg$。

对这类自然垄断，存在两种治理思路与治理方案（均以平均成本定价为基础）：第一种是租金盈余再分配，第二种是价格管制。

---

① 特里西. 公共部门经济学［M］. 北京：中国人民大学出版社，2014.

② 同①.

#### 1.　租金盈余再分配：中间产品平均成本定价

一种治理方法是以 $e$ 为均衡点，先让私人资本凭借标准垄断"特许"经营，任其按市场供求行事，然后对 $P_Mefg$ 区间（高于平均成本的部分）进行租金盈余再分配，用再分配来调节市场失灵。

互联网生态定价，对应的是特许垄断经营定价，只不过这个特许不是行政部门的特许，而是标准赋予的事实"特许"。

从数字经济学的观点来看，特许垄断经营定价本质上也是一种平均成本定价，只不过对本书所讨论的对象来说，它是以整个生态（从 $f$ 加到 $e$）为单位的平均成本定价（以平台方为单位的平均成本定价则在 $g$）。也就是说，最终定价的不是平台方，而是应用方。因为平台方只提供生产资料（整个生态中的 $FC = AC - MC$ 部分，属中间产品，$f$ 是中间产品平均成本），并不提供最终产品。① 从这个意义上说，特许垄断经营定价在此是间接的平均成本定价（平均成本定的是中间产品价格）。

图 3-2 中的 $P_Mefg$ 对应平台因有偿共享、利用数字外部性从生态中的另一方即应用方获得的"无限的租"，也就是图 3-1 中 $U_2$ 向右上无限延伸覆盖的部分，它是租金盈余再分配的值域。

租金盈余再分配的政策含义，对应于公共部门经济学中的"特许垄断经营"。公共部门经济学中的"特许垄断经营"同时具有 3 个特征：一是允许平台市场化运作，自由定价；二是对自由定价产生的超额利润进行公共目标取向的再分配，将平台从私人企业转化为社会企业；三是作为与义务对应的权利，让平台企业承担一部分社会管理职能（做行业的裁判员，如行业自治），承担法定社会责任；四是将平台治理重点从反对平台的"大"转向保证平台的"中"（网络中性），要求平台非歧视性地对待应用方。

对这一值域进行再分配调节，又可以有两类办法：一类是平台累进税，按 $P_Mefg$ 区间所拥有的最终有效用户数或企业有效用户数占总量的比例（如 10%、33%、50%），规定累进的租金盈余再分配；另一类是固定比例租金盈余再分配，如规定平台缴纳低于国有企业、高于一般私人企业的税费。

欧盟《数字市场法案》以营业额、市值或用户量规模为定量依据，为

---

① 不排除发展早期平台直接出售最终产品与服务，从而与应用方成为竞争者，甚至直接为同一拥有权主体（如 3Q 大战之前的腾讯）的情况。

"守门人"划定了范围，这接近累进税的思路。只不过欧盟直接用管制行为而不是收税对"守门人"进行限制，且标准过于严苛，损人（限制美国平台做大）又不利己（限制欧盟自身平台做大）。

### 2. 价格管制：最终产品平均成本定价

另一种治理方法是以 $h$ 为均衡点，进行价格管制，直接用平均成本为自然垄断定价。这是偏向于政府干预的做法。

对互联网生态进行价格管制，相当于，或者强制要求平台上应用方的产品和服务降价，或者要求平台提供的生产资料性质的产品和服务降价（或变相价格管制，例如，不像正常水平那样保护其产权，任由应用方无偿"搭便车"）。

如果实行价格管制，以管制后的平均成本定价，那么均衡点将位于 $h$，但这一点较大地偏离了厂商利润最大化之点 $i$（$MC = MR$）。实际效果相当于通过"薄利多销"将 $gfiP_{AC}$ 往右下方斜移。

对最终产品进行价格管制，可能带来窜货①问题。对中间产品进行价格管制（以使最终产品限于平均成本），可能会削弱平台方产权保护（效果等同于软预算约束）。替代的做法是补贴，即"政府补平台"。例如，以专项资金、金融扶持形式鼓励平台为中小企业提供云计算、大数据、人工智能，以及虚拟数字化生产资料等服务，加强数字化生产资料共享②；或政府采购平台服务支持中小企业，它相当于转移支付，鼓励（但不强迫）平台降低服务年费。

### 3. 比较与评论

租金盈余再分配的优点是有利于市场发挥配置资源的决定性作用，节省管制企业的成本，缺点是公平由再分配调节，效果体现得比较间接（例如，$Q_M$ 容易为外部品牌带来因"苹果税"引发的阴影）。价格管制的优点在于，由政府干预，可以令自然垄断体现公平的效果比较直接，缺点是会向市场发出错误的供求信号（$Q_{AC}$ 是限价刺激需求的结果），进而扭曲资源配置。

总的来看，对平台的治理可以采用两种基本的调控方法，一是进行租金

---

① 窜货在此指同一产品的线上价格低于线下价格的情况，这通常会使产品的线下渠道受到打击。

② 见《关于支持新业态新模式健康发展　激活消费市场带动扩大就业的意见》（发改高技〔2020〕1157 号）。

盈余再分配，二是进行价格管制。本书倾向于前者，因为它既不允许 $P_Mefg$ 区间自由放任，又充分保护了平台方产权，后者则可能给市场带来错误的价格信号，即使实施，其产权条件也更适合承担普遍服务的国有企业（效果类似要求运营商"提速降价"）。质言之，如果互联网平台是民营企业，则更适合租金盈余再分配；如果是国有企业，则更适合价格管制。如果实行价格管制，则不必重复进行租金盈余再分配，因为限价的部分对应普遍服务，与租金盈余再分配是对冲的。

值得注意的是，由私人企业施行自然垄断，其本意是为了达到用递减的平均成本节省成本这一目的，但即使按美国自由主义经济学家（包括公共选择学派）的观点，一旦定价为 $P_M$，节约的成本就都积累为利润，归企业主所有了。① 对此情况，弗里德曼指出，私人投资者应该理解公众对利润最大化的强烈不满，少获得一点利润，从而保持他们的垄断地位。② 连主张自由放任的弗里德曼都认为垄断资本应"少获得一点利润"以平息公众不满，那互联网平台方实在不应对租金盈余再分配有过多抱怨了。

### 3.3.1.2　对反外部性的受益推定与再分配区间锁定

再分配本来是用于提供公共产品支出的。反外部性颠覆了现有的再分配原理，因为它颠倒了企业与政府在收取社会的外部性支出（再分配）中的位置，产生了巴里·林恩所说的"私人税收体系"对公共税收体系的替代。

正常的正外部性与负外部性的作用下，提供正外部性公共产品的行为主体是政府，受益主体是公众，由此形成公众向政府纳税的基本逻辑。在反的正外部性、负外部性的作用下，外部性的受益主体变成平台方，根据税收受益原则，平台方需要对相应的受益部分尽再分配的义务，受益多则多纳税，受益少则少纳税。所纳之税，除了一般公共用途，在理论上还有一部分应补偿给平台竞争的失败者及公众。

平台靠对共享生产资料"使用效果好"的应用方收取服务年费，通过内部化（占比大约3%）收回成本（全生态固定成本，对应基础业务的投

① 特里西. 公共部门经济学［M］. 北京：中国人民大学出版社，2014.
② 同①.

入），其定价可以分为几种情况：在图 3 - 3 中，当采用管制价格时，定价为 $P_{AC}$；当平台方平均成本以实体企业为基准时，定价为 $g$（达不到这个水平平台会退市，甚至根本上不了市）。

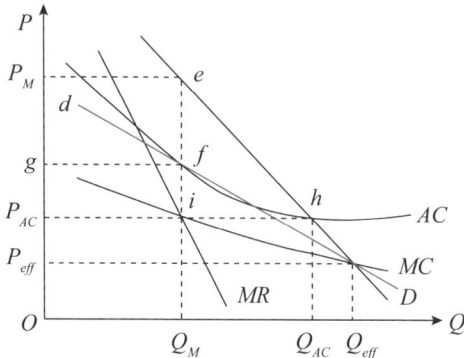

图 3 - 3　补充基准需求曲线后的平均成本和受益关系

前两种定价仅涉及成本，真正产生租金盈余再分配问题的剩余部分，是反外部性部分。当定价完全由市场决定时，收回成本之后，在供求作用下[①]，定价可以达到 $P_M$，形成盈余租金，即图 3 - 3 中的 $P_M efg$ 部分。租金盈余再分配的问题就存在于这一区间，对应的是，如果不对平台实行价格管制，顺其自然，平台就会因反外部性获得一笔超高的超额利润。这是现有外部性理论从来没有遇到过更不要说解释过的现象。

在工业经济条件下，外部性的行为主体（企业）无法对投入进行内部化，因此会选择退出。这种退出行为的产权本质，是受（专有对应专用的）专用性制度限制，只能在拥有权内部平衡投入产出，一旦溢出拥有权，就会在外部性中受损（包括租值耗散）。用益物权也无法解决这个问题，因为无从进行有区别的内部化（在租赁中，只能按使用收费，不可能按使用效果收费）。

数字外部性的行为主体，在（占比高达 97%、无法收回成本的）外部性情况下，不但不选择退出，而且（有强大动力）积极涌入。这种进入行为的产权本质，是由于出现所有权与使用权两权分离（因而可以仅在使用权内部

---

① 有一点应指出，如果这里的最终产品定价是由于范围经济而非规模经济，则剩余有一部分应归于差异化、多样化和异质性（创新和体验），这不属于需管制、调节的自然垄断范围。

平衡投入产出①）的制度创新，通过通用目的技术作用于通用目的资产（国家发展改革委等称为"通用性资产"），按使用效果有偿共享，从而逆转"搭便车"受损的情况（"平台一次性固定资产投资、中小微企业多次复用""平台免费提供基础业务服务，从增值服务中按使用效果适当收取租金以补偿基础业务投入"）。② 其中，"按使用效果"收费，只适用于数字生产资料，即"通用性资产"，因为不收费时只付出近于 0 的边际成本而无实物耗损（用电可忽略不计），不适用于没有通用目的技术作为生产力根基的资产及相应经济，因此是数字经济特有的现象。

### 3.3.2　租金盈余的受益与公平原则分析

互联网平台方可能在主观上认为，$P_{M}efg$ 区间的利益（"无限的租""盈余租金"）是自身努力所得，凭什么要与公众分享、与再分配扯上关系。租金盈余再分配的根本理据，在于再分配原理中的受益原则与公平原则，下面进行说明。

#### 3.3.2.1　$P_{M}efg$ 为什么是受益空间：实体条件

受益原则是税收的主要原则。作为公共管理者的政府，其提供公共产品，为公民带来了利益，相应地也要求公民纳税，受益多者多纳税，受益少者少纳税，这就是受益税。其中，经济条件性的公共产品，其基本功能是提供人们工作和生产经营的外部条件，人们享用这种公共产品的利益都是均等的。使用者应承担服务的全部成本，非使用者不应该承担任何费用。

按受益原则，互联网平台符合"提供人们工作和生产经营的外部条件"（具有外部性的条件）。互联网平台在生态中投入的资产包括三类：一是因投入资源而形成的流量，构成的外部条件是作为双边市场一边的经营条件；二是基础业务平台，主要是基于软件，具有 API（应用程序编程接口）的技术或商业数字平台，它提供的生产经营条件是生态组织中云上一端的集中

---

①　可以把以使用权为边界的组织称为生态组织，而把以所有权为边界的组织称为企业。

②　《国家发展改革委　中央网信办印发〈关于推进"上云用数赋智"行动　培育新经济发展实施方案〉的通知》（发改高技〔2020〕552 号）。

的固定成本；三是为应用方提供的共享的数字生产资料，如中台、开发工具、解决方案等通用性资产，是生态组织中复用于云下一端（双边市场另一方）的固定成本。这三类投入，都符合生产经营条件这一特征，即不是生产经营本身，而是为生产经营提供的中间产品，且同时具有外部性，是外部性条件。

如图 3－3 所示，我们首先补充 1 条不存在数字外部性的实体需求曲线 $d$，作为参照基准，以显示受益的由来。

需求曲线 $D$ 是存在数字外部性的生态组织的需求曲线，而 $d$ 是平台方在不存在数字外部性时面对的需求曲线。补充上曲线 $d$ 后，可以清楚地看到有数字外部性与没有数字外部性对系统的影响。$e$ 和 $f$ 的差，是存在生产资料共享的生态组织与不存在这种共享的企业（平台方）组织的最终产品定价之差。

穿过 $f$ 的曲线 $d$，代表正常的垄断竞争需求曲线，代表不存在"通用性"（非竞争性、非排他性使用）这种公共属性的垄断竞争；穿过 $e$ 的曲线 $D$，代表由数字标准形成的平台自然垄断面对的需求曲线。$P_M$ 相当于作为收入的利润中数量（$Q_M$）不变时所能提高的价格，这个价格是生态中的最终产品价格，是由应用方（Apps）确定的，租金盈余再分配主要是针对 $P_M efg$ 这一超额利润区间向平台方（而非应用方）征收的公共产品支出。

平台的情况是，在收回平台投入（或整个生态的固定成本投入 $gfiP_{AC}$）后，获得了一个无形的垄断特许经营权收入，即"无限的租"（$P_M efg$）。$P_M efg$ 的来源，是平台上的增值应用方（Apps）向平台方交的平台生产资料使用费（如服务年费）。

$P_M efg$ 涉及两类公共性：一是资产通用性造成的公共性，即非竞争性、非排他性使用（资产）带来的公共性，这是只有数字经济存在的情形；二是机会占有份额上的公共性，这是数字经济与实体经济都存在的情形。

对于生态这个复合效率单位来说，一个很重要的方面，是数字生产资料复用带来的倍增效应。曲线 $D$ 与 $d$ 的差别，很大程度上是复用通用性资产带来的。曲线 $D$ 代表了"通用性"意义上的公共产品属性，其受益性体现为，反外部性"受益"于曲线 $D$ 与 $d$ 的剪刀差。如果没有数字资产的通用性，系统的均衡点本应在 $f$，形成一个正常的垄断竞争均衡。它以 $MC = MR$（决定 $Q_M$）、平台方收回固定成本投入（决定 $g$）这两个条件为限，多余的部分

（$P_{M}efg$）都可视为超额利润（也可视为垄断竞争短期均衡利润）。只是，也仅仅是由于曲线 $D$ 的存在（等同于标准垄断或特许经营），才把价格抬高到 $P_{M}$。这时平台方已进入提供（生产资料）公共产品的区间，已不再适合私人产品的定义。在实体经济中，本来这是在替代由政府（或政府企业）以税收提供的产品，只是由于反外部性，造成了私人部门提供公共产品这种特殊性。但反外部性的存在，只是改变了受益的回报方向（相当于变社会向政府纳税为社会向平台纳税），并没有改变公共产品受益这一事实。我们可以把对于这种特殊公共产品的特许垄断经营权当作公共产品来看待，可以认为平台方直接受益于这样一种权力。

### 3.3.2.2　社会服务的市场供给：租金盈余的受益归因

进一步进行基础理论分析，可以把这类现象归入"社会服务的市场供给"范畴加以认识。

社会服务的市场供给，是指由私人部门提供公共产品。亨利·乔治建议公共物品可以从经济土地租金中筹集资金。这种理论被概括为"租金等于公共物品支出"[①]，表示为 $R = G$（$R$ 为租金，$G$ 为公共物品），称为亨利·乔治定理（Henry George Theorem，HGT）。

根据 HGT，当 $\Delta R = \Delta G$ 时，生产公共物品的企业会获得利润，这样就为以市场程序供应公共物品提供了动机。

租金的特点在于，它是使用权收益。使用权的主体与所有权的主体不必同一。政府也可以从非税收来源中获取资金，比如说使用者费用、国有企业的利润。由土地租金引出社区使用权，意味着公共产品可以由政府以外的主体如社区、企业提供。互联网平台通过市场程序供应公共物品（应用方共享的通用性资产），收取租金，可视为社会服务的市场供给，对应租金的收入是 $P_{M}eiP_{AC}$。

由市场供给社会服务，经常会出现 $R > G$ 的情况，称为"租金盈余"。许多区域性物品产生的租金比它们的成本多得多。$P_{M}efg$ 就属于这种情况，它是租金超过成本的部分。租金盈余理论上应归为公共用途。亨利·乔治本人就

---

①　弗尔德瓦里. 公共物品与私人社区：社会服务的市场供给［M］. 北京：经济管理出版社，2007.

认为，这一盈余"可以用于公众利益之中"。利用租金为集体物品筹集资金，与税收的利润原理相关联。

当然，不应把所有的租金都当作税来收，而是要扣除平台方的正常成本。正常的垄断竞争定价是 $g$（$P=AC$），它由两个条件形成：一是厂商利润最大化条件 $MC=MR$，这一条件决定均衡数量 $Q_M$；二是需求曲线 $d$ 与 $AC$ 的交点 $f$ 形成的均衡价格。对应的是，将平台作为私人产品收回成本，对平台方与增值企业共同构成的生态来说，相当于整个生态的固定成本 $FC$，时的均衡边界。其余的部分才可以考虑公共用途。

此外，还要与"苹果税"进行区分。"苹果税"中，按生产资料占用情况，要区分以下情况：一是生产成本在平台外形成，仅在平台销售，"苹果税"仅应取得双边市场佣金；二是生产成本、销售成本均在平台内形成，可收取平台生产资料使用费。对于 $P_M$ei$P_{AC}$ 可能涉及的佣金，是否将其纳入租金盈余再分配范围，应另行考虑。支持纳入的理由，是流量（双边市场中的一边）是平台方投入固定成本形成的（如提供免费的基础产品与服务吸引而来），曲线 $D$ 具有的数字外部性包含需求方固定成本投入（计为商业资本投入）；不支持纳入的理由，是平台作为渠道只是等价交换，佣金并非平台资产收入，只是交换收入。

### 3.3.2.3　基于公平原则的分析：新布兰代斯学派观点

再分配的另一原则是公平原则。"公平税"的依据就是公平原则，通过对富人多征税来削减贫富差距。

如果我们换一个角度，从古典经济学角度分析，把平台竞争理解为竞争双方围绕"蛋糕"份额的零和博弈，将竞争者简化为一个赢家与一群输家，则图 3-1 中的 $U_{r2}$ 向右上方的无限扩张，就相当于埃奇沃斯盒中，赢家将生产可能性边界从左下无限推至接近输家的右上，这意味着输家的舞台与机会空间在不断缩小。

按新布兰代斯学派的观点，垄断者一旦超过一定的市场份额边界，就会缩小其他市场主体的选择空间。从社会分配角度讲，这种选择（反过来看是机会）在一定条件下（超过某个比例）具有公共性。从某种意义上来说，这与公平原则有一致之处。

平台的"大"本身并不是问题，但"大"导致贫富差距扩大，就会成为问题。从某种意义上来说，可以认为赢家通吃，占有的机会份额扩大，对于竞争者而言，则代表着贫富差距的扩大。一个明显的标志是，份额大至33%（3家上市）至50%（2家上市），就可以将对方排除在上市的机会外，独得资本市场的青睐，进而实现赢家通吃，这个受益过程就是竞争对手对称的受损过程。

如果份额算一种公平机会意义上的公共产品，那赢家就符合"受益"这一再分配条件。虽然这个机会空间并不是谁（包括政府）"生产"出来的，而是技术条件决定天然存在的。

传统理论认为，受益的前提是由公共部门提供产品。在数字经济中，受益的机会表面上看是胜方自己创造出来的，但从古典经济学角度看，因为是对100%的"蛋糕"进行切分，所以这个"创造"也可以理解为"转移"（掠夺价值）。可以认为，市场秩序是一项公共产品，市场份额是市场秩序的一个必要组成部分。根据公平原则，人们有理由认为平台赢家受益于占有机会这个公共产品，对市场秩序产生了一定的负外部性影响，尽管可能使应用方受益或增进消费者福利，但对自身生态之外的平台输家及输家的应用方，有必要给予一定的公平补偿。

当然，对新布兰代斯学派的市场秩序观及计量平台"大"的程度的具体标准（营业额、市值或用户量），需要持一定的保留态度。我国不能走福利国家之路，因此需要坚持不因公平损害效率的原则，不能把机会平等当作机会平均，搞平均主义，吃"大锅饭"。

### 3.3.3 基于"古典－新古典"均衡的利益结构

对于平台正常均衡之上剩余的社会再分配，应基于"古典－新古典"的综合标准来调节。古典经济学标准代表公平尺度，新古典经济学标准代表效率尺度。平台经济的均衡属于新垄断竞争均衡，即平台垄断与应用竞争混合而成的双层经营均衡。这种均衡视平台方与应用方构成的集群（或称生态）为同一效率单位。平台方在均衡中通过基于标准的自然垄断承担固定成本（$FC$）功能，应用方以轻资产运作方式，在均衡中以完全竞争的方式来均摊固定成本，它们共同构成垄断竞争均衡（$P = AC$）。因此，平台经济的均衡价格为平均成本定价（$P = AC$）。下面我们从不同的均衡条件中，将租金盈余再分配从"平台－应用"复合体净收入中层层剥离出来。

根据新古典经济学标准，确定均衡分为以下几步。

第一步是确定均衡数量，它取决于微观主体（厂商）利润最大化标准，即边际成本等于边际收益（$MC=MR$）。平台经济是垄断竞争均衡，因此这一条件并不决定均衡价格，只决定均衡数量。这一点有别于新古典完全竞争均衡条件（把 $MC=MR$ 同时当作均衡价格的决定条件），也就是说，租金盈余再分配的第一步是从净收入中剥离出平台方的边际成本。

第二步是确定垄断竞争均衡价格。假设平台净收入的性质为垄断竞争均衡收入，通过这一步可以区分成本加成或者说边际成本至平均成本（含）的部分，它从支出看是固定成本（$FC$），从收入看是附加值（$AC-MC$），这部分属于平台方的全部投资，可视为平台–应用集群（生态组织）的固定成本。

第三步是确定自然垄断短期均衡，对短期平均收益确定的价格 $P_M$ 进行分解：包含平均成本之上（$>AC$）与平均成本之下（$AC-MC$）两部分。

**1. 拆分 $AC-MC$ 部分（$P_{AC}$[①]至 $g$）**

首先，$AC-MC$ 的第一个部分是 $FC$（固定成本）。租金盈余再分配要从生态净收入中收回平台货币资本投入形成的固定成本投资（无论资产是否被复用），以及正常会计利润。这是避免传统"搭便车"的底线。

其次，将创新激励（$an$）从 $AC-MC$ 的 $FC$ 中单独划出来，作为平台创新创造出的新价值，对应于传统企业的品牌或专利投入，从净收入中扣除，归给平台方，不做这种扣除，反垄断就会反到创新头上。

最后，将体验归因（$E$）（因应用方提供差异化、多样化和异质性的 App 而独创的价值）在 $AC-MC$ 中单列，归给应用方。不做这种扣除，反垄断就会反到体验经济（对"美好生活"的向往）头上。

**2. 处理平均成本之上部分（$g$ 至 $P_M$）**

这一部分，主要包含来自"无限的租"的超额利润。

第一，将通用性资产复用形成的租金视为超额利润，作为盈余租金（$R_1$）的一部分。

第二，加入古典经济学标准，将社会关系不同于技术关系的所有变量因素统统纳入经新综合扩充后的平均成本之下（$AC-MC$）和平均成本之上（$>AC$）的部分，作为盈余租金的另一部分（$R_2$）。$AC-MC$ 仅代表资源配置变量，从中剥离出一个专属于权力（公共利益）的部分，代表公平价值（含寻租成本）。

---

① $P_{AC}$ 指平均成本价格时，仅是就 $h$ 点而言的，$h$ 点不过是 $f$ 点顺曲线 $AC$ 的平移，因此，$g$ 才是此处实际的平均成本价格。

由以上步骤形成的租金盈余再分配 $T_P$，公式如下：

$$T_P = \left[ P_M - (AC - MC) \right] Q_M = \left[ P_M - (FC - an - E) \right] Q_M = (R_1 + R_2) Q_M$$

其含义是，平台占有行业业务与应用方比侧超过一定限度，提高了全社会其余企业进入的机会成本，基于对税基占用的公共性及市场秩序的公平性考虑，对互联网平台收益中的"无限的租"进行具有受益税①和公平税性质的租金盈余再分配，从自然垄断现价值收益中，在边际成本水平之上，扣除平台方所投入的固定成本，以及对平台方的创新激励、应用方的体验归因、正常税费后存有的盈余租金进行再分配调节。

其中，公平价值可以转化为比例来计算，例如，如果平台占有的流量超过总流量的某个比例，或平台增值应用方达到了企业总量或行业总量的某个比例（如33%，假如同一行业可容纳3个上市平台；50%，假设同一行业由2个超级平台垄断），则根据比例确定租金盈余再分配占净收入之比。当打破"二选一"限制后，扣除交叉重复部分。

在真实世界中，很难对现价值进行是否包含超额利润的判断，因此，简易的做法是确定租金盈余再分配的上下限。可以把上限确定为国有企业，也就是说，租金盈余再分配不应超过国有企业对国家的税收与利润贡献；下限则确定为非平台的一般企业，也就是说，租金盈余再分配不应低于一般企业的平均税负。

## 3.4 平台利益协同与经济、社会治理稳定

作为经济治理的一个组成部分，平台协同作用的特点在于，在市场对资源配置起决定作用和政府对社会分配发挥作用之间起居间协调作用。通过合约方式的协商，在私人利益与公共利益之间取得一个相对平衡。从定量角度说，一方面，是将平台的租金盈余作为市场失灵部分，再分配用于公共目标，无论具体形式是行为、权利（责任、义务）还是转移支付。另一方面，保证平台按市场化方式运作，有效提高平台的国际竞争力及服务客户的能力。

一旦实现中性定位，平台就可以在市场作用与政府作用之间起居间协同

---

① 特里西. 公共部门经济学［M］. 北京：中国人民大学出版社，2014.

作用。一方面，协助政府，在行政手段与法律手段之外，实现促进增长、稳定货币、扩大就业、增进有效需求、维护行业秩序、加强行业自律，乃至促进一次分配公平、缩小贫富差距、促进共同富裕等一系列公共目标；另一方面，与市场协调，优化资源配置，促进供求平衡，降低进入门槛，提高效率与竞争力等。在经济体制改革中，在市场作用与政府作用相互协调方面发挥协同作用，在兼顾公平与效率方面为社会主义与市场经济的结合做出新的贡献。发挥平台协同作用还具有社会治理意义，当社会组织以平台形式发挥协同治理作用时，有助于在扁平化的市场环境与金字塔式的官僚制两极之间加上一个起稳定作用的中间级，为国家治理体系和治理能力现代化增加一重保障。

租金盈余再分配是一个比喻性概念（好比"苹果税"并不是真正的税），泛指平台方用于公共利益支出的总和。本书认为，对应租金盈余再分配的这笔利益的公共属性是现实存在的。最初对平台准公共属性缺乏认识时，这部分利益被缺省，划归私人资本，通过租金盈余再分配，将其再分配归还给公众，具有其现实合理性。租金盈余再分配实施时可以有法定税、事业费、转移支付、慈善基金等多种选择。租金盈余再分配的定量，应在公共企业（如以普遍服务为主的国有企业）与私人企业税费之间。

实质问题是，将平台方当作以市场化方式运作的社会企业，当作合作制企业来看待。

通过租金盈余再分配机制，将平台方从私人企业转化为社会企业，从而使之同社会组织一样，发挥协同治理的积极作用。

分析广义税（税与费的集合）的理论根据，主要是受益原则与公平原则。其中，受益原则分析的主要方法论背景来自经济学资源配置理论，公平原则分析的主要方法论背景是社会分配理论（古典经济学传统，含政治经济学）。

在资源配置理论方面，租金盈余再分配理念吸收了垄断有效率情况下反垄断涉及的选择机会（包括竞争机会与消费选择）这一竞争公平性思想，但不赞成欧盟《数字市场法案》对平台方过于严苛的限制（包括规模认定）。

在社会分配理论方面，本书在基于效率（如受益原则）立论的现代财政理论中引入古典经济学传统，将纯分"蛋糕"意义上的公平（古典经济学意义上的公平）作为一个独立维度，引入公共利益、公共服务、公共产品定价。其表现是，在平台经济分析上，认为平台方在自我努力应得部分之上，存在由社会合理付出的部分（或进入"守门人"范围的部分），这部分不完全由市场供求定价，还要充分考虑社会关系（否则称为分配意义上的市场失灵），以体现公平价值原则，结论将导向混合定价。其要点是，在自然垄断定价（对于本书是基于标准的自然垄断定价）基础上，扣除生态组织中的固定成本投入与对平台的创新激励，将部分剩余以有别于福利模式的方式返还给社会，以促进共同富裕。

为此，本书创新性地提出了数字外部性（"反外部性"）这个新概念，该概念指产权主体因外部性（"搭便车"）不受损反而得益，不但得益，而且所得收益超过"新古典－古典"综合的均衡水平，变为超额利润（"盈余租金"）的现象。本书研究如何依据受益原则与公平原则将这部分利益返还给社会，这一论证过程将深化古典经济学传统中有关公平在均衡形成中的作用的理论。

# 4　数字产业组织的生态转型

如果说上一章讨论的是产业的市场结构，那么本章将聚焦于产业的组织结构（如果不称其为企业结构）。

产业组织结构，一向被当作企业之间的关系结构，其重心是企业这种组织，例如，研究大企业在行业中的垄断地位。这使产业组织理论成为研究企业在产业中与市场结构关系的理论。数字技术产业经济学打算跳出这个圈子，以生态（而不是企业）为单位，来讨论产业组织结构。

这种框架性的转换，在理论上源于研究范式从原子论范式向生态范式的转变，在实践上源于生态组织的兴起。

工业时代的产业组织，是由原子论的企业在单打独斗式的竞争中，形成与其他企业在产业中的关系，以及这种关系的结构。但在数字时代，产业组织的结构，正从简单性系统的线性结构（不是垄断就是竞争的结构）转向由生物学关系组成的复杂性结构（新垄断竞争结构）。关系的性质，正从你死我活的零和博弈竞争转为基于生物多样性的合作。

产业组织的结构，从原子论结构（成功靠自己的结构）转变为生态结构（成功靠自己也靠朋友的结构）。企业先是结为虚拟企业、虚拟企业联盟，然后形成空间聚集的产业集群，最后形成跨越时空的平台＋应用生态。这使产业组织从整体上看，更多地从模仿机器建立起来的由零件组合而成的没有生命的机械体，变成模仿大自然建立起来的由有机物相互作用而形成的具有生命的生物体。

从生态成为产业组织的基本单位来看，企业已经"消亡"。这不是说企业在工商注册意义上不再存在，而是说企业离开生态几乎寸步难行，已不再是独立的经济行为主体。举例来说，一个平台加上平台内1000万家中小微企业这样一个生态复合体，已不再具有单打独斗的企业那种不变成本与可变成本一体化经营（既是不变成本的所有权人，也是可变成本的所有权人）的形式。不变成本由平台企业所有并提供，可变成本由平台内企业自我提供。双方不是工业时代产业组织中的那种竞争关系，而变为以优势互补为基础的合作。竞争仍然存在，但主要在应用企业之间，以及其他生态复合体之间展开。

本章要重点研究的，就是这种产业水平的企业关系，如何导致产业"细胞结构"变化，以及数字技术产业经济中微观组织体系在数字化作用下由企业个体到产业集合的演进。具体来说，从一开始以企业为中心的数字化，经过虚拟组织、企业集群、产业链、价值链的过渡，最终转向以产业级单位——生态（场）为中心的数字化。

这种演进的结果，使企业经济学几乎不再存在，只剩下企业共同体水平下的"产业"经济学，令企业经济学的问题（企业自身如何成功的问题）演变成"产业"经济学的问题（企业如何结为共同体并成功的问题），最终使产业经济学本身发生从原子论（波粒二象性中的粒，也就是企业）向场论（波粒二象性，也就是企业生态网络）的演进。

## 4.1　从企业转型到转型企业

回顾企业在生态中的"消亡"历程，可以发现，数字化是其中的关键推动力量，它促使企业由传统形态向数字化方向转型。

企业转型是从一种企业转型为另一种企业，对应的产业组织仍然以企业为市场结构的基础，由企业决定市场结构是垄断还是竞争；转型企业是把企业转型为不是企业的组织，也就是生态组织。

过去企业转型只是从一种金字塔结构转为另外一种金字塔结构，转型企业是要金字塔结构转为非金字塔结构。真正的改变，是把不同的产权主体合在一起发展。我们现在看到的供应链、产业集群发展，都属于这个趋势的早期苗头。

这个趋势的要点，就是从企业向生态转变，这个过程实际上（从赚钱的角度来讲）是把外部性这种资源从不可以赚钱转为可以赚钱。

梯若尔认为，企业失去的增量机会在于把外部性当作不可赚钱的东西，排除在市场之外，而由公共组织来做。他依据互联网平台的经验，发现可以利用外部性实现流量变现。具体来说，是按照会员费和使用费的方式反复"回收"外部性，通过这种方式解决资产复用后怎么把钱收回来的问题：平台免费，增值应用收费，统分结合，也就是说，通过 API 的方式将数据要素与企业最终应用结合起来。

数据要素和应用结合的主流形式是数据交互，也就是"数据二十条"中说的开放、共享、交易、交换中的交换。

把数据要素与企业结合起来的主流形式，恰恰不是把所有押在交易（交易所交易）上，而是流量变现。这个方法解决了如何在不确权状态下把钱赚了，利用市场内部机制把外部性的"1＋1＞2"的增量利用起来，以及避免"搭便车"的问题。

### 4.1.1　企业何以不可能

网络何以可能的问题，是由企业何以不可能开始的。张五常有一个"怪论"，即企业是不必要的。这个观点在网络时代几乎可以说是成立的。张五常认为，市场经济必有交易费用，否则就会成为"计划经济"（当然，不是真实的计划经济）。但科斯提出，以企业化解市场交易费用，实际只需要合约。换言之，企业只不过是合约的一个特例。这是张五常在《企业的合约性质》中想表达的观点，用他自己的话来说，即企业是合约安排的一种形式。企业替代市场，不过是一种合约代替了另一种合约。①

这个观点，比科斯的深刻而耐久。企业不过是合约的一种，是用一种叫作"企业"的长期合约替代一种叫作"市场"的一系列短期临时契约，以节省交易费用。这个观点，从网络经济角度看，潜在地具有革命性。因为如果现实世界真出现了一种既不同于市场又不同于企业的"一系列短期临时契约"（比如，人们今天所称的互联网），那么张五常的预言就会实现。说这个观点历久弥新，意思是如果没有比企业更好的合约，那么张五常与科斯的矛盾就不会显示，而一旦出现比企业更好的合约（如分享经济），则会"一种合约代替了另一种合约"，这意味着从张五常理论中推论出来的结论会与科斯彻底分道扬镳。

① 张五常. 经济解释：张五常经济论文选［M］. 北京：商务印书馆，2002.

我们先讨论张五常的观点。这个观点代表了张五常与科斯的分歧。科斯把企业看得非常重，而张五常更看重合约。科斯的问题意识从企业替代市场而来，张五常想得更深入，按前面产业是企业的市场集合来论，产品市场与要素市场都是市场，二者之间没有明确的区分。① 如果把企业视为要素市场，那么为什么要素交换比产品交换更能节省交易费用？尽管张五常替科斯圆场，替他总结出企业可以节省信息成本、度量成本和谈判成本 3 个理由，但问题并没完全解决。张五常所说的"制度成本"，其实并不完全属于"制度"本身（按李嘉图和政治经济学的标准来看），而更多是资源配置制度设计范畴内的问题，尚未触及真正的社会关系层面。即使围绕资源配置的制度设计，答案也是不全面的。张五常显然受到科斯"使用价格机制是要花成本的"这句话的诱导，其思路全被牵引到价格机制（实际是价值问题，对应权利为归属）这个方向上。事实上，科斯这个解释并不全面，漏掉了另一个重要的方面，就是使用价值（对应权利为利用），即资源利用方面的原因。事实上，企业与市场还有一个重要区别，当要素交换完成后，要素的使用就发生了一个重要变化，在企业内部使用与企业外部使用的性质马上分开。企业内部的分享（共同使用）不叫分享，企业外部的分享才叫分享。同理，资源在企业内部使用造成的外部性不叫外部性，在企业外部使用造成的外部性才算外部性。如果要素不在交换中集中于企业，而是仍处在市场状态，分散在众多企业的集合中，那分享与外部性带来的潜在的成本节约也将不复存在。结合资本内部固定成本与可变成本之分来看，企业具有这样一种可能——在内部共同使用固定成本并将这一成本均摊以使平均成本下降。这是市场没有的。因为市场按定义已排除了在均衡条件下分享及外部性的可能。

今天，张五常的合约理论终于迎来了被重新审视和认可的契机。网络正是可以用来替代企业和市场的那一系列临时契约，是张五常说的合约的理想实现方式。

一是"临时契约"是邻接式契约，即点对点（P2P）的合作协议。临时性是通过邻接性实现的。临时性的本质在于边的异质关系性，具有非普遍性、非正式性（一次性）的特点。这与西方原子式契约完全不同。这种"契约"具有张五常期待的良好属性，既扁平化又零交易费用。实质是以所谓的熟人

---

① 张五常. 经济解释：张五常经济论文选［M］. 北京：商务印书馆，2002.

关系（准确说是陌生的熟人）的信任，替代生人之间的信用。这是交易费用大大降低的主要原因。

二是"一系列"是通过超链接即连续的邻接关系①实现的。典型如口碑替代品牌，不是通过广告一点对多点地连续重复广播的方式传播，而是一传十、十传百地通过价值网络方式传播。这就彻底超越了企业机制的局限。因为一传十还可以通过单位这样的机制实现，但十传百的传播主体已不再是单位员工了，对于企业来说，只能靠外人了。

科斯理论在这里彻底失效了（因为对外人传播口碑，产权控制已经不起作用了），但张五常的理论仍然管用，只是需要根据网络实际调整。最大的调整是，第一，要放松专有设定，如放松对私有产权的刚性设定，不再问姓社姓资（包括姓其他）；第二，也是更主要的，要放松专用设定，将其变为非专用设定。这就要求把张五常的理论从一种"右"的理论向中性方向调整。这种调整有基于实践的非常现实的原因，网络之所以可能且企业之所以不可能，要想同时成立，就要求资源在技术上由非排他性使用变为非专用的（分享使用），合约的作用是按使用的效果分成。还是以口碑为例，外人并非企业的员工，为何要无偿为企业宣传呢？或许是因为他在分享某种原本仅限员工使用的资源。这种情况在 Apps 的情况下更明显，因为这时分享的资源已不是贝克尔所说的人力资本（造成成瘾性的资本投入）了，而直接就是平台的生产资料。

如果企业不再成为经济活动的主体，那么什么才是经济活动发生的单位呢？很大程度上是网络。这里的网络，变成了一个非常窄义的概念，不是指全网，而是指全网中以分享使用资本为边界的那部分网络，我们称之为生态组织。

作为生态组织的网络，是一种介于产业与企业的存在。它的存在，同时带来企业理论和产业理论基础性的重大修正。

一方面，以网络为资源配置边界的划分单位，彻底突破了威廉姆斯将资本专有与专用作为企业边界的理论，也突破了芝加哥学派在此基础上的推论，即以资本专有和专用作为效率边界（也就是反垄断法所说的相关市场边界）的全部理论。

_____

① 这种连续不是线性地一个接一个，而是拓扑结构下分布式的散点交叉连续的接力。

另一方面，这又突破了产业经济学以产业为单位划分市场结构的有关理论。产业经济学只考虑了企业决定市场结构形成的垄断竞争结构，没有考虑基于生态的新垄断竞争结构——特指基础平台（如 BAT）完全"垄断"、增值业务（如 App）完全竞争的上下双层结构，平台是企业，增值业务却足以构成产业的 App 集合体。它们不是同一个拥有意义上的产权单位，却是使用意义上的同一个产权单位（合约分成共同体）。

网络经济对企业经济学的改进，首先是放宽了产权界定，从以拥有为中心转向以使用为中心，将使用中的专用性假设放宽到非专用性（分享）假设；其次是将新古典的零利润效率理论放宽到广义均衡与广义帕累托最优下存在利润（租值，尤其是差异租）的条件下，以加强对创新和个性化的解释力。

产业组织理论研究的主题，是企业与市场结构关系对效率的影响。跳出来看，这是一个奇怪的问题，相当于在讨论长期正式契约（企业）与短期临时契约（市场）的配比对效率的影响。从生态经济学角度提出的问题，是如果企业和市场这两种合约形式都不理想，有没有叫网络的第三种合约（比如智能合约）方式的存在。产业经济学的主流基本放弃了市场结构理论（20 世纪 30 年代）的初衷，即对利润的理论合法性的追求，成了"一有利润，必意味着垄断（或进入障碍），进而无效率"这种反创新的老生常谈。结构对正利润的影响这样的真问题，进一步被挤压到国际贸易理论和空间经济学中。数字技术产业经济学要把多样化效率与正利润的内在统一关系，"扶正"到产业经济学进而理论经济学的核心带中加以研究。

企业之于网络不可能，一方面，企业的边界等同于资本专用性（效率的边界），因此降低 App 的成本成为不可能的事情；另一方面，企业边界的存在，使企业间社会资本资源不易被利用。如果把这个问题进一步提纯，就变成固定成本与可变成本要当作不同产权主体——在位企业作为一个结构功能主体（固定成本主体），产业中的其他企业，甚至自然人作为另一个结构功能主体（可变成本主体），进而回到"两个剑桥之争"时代的语境，讨论资本同质性与异质性的关系这个理论经济学基础理论部分的最终问题，重新梳理思路，从资本论的核心摆脱西方中心论的致命误导。

当企业自身的发展模式不再可行时，产业组织的核心议题也随之彻底转变：如何构建一个作为企业集合的生态系统并使其成为可能？

## 4.1.2 互联网的产业组织功能

产业互联网实际起到将企业融解为生态的作用，从而把产业网络变成产业组织的一种形式。

互联网打破了企业的边界，带来企业无边界问题（实质是不再以所有权为合作边界）。对企业组织来说，内部合作不能称为合作，因为内部合作的真正关系是雇佣关系。合作不是路人甲与路人乙之间的关系，它也是有边界的，这个边界就是使用权，以资产使用合作的合约为边界。因此，严格来说，企业无边界，等于边界变成了共同体的边界（等同于使用权边界，即共同使用同一资源的界限）。

无边界问题实质是社会资本的映射，社会资本这个概念的颠覆性，在于它是资本原子论的关系化。企业边界被网络打破时，它将转化为企业外部的资本关系论。

生态问题（内生资本关系后的结构问题）的前身，在实践中最初是以虚拟企业、虚拟企业联盟、外包业务等形式从企业角度提出的，并以供应链、价值链、产业链最后以价值网络达到高潮，成为产业组织的新形式。随着产业互联网的发展，平台"企业"、生态"企业"到底是企业还是产业，越来越分不清楚，这导致调整框架的理论需求正式出现。所有这些问题，总的来说，都是需要把市场结构问题更替为网络结构（生态结构）问题。从罗姆巴赫现象哲学角度来看，市场结构是一个伪问题，市场只有体系，没有结构，只有网络才有结构问题。从网络结构倒着看市场结构，需要补上被原子论还原没了的关系（如图论中的边的度分布）的存在，也就是承认关系与关系存在不同质（边距不等长）这种现实。

企业边界与生态边界的不同，表面上是以所有权为界和以使用权为界的不同。更深一层追问到结构上，实际是关系结构同质与关系结构不同质之间的不同。为什么这样说？因为所有权是关于交换价值的权利，使用权是关于使用价值的权利。交换价值只能是同质的，它是同质关系的抽象；使用价值只能是非同质的，它是非同质关系的抽象。因此，当我们用结构的观点（而不是体系的观点）认识产业组织时，节点（企业）之间的边距等长只是结构的一种极为特殊的形式，节点（企业）之间边距不等长才是结构的正常的形式。

　　显然，在产业互联网这种生态型产业组织中，重要的不是企业与企业之间在技术上实现了联网，而是企业彼此之间建立了临时（因而非标准、非同质）的契约关系。这种关系下的资源利用模式，用技术概念说，是松耦合的，即插即拔的；用经济概念说，是短期的，即用即取、用完即弃的。这造成了企业（长期契约关系）不同的关系结构，形成了复杂性系统的关系结构。只有生态的系统、活的系统，才能承受得了这种结构的成本。这反过来决定，新的产业组织结构只能是数字化的、生态的，具有"活"性的。

　　我们可以简单梳理一下：虚拟企业、虚拟企业联盟、外包、供应链、价值链、产业链、平台和生态，所有这些介于企业与产业之间的问题，都有一个共同点——其产权结构都是相关利益者不是同一个支配权主体（支配权的边界在企业），却是同一个使用权主体（使用权的边界是产业）。也就是说，企业与产业在产权上是不对称的。

　　在原有效率分析框架下，关系被漏算，社会资本和分享经济全然不存在，它们对利润的影响更被无视。问题出在哪里呢？出在企业与市场结构的关系上。在专用性技术对专用性资本这种工业化空间中，使用的性质是资产专用，产业问题是变相的同质结构的企业问题，即资产专用的企业在市场中的结构配比问题（一个或几个大的资产专用效率单位占所有小的资产专用效率单位的比例问题）。

　　这种分析框架对不准数字经济产业组织问题的焦距，因为无论支配权形式如何（不论姓社姓资），如果一个主导企业（如 BAT）不采取资产专用而采用分享经济（即资产非专用、非排他性使用）的形式来配置资源，那资源使用边界将溢出芝加哥学派设定的效率边界，分享给产业中的其他产权主体。效率（特别是重资产分享使用效率或固定成本分享均摊）的报酬递增问题被漏算，分配中租金机制化解"搭便车"的不利之处也被漏算，以此指导反垄断，必然会造成生产力的大破坏。

　　进一步探源，共享经济的现实是固定成本与可变成本在所有权主体上的分离。理论经济学讨论的资本是铁板一块，固定成本与可变成本必是同一个所有权主体。因此，生态网络结构中需要讨论到的两个效率问题——分别是平台效率（常常是专业化效率）与增值应用效率（常常是多样化效率）问题，被芝加哥学派（不如说照搬芝加哥学派理论的人）当成了同一个问题。在这当中，最致命的漏算就是关系的结构本身：平台与 App（相当于以往的大企业与上下游利益相关者）之间的产权合作关系被经济学家（尤其是被竞争政策专家）整体漏算。

基于这些原因，产业组织经济学生态理论正面的主张是，用生态（网络）这个统一概念，表述原来基于企业的相关市场与原来基于产业的虚拟企业这两类矛盾现象，消解其中产业与企业不处于同一结构这一矛盾。

用图论数学概念从另一个角度来概括生态产业组织结构中问题的特殊性，是企业只是规则网络中的一种（星形结构），复杂网络则是随机网络（自发）与规则网络（秩序）的结合。生态网络结构的本质，是它是一种自发的自由秩序与规则的结合，企业只是一种规则秩序。在生态网络这个图中，平台起着中心节点的作用，这相当于企业和市场的作用，但它的另外关键组成部分——增值应用，起着分布式节点的作用。平台与应用基于资源分享使用，形成重资产与轻资产优势互补的关系，形成在固定成本中合并成本同类项与在可变成本中提供差异租的互补关系，从而以分享使用为纽带，巧妙地化解"外部性－'搭便车'"的难局。

这体现了产业组织结构的演化，从一种简单网络结构进化为复杂网络结构。工业时代的产业组织理论只认识到了前者，相当于看到的只是星形网络（企业）把自己的结构复制到产业组织的整张网络中。没有看到的是，在数字技术条件下，在数据空间数据场机制的作用下，产业组织结构在整体上已不是星形网络结构，而是进化为星形结构与随机结构的复合体。

概括地说，产业互联网的产业组织功能，是把产业组织结构从简单性系统进化为复杂性系统。企业作为人类在工业技术空间形成的机械化组织（活的人模仿死的机器建立起来的组织），在数据空间数据技术生产力的作用下，开始向着网络这种生态化组织方向转型。

## 4.2　生态组织的产业特征——以生态链群为例

海尔较早发现了上述变化，开始以产业组织的形式来管理企业（包括集团企业与小微企业的集合体）组织，海尔把这种新型的产业组织称为生态链群。以往管理的边界就是企业的边界，管理只能管同一个领导手下的员工，而生态链群管的是不同领导组合成的共同体。从这个意义上说，海尔创造了第一个产业组织级的管理模式。

新的企业使命的定义：在创造负熵与熵增对抗的无限循环中进化出自组织、自主人和终身用户。这个定义包含双重意思——自进化和负熵流。①

生态系统以生态组织为典型组织形态。生态组织是活的组织，由主体的涌现生成活动构成。由平台方与应用方共同构成系统与负熵环境。生态组织不同于以资产所有权为组织边界的企业，双方以资产使用权为边界形成组织，围绕资产使用权合作形成利益共同体。

## 4.2.1　组织是流：涌现才是存在的本质

对于生态组织，除了要从空间结构角度加以认识，还要从"活火"的角度把其当作一个流，从时间的角度来识别其特征。

张瑞敏在与穆尔的对话中，谈及每个人只要真正置身于生态是可以真正做到自由的，因为这样的组织具有涌现生成这种活的流动性。

张瑞敏指出，"企业家精神是创造、开发人的潜力的一种方式"的提法不错，但应该把它理解为创造一种让每个人都可以成为企业家的机制和氛围。这就将企业家精神变成了生态层面的概念。有些企业家将企业家精神理解成开发所有人潜力的能力，这是传统管理思维的认识，即管理者是主体，被管理者是客体。但是，对于网络来讲，其实没有什么客体，大家都是一样的，因为都是分布式的。

穆尔指出，如何使生态涌现是关键和基础。这种生态能够让每个人都成为自主的企业家、自主的创客，而不是等待一个生态去照顾好每个人，让每一个人去做一些事情，所以如何从个人层面实现生态涌现，是生态系统的基础。比如，智能手机生态中的人是可以互相帮助的，那么企业就能通过帮助客户、帮助用户来实现新的功能。②

生态组织具有帮助别人成功、为别人创造价值这种"眼睛向外"的价值功能。实际上，这就把组织从一种存在变成一种行为，即从一种空间的存在变成一种具有功能的行为，变成活的流动性。

涌现才是组织的真实存在。张瑞敏认为，不能变成生态系统的企业，都

① 《生命以负熵为生：张瑞敏重新定义"企业的使命"》。
② 张瑞敏. 永恒的活火 [M]. 北京：中国财政经济出版社，2023.

不可能长久地存在。① 企业需要把涌现生成当作自身的存在方式，企业无法离开这种活的存在方式而静态地存在。

### 4.2.2 海尔邦联制

海尔模式与阿米巴模式在授权问题上存在本质上的不同，海尔的邦联制在组织形式上展现出极为显著的差异化特征。小微企业不但因为小而成为特色，而且以它的邦联制相互帮助而成为生态链群，阿米巴组织没有这种生态上的要求。

张瑞敏在解释海尔与硅谷企业的区别时，说：我觉得硅谷有一个很大的问题。硅谷的企业在创业的时候非常有活力，真的就是"人本共治"，采用的是以人为中心的价值观和规则。但是，它们一旦变成大企业，就没有"人本共治"了。变成大企业之后，它们离市场越来越远，而且真正令人忧心的是，有了钱之后它们就不去创新了，反而去兼并那些创新公司。新公司被兼并了之后，也没有创新的动力了。我们和它们最大的不同，就是始终如一地以人的价值最大化为核心。为什么我们创业成功率比较高？因为我们致力于为"你"创造价值。成功了之后，我们仍然希望坚持人单合一思维，不要让海尔变成一个科层制的大企业，而变成一家很小的其中有无数家小企业的企业，员工也很同意这种做法。我们不希望要一家大企业，而是要一家邦联制企业。邦联制企业里的每一个部分都有自治权。这家大企业只不过在某些方面可以统一提供资源。因此，我认为不应该把创业和创业成功与上市切割开来。对我们来说，这真的是海尔的一个故事，即如何去做大规模的创业。②

另外，邦联制意味着"热带雨林"，所有植物共生。张瑞敏说，将企业拆分成若干个小微企业，这是未来的必然趋势。但是，小微企业要成功，至少得具备两个条件。第一，小微企业一定要成为自组织而不是他组织。自组织之后，小微企业的领导就是用户，小微企业要和用户融合在一起。第二，自组织之后自进化。所谓自进化，就是不断地创造用户价值。在创造用户价值以后，小微企业要进行增值分享，然后和其他小微企业组成一个共同体，也

---

① 张瑞敏. 永恒的活火 ［M］. 北京：中国财政经济出版社，2023.
② 同①.

就是共同体进化，这样小微企业就可以像"热带雨林"一样生生不息了。①

### 4.2.3 生态化：组织间范围经济

张瑞敏提出一个既出人意料又在情理之中的问题：为什么所有的企业都难逃一死，所有的城市都近乎不朽？② 这启发人们思考生态的组织特征。城市的经济，因为有社会的嵌入，变为一个活火系统。哪里缺了资源，马上就会在生态链中被补上。脱离了生态的企业，往往孤立无援，难免在生死关头接不上那口缓命的活气。

生态在政治经济学中的含义，是依使用（而非拥有）结成利益共同体。生态的资源配置特征，在于报酬递增，包括规模报酬递增与范围报酬递增。其中，范围经济分内部范围经济与外部范围经济。内部范围经济是指企业组织内部的范围经济，外部范围经济是指企业组织之间的范围经济。二者的区别，是固定成本在同一所有权人的组织内部分摊还是在不同所有权人的组织之间分摊。在不同所有权人之间分摊固定成本，就是共享经济，在不同产权主体之间分享同一财产，其收益权是通过合约来分割的，包括由成文或不成文的合约来约定风险承担的比例、剩余分割的比例。

我们把提供固定成本的企业（如平台企业）与分摊固定成本的企业（如应用企业）不是同一所有权人的组织，称为生态组织。例如，互联网中广泛存在的"平台－应用"模式（如苹果的"苹果商店－Apps"），实体经济中的"集团企业－创业企业"合作经营的企业（如海尔的"集团－小微主"模式），以及"线上流量场－线下零售店"的生态组织（如红星美凯龙模式）。此外，还有以服务外包为特征的各种虚拟企业等。

外部规模经济与外部范围经济都是生态组织的形式，二者的区别在于，外部范围经济的最终产品一定是差异化、多样化、异质性的，而外部规模经济的最终产品一定是非差异化、非多样化、同质性的。最终产品是否差异化，与固定成本的性质有关。一般来说，由生态资产构成固定成本，其最终产品更加有利于形成范围经济；由实体资产构成固定成本，往往容易形成规模经济，例如，在钢铁行业，"龙头企业－上下游"的供应链模式往往以规模经济为主。

---

① 张瑞敏. 永恒的活火［M］. 北京：中国财政经济出版社，2023.

② 同①.

## 4.2.4　生态组织的社会关系形式：组织特征

### 4.2.4.1　生态网络的功能形式

张瑞敏指出，被称为"管理之父"的德鲁克，曾说企业一定会消亡。但是，组织不会消亡，所有企业最后的形态就是一个网络化的组织。把企业比作一台计算机，如果不联网，就只能局限于自身的功能，如果联网，就能突破限制，实现无限可能。企业不联网，就得不到各种资源。① 这里，已将企业与组织明显分开。在这里，网络组织与生态组织的意思一样，都是继家庭组织、企业组织之后的第三种组织。

网络（或生态）组织为什么可以替代企业成为新的组织常态，企业的边界为什么会被拆掉，这是网络经济学在面对经济结构变化时从头到尾贯穿的核心问题。② 对这样的组织，可以从治理方式角度加以比较与解释。治理方式，就是组织的生产方式。例如，企业治理是私人产品生产方式，政府治理是公共产品生产方式。它们都是工业化的生产方式在组织上的体现。生态组织，相当于私人产品与公共产品双层经营的生产方式，是一种信息化的组织方式。如果极简地概括两种生产方式的区别，可以说是组织官僚制与组织合作制的区别。官僚制是科层的，是机械组织的治理方式；合作制是扁平的，是生态组织（生命组织）的治理方式。

生态组织的治理，是一个组织的资产经营（权力或解构权力的运作方面）问题。组织是社会关系的形式。组织的功能，就是为社会关系赋予关联形式。这种形式从亚里士多德四因说分类，可以划分为组织结构、人力资源管理、自组织动力、接口机制等管理问题。③

第一，组织外部边界的变化。

网络组织与企业组织不同。1.0、2.0 管理的都是企业组织，3.0 管理的是网络组织。网络组织包括企业组织和其他利益相关者。二者的区别在于，

---

① 海尔张瑞敏南京开讲：让员工成为创业者，"群龙无首"才是公司极致！［N］. 江苏商报，2016 - 12 - 09.

② 姜奇平. 用网络方法解释网络经济学［J］. 财经问题研究，2018（5）.

③ 叶秀敏，姜奇平. 数字经济学：管理经济卷［M］. 北京：中国财富出版社有限公司，2020.

企业以支配权为边界，同一个领导的人，在同一个边界之内；网络以使用权为边界，共同使用同一资源的人在同一边界之内。这时，组织边界就突破了企业边界。企业无边界不是指没有一切边界，而是指不再以拥有权为边界，转而以使用权为边界。使用权的边界比拥有权的边界大，因此，把突破了拥有权这个小边界的现象称为无边界，准确表述，应是无"拥有权"边界，而以使用权为边界。

超过了使用权边界后，人与人之间将不再是直接的利益相关者。可见，这里的利益相关具体是指同一使用权产生的利益是相关的。以合约划界，网络组织（无边界组织）以使用权立约，建立了利益相关者边界；企业组织以拥有权立约，同一领导才是窄义的利益相关者。

二者最大的区别体现在"借用"上。企业组织对资源只买不借，而网络组织买卖资源更倡导借用资源。借用资源就是借用别的老板的资源，可以将其推广为企业老板借用别的老板的资源为自己所用，员工变为创客小微后，借用企业领导的资源并依合约对使用收益进行分成。

从结构功能来看，管理的边界不能再仅仅理解为企业，更准确地说应是网络，也就是用网络（方式）来组织网络。企业与网络的区别在于，企业以财产的拥有权划分边界，网络则以财产的使用权划分边界。同一个人，在企业内部称为员工，在网络内部称为创客。前者是被雇用者，后者是创造者（分成的人）。一人可能兼有雇工与"佃农"的双重身份。这对于交往理性来说，是一种解放。因为雇工只是雇主的手段，他的目的只是主人的合目的。他表现得再自觉，也只是觉悟主人让他觉悟的东西。创客则不同，他不再居于交往的下方，而是有自己的目的，这种目的通过分成现实地体现出他人之为人（而不只是劳动力、工具）的特殊部分。管理 3.0 的组织理论，处理的是当交往的多方（用户、员工、老板）都体现为目的人（而不只在成本水平体现价值）时，组织应该按什么原则来设计，组织的边界在哪里，组织的结构应是什么样的（例如，是金字塔的还是倒金字塔的），等等。

第二，组织内部主体关系的变化。

领导者与被领导者是组织的两大主体，对经济组织来说，表现为资本与劳动两大组织要素。管理 1.0、2.0 组织中，二者是雇佣制关系，资本雇佣劳动。从管理角度讲，雇佣制与合作制（双赢制）存在本质上的冲突。因为雇佣制天然地把劳动者设定为劳动力，从能力发挥方面，去掉了其创造价值的属性；从分配角度，以工资付酬去掉了，其获得剩余的机会。这两条都不利于员工发挥创造价值潜力。人人都是 CEO，隐含着把员工当作资本管理的含义，隐含着员工可以像资本家那样发挥出企业家精神，从而实现创新与创造。这就决定了组织不能按雇佣制的原则设计。

在历史上，佃农制属于一种"劳动力 + 资本"的制度设计，这里的资本主要指佃农自带的农具及经营才能。佃农不同于雇农，不是只出劳动力，还可以创造出劳动力之上由自带资本创造的价值，在分配上则获得工资之上的分成收入。这种分成制，相当于劳资双方"物质资本 vs 人力资本"的合约。互联网广泛存在的合伙制，也是一种合约分成制度。

自主经营体是企业内部具有资本功能的劳动者组织（内部员工组织），小微企业是独立法人，是企业外部具有资本功能的劳动者组织（外部虚拟员工组织，相当于虚拟企业）。二者都以轻资产方式运作。企业则以经营重资产的平台经营体、战略经营体形式存在，为自主经营体和小微企业提供固定成本均摊功能。二者共同构成"平台 + 增值应用"的网络。

连接企业与劳动者（创业者）的纽带不再是雇佣合同，而是分成合约，这个合约是合伙人之间"资本 vs 资本"的契约。这个合约可以是关于资本的，如基于股份的合伙人契约，但更常见的是"资本 vs 创造性劳动（创业）"的立约。实质在于，这个合约针对的不是资本拥有（股份），而是资本使用（经营），因此，立约的内容主要围绕双方的权责利而定。因此，可以说是风险共担、责任共担、利益共担。其中，自主经营主体具有 3 项权利，即用人权、分配权和决策权。这 3 项权利过去都是属于资方的权利（包括委托给经理的权利）。

以支配权为边界，形成的劳资关系是雇佣制，其中明显限定了劳动力在创造价值与分享创造成果方面的无效。以使用权为边界，劳资关系是分成制，双方是合作关系，因此也可以说是合作制。合作的意思是双方都是有产（只不过分为生产资料的产与人力资本意义上的产）者。合作制的一种形式是同伙制，侧重双方的资本合作，但资本合作不一定只有拥有权合作意义上的合股一种形式，也可以是人力资本的合作，如企业家的双重投票权。在双重投票权制度中，资本只享受分红，不具有同股同权上的经营（使用）决定权。

## 4.2.4.2　生态组织的产权实质：与企业的区别

组织形式分析，主要是从治理角度分析组织；组织实质分析，则主要是从产权角度分析组织。

生态组织是"平等使用生产要素"的一种具体落地、落实方式，其政治经济学上的核心特征是令不具有所有权的主体按市场经济原则参与生产要素（生产资料）的使用。这就为共同富裕开辟出了一条不借助行政手段和宏观调控的第二通道，将共同富裕从一种短期行为转化为一种长期机制。让资本从自身利益出发，认识资本自我为中心的害处，从生产资料的基础制度安排上，顺应生态合作、互利共赢的潮流，从而将自身行为动机由扩大贫富差距转向顾及协调贫富关系。在共享发展、共同富裕道路上，"不用扬鞭自奋蹄"。

生态链群的特点，在于它围绕资源使用（而非拥有）的现实利益形成。第一，生态链群中的各个参与主体，在所有权上不是同一个单位（不属于同一个老板），但在使用权（使用资源的利益）上是同一个单位（利益共同体）；第二，可以彼此使用（相互借用）不属于自己（自己没有所有权）的资源（生产资料）。这改变了市场经济以资本（无论是私人资本还是国有资本）为中心的制度基础。这种跨所有权（不是所有制）使用生产资料（开放使用权）的制度创新，与农村改革中对于土地实行的所有权、使用权两权分离制度，具有异曲同工之妙。"平等使用生产要素"的潜在政治意义，可以理解为为无产者越过资本所有权使用（共享）生产资料提供了制度依据。

从政策角度讲，海尔生态链群具有新时代特征，是"生产资料共享"的具体落地形式。"生产资料共享"特指在生态系统条件下，按市场化原则、商业化方式有偿共享生态化生产资料。与实物生产资料共享不同，实体要共享使用权的前提是共同拥有所有权，因为实体不能同时为不同主体所分享，其更适合专有（包括私有与公有）。数字生产资料（例如，具有与实体同样或类似功能的虚拟店铺、数字孪生解决方案等）在共享使用权时，不必改变所有权归属，这意味着，共享生产资料并不改变所有权，它可以同时适用于公有制（公有共享）、私有制（私有共享，如苹果商店模式）与混合所有制。

这样一种方式，在微观经济基础上重置了资本与共享的关系，重新梳理了市场经济与社会主义的关系，把它们从矛盾关系转化为了统一关系。

企业组织以生产资料所有权为产权边界，资本与劳动的关系是雇佣关系；生态组织以生产资料使用权为产权边界，资本与劳动结成平等的利益共同体（经济上的"命运共同体"）。二者的重大不同在于，生态型组织的要素主体（如劳动）在不拥有生产资料的条件下可以通过使用生产资料与资本分享剩余价值，这是西方产权制度和原有的社会主义生产资料所有制无法实现的。这是用共享发展思路来实现共同富裕的制度创新探索，它令共同富裕接上了新时代的天时、地利。

生态链群的本质是两权分离条件下以生产资料共享使用为核心的产权制度，是体现共享发展理念的新型生产资料所有制。以此为基础实现的共享经济，体现的是共享发展理念，将共同富裕的文章作在了资本的核心（生产资料所有制）——产权安排上。

### 1. 生态链群的外部与内部资产特征：企业的目标

第一，产权共享的外在实现方式是打造生态品牌。

生态品牌是物联网时代体验经济、社群经济和共享经济的集中体现，是新发展理念的创新实践。

生态品牌资源属于资产，是资产使用权形态的存在。生态品牌的产权共享性质表现为，是产权主体跨所有权合作（共同使用）的成果，不同所有权主体可以共享同一品牌资产。

第二，产权共享的内在实现方式是所有权与使用权两权分离，围绕资本使用权（资产经营使用权）安排，建立以放"三权"为核心的责权利安排。

责权利安排不同于西方现代产权制度之处，在于产权安排的重心不是资本的价值（股份）而是资本的使用价值（股权），从股份股权一体转型为股份股权分离（如纳斯达克、香港股市的 AB 股）；在于产权安排的重点不是围绕资本的所有权而是围绕资本的使用权（经营权）。这是农村改革证明行之有效的具有中国特色的产权安排。

### 2. 链群合约：两权分离的具体契约形式

以资本使用权为中心的产权制度创新，在实践层面是通过链群合约这种具体方式实现的。链群合约不同于以资本为中心的现代产权制度，其特点是在不改变原有生产资料所有权（无论公有、私有或混合所有）的条件下，围绕生产资料使用权共享进行合作分成，它是一种使用权合约。

生产资料使用权合约不同于拥有权合约之处，是将重心从资产拥有转移到资产经营（责权利）上。第一，在资产责任上，将决策权由所有者下放给使用者（经营者）；第二，在资产权利上，放"三权"所放之权，都是资产经营权；第三，在资产收益上，把原来由所有者独享的剩余分享给非拥有者。

从合约经济学角度看，谁使用资产谁就具有（关于资产经营责权利的）充分信息（这也是奥地利学派的观点），这就把现代产权制度下的不完全合同改进为了信息对称的完全合同。其中，最大的福利改进，在于令使用者（包括无产者）拥有了与资本对称的信息，从而实现了实际的权利平等。

实行共享经济，所共享的生产资料包括平台企业形成的全部资源，如平台设施、生产设备（包括模具）、技术（如生产标准、信息系统、开发工具）、数据以及用户关系链资源。

### 3. 生态组织的合作制特征

张瑞敏指出，物联网有"三生"：第一是共生；第二是互生；第三是重生。所谓共生，就是以企业为中心，将所有的合作伙伴和利益攸关方连接在一起，共同成长；互生是企业各自的优势交换，从而单独做也会做得更好；重生则是在做的过程中产生新的东西。①

"三生"都可以理解为一种与竞争相对的合作方式。

作为生态组织（可视为一个企业集合，以此区别于企业个体），需要区分平台方与应用方，它们是两类不同的产权主体。平台企业在合作制中的作用，主要是提供整个生态的固定成本（固定资产），多元所有的应用方，主要承担整个生态的可变成本（可变资产）。按生态标准，可将平台方确定为资方，将应用方确定为劳方。这个劳方有特定含义，指生态中的"劳动者"。应用方在现实中对应的是 Apps，是增值服务提供商。在现实中，其可能是小微企业、在家办公者或自然人，也不排除极少数大中型企业。② 将其当作劳动者，是因为相对于整个生态的资产结构，他们只是"无产者"，生态的主要生产资料（固定成本、固定资产）投入不是由他们承担的，破产也无须他们承担（平台退市、破产均不直接改变应用方资产负债表）。当然，生态关系之外独立存在的企业，可能也是资方，但不是生态的资方，在生态关系中，可将其视同于带有一定生产资料的劳动者（类似自耕农）。其次，多数应用方直接参与劳动。在平台生态中，毕竟在家办公者或自然人等灵活就业形态的主体，以劳动者为主。根据实际调查，一个 App 中的就业者一般在 5 人以下，他们直接

---

① 张瑞敏. 永恒的活火［M］. 北京：中国财政经济出版社，2023.

② 最典型的为仅以平台为渠道的外部品牌，分析时应将它们在应用方主体中排除，一是因为它们在整个生态中数量占比极低（不到1‰）；二是它们自有资产（主要是生产资本），与平台几乎只是交换关系（支付佣金），而非资产关系（分配剩余），且它们有自己的单独渠道（如规模化的网商集中于天猫）；三是"三七分成"模式仅适合全部生产资料由平台提供而应用方"无产"的情况，它们不应位列其中。

从事劳动，或直接参与管理，少有脱产者。

生态劳资双方的所有权合作与使用权合作组合关系，需要分别看待。

提供固定资产的平台方，在所有权上可以采用任何所有制的所有权形式，但平台基础业务在使用权上是一元化的，即平台一元经营，经营的业务一般称为基础业务。基础业务包括平台方对最终用户的服务（吸引流量）与对应用方的服务（转化流量）。应用方并不参与平台基础业务经营，主要从事的是流量变现。

这意味着平台所有权几乎是与合作制无关的。无论是私人企业、政府企业还是混合所有制企业，都可以充当合作制中的平台，而不是只能由私人企业或公有企业充当平台。具体来说，可以有 4 种主要形式的平台：第一类平台，如果平台的产权结构以个人所有为核心，则可以形成私人所有、私人经营平台的合作制；第二类平台，如果平台由联合起来的劳动者共同筹资、共同拥有生产资料、共同使用（包括租让）生产资料、共享成果，那平台也可以是集体所有制平台，建立在个人所有制基础上的集体所有（所谓"自由人联合体"）与此类同；第三类平台，是国有企业也可以作为平台（一般称为"链主"）；第四类平台，如果实行个人所有和集体所有、全民所有相结合的产权关系，也可以形成混合所有、混合经营平台的合作制。

合作制的另一产权主体，是各自在产权上独立的应用方。多元所有的应用方可以同平台（无论是私人平台、集体平台还是国有平台）以合约方式共享生产资料，进行分成合作。以 App 形式存在的应用方，从使用权上看，是多元经营的。因此，生态组织的使用权合作，采用的是平台一元经营与应用多元经营相结合的合作方式。

在"平台-应用"一体生态中，平台提供的固定资产为中间产品，应用向最终用户提供的产品与服务为最终产品。平台按市场化原则、商业化方式向应用方有偿共享生产资料（生态固定资产），按应用方使用效果（盈亏状况）适当收费（从最终产品中扣除生产资料租赁费），应用方没有收入不必交生产资料租赁费，平台方也无义务承担应用方亏损时的可变资产投入损失。例如，三七分成，平台方收获最终产品收益的 30%（有时被称为"苹果税"），应用方收获最终产品收益的 70%。平台方并不参与应用方提供的应用服务，取得的 30% 主要来自生产资料的所有权及所有权对应的使用权有偿共享转让（与非共享转让、租赁的区别主要是应用无收入就完全免费）。应用方

（或劳动者个人）获得的70%，则主要来自对平台生产资料使用权的共享（使用）及劳动付出。

这一分成合约，可以认为是平台方要素（资本）使用权（转让）与应用方要素（劳动）使用权（经营）相交换的结果，本质上是平台方要素所有权①与应用方要素所有权②基于双方使用权的比例的分成交换合约。从这个角度看，所有权合作是间接的，不像实体的合作社，混合股份后才能共同经营，而是一方要素的使用权（生产资料）与另一方要素的使用权（劳动），依托各自所有权的（因分享剩余而接近平等的）交换。从业务性质看，具有相互服务的性质，即平台方提供生态的基础业务服务③与应用方提供整个生态的增值业务服务相交换。

当然，三七分成的前提是应用方的全部固定资产与生产资料均由平台提供。如果应用方是独立品牌，仅以平台为销售渠道，生产资本为自有资本，那么三七分成中的三不应涉及生产资本的剩余。

与工业时代的合作制往往形成所有权共同体不同，应用方与平台方很少在合作中发生所有权合并，不会通过合作来改变双方的所有权状态，除非平台方收购应用方，但这种情况可能会因损害平台的中性地位（既当裁判员又当运动员）而遭到严厉监管。

我们可以把这样的合作制称为生态合作制：基于要素使用权的合作。与传统资本主义生产关系明显的区别是，第一，生产资料共享体现了一定的公共性（虽然是按市场化原则、商业化方式有偿实现），本质是资本让渡了一部分使用权的收益权（原来是自己不使用也不让别人使用，而工人使用资本家的生产资料，不具有与剩余索取权相联系的使用权），从这个意义上说，生态合作制是围绕生产资料共享展开的合作。第二，不拥有生产资料所有权的一方，凭借劳动（增值服务）可以获得剩余（而且是高比例剩余）。这说明生态合作制是超越雇佣制的合作，因此这种合作制带有使用权上的公私混合性

---

① 因为收生产资料租赁费（从生产资料使用权中获得收益权）的权利来自对生产资料的所有权。

② 应用方可以获得的高比例剩余索取权，也来自对自身劳动（不仅是劳动力，否则就只能分得工资）完全拥有的所有权。

③ 包括向最终用户提供免费基础服务，为应用方提供流量，以及向应用方提供准公共（90%以上免费）的生产资料租赁服务。

质（有别于混合所有）。生态合作制的这两个特点，是它可以将市场经济与社会主义有机结合起来的条件。我们可以把这种将市场经济与社会主义结合起来的新方式，视为市场社会主义合作制。

# 4.3　生态产业组织的产权基础

在《产业组织经济学手册》中，两权分离是在所有权和控制权的分离项下讨论的。[①] 数字技术产业经济两权分离中的使用权，具有比控制权更广的所指。控制权是企业内部的资产使用权（属于经营权的一部分），属于委托代理关系中的代理人权利，而数字产业组织中的使用权还包括企业外部的资产使用权。

在"平台 + 应用"的生态型产业组织中，使用权主要指平台内应用者（企业或个人），以非所有权人身份，以有偿方式，获得平台企业数字资产的使用权并从中获得剩余索取权。

## 4.3.1　以平等促进资源充分利用

平等不但涉及劳资平等，而且涉及企业之间（主要是大小企业之间）的平等。这时的不平等是指这样一种配置方式：大企业像企业中的资本一样，获得对资源的支配权，小企业类似企业中的劳动力（当然，在剩余上可以得到分配），处于被支配地位，大企业将小企业应得的部分剩余，通过支配权力集中于自身。然而，从资源利用角度，大企业进行资本集中，集中的程度并不等比于效率提高，这时就会出现资源利用不充分（不如分散到被支配者时更充分）的情况，因此，需要设计市场机制来解决这样的问题。

市场机制的设计，主要围绕价格机制展开。一般来说，这个价格只是微观价格，是私人产品价格。但还有一种宏观意义上的价格机制，包括货币价格水平、公共产品价格，通过宏观调节和再分配，也可以解决微观市场失灵问题。历史上有这样一种思想，只要拥有者实现资源集中与垄断后不能充分

---

① 施马兰西，威利格. 产业组织经济学手册：第 1 卷［M］. 北京：经济科学出版社，2009.

利用，就对其征税，迫使其将使用权还给市场，投入竞争。这对数字经济的市场机制设计具有启发性。

亨利·乔治一系的经济思想，引致了对现代市场机制逻辑（在这里，现代等于工业化）的怀疑。"现代"的市场机制逻辑，建立在市场与专有产权的绑定关系上。在亨利·乔治看来，专有权（无论是公有还是私有）限制了市场竞争的自由。市场自由的本质是引入完全的自由竞争，但当一个人拥有一个东西，自己不使用也不许他人使用时，产权中的拥有权就成了阻止将这一东西投入使用权竞争以更充分利用资源的障碍。因为拥有者可以利用不到市场上进行交易的权利，令手中财产的使用权成为非竞争性的。作为自由市场经济的真诚主张者，亨利·乔治以放任著称，怀疑产权的这一缺点，不致引起人们的误解。

维克里第一次研究用拍卖的力量来解决资源充分利用的问题，这影响了各国政府对无线电频谱使用权进行拍卖的政策。埃里克·A. 波斯纳和 E. 格伦·韦尔在《激进市场》中，沿着亨利·乔治和维克里的方向，提出市场化的"共享产权"主张。这一系列思想，在数字经济中因资产通用这一根本特点而引起广泛共鸣，成为不同于工业化的市场机制设计的灵感来源。

对于数字经济来说，这一讨论是有意义的。因为信息价格水平以及通用性资产价格水平等，都是在总供求意义上，对私人物品的价格均衡产生影响。数字经济学关心的是包括配置均衡与分配均衡在内的广义均衡，因此，有必要从更广泛的意义上对市场机制设计进行整体性思考。

### 4.3.1.1  从平等配置出发充分利用资源的市场机制

在机制设计中，还有一个特定视角，即资源的平等配置。平等问题是配置中变相的社会分配问题。从分配角度看，平等是公平问题；从配置角度看，平等是效率问题。因此，可以把它理解为以公平方式进行配置的问题。其中隐含的假设，是以平等方式配置资源比不平等地配置资源效率高。

不是所有人都这样认为，通常是站在中小企业的立场来看效率时这样认为。他们在效率上，通常认为"小即好"。以创新而论，就存在立场上的差异了。熊彼特认为"大即好"，菲尔普斯认为"小即好"。按后者的见解，将创新资源平等地配置给中小企业，将带来大繁荣。

在数字经济中，随着超级互联网平台的出现，企业过大是否会降低效率这一问题非常现实。而且，当大规模生产转向个性化定制后，小企业效率高于大企业成为现实可能。例如，佩奇提出的"多样性高于能力"命题，就支持该判断。

平等配置，也可以是出于公平原因对配置的要求。例如，认为资源配置到大企业，或许效率更高，但出于平等（包容）的考虑，希望把资源配置到中小企业。这个公平，当然不是收入分配上的公平，而是机会分配上的公平，是机会的包容性。机会分配既是一个分配问题（可以称为零次分配），也可视为配置问题。在数字经济中，这主要是具有通用性的生产资料进入与使用门槛的高低来显现的问题。

在传统体制改革思路中，发挥市场在资源配置中的决定性作用，隐含着公平由政府作用保证的意思，但在数字经济条件下，市场机制设计本身，也具有平等配置资源这一内在要求。例如，新布兰代斯学派面对"大而不倒"，认为大到什么程度为合理这一问题，需要与各主体平等利用资源联系在一起考虑。

本来，资源配置主要是一个效率问题，发挥市场决定性作用主要旨在提高效率，但当市场失灵时，市场是有效率的吗？如果配置只涉及供求，不涉及价值（包括价值背后的制度），那市场失灵本身就不会出现。但在新古典资源配置条件下，失业与有效需求不足等问题，暴露出在看似完美的市场机制中仍存在从宏观角度看一目了然的非效率现象（如产能过剩的经济危机）。这种非效率现象，实质是由非公平引起的非效率。从古典经济学角度，是一个分配均衡问题。

数字经济学依据广义均衡，在配置均衡之外内生了分配均衡议题，在看待市场作用时，自然会在效率问题上内生社会关系视角，同时要加上"宏观"效率视角。不妨大胆假设，如果内生宏观效率后，市场配置资源比单纯的微观配置更有效，平等问题也可以转化为更广义的效率问题。

这个问题在基础理论上涉及价值规律与供求规律的关系问题。按照新综合的观点，价值规律不等于供求规律。供求均衡只是配置效率，价值规律隐含的分配均衡决定分配效率。如果只考虑供求效率，最终会出现广义均衡水平的无效率。例如，普遍的产能过剩就是广义均衡水平的无效率。它意味着生产出来的东西，不是因为没有需求而过剩，而是因为这种需求没有支付能力背书而显得过剩（当然，也不排除供求本身的失衡）。而支付能力的有无，就是典型的分配均衡问题。分配效率首先取决于机会是为否平等，而机会平等问题，在此应视为配置问题（特别是配置中的产权问题），纳入市场机制设计来加以研究。这需要改变市场与制度无关的认识。由此，对于发挥市场在资源配置中的决定性作用，就会具有更全面的理解与把握。

数字经济条件下，可以通过平等地使用要素资源来促进资源更充分的利用，发挥市场对平等配置资源的决定性作用。

### 4.3.1.2 亨利·乔治的机制设计

数字经济学引入了一种超脱于基于理性的市场有效性假设的新的方法来研究市场经济，这就是隔代遗传的方法。所谓隔代遗传，即认为农业生产方式、工业生产方式与信息生产方式存在着由否定（革命）关系连接的范式逻辑。由此可知，信息生产方式必然是农业生产方式的否定之否定（隔代遗传）。面对未知的未来，可以从重农学派对市场机制的看法中，自然地生成数字经济用来超越工业化"洞穴之见"的市场机制洞见。不采用这种方法，在考虑经济体制改革问题时，就好像揪着自己的头发离开地球一样，不能从工业化的"地球引力"中跳出来看待问题。当然，隔代遗传不是要让数字经济回到农业经济（个性化定制），而是在肯定工业经济（大规模生产）的基础上，上升到更高级别的生产方式（大规模定制）。为此，在经济体制改革研究中，数字经济学引入了生产方式的新视角，补充发展把工业生产方式当作改革默认选项、只讨论生产关系而不讨论信息生产力影响的传统改革观。

以将土地类比信息的观察视角来重新审视经济学说史，特别是包括重农学派在内的地租学说，会有不一样的发现，会在要素"隔代遗传"上对市场机制设计产生启发：第一，土地与信息平台一样，都具有财富"设施"（生产资料系统）的意义。这种设施由于固定投入，可以令整个经济形态在边际成本之上获得来自报酬递增的附加租金。第二，从土地和信息平台的最终产品中，可以获得增值性的差异租。第三，在所有权之外，都具有"拥有者—使用者"双层经营性质，从土地中产出农产品与从信息平台衍生出信息产品，都可以令商业化基础设施从差异租中索取垄断租金。第四，二者的市场机制设计，在其最体现特色的地方，都围绕资源充分利用展开（而不只是围绕拥有展开）。第五，都存在租金盈余的转移支付问题，可用于社会性的经济目的。以上这些都与工业化时代最典型的市场机制（包括现代产权制度）有所不同。带着以上由数字经济"事后"得到的知识，重新"发现"经济学史上的土地理论，会对工业时代的市场机制理论产生诸多批判性的新认识。新旧观点不同之处，集中于边际成本之上的租这一现象。工业化时代的经济学，会把租当作一种例外来看待，即认为租的存在不符合帕累托最优。数字经济学将从广义帕累托最优这个制高点上，重建经济体制改革的逻辑。

亨利·乔治经济思想对市场经济体制改革的启发意义在于，引导人们将市场和产权的逻辑联系，从两权合一的机制设计转向两权分离的机制设计。一方面，封闭所有权（不改变专有状态，无论是公有还是私有），其逻辑是，拥有者一旦比非拥有者更能充分使用（利用）资源，所有权专有可以保证拥有者不受侵犯地使用资源。另一方面，开放使用权（令非拥有者具有一定分享使用的权利），其逻辑是，一旦非拥有者比拥有者更能充分使用（利用）资源，使用权共用（共享）可以保证资源掌握在最能充分利用资源的人手中。其反向且等价的设计是，对垄断（即不让他人使用）资源形成的租金（一种虚拟的机会成本，或不使用造成的耗散租值）进行征税。

数字经济学看重这种思想，是因为其中的使用权完全竞争逻辑特别符合数字经济通用性资产的特性：不充分使用会闲置浪费，充分使用不会损害拥有者。

### 1. 重农学派关于使用权竞争的机制设计理念

使用权竞争，旨在提高资源利用的有效性，是数字经济市场机制设计的重要出发点。这一思想可以追溯到重农学派。重农学派重视资源利用是不奇怪的，因为他们认为价值只有使用价值，也就是资源的利用价值。他们不认同资源利用是为了交换价值，因此必然把重心放在使用权上。

首先回顾重农学派代表人物杜阁的理论。杜阁的分析从最早的两权分离现象——土地所有者与使用者（他称为耕种者）的分离开始。在此之前（"最初的时代"），二者是不分的。一个人占有（自然占有与法律占有不分地占有）土地的方式，是使用与拥有合一：通过对土地的不断耕种，来保持他的土地所有权①，随后，"一切土地都有了主人"，意思是独立于使用权的拥有权出现了。这意味着，"土地耕种者和土地所有者分离开来"。这时，杜阁说了一句意味

---

① 杜阁. 关于财富的形成和分配的考察［M］. 北京：商务印书馆，1961.

深长的话：许多土地所有者必然会占有多于他们所能耕种的土地。①

这与数字化中共享经济面临的形势是一致且相通的，工业生产方式下的资源配置机制存在一个特别的"漏洞"——工业化的产权制度无法避免资源闲置，因为资源所有者会制度性地占有多于他们所能使用的资源。这与现代产权理论的精神是相反的。按现代产权理论，资源配置的市场机制有效性的基础，在于拥有权是资源最有效利用的制度基础。数字经济证伪这种说法的举例很简单：一个人拥有一辆车，自己每天使用 2 个小时，可能闲置 22 个小时。而对通用性资产来说，这个问题就会更加突出。现代产权制度在把所有权绝对化时，会保护车主自己使用的 2 个小时之外不允许他人使用的权利（租赁权）。虽然在理论上说，车主可以像共享单车那样有偿转让车的使用权，但在现实中，这种情况很少发生。直到工业化后期，外包与虚拟企业等出现，现代产权制度所有权绝对化这一弱点，才不断被发现与突破封闭经营逐渐转向开放经营。

我们可以把现代化状态分成 3 类，前现代一致于农业生产方式，现代性一致于工业生产方式，后现代一致于信息生产方式。这时就会发现，前现代与后现代在资源利用效率上有一个隔代遗传的交集，即都认为使用（资源利用）与拥有不是一一对应的。现代性观点（如现代产权制度观点）则认为，使用与拥有是对应的。这种对应，隐含的是背后的收益权是否一致。不一一对应，相当于承认所有权与使用权各自对应不同的收益权；一一对应，则相当于承认"两权"对应的是同一个收益权。例如，工人也可以使用资本家的机器，但他没有使用权，因为工人的使用行为并没有资本的使用权对应的收益权（剩余索取权）。

拥有与使用的不对等，演化出拥有者与使用者的不平等。当拥有者与使用者进行交换时，拥有者作为权力的性质（使用权在此只是权利而非权力）就表现了出来。因为在雇佣关系中，拥有者可以要求使用者将自身的剩余无偿地交给自己。这令使用者在权力关系中是被支配的、服从的一方。

杜阁还提出了不同于雇佣的另一种要素交换形式，即租佃。租佃的特点在于拥有权与使用权两权（在收益权上）分离，同是交换使用权，使用者却可以获得工资之上的部分剩余，与拥有者在收益权上形成分成关系（各有各

---

① 杜阁. 关于财富的形成和分配的考察［M］. 北京：商务印书馆，1961.

的收益权）而非雇佣关系（即剩余索取权只归一方）。① 这一点类似数字经济中的合伙制。如杜阁所说，诱使自由人来耕种不属于他们的土地的方法，就是把一部分果实分配给他们，这种方法可以促使他们把土地耕种得比用固定工资雇用的工人更好一些。② 我们看到，平台经济中复活的生态化的交换形式，就具有这种分成的特点。提供 App 的应用方是"自由人"（自主人），而不是只拿工资的人。平台"不属于"他们，但把使用平台产生的一部分剩余果实分配给他们，可以令土地资源得到更有效的利用。

杜阁的地租理论，已经彻底资本化了。但工业化真正发展到从主要依靠土地转向主要依靠资本时，杜阁这里的一个逻辑（关于"资源有效利用的机制，主要靠什么"的元逻辑），便逐渐淡化与消失了。杜阁的市场机制思想含有这样的逻辑：当拥有权垄断时，可以引入使用权竞争，用分离后的收益权作为鼓励。引入使用权竞争，是通过分享剩余实现的。工业化成熟后，相应结论逐渐变成了拥有权与使用权一体。这里的一体，是指所有权对应的收益权与使用权对应的收益权是同一主体的同一权利。使用权分成的思想不再流行，拥有者获得全部剩余，使用者无论是经营使用还是雇佣使用，都只在成本（而不是剩余）范围内分配。时间一长，人们会认为这种带有工业化条件的逻辑（两权合一的逻辑）是自然而然的。虽然工业经济也存在租赁现象，但其与数字经济最大的不同在于，拥有权对应的现期收益与使用权对应的现期收益是基本相等的。数字经济中出现的以租代买（俗称云计算模式），（反复）租借的现期收益，由于可以复用、通用，可能远远大于一次性买卖。例如，同一套虚拟店铺的运行代码，与实体店铺主要功能相同，因而可以孪生替代。借给一家使用，不影响同时借给另一家使用，累加起来，就会高于只借给一家使用的现期收益。这使数字化中的共享经济，"复活"了杜阁思想中典型的市场机制设计思路：使用大于拥有，让（不是拥有者的）使用者获得剩余，以提高资源利用效率。

杜阁较少谈论土地税负，相关思想只是（在《关于财富的形成和分配的考察》中）在与休谟关于直接税与间接税的对话中有所体现。杜阁不赞同休

---

① 杜阁. 关于财富的形成和分配的考察［M］. 北京：商务印书馆，1961.
② 同①.

谟的观点，认为各种税负从根本上说都是从土地所有者那里收上来的。①

魁奈则专章讨论税负，他认为，土地所有者对国家的益处仅在于他们的消费，因此，他主张税负主要从土地财富中征取（"税是从这些财富中征取的"）。而向制造业收税，等于从土地转移的财富中收税，最终还是来自土地。这是重农学派特有的视角。

魁奈主张，必须使取得这种盈利的土地所有者每年把盈利花费掉，这样就可以使这些盈利在全国分配。没有这种分配，国家是不可能维持下去的。假如土地所有者把这种盈利保留在自己手中，那就得从他们手中夺下来。这种财富不仅是属于土地所有者的，同样是属于国家的。土地所有者拥有这种财富，只能把它花费掉。②

在重农学派之后，古典经济学家穆勒认为，科技的发展和经济的增长会使土地"不劳增值"，导致地租上涨，国家因此应征收"地租税"，用于社会福利事业。这个思想传承了从亚当·斯密到李嘉图的衣钵，又影响了亨利·乔治的单一税主张。亨利·乔治采取的正是"从他们手中夺下来"的策略，并彻底发挥了引入使用权竞争的资源配置思想。这种思想对数字经济中数据配置机制的建立具有重要的借鉴意义。

数据配置与土地配置产生隔代遗传关系在于，当数据可以复用但由于拥有权限制难以复用时，就会出现类似地主拥有土地却不能加以充分利用进而导致资源大量闲置的情况，这时需要借鉴土地制度中从拥有者之外引入使用者竞争的方式，以更有效地利用资源。对工业化中的实体资本来说，这种情况存在但不突出。与工业经济的重大不同在于，促进资源有效利用，采取的是一种近乎与拥有权无关的机制设计，如拍卖、配对、有偿共享等。我们在后面将仔细加以研究。

**2. 平等使用：基于资源有效利用的机制设计**

研究数字经济的市场机制设计，需要重新审视亨利·乔治。这是因为亨利·乔治的核心主张与数字经济中的相应规律具有惊人的相关性。亨利·乔治的思想不但影响了孙中山的平均地权主张，而且对基于资源有效利用的机制设计具有重大而超前的影响。亨利·乔治的市场机制设计，特点是悬置法

---

① 杜阁. 关于财富的形成和分配的考察［M］. 北京：商务印书馆，1961.
② 魁奈. 魁奈经济著作选集［M］. 北京：商务印书馆，1979.

权，围绕资源有效利用，开放使用权，进而建立兼顾效率与平等的微观市场与宏观市场协同机制，可以把它定位为一种完全竞争的（"放任的"）共享发展机制。

亨利·乔治的核心假设是，土地私有做不到对土地的最佳使用。① 用在数字经济中，就变成了各种专有制度做不到对资源的最佳使用，进而推导出市场机制要有关于使用（"最佳使用"）的专门设计的观点。

在市场机制中讨论亨利·乔治，是因为他的平等思想不是简单地从欧式的古典或道德角度立论，恰恰相反，是从美式的资源有效利用（这是资源配置理论的长项）出发提出的。从这个角度，会产生对机制设计原理的一个重大思路突破。从中意识到，现代市场与产权机制的局限，不但在于它们只关注效率而不关注平等，而且在于它们的效率本身就不到位，不利于资源充分利用。这是一个自由主义的角度，但从自由主义中又产生了相反的关于公平特别是平等的主张。如果经济体制改革在核心判断上发现其机制设计存在工业化特有的局限，而且并不像想象的那样可以充分地达到效率的目的（充分利用资源），还有更能充分利用资源的制度安排——用平等（平权）来提高效率，那么经济体制改革就会"注入"一种与信息革命新时代合拍的新思路。数字经济关于使用而非拥有的核心思路，可以算作资源配置型思路，旨在资源有效利用，反对资源闲置、浪费。由亨利·乔治开辟的市场机制设计前沿的新立意，与数字经济思想产生了深层共鸣。

亨利·乔治把使用权作为个人的自然权利同时作为一种平等权利来看待，这"抽"去了雇佣制的伦理基础。亨利·乔治认为，人人拥有"使用和享受自然的平等权利"，他主张所有人都有使用土地的平等权利，他承认土地个人所有就是否定其他个人的自然权利。②

与对使用权的重视相反，亨利·乔治认为拥有权会导致资源闲置。他说，有些土地空闲着或者未加以充分利用，是因为土地所有人不能或不愿改良它们，以期待地价上涨；土地所有者坚持让土地闲着，自己又无力使用，别人使用时索取的价格高得使人无利可图。③

---

① 亨利·乔治. 进步与贫困［M］. 北京：商务印书馆，2010.

② 同①.

③ 同①.

在这些认识的基础上，亨利·乔治把机制设计的目标对准了拥有者，提出了单一税理论，他主张"把地租化作国家的税收"及"取消地价税以外的全部税收"，由国家来征收土地上产生的一切"非劳动盈余"。①

需要注意的是，亨利·乔治及其后继者所说的土地公有制（或国有），与我们理解的不一样，不是指公共拥有，而是指公共使用。因为亨利·乔治明言"没有必要充公土地，只有必要充公地租"，不需要收购私有土地，也不需要"充公土地"，因为"前者是不公正的，后者是不必要的"。只要"把地租化为国家税收"，就可以实现土地的"虚拟国有化"。"化为国家税收"的地租在此是土地使用费，而非土地买卖价格。亨利·乔治希望政府将这些租金收入投到公共福利上，以解决贫困问题。

亨利·乔治的政治经济学凸显了对土地问题的重视（亨利·乔治后期泛化了土地的概念），他将研究重点放在财富的公平分配上，他宣称自己的工作就是"说明放任主义（在它全部真正意义上）开辟了实现社会主义崇高梦想的途径"。将自由放任的市场经济传统与社会主义结合起来，成为亨利·乔治理论的特色，这为市场经济与社会主义的结合提供了一个将市场自由与平等结合起来的思路。

这一理论极富张力，其中的单一税思想，从土地这一特定资源推广开（尤其推广到通用性数据上），可以产生双重性的市场机制效果：在效率方面，突出以使用权竞争（自由放任）提高资源利用效率的新思路；在公平方面，强调以转移支付形式再分配租金盈余，以满足分配公平，最终达到分配均衡与配置均衡相平衡的巧妙效果。这一切，正符合数字经济的一个关键条件（这个条件完全不同于工业经济）——资源（如信息平台资源）正变得通用。此时是以拥有权（所谓明晰产权）为主充分利用资源、优化资源配置还是以使用权（令通用者更加复用）为主充分利用资源，成为一个需要人们拿大主意的问题，传统体制改革与市场机制设计者，往往不理解信息革命除技术细节之外的政治经济学含义，因此，在这方面形成了思维盲区，需要更新知识。

亨利·乔治虽然被称为"重农学派的后人"，他自己也说"我的观点比亚当·斯密更加接近魁奈及其追随者的观点"②，但他毕竟不是真正的重农学

① 马原. 亨利·乔治土地思想述评 [D]. 昆明：云南大学, 2007.
② 王锦秋. 亨利·乔治经济思想研究 [M]. 北京：中国经济出版社, 2015.

派，表现如下：重农学派的单一税主张建立在农业创造财富而工业不创造财富这一认识基础上，亨利·乔治的单一税建立在工业创造财富而农业（地主）不创造财富的相反立场上。

事实上，在重农学派之后，代表工业经济立场的最初的市场理论，即完全竞争市场理论，出于自由放任的立场，对财产的法权（相对于自然占有的法律占有，即拥有权、所有权）持相当的保留态度，其主要是认为这种所有权构成垄断，妨碍完全竞争，代表人物是杰文斯和瓦尔拉斯。杰文斯认为，产权只是垄断的另一个名称。瓦尔拉斯则认为，宣布土地个人所有权……意味着……阻止土地被社会最有效地利用，这样压制了自由竞争的有益影响。①一直到科斯论证了企业之于市场的特殊必要性，产权的经济学地位才被真正确立起来。

这对数字经济的启示在于，将土地推广到数字经济的生产要素上来看待同样的道理。如果把土地当作平台，那与资本对应的制造活动就是增值业务；如果把资本当作平台，那与服务对应的活动就是增值业务。在数字经济中，平台本身作为数字化的要素（土地与资本），其增值活动是差异化增值。这时，单一税的对象就明确了，是向资源的拥有方征税而不是向增值的活动征税。

把土地理解为因拥有而来的经济垄断权（它不是交换而来，纯粹是因权力而来）的权利，则其具有非生产性。推广之后，凡是基于纯拥有权而形成垄断的要素，都将成为单一税的征收对象，目的是消除纯垄断带来的租金盈余，而用这笔钱鼓励竞争——其中一个方面是直接竞争提高利用效率，另一个方面是促进平等分配（从而避免前一个方面的供给在分配上的不平等导致对有效需求伤害的部分发生）。

现代市场经济的数字经济特色，表现为平台不断替代市场，成为一种新的资源配置方式。因此，不但要强调市场在资源配置中的决定性作用，而且要强调平台在资源配置中的决定性作用，平台与市场在资源配置的决定性作用上相互配合，以此为市场经济体系改革的新的方向。具体来说，在价格机制上，平台配置资源是一种中间产品与最终产品联动（互补）的价格机制，

---

① 波斯纳，韦尔. 激进市场：战胜不平等与经济停滞的经济模式［M］. 北京：机械工业出版社，2019.

而不像传统市场那样，无论是中间产品还是最终产品，都只按最终产品定价。如果借用来亨利·乔治的主张，将其转化为一种新机制，就是对中间产品与最终产品实行不同的定价原则，形成新的价格双轨制（不同于传统上针对同一商品的价格双轨，是针对双层经营服务的价格双轨）。其中，最终产品（如增值产品）着眼于（使用权）完全竞争，以充分利用资源（例如，促进数据充分利用），中间产品（对亨利·乔治来说是土地中的垄断权部分，对数字经济来说是平台企业的垄断权部分）着眼于一定程度的针对公共利益的价格管制或特别的"单一税"（如数据税）。

### 4.3.1.3　"一个强调使用所有权的市场"

数字经济条件下，市场经济体制出现从所有权交易向使用权交易的发展，以更充分地利用资源。

波斯纳与格伦·韦尔提出"激进市场"理论，他们认为，强调使用所有权的市场将是一个"激进市场"。① 使用所有权这一思想与数字经济"使用而非拥有"理念相近，都是为了激发比现代产权更强的资源利用潜力，使资源利用更充分，这为市场机制设计提供了新的理论基础。这里的激进，表现为自由市场经济与共享机会发展这对看似完全相反主张的负负为正的联姻，对市场经济与社会主义的中国特色结合具有启发意义。

#### 1. 配置效率与投资效率

波斯纳与格伦·韦尔提供了一种从市场机制出发重新认识产权的视角，这就是把产权区分为配置效率与投资效率。② 前者对应使用权的效率，后者对应拥有权的效率。

历史上，强调使用权效率优先的主要是市场派，包括斯密、边沁、穆勒，他们认为由拥有权构成的对使用的垄断会降低资源配置效率，"这些特权和传统阻碍了财产实现其最有效的利用价值"，将更高效率的使用者排除在外；强调投资效率优先的，主要是产权派，以科斯为首，他们强调以产权明晰来强化（绝对化）拥有权③，反对资源超出拥有权边界被外界使用，认为无主资

---

① 波斯纳，韦尔. 激进市场：战胜不平等与经济停滞的经济模式［M］. 北京：机械工业出版社，2019.

② 同①.

③ 因此，被称为产权绝对论，与产权相对论相悖。

源会被过度利用（如"一个公共牧场会被过度放牧"），更主要的是不利于投资回报（最高投入获得最高产出回报）。

其实，这两种效率都是客观存在的，反映的是产权中拥有权与使用权关系的双重性，只讲其中一个方面是不全面的。一方面，只有确立了拥有权，才能保证投资人在供给方面的权益。当然，要等同于资源有效利用的条件，只有当拥有者确实使用资源而不是不使用时，才充分具备。资源如果闲置、浪费或不给更高效的使用者使用，就不是这样。产权派用讨价还价来保证拥有者不会闲置资源这一条件的满足。另一方面，拥有权本身并不保障资源充分利用（只能保证有主资源不被过度开发，但不能保证有主资源不被闲置或浪费）。产权制度并没有将讨价还价、拍卖等手段当作获得拥有权的必要条件。相反，一旦获得拥有权，产权制度同时就保障了拥有者不使用与不允许他人使用（包括不参与拍卖）的权利，并从法律上终止了继续拍卖等使用竞争的可能。产权交换（讨价还价），只决定了"谁"不允许他人使用。因产权交换而获得的财产垄断权，仍然是垄断权，并不因交换的竞争而改变其（不许他人使用）性质。

但是，观察人类经济发展到工业经济成熟阶段的表现，就会发现一个不是由逻辑决定而是由历史决定的现象。这就是，作为法权的拥有权，相对于使用权，处于产权的主导方面，从而出现从保护投资效率出发，却走向损害配置效率方向的机制悖论。无论是私有制还是公有制，情况都是一样的。私有制与公有制同属专有制。无论强调的是私有权神圣不可侵犯还是公有权神圣不可侵犯，一旦走向极端（忽略另一个方面），都必然存在保护自己（无论这个自己是私还是公）不使用也不允许他人（尤其是比自己利用效率更高的人）使用资源从而导致配置效率不充分这一漏洞。

集体农庄尽管拥有权充分保证了公有，但排除了更有效率的耕种者，出现了自己不利用也不让别人利用的情况。直到我国家庭联产承包责任制的出现，才引入了使用者竞争。土地拥有权与使用权分离下土地资源利用效率的大幅提高，进一步反证了两权不分条件下配置效率的低下。私有制也存在资源利用不充分的情况。数字经济中共享经济的出现（如优步共享出行），反证了私有制下普遍存在的资源闲置。科斯只强调拥有权的重要性，回避了绝对的产权保证拥有者自己不使用也不允许他人使用的权利这一点对配置效率产生负面影响的可能性。相当于汽车的行驶本保证了车主开车与不开车（且不让他人开自己的车）两种相反的权利，可能损失共享出行的机会成本。如果只是针对私人拥有者使用资源的权利得不到保证（这在公有制下更为突出）这一点，矫枉过正还情有可原，但作为一般逻辑，只强调投资效率的一面一定是存在片面性的。

从经验上看，从不拥有所有权到拥有所有权的第一代拥有者（创始人、创业者），对资源使用都是比较珍惜的，往往都能善待资源，具有主观上充分利用资源的激励，这时科斯的一番道理一般来说是适用的；但是对富二代或守成的代理人，拥有权的激励作用会逐渐递减，以至富不过三代，以资源无法充分利用为实质，殊途同归地败家，这时科斯的道理就会被证伪。根本原因在于，仅有拥有上的竞争，不能替代使用上的竞争。拥有权可以保证对于正确动机的激励，从而保证投资效率，但不能保证对正确操作（运营）的激励，从而难以保证配置效率的持续实现。

跳出农业经济、工业经济和数字经济来看待财产权利，可以发现，财产的法权（拥有权）本身，并不代表经济学中的通则，它只是现代性（工业经济）的产物，在工业化的前期与中期显得更加合理。越是到工业化的后期（后工业时期），它与使用权及其背后的效率（配置效率或资源有效利用）越产生冲突。因为从工业经济向数字经济转变的过程，正是资源的通用性越来越强的过程，资源越通用，为了保证充分利用，所需引入使用竞争的客观压力越大。矛盾的结果，是数字经济出现（以资产通用性占比增加为标志）导致矛盾发生质变，以使用权复归的形式（"使用而非拥有"），令拥有权从主导性权利变为基础性权利、从矛盾的主要方面变为次要方面（当然，不是取消）。

### 2. "共享产权"：市场设计的纲领性主张

波斯纳与格伦·韦尔正是在这个背景之下提出"产权共享"这一市场机制设计新思路的。与现代产权下的市场机制相比，他们的思路多出了对使用（或不使用）的机会成本的制度设计。

"产权共享"明确宣称"拍卖让世界更美好"，意思是，主张悬置拥有权（"无产权的市场"①），让使用权竞争成为市场经济的主要设计机制。这无疑

---

① 波斯纳，韦尔.激进市场：战胜不平等与经济停滞的经济模式［M］.北京：机械工业出版社，2019.

提出了专门针对数字经济的经济体制改革的纲领性主张。因为数字经济从经济体制改革角度讲,主要特点是以"使用而非拥有"的方式配置资源。这是发挥市场配置资源决定性作用的数字经济新形式。对我国来说,预示着将农村改革的两权分离隔代遗传到数字经济中,基于生产方式从工业化向信息化的变革,为市场经济指出了新的方向。

我们把波斯纳与格伦·韦尔提出的"共享产权"概括为专有通用,波斯纳与格伦·韦尔自己的命名是颇为费解的"公有制自评税"(Common Owner-ship Self–assessed Tax,COST)。COST 沿袭自亨利·乔治"通过征税来获得公用土地的租金",并吸收了维克里使用权拍卖的市场机制设计思想。

COST 是指利用拍卖的形式把每一种资源交给最能利用它并投入它的人,从而实现资源的完全配置效率。

这里的公有制并不是我们一般理解的公有制。波斯纳与格伦·韦尔明确指出,"公有制"是指对传统私有财产进行税收调整的方式。[①] COST 是针对持有(也就是使用)而不是拥有的,与其思想源头亨利·乔治的主张一样,并不强调改变所有权或拥有权状态(所有权无关,或悬置所有权),实际指的是公用或共用。孙中山源自亨利·乔治的平均地权,也不是指土地公有,而是公用。公用或共用,对公有制与私有制一样适用,例如,公有共用(党的十八大称为"平等使用")、私有共用(如共享单车)。因此,共享产权不等于共有产权,仅指共同使用而非共同拥有。

自评税指"自我评估价格"(这个自我指使用者,因此是使用者定价),是针对使用权的定价机制,直接的意思是以税的方式交使用费。之所以提税而不是费甚至价,有突出全局机会成本之意。意思是,第一,不使用,也有对应成本(是浪费的价值),这是不使用的机会成本。第二,对具体财产来说,不使用的机会成本是多少难以确定,因为很难比较财产所有权不让他人使用和让他人使用后二者的资源利用水平差多少。第三,不使用的机会成本可以从全局上衡量。比如,像亨利·乔治认为的那样,通过土地整体价格水平(地租),可以感知土地在没有资本化之前与资本化之后的价格水平变化。因此,可以从土地使用的总的机会成本中确定使用税的水平。

---

① 波斯纳,韦尔. 激进市场:战胜不平等与经济停滞的经济模式 [M]. 北京:机械工业出版社,2019.

使用税推广后，可以包括拍卖等微观定价形式。因为亨利·乔治提出土地税，不是反对直接从具体的市场定价中发现不使用的机会成本，而是没有条件做到。一旦可以做到，例如，在拍卖中区分此财产与彼财产不同的使用机会成本，那么不以税的形式而以价的形式加以确定，并不违背初衷。

波斯纳与格伦·韦尔认为 COST 与拍卖的定价方式异曲同工，因此，一直把二者相提并论。自评税想达到的目的，实质在于通用或公用。因此，可称这种（不改变所有权而改变使用权）模式为专有通用。它也可以推广到私有制。这里说的公有，与亨利·乔治说的公有（甚至洛克说的公有）一样，并不是指公共所有、公共拥有，而主要指公共使用。完整、准确理解，应是专有通用或专有共用。至于专有的是公有还是私有，与问题无关。

波斯纳与格伦·韦尔将现代产权（他们窄化为私有制）分解为使用权和"排他权"（沿袭杰文斯的说法，把拥有权当作垄断使用、排他使用的权利）。

第一，讨论使用权，指出现代产权的两权合一特点：在对私有财产的通俗印象中，所有的收益都由所有者获得，即所有者获得所有的使用收益。这就排除了工人使用资本家的生产资料获得剩余的可能。一个知识产品，在所有者已知的使用方式之外，还可能存在诸多（往往是因为附加用途，实质是附加服务）产生新的使用价值的可能。权利用尽原则中的"用尽"，就是指这些比所有者更能利用资源而带来的收益，不再归属原所有者。堵死一切因为比所有者更有效利用资源而带来的收益落入更有效利用者手中的法权"漏洞"，以捍卫所有者自己不使用也不让别人使用的权利。

波斯纳与格伦·韦尔的想法与权利用尽相近：在 COST 下，该使用价值的一部分通过税收披露并转移给公众。被收得越高，被转移的使用价值的比例就越大。① 他们主张将权利归给公众而非所有者。这无疑等于将所有权对应的使用权，仅仅限于所有者有效利用的部分，而排除了浪费（没用尽）的部分。此处共享产权的两权分离的特点在于，使用权收益的一部分（使用的机会成本）将转移给非所有者（公众是潜在的使用者）。由此可以认为，COST 是社会使用成本，即使用的机会成本，亦即将拥有者不使用的财产交由更高效率的使用者时，由非所有者的使用者创造的价值。它是一种与张五常语义相反

---

① 波斯纳，韦尔. 激进市场：战胜不平等与经济停滞的经济模式［M］. 北京：机械工业出版社，2019.

的租值耗散，一旦开发出来，可以称为租值聚集。最典型的就是平台经济中的 App 增值。同一套基于苹果商店平台的开发工具，其拥有者苹果公司不使用时损失的机会成本，等于这部分产权共享给增值开发者后新增的价值。苹果公司三七分成中的"三"，对应的就是所有权，更准确地说，是所有权的使用权（限于平台本身）对应的剩余索取权。这时的所有者，接近布哈林说的食利者，他已不能占有所有的剩余，继续拥有他力所不及、力有不逮的所有使用权利。这使两权分离中的另一面得以凸显限制所有权对应的使用权，仅将其限于所有者真实使用（直接控制）的部分（例如，平台仅限于对基础业务服务收费，而不应侵占增值业务中没有自身贡献的部分）。

在数字经济中，这种情况比比皆是。以云服务为例，同样的 IDC（数据中心，包括同样的机柜、同样的耗电），用于云服务 1.0 模式（技术服务）与用于云服务 2.0 模式（商务服务，如亚马逊），后者的收入远高于前者。IDC 不能因为自己没有附加的服务（如办公室业务外包、会计业务外包）而要求向亚马逊或印度信息业务服务公司穷尽增值的权利，否则应判定为非中立、歧视。

第二，讨论排他权。两权合一与两权分离的差别在于：在私有财产制度下，所有者保留自己的财产——这意味着不让其他人接触财产，直到他自愿地卖掉它或把它送出去（一些极端的情况除外）。在 COST 下，"所有者"就不享受这种权利，因为以自我评估价格来购买该财产的买者不能被排除在外。[①]

事实上，音乐业务就存在同样的情况，要区分音乐作品本体与增值服务各自的权利。不是说增值方不应向版权方交一定费用，而是说不能越界侵占自己不使用而他人使用产生的剩余。

由此形成的新的市场机制，是一个"取代了以永久所有权为基础的旧市场的灵活的新市场"。[②] 其中的规律是，在投资效率比配置效率更重要时使用私人产权，在配置效率比投资效率更重要时使用共同财产（其用途是通过拍卖来分配，如乔治的"土地"），以此找到投资效率和配置效率的平衡。[③]

---

① 波斯纳，韦尔. 激进市场：战胜不平等与经济停滞的经济模式 [M]. 北京：机械工业出版社，2019.

② 同①.

③ 同①.

## 4.3.2    生态平台的产权定位："第三种企业"

数字化产业组织是生态组织，本书从产业组织角度把平台企业视为介于企业与产业之间的组织，将其置于数字化生态（平台企业＋应用企业的产业组织生态）中加以研究。生态这种共同体组织，以使用权联合体的方式存在，围绕共同利益，以合约方式达成合作。

平台作用是介于市场作用和政府作用之间的第三种作用。如果说市场的作用主要是配置资源，以实现私人利益为目标和行为根据，政府的作用主要是社会分配，以实现公共利益为目标和行为根据，那么发挥好平台作用，使之在资源配置与社会分配、私人利益与公共利益之间扮演中间角色，对市场与政府关系将起到至关重要的协调作用。

经济体制改革的核心问题是处理好政府和市场的关系，使市场在资源配置中一起决定性作用和更好地发挥政府作用。平台如果按照中间定位，起到居间协调作用，可以发挥社会协同治理作用，增强治理的稳定性；相反，如果找不准平台的这种中间定位，偏向一边，则可能会加人政府与市场关系的处理难度，或者市场失灵，一放就乱，或者矫枉过正，一抓就死。

从产权的角度，我们可以界定企业与生态两种组织的区分标准：由所有权与使用权合一界定的组织为企业，指各主体在所有权上是同一个单位（领导是同一个），在使用权上也是同一个单位（具体指来自使用权的收益权包括剩余索取权，等同于来自所有权的收益权与剩余索取权全部归所有者）；由所有权与使用权分离界定的组织为生态，指在同一个组织中，各主体在所有权上不是同一个单位（各主体不隶属于同一个领导）但在使用权上是同一单位（利益共同体）。这意味着：第一，得自所有权的收益权和剩余索取权，与得自使用权的收益权和剩余所有权，进行了分离；第二，所有者的使用权（与所有权对应的使用权）与使用者的使用权（与使用者作为独立所有者的使用权），对同一资产是共享使用关系，如"以租代买"就是前者向后者转移了归属于前者的资产的使用权，但不转移这一资产的所有权；第三，同一使用权单位内部，所有者与使用者分成之和为100%，而在同一使用权单位之外的主体（如其他平台，其他平台下的应用方，乃至社会公众），不属于同一个生态。

平台的中间定位，更接近"社会"这个概念，社会是市场与政府的中间组织形态。社会协同治理，有利于使市场与政府的作用趋于协调。理想中的平台，一方面，可视为经济领域的"社会"机制，如合作制。对企业而言，是比私人企业承担更多公共责任的企业，而不是偏到私权力一边去的企业。另一方面，可视为社会领域的经济机制，将其理解为社会企业，作为社会组织，可以将其理解为按市场化原则运行的"特许"经营主体。平台如果恰如其分地发展，在我国应既与社会主义的公平正义性质相容，也与市场经济的自由、效率性质相容。

数字经济学需要分析平台的治理作用为什么应是中间协同作用（既不代表私人资本，也不等于"二政府"）而不是这种中间协同作用应该如何具体发挥。因为如果不能说清楚平台的中间定位这一新的知识，谈论它在市场与政府之间起居间协同作用就会成为无本之木。

通过"古典－新古典"综合均衡模型，可以定位平台收益中应由市场发挥决定性作用的部分与应归属公共利益的部分，进而将租金盈余剥离视为将平台方从私人企业中划分出来，归为中间角色（社会企业）。

本书所说的平台，泛指不同于市场化企业与政府的具有"社会"特点的组织。其中，作为经济组织的平台，是指社会企业，包括平台方、集体企业、生态组织等，通过租金盈余剥离（或对应行为转型），可以使之有别于私人企业；作为一般组织的平台，一致于以合作制方式实现协同治理、协商治理的第三方社会治理主体。我们通过重点解剖互联网平台方"这只麻雀"，探讨在市场与政府之间发挥第三方社会治理作用的可能性。

平台具有产权上的公私双重性，这种利益居间性是发挥市场与政府间协同作用的产权基础；平台具有对数字外部性进行市场化补偿的运行机制，这是可以正常发挥协同作用的动力学基础。

鉴于平台在数字经济与信息社会发展中将扮演越来越重要的角色，在使市场在资源配置中起决定性作用和更好地发挥政府作用的同时，应发挥平台的协同作用，使经济体制改革中的治理结构更加完善、更加稳定。

### 4.3.2.1 生态合作制：从合作制角度定位平台

合作制的突出特征是不同产权主体之间进行公私合作，平台符合合作制的这一主要条件。我们可以从共享经济与生态组织角度重新认识合作制，发现平台本身的生态合作本质。

把平台纳入合作制的范畴加以重新认识，可以发现的新知识是，合作制是一种介于公私之间、市场与政府之间的中间机制。一旦将平台纳入合作制来规范与发展，有助于找到私人利益与国家对这种利益的监管相结合的尺度，找到使私人利益服从于共同利益的内在尺度。

合作制作为产权制度，与现代产权制度几乎是相反的产权形式，这源于它们强调的重心不同：现代产权制度的重心在所有权，聚焦点在资产的价值（如股份），往往指向竞争与零和博弈；合作制的重心在使用权，聚焦点在资产的使用价值（如资产经营、权责利），指向合作与双赢。只是受工业化和现代产权理论的影响，人们在分析合作制时习惯性地只关注所有权合作。数字经济中兴起的生态合作实践，将会把人们关注合作制的重心重新拉回到使用权合作上。

所有制中的公私，一是指所有，即公有、私有，二是指使用，即公用（共用）、私用（专用）。合作制所说的公私，主要指后者。合作的实质含义，是生产资料共享。这使合作（"共享"）有别于共产，合作合的是使用权，共产合的是所有权。我们将主要基于使用权形成产权共同体的合作制称为生态合作制。平台生态采用的就是生态合作制。平台方与应用方最主要的关系，就是合作关系。合作的主体称为"伙伴"（合作伙伴）。合作关系即伙伴关系。政治上的伙伴，指政治上并非一体但行政上可以一体（如命运共同体）的伙伴。经济上的伙伴，指所有权上并非一体（不同）但使用权上可以一体（利益共同体）的伙伴。一个平台，往往会聚集400万个（如苹果）至1000万个（如阿里巴巴）合作者，形成产权共同体，这是人类历史上规模最大的合作制，远远超过了西班牙蒙特拉贡合作制的规模。

关于合作制产权性质的传统研究，历史上主要有私有产权说、多元所有一元经营说、集体产权说和自然人联合体产权制度说等。唯一的共同点是、都把合作制当作不同产权主体之间的合作，但没有说清楚其中的公私合作是所有权合作还是使用权合作。

传统合作制的实践，在工业化条件下，多把注意力放在所有权的分与合之上，把合作理解为所有权共同体。但数字经济中的平台作为生态组织形成的产权共同体，是一个企业集合，而不是集体企业。集体企业的所有权是同一个所有权，企业集合的所有权是不同企业的不同所有权。因此，平台生态主要不是所有权共同体，而是使用权共同体（它既可以公有也可以私有，还可以混合所有）。在以"使用而非拥有"为特色的共享经济中，合作不是基于所有权（"拥有"）而是基于使用权，因此，其本质是使用权合作。在两权分离条件下研究合作制，必须细分所有权与使用权，它们之间存在多种现实可行的排列组合方式。

这与米勒的"合作制市场社会主义"模式在产权上具有相似之处：其资本可以由成员单独或集体拥有或从外部机构租赁，合作社借贷所得资本的使用权和所有权"质壁分离"。①

至于如何在引导资本成为社会企业的过程中克服其僭越公共利益进而偏离平台中性的缺点，后面再谈。

### 4.3.2.2　平台合作制的产权分析：统分结合双层经营

从社会经济制度角度看，可以将平台生态归类到合作制这个大类中。合作制是生产者联合劳动的制度，是一种区别于雇佣制的社会经济制度。平台生态中的平台方与应用方，明显不是雇佣关系，而是合作关系。它们形成的共同体，具有合作经济组织的性质，其中的平台企业可视为合作企业。列宁在《论合作制》中指出，合作企业既是私人企业又是集体企业，是第三种企业。平台企业也具有私人企业与国有企业之间的第三种企业的性质。

在农村统分结合双层经营合作制中，村级集体经济组织的经营是"统"，家庭分散经营是"分"。列宁所说的集体，在这里指经营（统一经营）。从所有制上看，土地的拥有权归集体所有，而使用权归农民。平台生态也有统分双层经营特点，平台是"统"，应用是"分"。"统"的方面，是由平台方提供统一的基础业务（如提供虚拟店铺支撑服务）；"分"的方面，是由应用方经营差异化的增值业务。"统"与"分"，通过 API 连接。平台生产资料的所有权归平台企业，使用权归应用企业。鉴于合作制首先以经营特征分类，合作企业不一定是集体所有制企业，也可以是私人企业。因此，我们可以将平台生态与农村统分结合双层经营归为一类，将它们视为统分结合双层经营的合作制。

对于合作制的社会主义性质，列宁多有论述。值得注意的是，这种性质

---

① 陈园园. 戴维·米勒的"合作制市场社会主义"探析［D］. 天津：天津大学，2018.

并不因为合作企业具有私人资本的一面而改变。这主要是因为，联合劳动是合作制的主要特征。在平台统分结合双层经营体制中，劳动者可以作为应用方成为合作主体，而非被资本雇佣。在现实中，平台方与应用方三七分成，甚至应用方可以比平台方获得更高比例的剩余。

将平台生态与私人企业进行产权比较，可以发现：私人企业以拥有权（所有权）为效率边界，同一领导为同一效率主体与效率单位，资源如果在同一拥有权之外被使用，称为外部性；平台生态不同，它以使用权为效率边界，同一使用权合约下的不同领导构成同一效率主体与效率单位，资源（生产资料）在同一拥有权之外而在同一使用权内部的使用，称为生产资料共享，具有数字外部性。

### 4.3.2.3　双层经营的市场行为特征："新垄断竞争"

平台生态有别于企业组织，由平台方与应用方组成。

互联网新业态被定义为"平台垄断 – 应用竞争"双层经营构成的"新垄断竞争"市场结构。"平台垄断 – 应用竞争"包括"平台基础业务垄断 – 应用增值业务竞争"与"平台方垄断 – 应用方竞争"。其中的垄断，属于技术性的自然垄断，特指基于标准（数字技术标准或数字商业标准）而形成的垄断，如基于操作系统的自然垄断，或基于淘宝、微信平台的自然垄断。垄断的特征是，只有应用方与应用增值业务采用同样的标准，才能共享平台资源（如流量、数字化生产资料等）。当采用单一标准时，应用的效率最大化；采用多个标准，可能降低生态的效率，包括平台间内卷式竞争导致重复投入，以及提高应用方转换成本、学习成本，造成的效率损失。对标准的竞争，除了引入平台竞争，更有效的是通过创新（毁灭式创新）进行标准迭代（如 U 盘取代软盘）。

互联网平台方的效率不同于互联网生态的效率。互联网平台方的效率，指平台方自身效率；互联网生态的效率，指平台方与应用方分工协作形成的效率。这种分工协作的主要表现，平台分工提供整个生态的重资产（固定成本，不变资本），应用方分工提供整个生态的轻资产（可变成本、可变资本），双方按资产使用合约分成。互联网平台方的效率也不同于一般企业效率，主要表现：一般企业的投资（不变成本与可变成本）效率主要体现于自身业务，平台方固定成本的效率主要体现于应用方的增值业务。因此，判断平台方基础业务垄断是否有效，除了要看平台方基础业务本身的效率（是否有效率更高的其他平台方），还要看其共享资产是否提升了应用方的效率，以及提升多少，要综合垄断给自身业务降低的效率与对同生态其他应用方提高的效率之和来判断。

由于互联网新业态的效率分享过程包含数字外部性，后面关于有偿共享通用性资产的效率与公平的分析与计量，就涉及以企业为边界同以生态为边界受益面与效率口径的不同了。

#### 4.3.2.4　双层经营的企业行为特征：双层成本结构

平台生态不但具有垄断、竞争这样的市场特征，而且具有资本投入这样的企业特征。平台是内生资本的平台。平台方不但是商人，而且是资本家。

内生资本的平台与现有平台经济学定义的平台有一个本质区别。平台经济学所说的平台是贸易结构的平台，是商人的平台，具体指双边市场，平台是市场之中买卖双边的中间人（中间商），平台方获取的是来自交换的佣金（本质上是商业成本）。本书研究的平台是资本结构的平台，是资本家（或知本家）平台，除了具有双边市场的一般特征，还具有一个更重要的特征——平台是买卖双边的投资人。因此，平台不但获取来自等价交换的佣金，而且获取来自投资的资本收益（剩余）。本书要探讨的是从资本剩余中产生的租金盈余再分配，或类似租金盈余再分配的公益支出，而不把双边市场佣金作为讨论重点。

内生资本的平台的概念，不是指双边市场中 B1（平台方）对 B2（应用方）和 C（最终用户），从 B2 与 C 的交易中收取佣金，而是指"B1 – B2"上下双层资本结构，是 B1 与 B2 的资本分工，即 B1 承担固定资本，B2 承担可变资本（主要指劳方的人力资本，包括时间、精力、技能、冒险精神等）。B1 对 B2 进行固定资产投资，B2 为这种投资提供变现补偿。

具体来说，B1 不仅要通过自身投入聚集 C（形成流量，作为向 B2 分成的资本），更主要的是以自有固定资产投入作为资产，形成信息基础设施之上的应用基础平台，对 B2 提供通用性资产有偿分享服务，向 B2 收取生产资料使用费（如服务年费）。平台所处业态位置，是提供生产资料服务的产业（相当于工业中的重工业，即提供生产资料的产业），平台方本质上是数据生产资料租赁企业。

引入资本视角后可以发现，双边市场分析缺乏剩余分配的理论基础，因此，更多的是新古典（经济学）式的市场交易分析。本书分析租金盈余再分配，涉及公平原则，需要在市场交易分析之外引入古典经济学式的制度分析与不等价交换视角，对资本背后涉及的权力关系（主要是问题涉及的公共利益部分）进行面向社会分配的社会关系分析。

# 4.4  "新垄断竞争"市场结构对相关市场认定的改变

数字技术经济产业发展中，出现新垄断竞争市场结构，这为反垄断的相关市场认定带来了困难。下面从新垄断竞争市场结构与生态二元产权结构的角度来解析这个问题。

《中华人民共和国反垄断法》是在没有考虑互联网特殊性条件下制定的，而互联网带来了超出立法前提假设的一些改变，这种情况造成了司法实践中的突出矛盾。当互联网相关市场中基础业务平台的自然垄断与增值业务的完全竞争二重属性互补时，因为《中华人民共和国反垄断法》没有专门的针对性条款，所以难以认定相关市场性质。

本书提出相关市场二重性理论，从"新垄断竞争"市场结构与跨企业产权内部"支配权—使用权"二分角度研究互联网领域反垄断的特殊性规律。

## 4.4.1  相关市场二重性的产业组织机理："新垄断竞争"市场结构

相关市场的概念最早出现在杰罗姆·麦卡锡的 *Basic Marketing* 中。在美国，"相关市场"并没有被纳入立法做明确规定，只在美国司法部和联邦贸易委员会联合颁布的《横向合并指南》中有所阐述。这一指南指出，相关市场包括产品（服务）范围和地理区域两个判断维度。同时，在定义中揭示了相关市场界定方法的基本原理：按照要求假设企业为追求利润最大化而不服从价格上的管制，且假定其他所有竞争条件不变，在当前和将来以垄断者的身份进行销售或服务，并实施"数额不大但重要的且非暂时的涨价"。

《中华人民共和国反垄断法》对相关市场做出的司法阐释：本法所称相关市场，是指经营者在一定时期内就特定商品或者服务进行竞争的商品范围和地域范围。

相关市场二重性，是指互联网相关市场同时存在平台上的自然垄断属性与应用上的完全竞争属性这两重属性，且这两重属性互为条件的现象。平台属于基础业务，应用属于增值业务，二者可分属不同主体，不同主体处于上下双层经营状态，共同构成同一个市场。

**1. 传统的反垄断法遇到市场的结构性变化：新垄断竞争市场结构出现**

相关市场二重性首先反映的是市场结构的变化。传统的反垄断法预设的市场结构是工业时代的市场结构，包括完全竞争、完全垄断和垄断竞争三类；互联网发展出一种体现信息时代特征的、前所未有的市场结构，即垄断与竞争双层经营的"新垄断竞争"市场结构。

"新垄断竞争"是指在由平台企业与平台内企业共同构成的产业生态组织中，平台与应用具有垄断和竞争双重属性的市场结构，其中，平台完全垄断，应用完全竞争，上下双层由不同市场产权主体构成，垄断与竞争相互作用、互为条件，存在互补关系，共同构成一个整体市场。"新垄断竞争"市场结构不仅不同于完全垄断与完全竞争结构，也不同于垄断竞争结构，因为垄断竞争的结构只有一层，不分平台层与应用层，主要是通过品牌或广告来实现差异化。

**2. "新垄断竞争"市场结构成因**

相关市场二重性依托信息技术的生产力特征发展起来，逐步突破了原有市场结构。

一方面，信息生产力变革推动了"新垄断竞争"市场结构的技术形成。ICT 软件和信息服务的发展起到直接推动作用。标准垄断而应用竞争的格局最早在版权软件与自由软件的发展中形成了。开源运动实现了软件集中分享与分散商业化应用的结合。互联网的发展，进一步形成平台技术与应用技术的分化与结合。云计算和大数据技术推动了集中的云端计算与分散的终端计算的统分结合。

另一方面，商业模式创新推动了"新垄断竞争"市场结构市场的形成。云计算实现了 IaaS、PaaS、SaaS 等双层经营模式。例如，SaaS 中，软件不收费，按使用收费；互联网免费模式中，平台基础业务不收费而应用增值业务收费。

**3. "新垄断竞争"市场结构带来相关市场认定的新问题**

在反垄断司法实践中，互联网相关市场认定出现了新情况。比如，互联网企业采取平台业务免费而增值业务收费的商业模式。前者导致占有了 50%

以上的平台市场份额，后者可能处于不同主体的完全竞争中。例如，App Store 模式中，苹果商店（Store）作为平台，由苹果公司一家 100% 完全垄断，但应用（App）却是在 400 万个开发者之间展开 100% 完全竞争。哪个市场算相关市场？

如果把平台作为相关市场，应算完全垄断；如果把应用作为相关市场，应算完全竞争。但与工业时代的市场结构不同，平台与应用在这里是同一个市场，其中，完全垄断只有依赖完全竞争才能存在，完全竞争只有依赖完全垄断才能存在。可以设想，如果没有苹果商店的平台垄断经营，苹果应用开发者的竞争就无所依托；没有苹果应用开发者的竞争，苹果商店的平台垄断也没有任何意义。

由于市场结构本身产生质变，《中华人民共和国反垄断法》面对的是框架性调整的要求，而无法在现有的市场结构框架中将它纳入 3 种结构中的某一种单独结构来处理。

## 4.4.2 相关市场二重性的微观机理：与市场结构相联系的新产权结构

仅仅在市场结构范围内考虑相关市场二重性，仍然不充分。原因是，互联网的发展打破了产业与企业的边界，平台型企业的垄断与应用型企业的竞争之间的关系，既是产业组织问题，又是企业问题。市场结构是产业现象，产权结构是企业现象，在企业与产业之间的界限被打破的条件下讨论相关市场二重性，需要把二者结合在一起讨论。

### 1. 相关市场二重性的微观产权基础：所有权二元性

市场为什么会形成垄断与竞争互补的双层结构？原因是生态产业组织所有权的二元性在支持一种产业水平的企业利益共同体（也可称为虚拟企业）。所有权二元性是指支配权与使用权二元属性，它们之间是归属与利用的权利关系。互联网的特殊性在于，归属发生在企业水平，利用发生在产业水平。

（1）所有权二元性：从罗马法到法国《人权宣言》

无论是《中华人民共和国反垄断法》还是"市场支配地位"的定义，在微观机理上，都没有考虑所有权内部支配权与使用权的二元性，假设的是企业组织内部所有权与使用权合一的情况，不考虑企业与企业之间存在产业合作这种新型的产业组织方式中所有权与使用权分离的情况。因为在整个工业化时代，相对于工业生产力，这种二元性的分离并没有特别的经济意义（分离与不分离是一样的）。支配权与使用权分离只对信息生产力有意义。互联网反垄断问题之难解，在很大程度上是因为产权二元性引发的相关市场二重性溢出了代表工业生产力的原有法律和管理边界。因此，我们需要把新的生产力当作变量加入进来，重新认识这个问题。一个重要发现是，支配权与使用权的合一并不是天然的，而只是工业社会的"特殊情况"。它的合理性，只存在于工业社会的特殊条件中。互联网改变了这种历史条件，因此带来两权分离这种相反的合理性。

在罗马法中，所有权是二分的，分为使用权和滥用权（对应后来所说的支配权）。诉讼法曾规定，请求占有之诉和确认所有之诉永远不得同时提起。请求占有之诉对应的是使用权（又称控制权），是权利的"利用"属性；确认所有之诉对应的是支配权，是权利的"归属"属性。罗马法不允许使用权与支配权在同一个诉讼中同时提起，显然是认为二者不是一回事。

法国宪法序言中的《人权宣言》曾把所有权规定为享受和随意支配自己的财物、自己的收益、自己的劳动和勤勉的界实的权利。其中，享受指自然占有权（使用权），随意支配是滥用权的文雅化说法。从此以后，人们把滥用权改称支配权，后来又演化为人们常说的所有权。反垄断中"滥用支配地位"这种说法的学理渊源便是这。

可以看出，"滥用支配地位"在其法理源头上，一开始就是与使用权相对的。这一点被有关部门忽略了。对工业生产力来说将二者混为一谈或许不会造成太大问题，但对信息生产力来说将二者混为一谈就会致命地阻碍生产力发展。

（2）所有权二元性的本质及其历史性

在工业化早期，人们对使用权与支配权的区分还不敏感。例如，日耳曼法中的占有不要求以支配为要件，而只要求以现实的持有为要件。但洛克之后，支配权与使用权一体化，被称为财产权。这与农业社会的理解（如罗马法时代的理解）完全不同了。

工业社会的特殊成分是什么时候被附加进权利规定的呢？笔者认为始自支配权附加排他性这一内容，这是后来加上去的意思（融入了物权概念）。罗马法中的支配权并无排他性这层意思。

排他性与生产力性质有关键的联系。工业生产力以有形物质财产为主，因此加入排他性是没问题的。例如，租赁权将所有权的部分权能与所有人分离，所有人将处分权能交由他人行使，由行使该部分权能的人向所有人支付一定对价，这样既保证了所有人的权益，又满足了其他人的需求，还实现了物尽其用。但请注意，这里归属与利用的统一，是建立在排他性前提下的。同一间房子，或租或自用，只能使用一次，不能在自住的同时出租。信息生产力却不同，知识可以零成本复制，不具备技术（生产力）上的非排他性。在支配权不变的条件下，信息、知识和数据的使用权可以反复利用，这与物产情况不同。

支配与"滥用"排他性对象与非排他性对象，法理基础完全不同。互联网企业支配与"滥用"非排他性对象，不能沿用以往支配与"滥用"排他性对象的规则，而是需要充分考虑由非排他这一技术和生产力特征带来的外部性和公共产品属性对完整的相关市场的影响。

可以看出，所有权演变有一个历史规律：当生产力以排他性特征为主时，支配权与使用权倾向于一体化；当生产力以非排他性特征为主时，支配权与使用权倾向于分离。互联网正好是后一种情况。

（3）"分享型经济"：所有权二元性向相关市场二元性的转化

互联网经济从本质上说是一种分享型经济。分享型经济所指的分享，并不像人们误认为的，是支配权和归属意义上的分享，而是支配权与使用权两权分离意义上的分享。

Eilene Zimmerman 在《租还是拥有？新的分享型经济对使用所有权进行估值》一文中特别区分了这两种不同的权利，指出"分享型经济"的趋势是使用而非拥有，但是，二者只是有区别而非对立，二者的实际关系是"access over ownership"。"access over ownership"很不好翻译，这里姑且将其译成"使用所有权"。access 本来与 ownership 是对立的关系，在这里却强调以 access 的方式来对待 ownership。这种关系一旦扩展到产业组织水平上，形成企业间的相关市场，就会出现以竞争的方式来利用垄断及通过利用垄断来实现竞争这种看似悖论的二元性。

SaaS（软件即服务）的按使用收费，实际上区分了两种财产权状态，前一个 S（软件）对应的是 ownership，后一个 S（服务）对应的是 access。SaaS 就是在 ownership 上不收费，而在 access 上按使用收费。SaaS 的这种两权分离用在互联网上，就对应相关市场二重性（PaaS，平台即服务）。

### 2. 双边市场的"相关市场"问题的复杂性

由于双边市场和单边市场机制不同，单边市场下建立起来的传统竞争行为判断逻辑在双边市场下很难具有适应性。[①]

埃文斯认为，双边市场的规制必须从一个全新的视角去看待，简单地、割裂地考虑平台一个边的市场行为将会得到片面的或者错误的结论，并导致错误的规制政策。[②]

反对相关市场界定的学者认为，界定相关市场是反垄断诉讼创建的一个"人造物"，通过其边界将市场内外的企业区分开来没有任何意义。[③]

从数字技术产业经济学视角来看，"相关市场"的两个特点使它对双边市场的适用性成疑：一是它是针对竞争的，但双边市场既存在竞争也存在合作，而且存在合作中的外部性（交叉网络外部性）；二是它是针对最终产品竞争的，双边市场同时存在中间产品（平台基础业务服务）与最终产品（应用增值业务服务）。中间产品有可能不是有形产品，而是流量，是提供给双边作为交易条件的流量空间。其一，如果说竞争指平台与平台之间围绕中间产品的竞争，那么当这一中间产品是作为交易条件的流量时，双方可能同时拥有相同的流量（例如，两个平台分别有4亿人次流量或5亿人次流量，其中3亿人次流量是重合流量）。这时，围绕市场份额的竞争可能不是直接竞争。其二，中间产品与最终产品不是竞争关系，而是互补关系。平台企业如果不从事最终产品销售，那么就很难界定价格管制的对象。根本问题，还是出在双边市场上存在的市场结构是新垄断竞争市场结构还是双层市场结构与相关市场的设定存在巨大出入上。

## 4.4.3 相关市场二重性的政策推论：平台企业市场份额不适合作为判定互联网垄断的依据

### 1. 理论上的推论

从前述企业和产业组织两个角度分析相关市场二重性，我们可以看到，

① 蒋岩波. 互联网产业中相关市场界定的司法困境与出路：基于双边市场条件 [J]. 法学家，2012（6）.

② EVANS D S. The Antitrust Economics of Multi‐Sided Platform Markets [J]. Yale Journal on Regulation，2003（20）.

③ FISHER F M. Horizontal Mergers：Triage and Treatment [J]. Journal of Economic Perspectives，1987，1（2）.

如果把具有平台和应用二重性的市场认定为一个整体市场，我们就不能将平台援引 50% 的市场份额作为互联网市场垄断或具有支配地位的认定根据。虽然认定垄断或具有支配地位本身可能并不违法，但就事论事，根本不应该这样认定垄断和具有支配地位。

垄断和"滥用支配地位"一旦同分享型经济联系在一起，尤其是与竞争主体的使用权分享利用联系在一起，学理与法理都会发生变化。一方面，当互联网存在自然垄断时，我们不能指望通过打破技术平台的自然垄断来提高社会福利。因为引入平台之间的竞争，有可能反而降低社会效率。因此，反垄断的初衷并非反自然垄断。另一方面，从滥用市场支配地位限制竞争角度看，如果独立的竞争主体可以通过使用权分享，在同一个相关市场内充分利用平台资源，那么就可以实现应用上的充分竞争。反垄断保护的竞争应是应用竞争，实质目的就已达到。在这种情况下，按平台与应用不分的传统来反对垄断和"滥用支配地位"，就可能实质性地违背反垄断的初衷。实际中，要避免把反垄断的概念偷换、窄化成打破自然垄断，不谈应用竞争的实际后果是把产业发展引向鼓励平台同质化竞争。

### 2. 实践的考虑

市场份额作为垄断的判定标准，主要是针对实体经济的，不适合互联网，尤其不适合把平台单独拿出来作为相关市场来认定。如果简单地将反垄断法中关于市场份额超过 50% 的条款，当作互联网市场存在垄断或支配地位的认定依据，会破坏数字技术产业经济中的生态，使产业从社会化大生产退回到小生产。割裂相关市场二重性的反垄断，会伤害到中国所有的平台企业以及消费者。

从市场结构具有生态特性这一点来讲，平台企业与平台内应用企业具有一损俱损、一荣俱荣的相关人利益关系，只考虑相关市场，不考虑相关人，会造成见物不见人的弊端。例如，如果违反市场原则地限制平台企业资本扩张，甚至迫使平台企业资本收缩，会产生一个重大的副作用，即使平台内中小企业赖以为生的可共享数字生产资料规模萎缩，迫使中小企业回到实体经济，向银行贷款以获得本来可以共享的生产资料，并为此付出承担投资风险的巨大成本。资金难的情况，会使这些中小企业的处境雪上加霜。

反垄断法是在没有考虑到互联网行业特殊性的条件下制定的，比如在相关市场和支配地位认定问题上，一没有考虑到免费，以及免费对消费者带来的福利及免费之外的利润来源；二没有考虑到平台自然垄断会促进应用完全竞争；三没有考虑到技术瞬息万变，毁灭式创新带来技术跃迁和替代；四没有考虑到技术与业务的交叉融合；五没有考虑到固定成本零成本复制对进入的影响……反垄断法需要根据互联网实践，进行修订，否则，会以传统生产关系阻碍先进生产力的发展。

**3. 基于相关市场二重性理论提出的政策建议**

（1）将新垄断竞争结构中的平台市场与应用市场认定为同一个相关市场。即使互联网企业在平台市场中的占有份额超过50%，但只要存在应用市场竞争或竞争的潜力，就不应认定为垄断或具有支配地位。

（2）将规制重点放在新垄断竞争市场结构中平台市场与应用市场的关系上。要求平台市场中立，对应用市场一视同仁。英国电信网络中立的做法可供参考。

（3）以两权结构发育为根据，区分市场不成熟与成熟两个阶段。在不成熟阶段，允许同一主体同时经营平台与应用；在成熟阶段，应用业务一旦形成产业，则要求平台中立，平台对应用中立。

这3条的意思是，在反垄断中，第一步，要判断到底是应用竞争还是平台竞争，重点保护应用竞争，只在平台未形成自然垄断前鼓励竞争；第二步，一旦自然垄断形成，应用与平台分离后，要将二者当作一个整体相关市场，重点判断其中应用是否充分竞争；第三步，对已形成自然垄断的平台，规制的重点不是放在打破自然垄断上，而是放在平台中立上。这样，既不违背反垄断的初衷，又符合互联网实际。

# 5 竞争政策的市场基础（上）：避免政府失灵

　　数字经济的市场机制与传统市场机制既有联系又有区别，联系在于竞争政策，区别在于数字经济强调竞争与合作两个方面，并将之作为竞争政策的核心，反垄断也涉及平台生态与企业的不同，因为平台不仅涉及自己，还涉及应用企业间的合作机会。状似垄断的现象，在涉及竞争与涉及合作时的含义并不相同，我们需要细致地加以辨明。

　　从市场交换看，交换的概念出现了新变化。第一次出现面向使用（服务）、针对外部性、按使用效果付费的新的交换形式（云模式），数据交换由商品交换转向要素交换，出现了双边市场这种反科斯型的生态型市场。

　　从市场结构看，也出现了新变化。数字经济出现了统分结合双层经营的生态型市场结构，具有新垄断竞争特征，需要新的竞争政策与之适应。"市场决定"的资源配置格局发生变化，"什么样的市场结构决定什么样的资源配置"成为新问题，需要推动市场从零和市场向高附加值市场发展，以满足高质量发展的需要。

　　市场经济体制改革现有传统中，很少考虑数字经济的出现会带来何种影响。事实上，数字经济的出现为市场经济体制改革带来两个新的变化，引出两个新的追求，一是要比工业时代的市场化改革更有效地配置、利用资源，二是在同等资源利用效率下，比工业时代的市场化改革更有利于公平。

　　数字经济为经济体制改革提出了补充性议题，核心变化将在于，在市场作用与政府作用二元关系中，加入了以生态（社会）为代表的第三方因素，这对市场价格机制带来内生生态因素方向上的影响。为此，要比工业时代的市场化改革多考虑一重因素，即高质量发展。这种改变的理论实质在于新的处理外部性的方式，改变了政府与市场关系的性质。在工业经济中，二者的划界标准正在于，市场只能提供排除外部性的私人产品而不能合理提供外部性，因此，需要政府来提供公共产品，向社会提供外部性。但在数字经济中，外部性与公共产品可以内生于双边市场这种在市场与政府中间的机制。这同时改变了市场（加入了合作与社会资本）与政府（变税为费）以及它们之间的关系。

数字经济学首先要考虑一个问题——网络时代的市场机制（现代市场体系）与工业时代的市场机制有什么不同。网络时代资源配置的场所，是否仍是原有意义上的市场？事实上，出现了网络生态这一介于市场与企业，具有家庭（随机网络）、情境定价（或两步定价）功能的资源配置机制。对于这样的机制，需要考虑如何完善才能保证高质量发展与高附加值所需的竞争力。同时，还要考虑生态机制具有社会嵌入的特点，如何才能将竞争与合作、公平与效率统一在新型市场经济中。这些都是不同于工业时代的市场问题。

在现实中，5～7章讨论的是市场经济体制问题，核心是市场作用与政府作用的关系，在数字经济条件下，总的变化是生态化方式的影响。数字经济在深化改革方面的作用，主要体现为会形成这样一种体制机制：激励经济向生态化方向转型、生产方式向生态化方向转变。这也是我们要讨论的主要问题。在这方面，我们将主要讨论那些仅靠在工业生产方式内部调整生产关系的改革解决不了而需要在信息生产方式下结合生产力发展才能解决的改革问题。

从理论上说，5～7章讨论的是机制设计或市场设计问题，研究的是资源配置、社会分配与制度安排的有效结合。

# 5.1　生态均衡与政府失灵

## 5.1.1　反科斯型市场动摇反垄断法基础

竞争政策失灵，主要原因是反科斯型市场的出现。

传统竞争政策以科斯型市场为假设条件，这是芝加哥学派反垄断法理基础的经济学基础。

2021年，美国总统拜登签署了一份旨在促进反垄断事业的行政令。在签署行政令后的讲话中，他指出美国选择将芝加哥学派思想作为反垄断的指导思想是错误的，这拖累了美国的反垄断事业。因此，他呼吁以一种更为进步的思想来取代芝加哥学派，指导美国的反垄断事业。尽管拜登没有明确指出，但从他在反垄断领域的人事布局我们不难看出，他口中所说的更为进步的思想，就是所谓的"新布兰代斯主义"（"新布兰代斯学派"）。①

市场结构从企业结构向生态结构的转变，是反垄断法理与经济学基础改变的深层原因。以企业结构为基础的市场结构，以所有权为标准；生态结构的市场结构，以使用权为标准。数字经济的主要改变在于，在资产的使用上出现了外部性使用（复用），从而导致市场结构从不接纳外部性变为接纳外部性。在平台＋应用中，平台在自然垄断中，通过共享数据资产，改变了生态的效率与公平性质，这导致芝加哥学派反垄断学理基础崩塌。美国提前于中国在较高层面认识到这一点，通过实施更符合数字经济规律的反垄断，拉开了中美互联网平台的差距。

科斯型市场指单边市场，反科斯型市场指双边市场。二者的区别主要是，单边市场不允许外部性存在，双边市场允许外部性存在。

双边市场理论可归属于新规制学派，其代表人物梯若尔明确指出，科斯定理无效是"双边性"的必要非充分条件。② 梯若尔认为，在科斯研究的世界里，市场是单边性的，基于科斯定理，不区分市场的单边性与双边性而对价格结构问题进行商业和公共政策方面的讨论是误入歧途的。③

埃文斯在定义双边市场时干脆与科斯定理直接对立起来：市场是双边的必要条件是科斯定理并不适用于双方之间的交易。④

张曙光等指出，科斯定理只有在所有权中心范式下才能成立，如果经济发展导致所有权中心转变为使用权中心，那么科斯定理以及新制度经济学的一些结论就会被颠覆。

单边市场的主体是企业，产权单位是所有权，以所有权为市场结构效率

---

① 陈永伟，《从布兰代斯法官到"新布兰代斯主义"》，https：//www.eeo.com.cn/2021/0729/496703.shtml。

② 让·梯若尔. 创新、竞争与平台经济［M］. 北京：法律出版社，2017.

③ 同②.

④ 埃文斯. 平台经济学：多边平台产业论文集［M］. 北京：经济科学出版社，2016.

与公平的计量边界。双边市场的主体是平台企业及平台内中小企业的集合体，产权单位是使用权，以使用权为市场结构效率与公平的计量边界。

外部性的市场化能够如此彻底地动摇竞争政策的基础，是因为外部性表现为产业组织内部的合作关系。这种合作，在新垄断竞争市场结构中，表现为平台企业以有偿共享方式提供数字资产复用的功能。以复用同等功能的虚拟店铺柜台，替代实体店铺柜台主要功能（如买卖功能），产生了对于中小企业的正外部性（获得固定资产不用贷款，经营失败不欠银行，从而降低了经营的固定成本）。竞争政策在基础理论层没有关于合作的基础理论，企业间基于数据外部性而合作，会被竞争政策当作盲区看不见，从而偏离竞争政策的初衷，出现竞争政策失灵的情况。

## 5.1.2　竞争政策失灵

竞争政策失灵，是指本是定位于保护竞争的政策却损害了竞争的情况。最常见是不当地运用反垄断法，反的是平台领域的正常市场竞争。

作为竞争法的核心，反垄断法被称为市场经济的"宪法"。但是，基于工业经济经验（以及芝加哥学派学理、法理基础）形成的传统反垄断法，在面对数字经济时，容易陷入一个根本性的误区，这就是把生态混同于企业，把生态型市场与企业型市场①混为一谈，从而把内生外部性的市场当作外生外部性的市场加以规范，偏离生态均衡，这是竞争政策失灵的根源。

如果照搬工业经济时代的反垄断思路，将图 5 - 1 中的阴影区间判定为垄断区间，进而采取极端措施（例如，没有法治依据的行政干预，甚至人为的报复性干预），以 $f$ 为均衡目标限制平台企业发展，就会出现竞争政策失灵。竞争政策一旦与政府干预产生共振，就会使平台企业因为失去稳定预期而产生投资崩盘和各种短期行为。打掉阴影区间（有可能使平台企业市值减半，极端者损失 99.9%），会整体破坏数字经济生态。从理论上说，其中的逻辑在于，阴影区间的存在，是平台企业不完全内部化 $P_{eff} m Q^* O$ 的"税基"（租金来源），是高附加值 $gfiP_{AC}$ 的倍增器和放大器。

---

① 企业型市场又称科斯型（企业型）市场，是指以（两权合一为前提的）产权明晰的市场，它是一个斯密式的零摩擦市场，其特点是将外部性完全排除出市场（否则将存在交易费用，进而导致企业替代市场）。

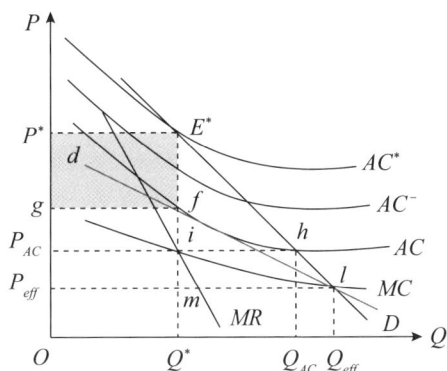

图 5 – 1　竞争政策与政府失灵

如图 5 – 1 所示，政府失灵在于将市场从均衡状态 $E^*$ 拉向非均衡状态。其机理在于，利用非市场权力将包含外部性的平均成本 $AC^*$ 降低到 $AC^-$，从而将有效率的流量 $Q_{eff}$ 拉向左边（$AC^-$ 与 $D$ 交点对应的 $Q$ 值）。竞争政策失灵叠加在政府失灵上，表现为竞争政策将科斯定理不适用于买卖双方的双边市场误当作科斯定理适用于买卖双方的单边市场来治理，造成平台企业在竞争中产权损失这样一种与竞争政策初衷相反的结果。举例来说，竞争政策偏离生态均衡框架，人为鼓励用户（主要是卖家）多重归属，实际上起到等价于中间产品价格管制的干预作用，同样与竞争政策的初衷相反。

相反，一旦以 $f$ 为核心进行反垄断，就会将本已均衡在 $E^*$ 的经济拉向非均衡点，从而劣化经济。本来，竞争政策的出发点是发挥市场对资源配置的决定性作用，纠正市场失灵，然而，在工业时代的竞争政策向数字经济时代的竞合政策转变的过程中，一旦以竞争抑制竞合（主要抑制的是作为合作机制的外部性内部化机制），就会产生竞争政策加剧政府失灵的意想不到的后果，事与愿违。

这时，对于保护竞争来说保护流量具有重要意义。保护流量的意思，不是保护大企业拥有流量，加大企业差距，而是维护生态"保护区"的边界，是保护流量机制（在图 5 – 1 中是围绕 $D$ 与 $Q_{eff}$ 的制度设计），是为了更好地让中小企业受益于流量这种生态（外部性）"养分"。保护流量的本质是保护生态机制，即保护流量背后隐含的外部性机制（或互联网独有的网络效应），是保护数字经济生态利用网络特性将外部性内部化（又称共享发展）这个根本，否则就等于"阉割"了互联网。

### 5.1.3　判断政府失灵的均衡标准

要想判断是否存在政府失灵，可以根据亨利·乔治定理（HGT）建立一个基准，当 $\Delta R = \Delta T$ 时，均衡 $E^*$ 达成。其中的含义是，用租的方式提供 $P^* E^* fg$，与用税的方式提供 $P^* E^* fg$，二者是等价的。$P^* E^* fg$ 是指可以内部化的外部性，用租的方式内部化和用税的方式内部化，二者在 $E^*$ 处是等价的。

对应的实际：把能够产生相互外部性（网络效应）的流量作为公共产品（或准公共产品），流量形成需要以平台投入为固定投入。用税的方式来提供，这个平台将定位为公共基础设施，通过准入限制来设定其经营门槛，它与公路、铁路、电信网络的性质相同。用租的方式来提供，同样的平台则可以定位于应用基础设施或商业基础设施，政府一般不设立准入限制。二者之间并没有绝对的界限。HGT 在这里相当于假设同样的具有外部性的产品，可以在国有与私有之间平滑切换选择。例如，法国经济就曾在国有化与私有化之间来回调整。

以此为基准判断面对生态时的政府失灵，假设原有的租值 $R^*$ 水平在 $P^*$。$P^-$ 代表的是将税压低到均衡的租之下：$R^* < T$。例如，新布兰代斯学派认为超级平台损害了消费者福利，为此采取他们认为的代表公共利益的行为（等价于税的行为），压低平台所得。

这相当于背后存在着一个由 $AC^-$ 代表的政府干预权力，将自然率水平（原有的租的水平）的定价由 $E^*$ 压低到 $E^-$，其实际效果等于以税代租。这样做等于将 $D$ 压向 $d$ 的方向，也可能牺牲相应的来自外部性的福利（在 $D$ 与 $AC^-$ 的交点上对应的流量 $Q$，小于 $Q_{eff}$）。打个比方，法国国有铁路在背负巨额债务的情况下，保持铁路工人的高工资，被认为是降低了社会效率。这说明以税代租一旦低于均衡所代表的自然率，可能付出社会效用损失的代价。

当 $R < T$ 时，生态治理就会出现政府失灵。既然由私人部门提供外部性产品对资源的利用水平 $E^*$ 高于政府以税收提供，那政府不向私人部门压缩这部分租值空间，将租转化为税，可以提供更多的外部性福利。

## 5.2　竞合政策：在生态中促成效率与公平统一

对数字经济来说，市场发展环境背后的理论需要进一步深化：要重新反思市场与企业的联系与区别，把两者特征融入一个统一的资源配置场来加以理解。以平台生态为代表的双边市场，既是一个商品市场，又是一个要素市场（以往称之为理论）。工业时代被称为企业的要素市场，是一个等价但不平等的契约组合；数字时代的要素市场，第一次成为等价且平等交换的契约市场。如何保证这种平等性，是优化市场环境的新关键。

工业经济条件下，面向市场经济的现期政策，其突出体现是，在竞争中，合作往往是以政府提供公共产品的形式出现的。政府失灵往往意味着合作失灵，包括政府提供外部性（公共产品）的失败（低效率），以及个体相互提供外部性（合作）的失败（低效率）。

数字经济提出问题的角度正在发生变化，竞合政策（而不仅是竞争政策或合作政策）何以可能，因生态的兴起而被提了出来。与市场机制、市场体制改革有关的政策，需要加一重生态（既竞争又合作）的语境来考虑。

## 5.2.1 数字经济竞争政策的根本指向：合作竞争

### 5.2.1.1 避免数字经济中的政府失灵

政府失灵，在此特指由于政府越过市场作用的边界，将本处于均衡状态的市场引向非均衡状态。

在数字经济发展早期（从今往后几十年内），人们在竞争政策上很难避免的一种政府失灵类型的错误，是把平台与企业画等号，为维护竞争而误伤生态中的合作基础。竞争政策本来是为了矫治政府失灵，结果反而放大了政府失灵。

基于企业的经济（工业经济）与基于生态的经济（数字经济）不同，前者的市场体制以竞争政策为基础，后者的市场体制则以竞合政策为基础。过渡期间，因竞争而伤害合作，是造成后果严重的政策自我误伤的主因。

我们将合作的本质定义为相互提供外部性。在工业经济条件下，没有一个合适的市场体制可以保障合作超越竞争成为市场经济的主导模式。

基本原因是"搭便车"的存在。"搭便车"的本质是无法将外部性内部化，这成为伤害合作的"毒药"。工业经济唯一能做到的，是在企业内部将相互外部性加以相互内部化。这就是西班牙蒙特拉贡合作社的本质。但这一模式难以推广，因为一个根本性的条件不具备，即在工业化条件下资产的普遍模式不可能从专用性资产转为通用性资产。

数字经济出现后，这个条件开始具备。数字经济以通用目的技术为生产力基础，使通用性资产成为生产关系和经济制度的基础。一旦通用性资产在资产中的比例超过一个临界点，制度变迁将会发生。平台本质上不同于企业，企业是以专用性资产为主的，最适合的制度是明晰产权（实际是明晰产权中的所有权），使外部性不致外泄；平台以通用性资产为主，内部化收益只能依赖向生态中的其他利益相关方提供外部性获得。

人们没来得及理论化与系统化平台这一现象的生态本质之前，通常会把它当作一般企业来看待，或认为其占有较大市场份额（流量）是垄断，或认为其提供外部性资源是不正当竞争（掠夺性定价）。一旦沿用企业的逻辑，用传统竞争政策规制平台企业，就会伤害在双重双边关系中提供可内部化的外部性这种合作因素，进而将竞争与合作一体化的生态体系还原为单纯的竞争体系。这对经济发展的不利影响在于，破坏了数字经济最基础的社会分工，即平台企业与应用企业围绕外部性与内部化展开的社会分工（一般是服务化的分工，犹如在服务业形成重服务业与轻服务业的分工）。欧洲始终无法形成数字经济生态，无法培育出世界级的互联网平台，与此有莫大关系。

当把生态当作企业治理时，会出现一种特有的政府失灵，即当市场有效配置资源时，政府的不当干预会导致效率损失。为避免这种错误，需要以数字经济特有的外部性（网络效应）为基点，重新认识合作与竞争的关系，需要超越那种认为只有竞争能提高效率，与竞争不同的模式都会降低效率的传统观点，从而发展出一种以竞合来提升竞争，通过合作倍增、放大竞争效率的新观念，以此同数字经济的特性相匹配。

第一，在竞争机制中内生合作，在于以市场方式将外部性适当的内部化，从而比（排除外部性的）单纯竞争更充分地利用资源。充分利用资源是市场机制设计的出发点与归宿。如果竞合不能比竞争更加充分地利用资源，就没有必要在市场化项下讨论这个问题。

比较传统的理论经济学原理，通常把外部性放在政府项下来讨论，认为政府的效率低于市场的效率。这就把外部性从根本上置于低效率区间来认识了。但生态的出现，改变了其中逻辑：其一，生态是以市场方式而非政府方式处理外部性，它的原理是有偿"搭便车"；其二，生态作为双边市场，比传统市场（单边市场）效率更高。平台只是一种表象，它的理论经济学实质在于，将外部性不经济转变为外部性经济。这一点目前还是市场经济改革的思维盲区，我们需要解放思想，从互联网实际出发，认识一种更高效率的市场形态。

第二，在竞争机制中内生合作，其内在动力是从互利中产生均衡水平的正利润，以互利的方式将自利与利他结合起来。

传统竞争政策（如基于新古典增长理论的竞争政策）默认的帕累托最优状态，是以同质完全竞争为均衡预设的。以新经济增长理论为基础的竞争政策，开始承认在零经济利润之上可能存在成本加成的正经济利润（称为租值也可以）。

从理论经济学角度看，报酬递增（收益超可加性与成本次可加性）与合作（"1 + 1 > 2"）应是同一件事，平台只是把二者以现实的方式（统分结合双层经营的方式）区分了出来。因此，要认识的不是合作这个词语，而是"1 + 1 > 2"这个道理在理论经济学上到底成不成立。这里没有考虑政府的因素（如补贴），完全是在市场本身作用的范围内考虑问题。要打破那种认为竞争是划算的、合作是不划算的陈旧观念，要认识到在合作网络（互联网）技术条件具备后，合作博弈有可能在均衡水平实现（以夏普利值分配的）共赢。

零和博弈的传统经验，限制了人们对于平台的想象力，人们将平台当作自私自利的私人资本来看待，而没有发现平台正引导人们从竞争走向竞争与合作的结合这一点，从而轻易地扼杀了数字经济中因合作而产生的报酬递增这种新型生产力和新的经济增量。

当用企业政策治理生态，用竞争政策抑制竞合政策，用传统工业经济市场经济体制阻碍新兴数字经济市场体制发育时，会产生什么样的生产力破坏与经济破坏呢？最主要的是会抑制网络效应，或者更直接地说，抑制因合作而产生的报酬递增（它正是数字经济相对于工业经济的主要红利）。下面我们将进行均衡分析。

### 5.2.1.2 以企业框架治理生态的效率损失

以下讨论一类特别的政府失灵现象，即对待平台时把生态当企业来治理导致效率损失的情况。这种效率损失，可以视为对政府失灵的定量评估。我们在均衡水平上，提供一个判断这类政府失灵的结构模型。

如图 5 - 2 所示，采取平台企业"去生态化"的企业治理框架，即抑制平台向应用企业提供外部性并不完全内部化的政策，将图中的 $D$ 压向 $d$（如箭头所示）。这种治理的经验特征，是把平台营造流量视为构造垄断性市场权力加以打击。[①] 本来，如果平台能保持中立（包括对自身进入应用，与其他主体一视同仁），则营造流量只是实现部分内部化的正常内容。一旦伤及这一部分，将彻底改变生态的定价机制，导致图中上、下阴影部分效率的损失。

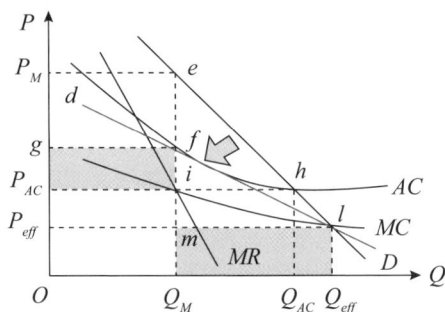

图 5 - 2　以企业框架治理生态的效率损失

一方面，将在有偿"搭便车"机制中净损失一个免费部分（下方阴影，代表无偿"搭便车"部分）的效率。平台企业被迫从生态企业退回纯市场企业，不再利用网络效应（网络"去势"）。因为没了在 $P_M efg$ 值域实现"部分内部化"的动机，也就不再有提供外部性（以低于 $g$ 的价格 $P_{eff}$ 共享平台资源）[②] 的动力。其会采取两种退回独立企业业态的对策：一是自己进入应用方的领域（同时放弃使用费），不再把"半条命"交给应用方（平台退出应用业务）；二是当间接内部化的源头被切断后，将平台的成本从 $h$ 提高到 $f$，不仅不能再低于成本价 $g$（而在 $l$ 处）提供平台资源，还要将平台服务价格恢复到 $g$（如提高会员费），对固定成本直接内部化（不再通过应用间接内部化）。这时，对社会来说，会净损失一个 $mlQ_{eff}Q_M$ 部分（下方阴影部分）。这一部分会转化为等量的中小企业"资金难"问题（分享生产资料是对"资金难"的替代），甩给社会，特别是银行。

---

① 从生态角度看，平台只有对应用歧视对待而非中立对待时才涉及滥用垄断力量。

② 平台本来是免费提供的，$P_{eff}$ 是通过去除无法收回的部分换算的相当于阴影部分的定价。

另一方面，将在应用方退回重资产经营时，损失一个等价于固定资产投资（上方阴影部分）的效率损失。上方阴影部分的投入，在生态模式中，本来是被平台投入所替代的（例如，电子商务平台用于虚拟店铺的投入，替代中小企业对商业地产的投入）。一旦切断这种替代，从应用方看，不仅会牺牲 $e$ 至 $f$ 因网络效应而获得的附加值，更主要的是，会牺牲平台以外部性方式提供的生产资料（$P_{eff}lQ_{eff}O$）共享机会。应用企业在失去平台的条件下，要想获得等量收益，需要自投自建，以替代平台固定成本投入，这个区间是图 5 - 2 中的上方阴影部分（$gfiP_{AC}$）。也就是说，这些中小企业需要从轻资产运作状态，退回到自身同时投入固定成本（重资产）与可变成本（轻资产）的独立企业状态。

比较两种方式的投资效率，平台投入固定成本，采用的是数字化"复用"方式（"生产要素供给新方式"），即向中小企业拷贝 0、1 代码（如虚拟店铺的软件），作为替代实物的虚拟资产，中小企业不需要以买卖方式（转移所有权方式）购置这部分固定资产；中小企业要进行这种投入，则需要进行固定资产投资，投入真金白银的资本货币，用来购置或租赁商业地产（实体店铺）。当然，中小企业也可以自己开发交易软件与网站网页，但是其投入更大（因为平台做这种投入，可以供上千万中小企业共享复用，中小企业自建只能用于自己一家），而且没有流量优势。

中小企业投入固定成本，一般是向银行贷款，一是难以获得资金（中小企业资金难），二是一旦破产，会将风险转移给银行。转移的风险量值在 $P_{eff}lQ_{eff}O$ 中阴影以外部分（应用企业没有收益、创业失败部分）。此外，中小企业的效率损失，还会间接损害居民收入、就业、创新等。例如，App 创新经常依托平台进行，以有偿"搭便车"的方式，降低创新成本，这一效率就发生在 $P_Mefg$。中小企业当然也可以不利用平台提供的外部性来加强创新，但只能在 $gfiP_{AC}$ 区间进行，且需要政府补贴（$an = g - P_{AC}$）或中小企业自己解决研发经费。

通过上述效率分析，我们可以发现一个问题。一些打着保护中小企业名号抑制平台发展的政策主张，例如，以平台企业跨界创新会压缩中小企业创新空间为理由，要求政府为平台企业跨界创新设置进入门槛（不让其进入自己所在的行业与领域，等价于在此设置寻租），对中小企业并非全部有利。可以分两类情况，一类是有望成长为大企业（从而替代在位平台）的中小企业（或潜在的大企业，如获得天使投资的新兴企业），另一类是定位于应用业务

（而不准备成为平台）、处在同一平台生态内的小微企业。这类主张对前者有利而对后者不利（如前所述，压缩了后者有偿"搭便车"的机会空间，例如，免费获得平台提供的 App 开发工具）。姑且不论大企业创新效率高（熊彼特观点）还是小企业创新效率高（菲尔普斯观点），竞争政策的执行者，首先应识别出这种主张所代表的特殊利益，是平台的潜在竞争者——它们是后发者，希望模仿平台企业的成功，为此希望用各种手段削弱在位平台企业。监管者的明智做法是保持中立（除非对熊彼特、菲尔普斯观点在政策上明确站队），防止被特殊利益"俘获"。

面对数字经济市场生态化这一新情况（而且是未来日益主流化的趋势），竞争政策总的对策应是区分两权合一市场（单边市场，完全内部化市场）与两权分离市场（双边市场，不完全内部化市场）。第一，以鼓励资源最有效利用为竞争政策在配置资源方面的总导向，同时兼顾机会平等（后面分析新布兰代斯学派时讨论）。第二，基于外部性（网络效应）在数字经济中的重要性，由鼓励同质完全竞争向鼓励垄断竞争与合作方向转型。

## 5.2.2 单边市场治理：流通交换环境

工业经济的竞争政策，主要适用于单边市场。单边市场的特征不在单边本身，而在于它完全排除了外部性，进一步来说，是排除了基于外部性的合作。这是竞争政策所称竞争的本义。

考虑到数字经济的发展可能是一个漫长的历史过程，在这个发展的早期阶段（从现在起到未来几十年），都将是工业经济成分与数字经济成分混合发展（工业化与信息化"两化融合"）的时期。市场经济体制和竞争政策不可能采取纯而又纯的只反映数字经济特殊性的取向，可以采取"单边市场－双边市场"双轨制管理方式。其中，单边市场更适合以传统竞争政策为基础，例如，以芝加哥学派现有反垄断框架为主，小修小改。

唯一需要增加的程序，是对所针对的市场是否为单边市场进行审议，以排除将政策适用范围扩大化到双边市场这一可能。例如，在界定数据要素市场时，应考虑到存在两类都称为"市场"的市场，一类是以数据和数据要素为商品的单边市场（如贵州大数据交易市场），另一类是以数据和数据要素为要素的双边市场（如平台）。后者不同于前者的特征，是定价要考虑要素的本金与利息（利润），前者只考虑"本金"。这相当于将货币分为 M1 与 M2。

　　同为数据要素，在前一个市场进行交换时，要素本身只是作为商品而存在，交换的只是"本金"，相当于 M1 与 M1 相交换。因此，要素不是作为要素来交换，而是作为特殊的商品来交换。在后一个市场进行交换时，要素的定价在商品交换层面（场内交易时）是不确定的，交换由要素的商品交换及商品之上的溢价交换（场外交易）两部分共同组成。这与 M2 与 M2 的交换要考虑（一个由时滞后带来的差值决定的）利率一样。

　　通俗地说，数据要素作为要素，而不仅是商品的定价，要在要素投入使用过程中完成定价。这时会造成一个困惑，在单边市场交易数据要素，产权难以明晰。根据之前的分析，我们知道，不明晰的部分，实质就是外部性的部分。因此，问题就转化为要区分完全内部化的市场（商品市场）与不完全内部化的市场（要素市场），前者是单边市场，后者是双边市场，不应将针对单边市场的竞争政策延伸到双边市场，其目的是保护在数据的外部性与合作中蕴含的生产力增量。

　　如果确实将市场对象识别为非生态类型的单边市场——不是不存在买卖双边，而是双边的外部性（网络效应）被完全忽略，则竞争政策的市场定位将是以企业为基础的市场（不越出科斯定义边界的市场——这一边界是为了限制外部性）。

　　对数据、知识来说，一旦涉及生产要素，势必会导致以保护实体资产的方式来保护虚拟资产（通用性资产）。这时需要做好放弃一部分生产力但可以让偏好规则稳定的治理者更为舒适的心理预期的准备。如果一定要为这种选择找一个正当理由，那可以强调这样的判断：人们对实体资产转向数字资产并不习惯，因此只有用实体资产方式来保护数据或知识，才能有效激励"移民"自工业经济的人生产数据或知识。当然，要清楚代价将是资源利用不充分并损失和侚聚集的机会（或称机会租金）。对市场经济休制的理念来说，这意味着放弃"资源最有效利用"这一配置原则，接受"资源次有效利用"原则（例如，私家车一天使用 2 小时，闲置 22 小时，就属于次有效利用）。

　　如果下决心付出以上代价，对单边市场进行治理，则可以沿用芝加哥学派或哈佛学派的现有框架，不需要进行大的调整，只要对数字化在技术细节上稍加考虑即可，侧重点将转向加强数据与知识的知识产权保护（即使我们知道这将付出资源利用不充分的代价）。

　　图 5 - 2 可以用来分析采用单边市场治理诸如数据要素交易的政策取舍。

首先需意识到，在前置的条件中，已放弃了生态增量即外部性与合作带来的增量（或将其置于场外交易，不加干预）。图中以箭头表示，放弃的增量是 $P_M efg$。例如，云服务定价 DaaS 模式，作为数据要素产品不收费，按使用效果收费。

这时的竞争政策变为两种选择。一种选择是按芝加哥学派的理论确定定价时的成本基准，均衡定价在 $i$，即边际成本定价。其理论含义是不承认固定成本的存在，将数据要素视同一般实体商品。以边际成本为掠夺性定价的成本基准，优点是使竞争更加充分，缺点（当然，站在不同的角度也可以认为是优点）是会限制大企业的发展。

另一种选择是根据哈佛学派的理论确定定价时的成本基准，均衡定价在 $f$，即平均成本定价。以平均成本为掠夺性定价的成本基准，优点是鼓励研发投入（包括政府研发补贴），有利于企业做大做强，缺点是中小企业参与竞争的门槛较高。

这两种定价方式，确定了传统的掠夺性定价的成本基准。但在数字经济条件下运用和采纳这种成本基准，一定要注意避免抑制生态合作与增值开发（衍生使用）的副作用。

例如，在数据要素上，会面临如何对待场外交易的问题。场外交易在治理规则上引发的问题，归结到理论经济学上，同样是在所有权转移（场内交易完成）后，对使用权所产生的附加值，如何进行收益权分配（原有的做法是将这种收益一并归入所有权收益）。新的情况，从单纯的资源配置角度讲，在于确定要素的边际生产力贡献，不是看所有权，而是看使用权。但是，在场内交易时，数据要素全生命周期（产品＋服务）还没有完成，定价针对的只能是产品的价值（所有权的价值），而无法确定服务（使用）的价值（使用权的价值）。所有权（或对应收益权）的价值与使用权（或对应收益权）的价值不一致，是工业经济不常见的问题，却是数字经济常见的问题。

工业经济中处理商品与资本市场关系的经验和做法，以货币市场为例，主要是区分 M1 市场与 M2 市场（资本市场）。一个基本的市场设计，是令 M2 以付出流动性为代价获得增值（利息），就好比定期存款可以获得较高利息，而一旦提现，就要牺牲利息。为此，在资本价格上，规定存款准备金比率与利率的权衡机制。货币资本市场是实体资本市场（企业）的虚拟化，利息是利润的虚拟化。同样，对数据来说，数据要素市场应是实体数据资本市场（平台这种双边"市场"）的虚拟化。数字经济当前还没有发展到对商品市场与要素市场进行中介（虚拟市场）分工的程度，从某种意义上来说，风险投资市场倒是部分地满足了显示数据资本价格水平的作用。

最保守的做法，是否定权利用尽原则，将衍生的使用收益完全归原所有者。美国代表原创作者利益的音乐家组织最欢迎这种选择。但这种选择最大的弊端，是限制了产品业态向服务业态的升级、服务业态向增值服务业态的升级，从而限制了高端价值创造（限制附加值的生产）。

折中的办法，是所有者与衍生使用者协调，也就是对权利用尽原则加以变通，强调数据资产在单边市场交换中，与所有权对应的收益权结清后，在后续的衍生使用中，让渡一部分权利给使用者（允许使用），然后就所有权的收益权与使用权的收益权达成一个分成合约。这一合约，即可以在生态——实体的（可容纳外部性内部化）要素市场，如海尔链群生态——中完成，也可以在发展更为成熟的阶段，在虚拟的投资市场——与双边市场对应的资本市场（如风险投资市场）——中完成（前提是这个市场必须支持双重投票权、AB股等保护资产使用权的制度设计），通过后者可以完成数据使用权的流转。

在数字经济中，所有权与使用权（以及与二者对应的收益权）分离，正成为第三种解决办法。数据的所有权与使用权（包括从中进一步分离出的使用权的流转权）分离，构成我国数据基础制度中的数据资源持有权、数据加工使用权、数据产品经营权的三权分置。这需要超越单边市场，进入以双边市场为主的讨论。这要求在理论上超越权利用尽原则，探索权利间的互动。

## 5.2.3　双边市场治理：优化要素交换环境

双边市场中的要素交换，是要素在实体[①]上的交换，不同于要素在中介（如金融化符号）上的交换（虚拟的交换）。前者是使用价值的交换，后者是交换价值的交换，前者的存在构成后者存在的基础。

如果将市场对象识别为生态类型的双边市场——核心是将双边的外部性（网络效应）当作内生变量考虑，那么竞争政策的市场定位将是以生态为基础的市场（这一市场将越出科斯定义的边界，成为两权分离型的市场）。如果不做这

---

[①]　信息就其使用而言算入实体。实体或非实体的判别，以生产性与非生产性的判别为依据。我们认为，信息活动在数字经济中是生产性活动（因其"产"并"生"了附加值这种实际价值），因此，信息是实体而不仅是符号，信息是以符号为载体的实际存在。

种选择，数字经济将向"巴尔干化"方向演化。"巴尔干化"指像欧洲那样，没有世界级互联网平台，但适合分散的中小企业发展（如发展隐形冠军）；中小企业一旦成长到独角兽级别（10亿美元），其生命周期就结束，无疾而终。

双边市场承担着信息市场的功能，与传统经济中金融市场对实体资本市场承担虚拟市场的功能相比，更有意义。二者同为符号市场（所谓虚拟市场），与实体资本市场在企业这种流动性较差的组织之中配置资源相比，金融市场在配置资源方面具有无可比拟的社会化功能与优势，它可以比较出资本配置到不同地方的社会机会成本，以促进资本的社会化与套利（形成平均利润）。但平台本身不同于企业，一个超级平台往往有几亿用户，在社会化程度上，往往不亚于金融市场，而且在大数据等技术的支持下，平台对需求变化的响应速度比金融市场更快，这导致在数字经济中，相较于金融市场，信息市场配置资源的作用越来越大，直至取代金融市场（当然，这是很遥远的事情）。这一点决定了优化数据要素交换环境，应首先关注信息这个实体而非金融这个真正的"虚拟"。

### 5.2.3.1 降低平台经济参与者经营成本

在政策中坚持"降低平台经济参与者经营成本"，是有深意的。双边市场与单边市场不同，一个重要的方面是双边市场中参与者的经营成本可以因共享外部性资源降低。

我国平台经济市场广大，参与者众多，如何在新发展格局中培育好这个市场，永续经营，是站在全局角度必须思考的问题。不能因为中国市场是一个巨大的流量市场，平台就可以为所欲为。如果平台经营者对平台参与者竭泽而渔，短期来看确实可以获得暴利和资本市场廉价的喝彩，但从长远来看，放水养鱼可能是更好的选择。因此，我们认为，要引导平台企业合理确定服务费用，包括给予优质小微商户一定的流量扶持，平台经营者应与平台参与者平等协商服务收费。

在公共经济学中，对类似互联网平台这样的技术性自然垄断行业，一直有特许经营与价格管制两种规制思路。我们认为应该引导平台经营者自律。

### 5.2.3.2 建立平等开放的平台生态

需要推动平台企业合作，构建兼容开放的生态圈，平台应依法依规有序推进生态开放，按照统一规则公平对外提供服务。

实际上，市场的自然演化也会推动平台企业最终做出这种选择，因为这符合企业的长远利益。

### 5.2.3.3 加强新就业形态劳动者权益保障

坚持"加强新就业形态劳动者权益保障"，有利于促进公平。

要引导平台企业加强与新就业形态劳动者的协商，平台企业要合理制定订单分配、计件单价、抽成比例等直接涉及劳动者权益的制度和算法规则。这体现出对平台与企业要求的不同。企业与劳动者的关系主要是雇佣关系，因此，分配中主要是企业为劳动力支付工资，顶多加上五险一金，不涉及抽成；而平台与新就业形态劳动者的关系，是合作关系，涉及抽成。注意，这里用的概念是劳动者，而不是劳动力，这意味着劳动者除了工资，还可以通过自主劳动参与剩余分享。这是平台生态形式的共享经济中涌现出的新型分配关系，通过促进一次分配公平，向着共享发展、共同富裕的方向前进了一大步。

劳动者抽成并不会加重企业负担，这是因为抽成的前提是劳动者贡献出超过劳动力水平的创新与创造性劳动所创造的附加价值。例如，劳动者在平台上"从事"App，不是从事简单机械劳动，而是从事复杂的创造性劳动；劳动者与平台的关系，也不是雇佣关系，而是合伙人关系。劳动者因此有资格享有包括抽成在内的与高风险对应的高收益，它与平台通过 App 分散风险，实现保值增值，构成对冲的平等互利关系。用协商来概括这种平等关系，将改变工业生产中占有方式决定的资本与劳动的权益关系。

我国正处在一个特殊的发展时期（"追赶时期"），直接提高工资占比，固然可以为实现公平大大加分，但约束条件同样不可忽视。在此情况下，积极的办法是变工资制为工资＋分成制，改变工资体制（劳动力雇佣体制）中同工业化相伴而存的机械性，转型为更加适应数字化的创造性的体制和机制，通过激发劳动者（而非劳动力）的创造性，使劳动要素具有在提高效率基础上获得公平（可分成且占比不断提高）的条件。从工资制向工资＋分成制转型的实质，是将劳动要素转变为与资本要素一样，既可获得"本金"（成本补偿）又可获得"利息"（剩余）的要素。

将劳资权益关系的平等协商作为可持续发展环境的一部分，是与支持平台生态开放一脉相承、环环相扣的，体现了生态体制（合作制）不同于企业体制（雇佣制）的特性——平等性。

## 5.3　生态中的分配公平：零次分配公平

### 5.3.1　以市场机制促进公平：涓流之外的选择

以平等促进资源充分利用的话题，可以进一步发展为一个政治经济学问题：如何在资源充分利用这一效率提高过程中促进公平。

这一问题有别于涓流效应涉及的效率中的公平问题，涉及的是市场经济与社会主义更为底层的联系。我国经济体制改革的重要目标，是建立起市场经济与社会主义的内在联系。这种联系一方面是向社会主义的公平价值体系中输入优化的资源配置方式，另一方面则主要涉及数字经济的生产关系，与资源配置特别是要素配置的基础理论联系（数字经济是不是只是将资本主义的生产关系重演一遍，还是会从中发展出更接近社会主义的公平本质的内涵）。

真实世界中的资本主义与社会主义，始终没有在同等的生产力水平和历史阶段上同场竞技过，始终是发达的资本主义与不发达（如"初级阶段"）的社会主义的竞争，这使生产关系特征有许多错位的表现。例如，资本主义国家（尤其是欧洲国家）的民众福利仿佛更接近社会主义所描述的状态。与生产力水平差距相一致，必然产生民众对上层建筑与意识形态认同上的落差。这是落后本身必然带来的无法回避的结果，仅靠软实力并不能从根本上改变。也许再过几十年甚至更长时间，当真正出现一个在生产力水平和历史发展阶段上可以比肩最发达资本主义国家的社会主义国家时，人们才会用同一把尺子客观地比较不同道路的生产力、生产关系、生产方式、上层建筑与意识形态之间的优劣。

这时自然就产生一个理论上的问题。一些人承认生产力决定生产关系，生产方式是二者结合的产物，但忽视资本主义与社会主义同处工业化生产力与生产方式这一客观事实带来的影响，也不能正视在工业化生产方式之后，会存在以第三次浪潮为代表的信息化生产方式，并引发上层建筑与意识形态的变化（例如，出现数字社会与数字文明）。他们认为第三次浪潮理论与马克思主义理论存在矛盾。这使如何看待数字资本主义这样的现实问题，成了理论上的盲区。盲点在于：一旦生产方式从工业化变为信息化（数字化），工业经济变为数字经济，在生产关系上，会是资本主义生产关系重演一遍（例如，扩大贫富差距），还是在历史上产生一种不同于工业资本主义，甚至不同于信息资本主义的新的生产关系（例如，贫富差距缩小），从而在信息技术代表什么人的利益上产生一个不同的指向性的答案。

不进行这种理论研究，缺省的、拍脑门的判断，很可能是信息生产力（数据生产力）代表的仍是资本的利益，而把资本作为生产要素，与社会关系混为一谈，进而导致市场经济体制设计中生产力与生产关系脱节。

### 5.3.2　在市场经济体制中内嵌公平机制

在市场经济体制中内嵌公平机制，要考虑两个因素：一是生产力决定生产关系在数字经济中的特殊表现，是对公平机制与逻辑的改变；二是生产关系对生产力的反作用在数字经济中的特殊表现，是对公平机制与逻辑的改变。

#### 5.3.2.1　通用目的技术对市场分配的影响

研究数字经济中生产力决定生产关系的特殊表现，应理清通用目的技术作用于通用性资产的逻辑链条，这样才能认清为什么提高效率必须借助公平。

信息生产力（数据生产力）具有中性，但不同的制度取向可能导致不同的生产关系。工业经济中形成的资本主义与社会主义两种生产关系，与信息生产力关系并不是等量齐观的。在生产力决定生产关系以技术通用性决定资产通用性形式出现时，一个可见的趋势是，"所有权的终结"把生产关系的重心向共享发展的演进方向推进。那么，共享发展代表的到底是数字资本主义还是数字社会主义，就成了前置于分配公平政策的基础理论问题。这一问题的答案虽然最终要靠实践给出，但可以将这个问题纳入政策理论的基础部分加以探讨。

在工业化追赶中推进共同富裕，通常面临财政压力与福利压力。财政压力是指，当主要依靠二次分配，向低收入群体进行转移支付时，财政所面临的压力。一些地区经济发展水平较高，财力雄厚，依托财政推进共同富裕的条件较好。但是，对经济条件不那么好、财政实力不那么雄厚，尤其经济又处于下行区间的地区来说，推进共同富裕的财政压力就较大。福利压力是指，采取北欧福利国家模式来推进共同富裕，存在为了公平而牺牲效率的陷阱。通过打击资本来均贫富，可能会降低企业资本预期，在经济下行期，可能导致企业躺平（歇业）甚至跑路。这时就需要零次分配来"补台"了。

零次分配是指将社会分配功能从生产关系中的分配环节前置到生产资料占有环节，利用生产资料共享促进机会公平。分配环节解决的主要是成果公平，生产资料环节解决的主要是机会公平。利用零次分配促进共同富裕，体现在政策中，就是"共享生产资料"，这是一种"生产要素供给新方式"①。这是指按市场化原则、商业化方式有偿共享数字生产资料（注意，不是针对实体生产资料）。生产资料共享，出现在成果分配（一次分配、二次分配、三次分配）之前，所以把这种机会分配叫零次分配。

举例来说，流通业的生产资料，主要是店铺。店铺分实体店铺与虚拟店铺，后者是前者的 0、1 代码替代（数字孪生），与前者具有同样的功能（如卖货）。实体店铺难以共享，虚拟店铺却可以共享（"复用"）。复用，通俗地说，就是将生产资料"复印"给千千万万人。当然，这种共享是有偿共享。按通行的做法，厂商不赚钱平台不收费，赚钱则平台方与应用方三七分成。

这里就包含数字经济实现共同富裕不同于工业经济的一个重要特点，即劳动者（网商中有许多灵活就业的在家办公人员）的收入不再是工资，而是工资＋分成（分享剩余）。共享经济在这里带来 3 个改变：一是把雇佣制变成了合伙制；二是把劳动者从劳动力变成了创业者，把公平转化为了效率；三是劳动者创业不再受资金难限制（因为生产资料不是靠银行贷款获得，破产也不会连累银行，损失的"产"——固定资产部分——只是 0、1 代码）。

涓流效应强调的是劳资分配比例关系不变下工资绝对值的增加。虽然资方所得的比例更大，但由于效率提高，工资的绝对值较以往有所增加。公平涉及的恰恰是所得的比例，而不仅是绝对值。数字经济中的共享发展则将情况颠倒了过来，零次分配改变了劳资（包括生态的劳资双方——应用方与平台方）分配比例。例如，在苹果商店模式中，生态的资方（平台方）获得收入的 30%，生态的劳方（应用方）获得收入的 70%。此时，资方所得的绝对值非常大（因为资本集中，导致由一个资方替代了数万个甚至数十万个资方），但在同一生态中，资方所占比例却显著缩小。这说明，在信息生产力通用性质的决定作用下，若仅仅为了提高资源利用率，有可能在效率机制中内生公平性。

---

① 叶秀敏，姜奇平. 生产要素供给新方式：数据资产有偿共享机理研究［J］. 财经问题研究，2021（12）.

在数字经济中，数字生产资料超过实体生产资料，成为主要投入的资产。数字化转型，将使各行各业的实体生产资料更多地被具有同样功能的数字生产资料所替代。当前，有偿共享数字生产资料的技术条件已经具备，需要突破的主要障碍是生产关系和观念上的，核心是要突破"共同富裕只是成果公平，无关机会公平"的理念。通过改革，应将共同富裕的文章做在生产资料上，而不应一边高谈阔论共同富裕一边在实务上排斥共享经济。

### 5.3.2.2 生态产权制度的生产关系逻辑

研究数字经济中生产关系对生产力的反作用的特殊性，要理清生态产权制度与现代产权制度对公平的不同反作用机制，这样才能认清为什么内生公平有助于进一步提高效率。

现代产权制度中的"现代"二字，实际指的是工业化。从数字化的角度看，这个"现代"是不够现代的。数字化要实现的现代化，是"现代"之后的一种现代化。从数字经济学视角来看，现代产权制度不够现代的最主要之处在于，将所有权绝对化，一旦数字经济中出现资产可通用但产权制度不允许他人更有效利用资源的情况（例如，利用权利用尽原则，限制音乐作品的再开发利用），这种生产关系会阻碍数据生产力的发展。

事实上，在现代产权制度约束不紧的地方，传统经济中也出现过引入使用权竞争以提高效率的成功经验，最典型的就是我国农村家庭联产承包责任制。数字经济条件下，数据的所有权（持有权）与使用权（包括使用权的流转权，或称经营权）适当分离，可以使生产关系更好地反作用于数据生产力，使数据资源得到更充分利用。

从公平分配角度来看，现代产权制度自认为的公平，只是在边际生产力上对资本的公平，对劳动自认的公平，实际存在与雇佣制一样的要素不等价交换（或支配与服从之间的权力交换）的局限。从反作用于生产力的角度看，这限制了创新与创造性劳动作为一种体制现象存活于企业框架下（例如，将职务发明归属于资本名下）。两权分离（或三权分置）意味着，一旦仅凭使用权就可以获得剩余索取权（相当于从原来资本项下划出一部分归创新、创造者），那么全员的创新与创造才能从单纯的个人行为转化为一种体制性的行为。

这决定了在数字经济中设计市场经济体制改革，要比在传统经济中多一重考虑，即为了解放使用上的非专用性这一标志性的信息生产力，需要解构现代产权制度中所有权专有与使用权专用的紧密绑定，朝着符合机会公平的共享发展方向调整生产关系与产权结构。一旦解决这个问题，市场经济强调资源充分利用这一点与社会主义强调公平这一点，就会产生奇妙的化学反应，由互斥变为互补。

数字经济特有的生态化的市场机制，或者说市场机制的生态化，在共享发展机理作用下，是有利于公平分配这一趋势发展的。但这种趋势并不会自发实现，如果政府放弃在公平分配方面的社会责任，由私人资本自发地决定数字经济市场机制的定型，那这样的市场机制会成为资本主义的数字化升级版（数字资本主义），其突出特征将是极大地扩大贫富差距，只不过是利用数字化手段放大传统工业化劳资关系矛盾。在其恶性发展中，甚至会形成私人资本对国家政权的挑战。与技术有偏性一样，制度有偏性的危害更甚。

### 5.3.3 以生态化重塑市场公平机制

数字经济市场经济体制目前严重滞后于发展实践，其中一个关键的缺位，就是公平机制设计的缺位。把数字经济市场经济机制当作一个与公平无关的问题，始终跳不出的一个理论迷思，是认为数字经济市场经济天然地会扩大贫富差距（这只是政府失位后的现实，而非必然趋势），不尊重通用目的技术这一生产力因素在实践中带来的相反的趋势变化，不因势利导，没有发挥好政府的作用。

以数字经济的生态化特点重塑市场机制，第一，可以引导商品与服务市场向市场化共享服务方向发展。一是发育产品免费而服务收费的云服务模式。可以允许企业继续在产品业态上坚持传统知识产权的策略，比照物产那样卖知识产权产品，直接将非排他性使用的知识内部化。但支持权利用尽原则，鼓励以谈判、协商方式促进知识使用权的流转与再开发，对所有权中不允许使用的权利施以必要的限制，重点鼓励云服务模式发展。二是鼓励个人信息共建共享，按市场化、服务化机制，将个人信息共享（或不共享）的决策权交给消费者（从而内生收入约束来进行决策①），并保障对信息服务的评价权。

---

① 如果将个人信息开放与否的决策权交给消费者，一般规律将是，越是低收入人群，需求弹性越小，越不看重个性化，不开放比例越大；越是高收入人群，需求弹性越大，对个性化的评价越高，开放比例越大。

　　第二，应鼓励通用要素的生态化利用。一是可以引导要素市场向合作竞争方向发展。合作制的特点是要素共享、共创、共赢：共同使用资源，相互借用生态外部性；共同创造价值，实现合作博弈；共同分成，而不是零和博弈。二是鼓励按市场化原则、商业化方式有偿共享数字生产资料等通用性资产。

　　第三，在市场机制中注入数字经济要素，需要进行产权改革，建立生态化的产权机制。倡导以两权分离（或三权分置）为核心的更为现代的产权制度，一是在这种产权制度中引入使用权竞争，从而比封闭使用权竞争的现代产权制度更有效率地利用资源，二是鼓励合作分成，激发一线劳动者的创造积极性，从而在机会公平这一源头上产生促进共同富裕的效果。

# 6  竞争政策的市场基础（下）：
   避免市场失灵

数字经济中的政府作用，与传统经济中的政府作用既有联系又有区别：联系在于，都要从产业政策、公共利益等宏观角度来解决市场失灵问题；区别在于，数字经济中的政府作用要充分考虑社会协同治理。

政府作用在数字经济中正在发生变化。基于数据可复用的特性，网络外部性改变了公共产品供给方式，政府需要与平台（社会）充分协同，采用多种方式更有效地提供公共产品，提高治理能力。基于数据的多样化特征，政府在发挥自身作用时，需要适应生态化变化，像企业转变生产方式那样转变治理方式，以适应数字经济生态治理的需要。

前面我们分别从市场、企业角度探讨了生态的本质特征及市场、企业与生态的关系，得出以下结论：一方面，如果把生态理解为生态型市场，研究网络生态与市场的联系与区别，那这一市场的特征在于可以将外部性内部化，即市场的双边主体相互提供外部性，并相互将之内部化。这使相互"搭便车"从不经济变得经济。另一方面，如果把生态理解为生态型组织，研究网络生态与企业的联系与区别，以及企业组织与生态的关系，则生态组织的特征同样在于可以将外部性内部化，只是与市场不同，它是将平台方与应用方上下层双边（相当于企业内部的劳资上下层双边）间的外部性内部化。这使合作双赢从不经济变得经济（可以达到均衡水平的广义最优）。

本章我们再从政府角度——公权力角度，探讨生态的本质特征及政府与生态的（规制）关系。如果把生态理解为公权力组织，需要研究通过网络生态提供公共产品与通过政府提供公共产品的联系与区别。一方面，从提高外部性的效率方面比较。在这里，我们把企业理解为私人产品部门——一个专门的内部化部门，把政府理解为公共产品部门——一个专门提供外部性的部门。在可以将外部性内部化的生态机制内，存在可以由私人部门提供的具有外部性的产品。我们可以通过亨利·乔治定理来比较二者效率的高低。在效率比较基础上，看对于生态这种中间机制来说，政府如何发挥作用最有利于更有效地利用具有公共性的外部性资源。另一方面，政府权力与平台一章研究的企业权力不同，要更多地内在地涉及包括公平正义在内的公平问题。因此，还要研究政府从公平角度对生态进行规制时所需掌握的方向与所需把握的尺度，纠正私人资本的僭越与生态的市场失灵。

市场经济体制改革的核心问题，是处理好市场作用与政府作用的关系。前者的本质要求在于建立与维护符合广义均衡的私人产品机制，避免公共产品机制在失灵状态下干扰市场作用发挥；后者的本质要求是建立与维护符合广义均衡的公共产品机制，避免私人产品机制在失灵状态下干扰政府作用发挥。但以生态机制为本质特点的数字经济打乱了这种分别，在这种经济中，经常出现私人利益与公共利益"你中有我、我中有你"的形势，市场作用与政府作用如何顺应这种变化并顺势而为，就成了市场经济体制改革需要特殊考虑的问题。

在市场经济体制这个总的题目下谈政府作用，不能就政府谈政府，而是要把政府置于市场经济变得生态化这个总的背景下来讨论，包括生态化令政府在提供公共服务方面做出了哪些分工上的改变，进行了何种服务方式上的转变，包括政府治理生态化的市场时，在哪些方面与非生态型的市场（遵循科斯定理的市场）有所不同，如何应对数字经济特有的生态市场失灵，等等。

从这个角度看，研究数字经济条件下的政府作用，在继承传统理论合理性内容的基础上，需要将研究重点转向体现数字经济生态特殊性的方面，例如，由狭义的政府提供公共服务，到从提供公共产品的普遍机制方面来看待政府作用，以及市场失灵由政府单独克服转向多方协同治理，等等。

数字经济学以广义均衡理论为基础，从理论上概括政府作用的内涵。政府在广义均衡中的作用，主要包括两个方面，即保证公共产品配置均衡（基于效率的均衡）和分配均衡（基于公平的均衡）。政府作用成功发挥的标志，就是保证经济趋向总的动态均衡，而不是发生偏离总供求的作用力。

在配置均衡方面，政府作用在于，第一，通过竞争政策规范市场发展环境，维护市场经济的规则与秩序；第二，制定发展战略（通用性资产替代战略，实体经济与虚拟经济结合），实施产业政策（核心技术，第四产业与服务化），主要是保证动态配置均衡，防止企业由于短期局限与微观局限偏离配置均衡；第三，通过宏观手段调控经济，保证微观均衡与宏观均衡一致。

在分配均衡方面，政府作用在于，第一，维护公平正义的价值，防止贫富差距扩大；第二，推动自身治理方式转变，提高公共产品和服务的供给效率与效能；第三，与全社会协同治理。

如果说上一章讨论的是使市场机制不失灵所需的机制（也可以从另一面理解为政府为保障市场机制有效而做的工作，或在政府失灵时让市场恢复作用的机制），本章则讨论市场机制失灵时的管制，此时的状态是市场失灵，理想的状态是回到配置均衡与分配均衡达成的总体均衡，当然，这种均衡是动态的。

# 6.1　政府规制的均衡基准

是什么干扰了市场，使之偏离广义均衡？从数字经济角度看，主要有两方面因素：一是市场微观机制，尤其是要素交换机制中，存在着带来宏观失衡的结构性制度因素；二是私人产品机制本身存在诱导市场偏离分配均衡的非公平因素。这两方面的问题，不一定非得从宏观角度才能得到解决，但无论从哪个角度都需要政府作用发挥到位。

经济体制改革的核心问题是市场作用与政府作用的关系问题。对数字经济来说，补充了社会嵌入，市场的作用就不仅是资源配置，还具有内在的社会责任。同样，更好地发挥政府作用，这里的政府作用是什么，是在资源配置中的作用还是在社会分配方面的作用，或者二者兼而有之，都需要嵌入生态这一变量来分析。如果不引入生态的视角，政府往往会在发挥应有作用中付出官僚主义或形式主义的巨大代价。数字经济中政府作用的不同之处在于，可能在不付出或少付出官僚主义或形式主义代价的条件下，像自然界生态那样自然而然地（无为而治地、不乱作为地）有所作为。[①]

---

① 生态意义上的无为而治不是不作为，而是少在规律（"道"）之外作为，即不乱作为。

从专门的经济学角度来看政府作用，其与市场作用一样，应以均衡（在此是广义均衡，包括配置均衡与分配均衡）为好坏的评价尺度。失灵无非就是相对于均衡的供求失衡。广义均衡是配置均衡（效率均衡）与利益均衡（公平均衡）的统一体，是一个包括公平正义价值在内的均衡，因此，不能仅仅当作资源配置均衡来看。那些破坏均衡的作用，无论是来自市场还是来自政府，无论是来自效率的方向还是来自公平的方向，一旦超过限度，都可称为失灵。

本节讨论数字经济对政府作用第一个方面的冲击：通过微观机制与宏观机制的融合，缓和政府与市场的对立，以不损伤效率的方式促进公平。

## 6.1.1 制度在均衡中的位置

政府作用与制度作用，在某种意义上是可以等同的。当政府作用可以预期时，也就是说不再像人治状态那样主观随意且来回摇摆时，这时的政府作用可视为与制度作用相同。同样，制度也不等同于没有生命的文本，而总是代表统治意志与统治性的利益，从这个意义上来说，它是主观能动的，只不过这种主观能动不是随意或妄为的，而是可以预期的。

在广义均衡的一般框架中，我们将制度这种"古典均衡"（分配均衡）内生变量，称为社会异质性，代表一切偏离理性的权力作用（理性是权力的一个特例，代表利益零摩擦地与配置状态相符），如图 6 - 1 所示。这一作用区间，对应新制度经济学中的租值区间，或交易费用（$P_2$ 与 $P_1$ 的差值）。政府间接作用中的规制（干预行为），主要就是发生在这一区域。

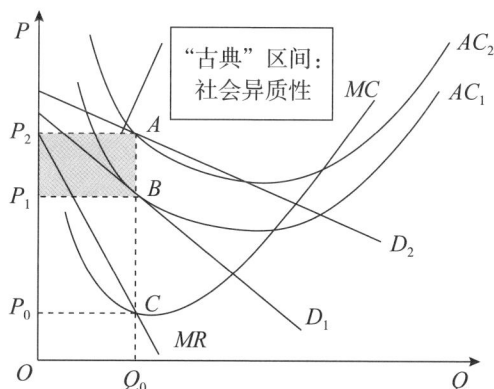

图 6 - 1　制度在均衡中的位置

规制的必要性在于，市场（$P_1BQ_0O$）有可能在公共领域（$P_1BAP_2$）存在系统性失灵，从发展和公平两个方面偏离广义均衡。广义均衡在此希望统一3种说法。一种说法是凯恩斯经济学的说法，认为存在于 $P_1BAP_2$ 领域的失衡（如失业），是非"制度"性（非分配性的）的，而是发展中的"宏观"问题（有效需求不足），因此，主张从微观机制的外部输入变量入手加以解决（其中的硬伤在于，将要素不平等交换从特定的历史真实固化为不可改变的隐含制度①）。新制度经济学的说法是第二种，虽然认为失衡的原因是制度性的，但给出了可能进一步激化矛盾的解决方案，即把公共领域的利益当作特权，一揽子地赋予拥有者，而又假设价格是竞争的。他们以为均衡会由此回到 $B$，甚至 $C$，由此，将规制的作用仅仅限于所谓的"明晰产权"，而始终没有认识到，这样做的话，真实世界中的均衡将出现在 $A$ 的水平，由此出现将新制度理论新古典化时，均衡价格与交易费用出现冲突且自相矛盾的情况。政治经济学是第三种说法，一般把公共领域（$P_1BAP_2$）视为制度问题，将之当作实现分配均衡的必由之路，虽然形式上类似凯恩斯主义，但此时的国家、政府都不仅是规制发展，而且规制公平（尽管实现公平的意愿往往受国际竞争下发展条件的限制）。

广义均衡在这里，把公共领域（$P_1BAP_2$）既理解为发展规制区间，又理解为公平规制区间。在这个一般框架下，数字经济学开始发现新的东西。在生态化背景下，探索能不能从微观上"解决"造成宏观有效需求不足的非（分配）均衡因素，能不能将规制与市场行为（包括产权界定）有机结合起来。这时的规制，要求不再是政府对市场乃至企业的单向干预，而是包含政府干预、社会协同、企业与市场合作在内的新型生态治理。

### 6.1.1.1　凯恩斯经济学与制度分析

从历史上看，对政府作用的认识，初步成熟于宏观经济学的产生。从广义均衡观点看，总均衡是配置均衡（新古典）与分配均衡（古典均衡）平衡的结果。从这两种均衡的矛盾中，产生了市场作用与政府作用最初的矛盾。

作为微观均衡的配置均衡，由于权力结构上的刚性，而在总均衡上产生非均衡的结果，这本身就是古典均衡失衡的结果。从经济学分析上来说，这

---

① 在合作制与合伙制中，这种前提假设在历史真实水平，也将不再固化。

是制度分析缺失的结果。

从形式上看，宏观经济学产生于微观均衡不等于宏观均衡这一判断，表面上看微观与宏观的不对称是由有效需求不足直接引起的，但本质上来说，这一问题等价于马克思所说的所有权规律不同于占有规律。也就是说，微观经济学是建立在商品等价交换这种平等关系基础之上的，宏观经济学反映的则是要素交换的不平等关系。市场代表的是等价交换关系，政府则经常要代表不平等交换中受损的一方，出于避免总供求失衡的现实考虑，政府常要进行利益平衡。

凯恩斯经济学显示了当分配均衡偏离总均衡时，配置资源需要以政府干预作用冲抵分配均衡所起的作用。政府作用在此等同于干预政策在市场失灵（配置失灵）时开始起的作用。正当的政府干预的作用，在此只等价于而非等同于分配均衡的作用。

在《数字经济学：宏观经济卷》中，我们分析了凯恩斯经济学中微观市场机制与宏观市场机制不协调的原因：凯恩斯把总供求的条件直接绑定在资本供求均衡（投资等于储蓄）之上，而暗中将劳动者不能获得成本（工资）之上的剩余当作一个固化的条件。这就无视了劳动可能与剩余之间建立收入联系的可能（如合伙制）。它反映的是一定的生产方式的真实：传统工业生产方式，由于重心放在数量而非品种上，不能给劳动的创造性发挥（差异化、多样化、异质性）提供配置与分配方面的历史条件，进而给经济的周期发展中带来失衡。

政府干预在市场等价交换之上，施加了一个权力刚性。这个权力刚性的客观作用，是保证剩余在要素间分配的（先于交换的）固定比例。如果这个权力是亲资本的，则制度将用强制力（包括法权）规定资本获得高于自身贡献的剩余；如果这个权力是亲劳动的，则制度将用强制力规定劳动获得高于自身贡献的剩余。如果权力名义上是亲劳动而实际上是亲资本的（如国家资本主义、权贵资本主义），则制度将用强制力规定代表劳动的特殊利益集团（从官僚到国企）获得高于自身贡献的剩余。

相对而言，"好"的干预，只有在配置均衡失灵而分配均衡使总均衡恢复平衡时才会发生。这就是政府干预的均衡尺度。

在什么样的条件下，微观均衡与宏观均衡取得统一？很简单，在商品交换与要素交换采取同一个标准时，比如都是平等交换时，就没有进行微观经济学与宏观经济学的截然划分的必要了。

商品交换与要素交换等价且平等时，微观均衡与宏观均衡将取得统一。数字经济中的共享经济模式，将使"纯产品"与剩余实现创造与分配的统一。

在这里，纯产品指使用价值上的剩余，剩余特指价值形态的剩余（即剩余价值）。工业化的要素交换机制，令纯产品的提供者（劳动）与剩余价值的获得者（资本）不一致。共享经济通过按使用分成，解决了有效需求社会支付能力不足的问题。

将凯恩斯经济学还原为内生制度的微观理论认为，在工业经济学设定的条件下，劳动即使按边际生产力得到了供求平衡水平的工资，其价格水平仍然不是社会关系意义上的均衡价格水平。这一点可以由有效需求不足本身的普遍存在证明。有效需求不足不但具有现象归纳的意义，而且具有逻辑演绎的意义，它指向马克思《资本论》所说的不平等的占有规律。

占有规律的不等价性质，表现为资本要素与劳动要素交换时，双方要素的拥有权交换与使用权交换都是不平等的。从使用权来看，资本的使用权并没有交换给劳动者，工人对于资本的生产资料，只是使用，并不具有使用权，因为不能分享与使用权相对应的收益权；但劳动力的使用权，却交换给了资本，因为劳动力的使用就是劳动，其所创造的剩余，是被资本要素无偿占有的。从要素的拥有权来看，资本的价值在于它是带来剩余价值的价值，在交换中资本得到了这一价值；反观劳动，其（注意，不是劳动力）价值同样是可以带来剩余价值的价值，但在交换中，劳动得到的并不是劳动的价值，而只是劳动力的价值，劳动力的价值只是劳动的"本金"，工资让工人失去了自己劳动的"利息"。

资本多占了一部分剩余，而劳动少占了一部分剩余，这一事实与有效需求不足之间的逻辑联系在于，如果不存在这部分最终导致总供求失衡的不等价，那么要素平等交换下劳动享有应得剩余。这意味着两件事：一是技术进步导致的机器替代劳动，并不会减少劳动者的收入，技术中性将等比例地进入资本与劳动要素，并不会使双方的分配比例发生变化；二是当技术进步替代原有劳动时，失业在理论上并不会发生，因为有效需求的有效性（支付能力）本身，将强制性地产生原来没有的职业，这不仅是因为这些职业正对应新的需求，更主要的是因为这些职业保障着原有劳动者继续获得可以保障有效需求的购买力（以使经济危机不会发生），而不是像现实中这样，资本获取技术进步带来的剩余，令这笔购买力消失。

在凯恩斯经济学中，当有效需求不足时，用来平衡总供求的需求（无论是将牛奶倒入大海还是发动战争）是否必要不是首要考虑的因素，需求的有效性才是首要考虑的内容。由此可以同理推出，用机器替代劳动时，"发明"一些新的职业，即使其必要性等同于将牛奶倒入大海或发动战争，仍然是有理由的。

当然，这只是问题的一个方面，即从收入约束条件考虑问题，在数字经济的现实中，从效用角度考虑，可以解决新职业产生的真实必要性问题。这就是，用机器替代劳动时，如果收入变化是中性的（而不是有偏于资本的），那么结果将是，随着生产率的提高，劳动者（在出于社会关系均衡动机的分配安排下）从中获得应得的（高于工资的）购买力，会导致支出结构变化，从弹性较小的需求转向弹性较大的需求。这在客观上就需要旧的职业被机器替代后产生新的职业需求。

凯恩斯不是一个制度经济学者，但他用宏观经济分析填补的，正是新古典资源配置学说的社会关系漏洞。可以断言，如果以垄断竞争均衡定价方式将社会关系作为异质性因素纳入微观经济分析，而不是隐含占有方式中存在一种固定的有偏于、有利于资本的制度刚性，那基于商品交换与基于要素交换的经济学本不应存在微观经济学与宏观经济学结论不一致的情况。马克思的分析是正确的，问题就出在所有权规律与占有规律不一致上。

数字经济学深究这个问题有自己的原因。相比于工业生产方式，信息生产方式的一个重要改变是，随着差异化、多样化与异质性（小批量多品种生产）逐渐替代无差异、非多样化与同质性（单一品种大规模生产），资本稀缺可能被劳动稀缺替代。对照原有微观经济学，可以发现，它隐含了工业化占有规律有偏于资本的制度刚性，如果为这种隐含设定寻找理由，可以说，工业化中主要是资本稀缺而不是劳动稀缺。即使国家资本代表劳动利益，也会得到优先分配（先国家，后个人）。先不说这种解释本身有可疑之处——劳动稀缺并不导致工人在工资之外获得应有剩余，就算这种说法成立，当平台经济中差异化、多样化和异质性的增值业务成为普遍现象后，微观理论也应改变原有的隐含设定，使之更符合实际。

进行以上背景分析，是为了说明数字经济学的制度分析在看待再分配问题时的总视角。再分配问题的提出，是由初次分配存在缺陷造成的，这种缺陷出在要素交换不平等的制度预设上。理解了这一点，就可以进一步认识到，平等问题作为分配的核心问题，并不在于要不要设一个宏观经济学从政府干预角度来解决再分配问题。一旦在微观均衡水平上将新古典理论与古典理论统一起来，那在微观水平上就避免了市场失灵（供求失灵），就可以不依赖专门的宏观干预来解决不平等问题了。

数字经济中的生产资料共享实践，实际已经在微观上补上了这一课。数字经济学作为反映实践、解释实践的理论，在基础理论上比工业经济学前进一步的地方，主要在于为一次分配的平等内生了制度分析基础。简单地说，要在数字经济条件下回答这样一个问题：如何让占有规律从不平等交换转化为平等交换，使要素交换与商品交换实现同样的平等，以便不再用宏观调控进行事后补救？

### 6.1.1.2　替代方案：宏观与微观的统一

内生制度的均衡，不但包含供求平衡，而且包含权利的平等。微观与宏观均衡之差是制度原因造成的，一个合理的解决办法，就是将制度因素内生于微观，从而达到微观平衡。这样，宏观机制就只在平等的常态不正常时才派得上用场。我们可以将原有的宏观经济学当作一门应用部门学科（政府经济学或货币经济学）来看待。

#### 1. 亨利·乔治：与凯恩斯比较

维克里等将宏观看作微观的延伸。[1] 凯恩斯与亨利·乔治都不同程度地把宏观调控当作微观失灵的补救，但亨利·乔治主张的是微观上的自由放任，其单一税的主张可以算"微观的延伸"，其中包含着比凯恩斯更多的制度含义（或者说以制度替代宏观干预的思路）。

制度与宏观干预替代关系的内在联系：一旦将微观失灵还原为制度的基础性问题，那指向的将是要素的平等交换基准，也就是建立总供求失衡与不平等之间的等价关系。这正是亨利·乔治理论的重点。一旦找到这个基准，宏观经济学就不再不可或缺，而是可以直接在微观的根子上进行补救或纠偏。那时，宏观干预理论将只是经济学基础理论的一个应用分支——一个专门用

---

[1]　维克里，福斯塔特，车尔尼娃. 充分就业与价格稳定［M］. 北京：机械工业出版社，2015.

于标准化分析政府作用、中介（货币或信息）作用的应用分支。当然，无论是凯恩斯还是亨利·乔治，无论是通过干预还是通过平等，在"微观的延伸"方面的补救，都是不彻底的，因为并没有消除不平等的根源。用宏观来补微观，更像是补救微观失衡带来的副作用，让微观"更放心"地去失衡、去制造不平等。从这个意义上说，凯恩斯的主张与其说是干预，不如说是以干预保护放任。亨利·乔治更是如此，只是他比凯恩斯更关注平等。

要素的平等交换基准，其核心是社会关系中物的方面与人的方面的平衡。其基本公式应是说明，要素一旦平等交换，应满足的基本条件为：要素1（物＋人）＝要素2（物＋人）。

这一基准并不改变现有制度分析的立场性结论，原来代表什么人的利益，现在还代表什么人的利益。用这一基准，只是把经济学代表不同利益的立场，从隐含状态转为了显现状态。

例如，代入这一基准来看马克思的分析，所有权规律是指商品——商品1（物）＝商品2（物）；占有规律（实际是无偿占有规律）则专指要素——要素1（劳动）与要素2（资本）的关系。

工业资本主义（或者说表现为资本主义形式的工业化）中，要素关系不平等是因为，作为要素1的劳动，只有物的部分（劳动力在物的水平上的自我补偿）参与了交换，人的部分（创造剩余价值）则被作为要素2的资本无偿占有。

反过来证明，如果资本不无偿占有要素1中"人"这一部分（剩余），那等式也是可以成立的。我们在海尔的链群合约实践中，就真实地看到了这种平等交换的雏形。

凯恩斯经济学中的有效需求不足，在此实际上可以视为一个制度性问题（是价值问题，更直接地说，是价值分配问题），而不是一个"供求"问题。如果这里的要素交换是平等的，那有效需求不足的根本问题就可以解决。进一步推论，微观均衡（供给＝需求）就可以等于宏观均衡（总供给＝总需求）。因此，我们说宏观经济学的原问题是因制度而生的问题。反过来说，如果从制度上找到了平衡，那么宏观经济学本来就不需要"存在"。那时的宏观调控，就只是一个技术性问题而非实质性问题了。

亨利·乔治的解决办法，带有制度分析的意味，因为他提出单一税，出发点基本不是考虑总供求均衡，而是考虑价值分配平不平等。他说的平等分配，夹杂着产业间的价值分配与阶级间的价值分配。他在主张工人阶级的利益时，不是把资本家放在对立面，而是把地主阶级抛出来当替罪羊。

作为自由主义者，亨利·乔治想设计一种市场机制，让微观价格（私人物品价格）与宏观价格（公共品价格）共同起作用，进而形成市场经济的完整价格机制。为此，他把解决不平等问题的要点从一次分配转向二次分配，想用二次分配的平等补救一次分配的不平等。

单一税涉及政府作用的发挥，因为政府在这里是宏观价格的指导者。更主要的是，政府除了具有经济功能，还具有政治功能。政府通过税收政策转移支付，当然有助于分配均衡，这与凯恩斯经济学是一致的，但对亨利·乔治来说，这样做是出于平等动机，这是凯恩斯主张所没有的东西。可以认为，在亨利·乔治这种自由主义加社会主义的主张背后，暗含了对发挥政府作用的这样一种见解：政府的经济作用不但在于宏观调控，而且在于将政治（社会、伦理）等"非经济"因素嵌入经济。对数字经济来说，就是要在政府作用中内生以人民为中心发展的理念。这意味着，要将古典的观点（分配均衡、平等正义的观点）嵌入新古典的观点（供求均衡、效率与资源利用），否则高质量发展就会流于形式，就会游离于人的发展。

**2. 维克里：收入回流方案，变相的全民基本收入**

维克里提供了另一种将政府宏观作用转换为制度作用的思路，这一思路与亨利·乔治的是一脉相承的。

虽然政府作用通过宏观经济调控实现，与通过制度设计实现，表面上非常相似，都涉及不同程度的权力运作，甚至干预，但宏观经济调控更多涉及的是经济学，制度设计更多涉及的是政治经济学。数字经济学要从古典与新古典综合这一角度来理解问题，当然不能离开制度设计来看待政府作用的发挥。

维克里宏观经济政策的核心主张是充分就业。在稳定价格与充分就业之间，维克里认为后者更加重要，为此他利用反通胀计划来保证充分就业。这种主张的主观意图是继承亨利·乔治的平等主张，把失业当作不平等的主要症候，力图加以消除。维克里等将亨利·乔治主张的向土地所有者征税推广为"向垄断者征税"[①]，意图是向他们认为的不平等的源头征税，以消除不平等。

---

① 维克里，福斯塔特，车尔尼娃. 充分就业与价格稳定 ［M］. 北京：机械工业出版社，2015.

维克里与亨利·乔治都绕过了一次分配中的不平等（因雇佣制而生的不平等），直接诉求以二次分配的平等来弥补既成的不平等。维克里没有考虑到，由于雇佣制的存在，即使实现了充分就业，也不能保证消除有效需求不足，因为有一点是不变的：在就业与失业状态下，劳动力不可能获得剩余，从而不能够将剩余转化为有效需求。但是，作为一种操作性政策，虽然不能消除不平等，但是可以让平等程度更高些。即使在社会主义国家，这也是有意义的，因为当国有资本仍然离不开雇佣制时，二次分配平等是不可缺少的。

维克里构建了一套宏观价格理论，提出"可交易的加价权方案"，他希望通过自由市场来解决通货膨胀问题。对此，我们不必将其当作一个真正的可操作方案来看待，重在借鉴其中的思想。

维克里等把通货膨胀理解为一种宏观上的加价，"假设没有通胀压力，涨价的价格就是零"，涨价的价格为正，则意味着存在通胀，可以将这种零水平之上的加价视为一种权力（"假设价格的上涨具有产权"[①]）。这种加价权，实际是一种财富转移权，会把加价带来的利益再分配给作为债务人的垄断者（债务人"侵吞"了债权人的财富），从而加剧不平等。为了实现以充分就业为标志的平等，有必要打破这种垄断，将加价权拿到市场上进行交易（"假设'涨价权'是可以买卖的"[②]），像拍卖那样，由最能提供就业机会的竞争者得到加价权，从而把加价转移的财富用于扩大就业，而不是垄断在没有足够需求的拥有者手中。这也是一种使用权竞争，只不过这里的使用指对劳动力的使用权（实质是雇佣权）。也就是说，资本家使用劳动力，也有充分与不充分之分。充分使用，通过充分就业体现；不充分使用，通过失业体现。"可交易的加价权方案"，令劳动力使用权从垄断使用转向竞争使用，将通胀用于扩大生产、创造价值，而不是只转移价值，特别是向资本家转移价值。

这一方案的财政含义，是平衡投资与储蓄。当通胀造成财富有偏转移，无法将储蓄转化为投资时，储蓄回流到收入中，实现充分就业，导致购买力回流，进而将 M1 转化为 M2，将储蓄转化为投资。当没有足够的储蓄转化为投资时，维克里主张赤字财政，在他看来，赤字没有好坏，当用于增加就业

① 维克里，福斯塔特，车尔尼娃．充分就业与价格稳定［M］．北京：机械工业出版社，2015.

② 同①.

这一目的时它就是好的。

纵观维克里等的宏观经济思想,是把赤字财政与通货膨胀当作了促进使用权竞争的一种手段,把通过赤字回流超额储蓄的时机,确定为"资源未能充分利用的情况下"①,通过"可交易的加价权方案"显示出资源充分利用的机会成本,将资源利用权交给最能充分利用(以充分就业为标志)的人。这与凯恩斯更加注重资产的交换价值的思路有所区别,有点奥地利学派的意思。

这与数字经济的相通之处在于,一旦出现流动性增加,存在流动性是由货币资本垄断还是投入实体竞争使用的选择。将流动性更多地用于通用性资产的复用以促进就业,比货币资本空转,显然更为合理。其背后的思路,同样是充分利用资源,并将资源利用与相对的公平联系在一起。当然,在数字经济中,这样做不需要赤字财政,因为利用通用性资产促进就业,并不需要货币与财政政策的特别支持,相反要淡化金融手段的作用。

对数字经济学的启发在于,政府作用的发挥,可以从主要着眼于货币资本的安排(包括影响货币资本价格水平),转向资产使用效率的提高,并通过提供更多的就业机会来改变分配不公。数字经济学制度理论还认为,收入公平不能仅仅靠或者说不能完全靠再分配的公平来实现。那样的公平,即使实现,也很可能走向福利国家的道路,这是我国当前无法承受的。政府即使借鉴"可交易的加价权方案",也可以不把文章作在通货膨胀与赤字财政上,而是作在更务实的促进资源使用权的加价竞争上。举例来说,在数据资产方面,应鼓励三权分置,淡化数据所有权,系统构建数据持有权、使用权和许可使用权相结合的数据权属制度,促进数据资产使用权竞争与使用权(向更高效的使用者)流转,将这些资源更多地投向能够促进充分就业包括充分工作(如在家办公)的零工经济,以达到促进机会平等、共享发展的目的。用这种思路发展平台经济,加价权将最终掌握在增值应用(App)提供者手中②,同样可以达成基于提高居民收入而提高有效需求(不是指投资需求)的效果。政府在其中发挥的作用,不是通过赤字财政推进共同富裕,而是促进资源利用与资产使用更加包容与开放。要改变特权企业大量吸纳资金而无法充分利用资源

---

① 维克里,福斯塔特,车尔尼娃. 充分就业与价格稳定 [M]. 北京:机械工业出版社,2015.

② 通过差异化、多样化和异质性的产品和服务实现高附加值,进而实现加价。

且因封闭经营妨碍他人平等使用生产要素的不合理现状，要创造条件将平台企业因垄断而获得的盈余租金"回流"给社会，推动共享发展。

当然，对维克里等宏观经济思想中合理成分的借鉴，不一定非体现在财政政策上。将储蓄回流到收入，实现充分就业，这一思路的精髓在于提高有效需求，它与全民基本收入的主张①是相通的。

全民基本收入（Universal Basic Income，UBI）是菲利普·范·帕里斯在20世纪80年代首次提出的概念。全民基本收入的主张是提供给所有公民或居民一种无条件的、固定的收入，以减少贫困和社会不平等。16世纪英国的托马斯·莫尔在《乌托邦》一书中就提出了"最低收入"的概念。全民基本收入在经济学中逐渐演化为对国民进行无条件转移支付的问题，但由于是"基本"收入，其与人的潜力发挥及努力程度无关。

对数字经济来说，要根本性地解决这个问题，就要创新驱动，创造一种能够激发劳动者创造性的体制条件，使劳动者不借助资本的拥有而仅靠资本的使用与劳动的使用就可以获得剩余，最终实现收入的提高。这个收入的提高，不是从其他创新、创造者那里分流获得（自己仍处于消极、机械的劳动状态，全面发展的潜力被抑制）。

这种体制条件，就存在于数字经济本身的生态机制之中。在公共品语境下，生态机制就是把生产资料当作可共享的公共品，以有偿共享的方式（对外部性资源加以市场内部化），提供给原来因为没有分成机会（没有生产资料使用权和分成权）而收入不足的人。

如果只是在操作层面理解维克里的方案，那这个方案可以等价于给普通民众发放消费券，意在用货币政策解决共同富裕问题。其与凯恩斯货币政策的区别在于，货币增发后不是流向富人（再通过涓流效应传递给穷人），而是直接流向穷人。这在数字经济中也是可以尝试的，只不过不一定能解决长期的问题。

### 6.1.1.3　与生态机制的比较

与上述用宏观方式解决微观问题的方案不同，在数字经济中利用生态机

---

① 菲利普·范·帕里斯，杨尼克·范德波特. 全民基本收入：实现自由社会与健全经济的方案［M］. 桂林：广西师范大学出版社，2021.

制而非宏观机制来解决有效需求不足的问题，通过共享发展，实现共同富裕，具有宏观经济微观化的效果。原来的宏观经济，借助政府作用，无非是要"弥补"由微观机制不足导致的市场失灵问题。

在生态机制下，按准公共品方式提供生产资料，利用微观机制本身就可以补上原有微观机制导致市场失灵的漏洞，再适当发挥政府作用，就可以实现微观经济与宏观经济的同构、同步，达到总供求均衡与微观均衡的统一。与工业化阶段统一于自由竞争的微观（马歇尔）与宏观（弗里德曼）的同构、同步一样，数字经济中可以实现的是微观（张伯伦）与宏观（新综合）在垄断竞争基础上的同构、同步。

这里所说的"原有微观机制导致市场失灵的漏洞"，是指商品等价交换与要素不等价交换之间存在的矛盾。马克思称前者为所有权规律，后者为占有规律。

在市场和企业机制中，商品交换与要素交换不对称。

商品交换的公式是商品 A（成本$_A$）= 商品 B（成本$_B$）。

要素交换的公式是要素 A（成本$_A$ + 利息$_A$ + 利息$_B$）≠ 要素 B（成本$_B$）。

当人们把要素当作商品，隐掉关于剩余（"利息"）的信息后，表面上就是等价交换。

生态机制的要素交换公式则是对称的：要素 A（成本$_A$ + 利息$_A$）= 要素 B（成本$_B$ + 利息$_B$）。

区别在于，前者的要素交换中，要素是不可置换的（不对称的），比如要素 A 是资本，要素 B 是劳动，公式可以成立，但如果把要素 B 置换成要素 A，公式就不再成立了，因为劳动只能得到自己的"本金"，即作为劳动力价值的成本（工资），而劳动的"利息"（利息$_B$）是被资本无偿占有的。但在后者（生态）的要素交换中，A 与 B 无论是指代资本还是指代劳动，都可以置换彼此在公式中的位置而结果不变，因此说是"对称的"。

传统宏观经济学中的政府作用，从微观角度看，无非是对要素交换不等式的"纠偏"：由于劳动者失去利息$_B$，一旦发展为（因低收入而造成的）有效需求不足，便会导致总供求失衡，此时就会通过财政或货币政策，使储蓄涓流或回流到（民众）收入，再转化为投资。储蓄回流（或涓流）到收入的过程，正是从要素交换不对称公式向要素交换对称公式方向调整的过程。

在工业经济的基础理论（理论经济学）中，政府作用的机理，是纠正微观关系。而在数字经济的生态机制中，政府作用的机理，可以是与微观关系同步（商品交换与要素交换一致）。这种同步的本质在于，政府作用机理与生态作用机理都是要实现要素交换的等价且平等（原来是等价但不平等），权力在双向对称的生态机制中，由不平等转向平等。

到了这个时候，才有判断生态中的市场失灵到底是什么含义的条件。这种失灵显然不同于工业经济，不是（由要素不平等交换构成的）制度刚性造成的，而是出现在要素的平等交换之中，具体来说，是生态内部的分成关系与"生态—社会"在社会分配上的不协调。针对这种市场失灵的政府作用发挥，不同于工业时代的政府作用发挥，需要以生态均衡为尺度来判断失灵所在。

### 6.1.2 生态均衡与市场失灵判定

数字经济发展中，与政府失灵可能性并存的是市场失灵。与工业经济不同之处在于，这种市场失灵是生态型市场失灵，当生态型市场失灵时，需要正确发挥政府作用。

生态均衡如图 6-2 中的 $E^*$ 所示，它代表自然率水平的均衡定价。市场失灵与否，主要是看在位平台企业。

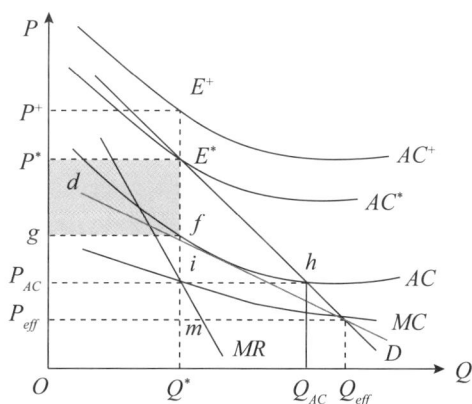

图 6-2 生态型市场失灵

与图 5-1 方向相反，市场失灵机制表现为 $AC^+$ 曲线凌驾于 $AC^*$ 之上，这代表作为超额利润的租金盈余的系统出现。它使市场偏离均衡，而且是生态均衡。这时的 $P^+$ 并非均衡价格，而是一种市场权力带来的过高价格。其中，利润可能被垄断性生态中的平台企业与应用企业瓜分。

生态型市场失灵的发生，有其客观必然性。这种必然性在很大程度上是因为，均衡价格 $E^*$ 很难被包括平台企业在内的市场主体确切感知。

平台企业可以直接感知的是本身所投入的实体固定成本，但整个生态内生外部性后的固定成本是在 $E^*$ 还是 $E^+$，不容易被确切感知。平台企业收取无限的租金，达到多少才会触及 $E^*$ 的上限，也是一个近乎宏观的问题，很难在市场中感知。

从理论上说，亨利·乔治定理（HGT）可以作为自然率水平上的均衡价格的重要参照系。HGT 表示为 $R = G$，即租金等于公共物品。我们可以把它理解为 $R = T$。$T$ 代表税。租等于税，就是 $E^*$ 的临界点。

根据 HGT 推论，当 $\Delta R = \Delta T$ 时，均衡 $E^*$ 达成。其中的含义是，以租的方式和以税的方式提供 $P^* E^* fg$，二者是等价的。$P^* E^* fg$ 指可以内部化的外部性，或用租的方式内部化，或用税的方式内部化，二者在 $E^*$ 处是等价的。

以此为基准判断生态型市场失灵，$P^+$ 代表的是租高于税：$R > T$。其背后存在着一个由 $AC^+$ 代表的市场势力（权力），利用人为的交易费用设租。举例来说，知网生态形成后，开始对下载论文确定一个高于自然率水平 $E^*$ 的定价 $E^+$。由于不存在替代者与之相争，人们无法确切地知道 $E^+$ 代表的平均成本 $AC^+$ 是不是真实的成本，抑或只是凭借市场权力索取的暴利。这时最好的检验方法，就是重新引入平台竞争，看平台竞争达到稳定后的定价还是不是 $E^+$。

当 $R > T$ 时，生态型市场就会出现失灵。人们就会想，既然由私人部门提供外部性产品，价格高于政府提供时所付出的代价，那政府将这项服务从私人部门赎买下来，再以税收方式提供给人们，似乎更为合意。这是第一种选择。作为替代的选择，政府为了矫正这种市场失灵，也可以设立准入资格，然后重新引入竞标，特许出价合理的平台重新进入这项服务，这是第二种选择。第三种选择，是直接进行价格管制，包括对平台中间产品进行价格管制，也包括与价格管制等价的多重归属条件的放宽（这意味着应用方可以以更低的进入价格或使用价格利用平台资源）。

当然，也不排除由应用方行为造成的市场失灵，最典型的就是刷单（伪造信用）和假冒伪劣等导致市场上信息不对称的行为。作为单一节点的应用方，并不能对整体外部性造成显著影响，因此可以直接采用与单边市场同样或相近的方法来对其加以治理。

## 6.2 以发展为基准的生态规制

数字经济与规制相关的最基本改变，是效率与公平单位的改变，从企业变为生态，即从市场中的原子式企业转变为企业（粒）与企业关系（波）构成的生态。这使规制的对象从企业转变为生态。用图论描述，生态就是节点与边共同构成的结构（邻接矩阵）。在生态中，节点企业之间的关系（"边"）代表的是企业之间能动的相互作用。

对数字经济来说，构成这种相互作用的特质的地方在于，不仅具有竞争特征，更增加了基于通用性的合作特征，即"$1+1>2$"的网络特性。这种特性实质上具有交互的外部性，我们称之为生态外部性，意思是可以相互补偿的外部性，其收益超可加与成本次可加，都是这种相互提供外部性、相互内部化的表现。

生态外部性，决定了对生态的规制与对市场企业的规制具有不同特点。生态（企业集合）的公平与效率不但由节点本身决定，而且由节点周围邻接的网络决定。如果把企业相互的外部性去掉，就会出现活体因断气而无法还原生命那样的现象，漏算经济体的超可加性与次可加性。

### 6.2.1 对创新生态的规制

创新最初只是个体行为，熊彼特之后，产生了企业创新理论，包括大企业创新理论（熊彼特）与中小企业创新理论（菲尔普斯）。这些创新所需要的规制条件，主要包括政府的研发支持（补贴）、制度设计（知识产权、风险投资）等，它们虽各有所长，但工业时代的创新规制，面临政府与企业、大企业与中小企业的诸多矛盾。

创新作为生态出现，在实践中以硅谷的成功为代表。在由政府、大企业、小企业多主体构成的创新生态中，各主体既竞争又合作，其中合作创新成为特色。例如，与菲尔普斯的断言（认为中小企业创新的前提是知识产权保护）不同，硅谷工程师之间与小企业之间知识产权保护氛围并不浓厚，相反，知识共享是普遍的现象。相反的情况也有很多，例如，在政府的深度支持下，国内操作系统在技术研发上并不落后于美国，但（由应用构成的）生态不够丰富往往成为制约创新成功的瓶颈。由此，人们有理由推测，在传统政府干预之外，是否存在另外的规制机制，在创新生态中发挥作用？事实很可能如此。

观察互联网发展中的创新，生态型创新可以分为两种，一种是系统创新，另一种是应用创新，前者主要由平台（大企业）承担，后者主要由应用企业（中小企业）承担。两者的界限有时是不明显的，二者可能相互转换，主要表现为一些小企业（或大企业中的小部门）将应用创新转化为系统创新。

创新过程中，存在平台与平台、应用方与应用方之间的竞争，这些都属于传统竞争范畴，适合传统的规制；但平台与本方应用企业之间的关系，却可能是生态关系，存在典型的交互外部性，形成生态互补，对其进行规制，则要充分考虑生态的特点。

一种意见认为，平台大型化会压制中小企业创新。这里有几类情况：第一类是大型平台企业与中小企业围绕系统创新展开竞争；第二类是大型平台企业进行系统创新而中小企业从事应用创新；第三类是大型平台企业利用系统创新优势进入应用创新，与同样进行应用创新的中小企业展开竞争。此外，还存在大型平台企业之间围绕系统创新主导地位展开的竞争。

第一，大型平台企业进行系统创新而中小企业从事应用创新，二者不构成竞争关系，反而存在互补关系。这不应成为规制的重点。不能因为大型平台企业研发投入远远高于中小企业，占据了有利的资源（如人才），在创新成果（如专利）数量上产生较大领先优势，就把这些当作平台抑制甚至垄断创新的根据。

这时的一些理论认识问题需要澄清，新的认识取决于对生态外部性的认识。在平台企业与应用企业构成的生态中，平台企业的创新与应用企业的创新正在从对立关系转变为互补关系。这种互补，就是互相提供创新带来的生态外部性。对应用企业来说，平台企业的系统创新越强，为自身提供的网络效应等外部性就越强。手机应用开发商追逐安卓而非其他，是因为安卓提供了更广泛的平台可调动资源。政府不应限制大型平台企业为创新而进行的大力度投入，但可以鼓励大型平台企业为应用企业提供平台技术支撑服务和开发工具。

第二，大型平台企业与中小企业围绕系统创新展开竞争，原则上应由市场发挥决定性作用。从生态发育角度来说，可以尝试鼓励、引导分层创新，即平台方以系统创新为主，应用方以应用创新为主，各展所长。

在发展早期，许多系统创新都是从应用创新中发展出来的，例如，交友软件最初只是一项应用，但通过免费提供并提供 API 后，发展成社交平台。这时不可避免地会产生一类特定冲突。应用方认为平台免费提供相关应用，是以大欺小，会限制小企业创新，这时应用方会向政府求助。政府一般不应支持这种主张，因为规制支持生态发展的原则应是"系统创新重于应用创新"，同样的产品与服务，优先支持其向平台化方向发展，有利于发挥生态外部性。

平台一旦成熟（以上市为标志），规制方应引导应用方错位创新，进行平台的重复建设，鼓励应用方在现有系统创新基础上开展应用创新，以丰富创新生态。当然，对于确有希望发展出不同于现有平台基础业务的中小企业，应给予保护，鼓励其向平台化方向发展。但对于平台出现后没有任何实质创新的跟风型中小企业，如此前一度过热的团购、自行车出租业务，规制方不应通过限制平台来鼓励重复模仿，最终影响正常的生态秩序。

当上述矛盾发生在大型平台企业围绕系统创新主导地位展开竞争背景下时，规制方应避免被平台方或应用方俘获。强势平台方与弱势平台方都存在俘获规制方的可能性动机。其中，弱势平台方更有可能借助俘获规制方削弱强势平台方的优势，以达到市场竞争所达不到的削弱对方的目的。强势平台方也有俘获规制方的可能，其意图是巩固与提高借专利壁垒构筑的进入门槛。

第三，大型平台企业利用系统创新优势进入应用创新，与同样进行应用创新的中小企业展开竞争，这应是规制的重点。

建议将规制分为两个阶段，即生态形成之前与生态形成之后，采取不同的策略。生态形成之前，系统创新完成（基础业务形成并免费提供）之后，应用尚不丰富，无法以有偿共享基础业务方式回馈系统创新。此时的规制策略应是允许、鼓励平台方直接介入应用创新。例如，苹果操作系统形成后，应用软件尚不丰富，苹果公司直接开发图形类处理软件，应视为培育市场之举。这相当于运动员数量不足时，允许裁判员直接下场当运动员。生态形成之后，是指应用市场发育起来，足以对基础业务进行回馈之后。此时的规制策略应调整为平台中立，即基础业务与增值业务分离，对不同主体的增值业务一视同仁地提供基础业务服务，保障增值业务平等竞争。例如，苹果商店一旦形成生态，苹果公司应从 App 开发中退出，或对自身开发的 App 与他者开发的 App 一视同仁。

这一策略等价于将公共产品给非营利机构特许经营，但在出现盈利后，重新招标、拍卖，引入竞争，意图是避免出现无法补偿基础设施投入成本及垄断利润的情况。与工业时代的规制政策相比，多出的一个因素是增值应用从基础业务之中分离出来这一生态因素。

规制还应保留一个例外，一些初起的创新，到底是潜在的系统创新还是单纯的应用创新，定位尚不明确，不宜过早下结论。例如，视频直播，最初只是一般应用，但在发展中日益显示出潜力。平台方对这类创新点进行早期分散投资，不应视为裁判员充当运动员。反向思考，中小企业是否会因为大企业投资而失去创新机会？这种情况是可能出现的，规制方应在惩罚不正当竞争行为方面，尽量避免这种情况的出现。历史经验表明，真正的重大创新，往往是中小企业突破大企业的限制作出的，大企业很难具有"扼杀"重大创新的能力，因为还有独立于大企业之外的力量（如风险投资、安全投资等）支持这类创新。平庸的创新，则很容易在创新竞争中因实力不足而失败。

至于平台利用流量优势，让某些处于生态之内的低水平应用获得比生态之外高水平应用更有利的发展条件，应视为生态间（平台间）竞争的一个组成部分来对待。规制的底线，是保证应用方自由加入与退出任何生态的选择权利，同时保证平台非歧视地对待这些不同应用方的加入与退出。

以上是加入生态这一特殊变量因素后，对创新规制的新归纳。

## 6.2.2 数字产业化规制：计算生态外部性

数字经济中，平台垄断是规制的核心问题之一，下面我们先从效率这个角度对其加以分析。

反垄断政策是竞争政策的一部分。根据竞争政策，垄断限制了完全竞争，因此会带来效率上的损失。这一立论总的前提，是以企业为效率的计量单位。就单独的企业而言，垄断确实可能比竞争效率更低。但是，数字经济更适合以生态为效率的计量单位。生态是平台企业与应用企业的集合体。如果平台企业效率降低，但由于分享外部性，带来应用企业效率的提高，那问题就会变得复杂。因此，不能将平台企业本身的效率，作为判断社会效率的全面的、唯一的依据。

数字经济发展中，数字产业化部门对产业数字化部门，存在着这种外部性贡献。如何将其适当地内部化，是一个重要问题。例如，通信部门长期以效率倍增、价格倍减的方式降低全社会各部门的信息化成本，其中有对生态性的贡献，即手机厂商为全社会各部门提供正的外部性，提高了这些部门的效率，但各部门只是按私人产品付费，而无偿占有这些企业作为平台向他们提供的外部性。既然平台可以在直接的买卖之外向应用方收取平台费与使用费这种服务性质的费用，用来补偿平台方的固定成本投入，那么也可以考虑建立一个对数字产业化部门来说的整体上的内部化补偿机制。现有的让产业数字化部门无偿获得外部性的做法，从降低信息化门槛、促进信息化应用角度来看，是有一定必然性的，但它等价于政府补贴产业数字化部门，令数字产业化部门为社会做出贡献，但这笔贡献并没有被记在经济账的明面上。

如果要实现数字产业化与产业数字化的平衡发展，从长远观点看，需要将产业间的生态外部性纳入均衡来计算，通盘考虑相关政策。

### 6.2.3　产业数字化向 ICT 部门的外部性补偿

发展规制，在创新之外第二个需要考虑的因素是效率。与芝加哥学派仅以企业自身为边界计量效率不同，引入生态视角后的效率，要将企业与其利益相关方（主要是应用方）联合起来计量效率。

当我们把数字经济区分为数字产业化与产业数字化时，前者（如信息产业部门）为后者（各产业信息化应用）提供的正外部性如果得不到补偿，是不利于双方作为一个生态协调发展的。

这方面的一个突出现象是，长期以来通信部门（电信运营商）持续投入于移动宽带，只是按照它的直接产出获得收入。一方面，根据摩尔定律，ICT产品的价格持续降低，功能不断增加，出现"提速降价"的趋势和要求，但相应产值的贡献被低估；另一方面，由技术应用带来的网络效应等间接产出的贡献不断增加，其中的外部性由各行享有，但没有直接内部化给运营商。如果这种趋势持续下去，就会使通信部门向公共部门（提供普遍服务义务的国有企业）方向定型。

在总体发展上，以生态化规制来设计，思路则会有所不同。从某种意上来说，互联网平台的出现，就是没有理论指导下自发的生态化实践。其要点在于，将造成生态外部性的公共性内部化，从而以市场化方式而非公共部门方式发展。或者更直白地说，是把电信运营商没有收回的外部性，以平台方式从各行各业收回。从理论上来说，这笔收入应有电信运营商的一份。

如果电信运营商明白和理解了这一点，那应该怎样在市场化生态规制大思路中调整自己的位置呢？显然，在总体上，可以将自身定位从普遍服务义务调整为普遍服务与商业竞争混合经营。其中的关键，是从封闭经营转向开放经营。开放经营的意图，表面上具有利他性，实际在于将外部性内部化，从而将政府部门的提速降价要求消化在市场化行为中。

这要求在数字产业化与产业数字化的结合中进行一次新的社会分工。原有的分工，是一方是提供准公共物品的基础设施供应商，另一方是完全作为私人部门的各应用行业厂商，后者只以基础设施使用费向前者结算成本（应用方向运营商交带宽费用），从而形成了前者提供外部性、后者将外部性内部化后增值部分收益不向前者回馈的"两张皮"格局。在国家没有对这部分公共产品进行投入（如国家投资支持宽带战略）的情况下，有可能造成运营商无法收回基础设施投入的窘境（只能采取让盈利的运营商吐出利润作为投入这种权宜之计）。

新的分工是，在基础设施与行业应用之间设计一个以双边市场形式存在的平台，从规制角度把平台定位为应用基础设施（加"应用"是为了有别于电信条例中作为公共产品规制的纯粹基础设施，例如，不要求外资控股在50％以下）。生态的含义，是将外部性与内部化"两张皮"，以平台为中介，改造为资源共享（风险共担）、收入共创与收益共赢的利益攸关方。

现在以企业模式运作的电信运营商与以生态模式运作的互联网平台有一个显著差异。互联网平台的产权模式是开放模式，电信运营商的产权模式是封闭模式。开放与封闭的分野，是看拥有资源所有权的一方是否将资源分享给外部性的受益方。互联网平台虚拟运营商从事的只是转售业务，是提供私人物品，随即内部化。

## 6.2.4　共赢的福利效应：价值网络

发展规制，在创新、效率之外第三个需要考虑的因素是质量（或增值）。规制策略根据发展是否具有"1＋1＞2"的效果而定。

## 6.3 以公平为目标的生态规制

### 6.3.1 对垄断的权力分析：新布兰代斯学派

从古典与新古典综合角度讨论反垄断问题，如果把芝加哥学派、哈佛学派当作新古典（"做"蛋糕理论）的代表，则可以把新布兰代斯学派当作古典（"分"蛋糕理论）的代表。

除了劳资关系上的分配公平，还有企业之间的机会公平。实际上，这种机会公平也可以叫机会平等。以平等的价值观作为公平的内涵来看待反垄断问题，会多出一个大企业与中小企业机会平等的问题。在自然生态中，大象、长颈鹿、狮子等巨型动物与中小型动物可以形成一个生态链，如果巨型动物是毁灭一切的掠夺性存在，则或者出现生态破坏，或者掠夺性动物因破坏自身食物链而被淘汰。在数字经济中，如何看待赢家通吃，或者说，超大型平台企业与中小企业是否应保持一种生态比例关系，是需要讨论的。

#### 6.3.1.1 芝加哥学派与新布兰代斯学派的差异

无论是芝加哥学派还是哈佛学派，在反垄断学理上，其本质都是资源配置理论，新布兰代斯学派本质上则是一种社会分配理论。

新布兰代斯学派在反垄断方面提出了一个与芝加哥学派、哈佛学派极为不同的判断标准，这就是权力控制。权力控制直接影响生产者与消费者选择的多少。该学派认为，即使大企业没有损害效率，但由于通过权力控制减少了生产者与消费者的选择，因而也是不公平的。这相当于把马克思对"占有规律"的解释，从要素交换（资本与劳动间的不平等交换）扩展到了企业交换（大企业与小企业间的不平等交换）。

新布兰代斯学派倾向于认为，一个理想的市场应由大量分散的中小企业构成。对生产者来说，大企业的资本集中，会造成中小企业对大企业的依附，就像劳动对于资本的依附，从而减少生产者的选择；对消费者来说，大企业的产品较为单一，也减少了消费者的选择。

### 6.3.1.2  分歧的背景：企业还是生态

这需要分业态来讨论，生态型的业态与企业型的业态情况有所不同。

在生态型的业态中，平台企业提供的主要是中间产品。那中间产品的标准竞争比标准垄断更为可取吗？录像机市场早期存在两种制式的竞争，很难说这是否比只有一种制式给录像带产品提供者带来的好处更多。至于说消费者选择，固然由微软或苹果一家企业提供所有的最终应用产品可能会限制消费者的选择，但事实上，在生态中，平台的垄断可能使应用的差异化、多样化特征更加显著，因此可能给消费者带来更多的选择。

在企业型的业态中，中间产品与最终产品的分工不那么明显，分别形成了中间产品市场与最终产品市场。相当于新布兰代斯学派讨论的问题是，平台间企业竞争是强弱分明好还是势均力敌好，应用企业间的竞争是规模竞争好还是范围竞争好。不过，这个问题比较复杂，涉及规制的根本性思路，即要不要把机会平等确定为规制目标。

机会平等中的平等，具有包容性含义。据塔利研究，洛克最初区分了两种自然权利，即包容性自然权利与排他性自然权利。[①] 包容性自然权利相当于今天所说的共用（洛克称之为共有），排他性自然权利则对应专用（或专有）。

### 6.3.1.3  巴里·林恩的权力分析

巴里·林恩在《新垄断资本主义》中采用了一种类似古典经济学的方法，从权力角度分析垄断的实质，他认为垄断的要害不在于资源配置，而在于社会分配，而且是"使用近似警察的权力"来实现对经济的控制。[②] 这种自上而下的控制，通过剥夺人们选择的自主性，按权力关系组织生产和分配，形成财富在富人与民众间的再分配。大企业进行资本集中的问题在于，将经济权力异化，以代理人方式掠夺委托人（所有人），使利益与责任脱节。相反，自下而上赋权，通过分散的中小企业掌握权力，可以更好地体现委托人的利益，防止经济异化。

---

① 詹姆斯·塔利. 论财产权 [M]. 北京：商务印书馆，2014.
② 巴里·林恩. 新垄断资本主义 [M]. 北京：东方出版社，2013.

林恩认为，从政治而非经济角度认识垄断问题，其核心在于使权力从大众转移到少数人之手。林恩指出，垄断无非是一些人统治另一些人的形式，它的目的非常简单——促使一些人向自我转移财富与权力。①

这种权力控制的代价，在价格上的表现，就是租金（"税"）被控制者攫取。在权力集中的系统中，价格的政治属性将更显而易见；价格以税的面貌出现。林恩认为，在垄断决定下，大多数价格是主观的，本质上是政治的。这使竞争政策具有社会分配功能，本质上"调节社会中的不同集团与另一集团的竞争"，由此可以把垄断带来的社会分配理解为税收分配，"设想一种税，由富人或多或少微妙地强加给你"。②

如图6-3所示，垄断的"税收"再分配效应，相当于通过权力将价格从 $P_1$ 提到 $P_2$，因此它不是一般的平均成本定价，而是由 $AC_2$ 这个因素引起的价格变化。$AC_2$ 在这里的含义，就是因权力而提高的成本。

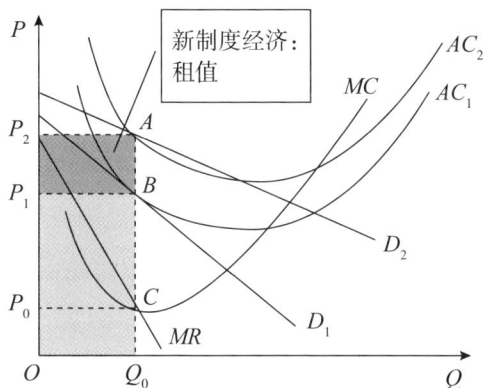

图 6-3　垄断的"税收"再分配效应

### 6.3.1.4　信息资本主义：变相的工业资本主义

由新布兰代斯学派特别是林恩的理论，我们可以得到一种判断：以资本的权力模式构建数字经济，有可能导致一种形式上（技术与生产力上）是数字经济而实质上（生产关系上）是工业资本主义的产物。

---

① 巴里·林恩. 新垄断资本主义［M］. 北京：东方出版社，2013.
② 同①.

林恩指出，资本集中的本质是垄断者"增加了他们相对于我们的权力""真正解放的是那些坐在新力量顶端的少数人"。互联网技术在权力集中方面的作用，是"消除了任何集中的物理限制""结果是形成了超过我们在实体世界所能看到的任何集中"。新的事实是，数据世界的垄断资本家享有实际世界的垄断者所缺乏的权力。这种权力不但能够孤立生产者，而且能够歧视生产者，并且孤立和歧视消费者。① 这种分析方法令人想起科耶夫在《法权现象学纲要》中对法权的分析，相当于从权力角度将资本的不平等性质由企业内部分析延伸到企业外部分析。

在最基本的水平上，资本主义是一系列法律安排，管理个体私人公民如何通过政治力量合并资金池中巨大但是中立的力量。这些政治力量潜在于公司、银行和市场等机构。资本主义的唯一"本质"，是它反映了任何给定时刻的强制法律。人们可以设计并强化法律，以促使他们能够驯服集聚资本的力量。

问题在于，资本集中本身并不是数字经济的必然特征。现实中，平台经济（或生态经济）可能出现固定资本集中而可变资本分散这种"统分结合"的形式。对此，新布兰代斯学派基本无视。更不用说，未来商业模式可能出现无平台的纯生态模式。例如，小程序不一定依托平台存在，也不以上市为诉求。小程序之间生态互补，可能与资本集中并不是一个趋势。它可能以包容性见长，发展出不同于工业资本主义的新模式。

### 6.3.1.5　差异化、个性化问题

当然，新布兰代斯学派在此有一个共同的分析粗略之处，或者说缺陷，他们经常将因差异化、多样化和异质性提高价格，同因权力提高价格混为一谈，等于把图 6-3 中 $P_1BCP_0$ 的正常定价与 $P_2ABP_1$ 的权力定价混在一起。林恩与莉娜·汗都有这方面的问题，笼统地谈论价格歧视，否定平台上增值业务（例如，在同一产品上附加不同服务）所得溢价的合理性。一方面的原因是他们的观点比较"工业化"（重视大规模而不重视定制），另一方面的原因是他们对生态化中的个性化观察不足，甚至评价不高。这都与数字经济规律不符。

反垄断的"最终要点"，不在于收费"太高"，而在于防止公司以某种永

---

① 巴里·林恩. 新垄断资本主义［M］. 北京：东方出版社，2013.

久方式垄断某些物品的供应，以提高他们相对于我们其他人的政治权力。①

林恩将掠夺性定价当作权力控制来认识，指出垄断者会采取永远低价的策略，以不可告人的目的降低价格。永远低价将成为控制所有经济活动最有力的武器，它总是快速地通向统治和毁灭的旅程。

商业公司本身是财产，而不是用来统治人们和财产的政治机构。

反垄断就是要维持权力集中和个体私有产权保护的平衡。

小投资者的利益实际上经常与大资本家和金融家相反。大资本家倾向于寻找机会，使用人为放大的权力来快速大发横财，小投资者则倾向于通过使用他的真实资本来得到一个合理的报酬。②

在反垄断中，是否引入权力分析，差别是明显的。不引入权力分析，会认为垄断企业与其他企业在定价中处于平等交换关系（等价交换关系）。新布兰代斯学派一再强调，具体定价中的不平等、不等价是难以实证观察到的。而引入权力分析后，垄断企业与其他企业之间不平等、不等价的关系至少在定性上明确了。新布兰代斯学派强调垄断者改变的不是交易本身，而是交易的条件（他们反复提及"条件"这个词，关键基础设施等构成这种"条件"）。回想一下，政治经济学与制度经济学有关制度和规则的定义，都属于这种条件。这种条件是预设的刚性价格条件，相当于税收水平，在交易之前就已经确定。交易看起来只是在 $P_1BQ_0O$ 区域完成，但制度（或这里说的垄断的"权力"）的作用，相当于把 $A$、$B$ 之间的"税"，以再分配的形式，预先叠加在实际价格 $P_2$ 之上。人们浑然不觉真实世界中的价格其实不是 $P_1$ 而是 $P_2$（已经被垄断上了"税"）。在每一次等价交换中，已等比例地交了 $A$、$B$ 间的"税"。这就好比，在资本与劳动要素的交换中，每一次"等价"交换，都已把劳动中一个固定的剩余比例，以制度刚性的形式固定在了具体的一次次交易之中，归给控制权力的资本一方了。

### 6.3.1.6 对林恩的总的反驳性意见

对林恩的权力说，有一个总的反驳意见，这就是在接受林恩关于垄断构成大企业与小企业之间"支配－服从"权力关系的全部判断之后，反问一句：

① 巴里·林恩. 新垄断资本主义［M］. 北京：东方出版社，2013.
② 同①.

"支配－服从"权力关系本身真有问题吗？在工业经济中，企业本身就由"支配－服从"权力关系构成，资本处于垄断性大企业那种支配地位，劳动力处于小企业那种服从地位（甚至还不如小企业，因为只能得工资，不能得剩余）。在大企业与小企业之间形成"支配－服从"关系，相当于将企业之间的关系（市场关系）转化为企业内部关系。如果认为大企业与小企业这种关系不平等，那么劳资关系是不是更不平等？反过来说，既然对企业内部关系（劳资关系）的不平等不置一词，为什么反对企业之间关系的不平等？在这点上，他们甚至还不如布兰代斯本人，因为他一生以劳工利益为念，一直在为工会和女工利益打官司。由此可以证实一个猜测，新布兰代斯学派不是一般地反对不平等，他们只是反对一种特定的不平等——大企业对小企业的不平等。显然，这是一种代表小企业特殊利益的声音。

如果考虑到新布兰代斯学派有浓厚的特殊利益集团色彩，那是不是应该在借鉴林恩权力分析中积极因素的同时，加上一层中立的考虑，即把大企业与小企业之间的一般"支配－服从"关系（相当于垄断）与特殊"支配－服从"关系（相当于不正当竞争）分开，把它们当作两个不同的问题来客观分析？

## 6.3.2 生态外部性一：消费者福利与掠夺性定价

新布兰代斯学派以消费者福利与掠夺性定价为突破口，试图颠覆芝加哥学派反垄断法理的经济学基础。莉娜·汗的《亚马逊的反垄断悖论》是代表。

### 6.3.2.1 莉娜·汗的方法

与巴里·林恩一样，莉娜·汗反垄断的理由不完全是经济的，也是政治的，她反对的是一种特殊的社会分配——利用权力将财富从大众转移给少数富人，特别是利用高科技暴富的新富人。她说，对财富转移的关注不完全是出于经济视角。公众的愤怒更多的是因为财富遭攫取的方式而非财富减少本身。又或者说，虽然损害以经济效应的形式体现出来——体现为财富的转移，但不满的根源终究是政治因素。这像是一种政治经济学，而不是单纯的经济学。

莉娜·汗主要是从社会分配角度关注效率：国内通过反垄断法，是为了保护政治经济各相关方的利益——工人的利益、制造商的利益、企业家的利益和公民的利益，而对消费者福利的过度关注背叛了这一点。莉娜·汗抨击芝加哥学派的消费者福利标准，是因为这一标准强调的是边际生产力分配论，背离了古典经济学意义上的社会分配标准。

新布兰代斯学派代表的是小企业家的利益。莉娜·汗主张保持开放的市场，以确保初创者与企业家以相对公平的地位竞争。在这一点上，莉娜·汗认为新布兰代斯学派继承的是布兰代斯大法官称之为保护"产业自由"的广泛共识。为此，她把小企业家的利益与公共利益联系在一起，将大企业家的利益当作与之对立的"私人权力"，以此来确定反垄断的目标，她说，这一目标的关键是认识到私人权力的过度集中对公共利益造成的威胁，"导致集体的结果屈从于少数人的利益"。这又在某种程度上把公共利益与贫富差距联系在了一起，当然，关注的不是劳动者的利益，而是小企业家的利益。

### 6.3.2.2 莉娜·汗的反垄断框架

莉娜·汗将反垄断框架区分为基于"价格和产出"的与基于"市场权力（市场势力）的结构"的，前者是资源配置视角，后者接近社会分配视角。所谓结构，当然不是指哈佛学派的配置结构（因为她说，我并不是说要完全回归传统的结构—行为—绩效范式），而首先是与权力有关的结构。她说，现行的反垄断框架（特别是将竞争与"消费者福利"等同起来），没能把握住21世纪市场势力的结构。换言之，如果我们还是借助价格和产出来评估竞争，那我们很难认识到亚马逊的支配地位对竞争带来的潜在损害。这里的支配地位，就反映了带有市场权力的结构。

不过，莉娜·汗所说的"结构"，在体现"古典"分析风格方面，不如林恩的"权力"那样直截了当。二者存在微妙的差异。第一，林恩说的"权力"，接近于企业权力，权力结构是类似企业的那种"支配–服从"关系。林恩说的"政治"，就是这种"支配–服从"关系。相当于说，如果将扁平化的市场视为"经济"的，那么分为上下级的企业就是"政治"的。而莉娜·汗所说的权力，虽然也事关利益分配，但更多的是市场权力（市场势力），因此，她说的"政治"更多的指政策。第二，林恩的分析已近于制度分析（社会分配理论），而莉娜·汗的分析主要是配置分析。她提及的结构，主要是产业结构理论中的结构，其中的支配关系，主要是市场结构中的支配关系。她虽埋怨芝加哥学派的理论"远离竞争过程与市场结构"，但仍在配置理论内部梳理反垄断政策的逻辑线索。

### 6.3.2.3　对过程与结构的分析

莉娜·汗最富特色的观点，是她主张"促进竞争要求对过程与结构展开分析"，把新布兰代斯学派与芝加哥学派的分歧归结为"价格和产出"分析与"过程与结构"分析的差别。她尖锐地批评芝加哥学派：只有在掠夺者最终能向消费者收取高于竞争水平的价格时，掠夺者才损害竞争。这一逻辑对过程与结构充耳不闻，主要是通过对价格与产出的影响来衡量竞争的健康程度。芝加哥学派的掠夺者定价与消费者福利，都只是从价格和产出角度讨论效率配置的问题；莉娜·汗则是从结构角度讨论分配公平（"健康"）的问题，虽然她说的公平仍主要是从效率角度谈的（大企业没有效率，小企业有效率，因此向大企业倾斜不公平）。

在反垄断具体分析中，莉娜·汗比林恩更为专业地讨论了消费者福利与掠夺性定价这两个关键问题。按照"价格和产出"分析的配置效率理论，垄断的最主要特征是减少产出（图 6-4 中，从 $Q_{AC}$ 减少到 $Q_M$）或提高价格。芝加哥学派与哈佛学派均持这种观点，只不过前者更倾向于完全竞争理论，后者更倾向于垄断竞争理论（因此，后者同样强调某种配置结构）。

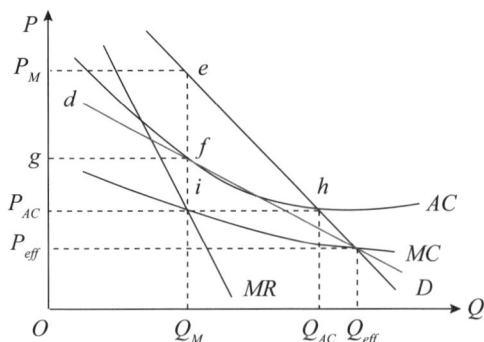

图 6-4　反垄断中的价格、产出与市场权力

问题的提出，是因为数字经济出现了消费者福利与掠夺性定价的悖论。垄断可能不仅不提价反而降价（甚至免费），不仅不减少产出反而增加产出。芝加哥学派据此认为不存在垄断，因为看不出垄断必备的动机与结果。

莉娜·汗的反击，是从"结构"入手的。她认为，新的垄断表现为，局部降价但整体提价，局部产出增加但整体产出减少。"结构"所代表的权力对应的垄断租值，对应图6-4中的$P_M efg$区域。

莉娜·汗指出，低于成本定价，以实体书店亏本销售也无法实现的方式，增强了亚马逊的支配地位。通过便宜的电子书吸引读者购买Kindle，起到了将读者电子书购买行为锁定在亚马逊中的作用。

这相当于政治经济学对资本在企业结构中的分析。权力与权利不同：权利表现在等价交换中，是平等的，但这种交换是无结构的（市场是扁平的，没有上下级之分）；权力表现为商品层面的等价交换与要素层面的非等价交换。按照彼得·布劳《社会生活中的交换与权力》的分析，权力开始于一方向另一方提供无偿服务（类似公共服务），但一旦形成受惠方对施惠方的依赖，这种平等交换关系就转化为"支配-服从"关系，即权力关系。根据"支配-服从"结构（制度、规则），前者可以持续地在等价交换之外，向后者无偿索取一个等值于服从的剩余。用马克思的分析，就是将所有权规律（商品平等交换）转变为占有规律（要素不平等交换）。

莉娜·汗认为，低于成本定价（掠夺性定价）并非真低于成本或者亏本，而是把这种付出在某个范围（后面详细讨论）变为可锁定交易路径的条件，从而转化为支配性的权力，并在这个范围中形成"支配-被支配"这种不平等的结构，再从固化的结构中，持续地索回此前低于成本定价的付出并形成垄断利润。

消费者福利也是同样的道理。垄断者以免费等方式增加消费者眼前的福利，但从结构上看，二者的关系却从平等的市场关系转化为企业上下级那种依附关系，只是这种依附不是生产依附，而是消费依附。一旦形成这种本质上与"支配-服从"无异的权力关系，垄断者就可以用"堤内损失堤外补"的方式，在交叉补贴的服务上或降低质量或减少产出，最终减少消费者福利。

这样的分析显然超出了哈佛学派所说的"结构"的范围，实际上相当于将产业组织理论转变成了制度经济理论。哈佛学派说到与垄断相关的结构时，说的还是市场结构，其与芝加哥学派的争论，还只是市场进入门槛的有无或高低，论域还限于市场。莉娜·汗所说的结构（包括林恩所说的"权力"），则更像是一种企业结构而非市场结构。实际上，他们自己可能都没有意识到的是，他们的新理论等于把市场理论与企业理论嫁接在了一起，在市场中建立起了一种垄断企业与一般企业（消费者）之间的权力结构，把本来没有权力结构的市场当作具有权力结构的"企业"（一种所谓的"整体"）了。

应当说，这种分析是一针见血的，尤其是接触到了网络作为一种独立于市场与企业的资源配置方式的结构特点：网络既具有市场那种平等交换的特征，又具有企业那种不平等（权力）交换的特征。这种分析，离自圆其说（现在他们只是认宗于布兰代斯，令人觉得有些奇怪），只差加个制度经济学或政治经济学的基础理论底座了。

#### 6.3.2.4 以生态模型校正新布兰代斯学派对均衡的偏离

不过，新布兰代斯学派在消费者福利与掠夺性定价分析方面也存在重大缺陷，他们没有完整地认识和理解数字经济中生态的特殊含义，表现为，在市场结构上，他们将生态结构混同于一般产业组织结构。

**1. 生态结构是另一种"结构"**

一般产业组织结构中，大企业（垄断企业）与中小企业是直接竞争者，它们从事同样的业务，只是大小不同（占有的市场份额不同）。这种结构是指同一产品市场上的份额结构。新布兰代斯学派在这种结构中，内生了权力变量，但没有改变整个结构是同质结构这一点。他们所代表的特殊利益集团（中小企业），只要求他们这样（扩张自身份额）。因此，适合的利益情境，是一群想追赶先行者但只想模仿而不想另辟蹊径的中小企业，希望"按住"先行的在位者，扩张自身份额，或至少不被在位者逐出，进一步缩小市场份额。

生态结构本质上是另一种结构——异质性结构，表现为平台企业（大企业）与应用企业（中小企业）处在垄断的基础业务与竞争的增值应用业务双层经营（"新垄断竞争结构"）之中。在这种结构的成熟形态中，不存在中小企业与大企业争夺市场份额的问题。例如，在苹果商店，平台方是大企业（苹果公司），应用方是中小企业，它们之间并不存在竞争关系。因此，苹果公司在苹果商店这个平台上占有50%还是100%的市场份额，与其几乎无关，而且，苹果商店在整个增值应用市场上占有的份额越大，反而可能（只是"可能"）对 App 更加有利。虽然平台方与应用方的关系也适用权力分析框架，不过，这主要体现在双方合约分成的比例上。与规制有关的要点，只在平台中立、非歧视地对待自身生态中的应用。莉娜·汗和林恩虽然也提到了这一点，但没有区分生态内与生态外。运用新布兰代斯学派的权力结构理论进行规制，可以调节平台方与应用方的社会分配，但也有可能造成漏洞，后发的平台竞争者，有可能利用政府规制限制竞争对手（先行的在位者），以利于自己后发先至。

存在生态与不存在生态有什么区别呢？

按芝加哥学派的观点，垄断不存在准入门槛，因此在位企业定价在 $P_{eff}$，在长期是以边际成本定价（这本身已忽视了创新的存在）；哈佛学派强调固定成本的存在（因此可以解释创新），在位企业定价在 $P_{AC}$，意思是垄断均衡的底线是至少要收回固定成本，这与张伯伦的结论是一致的。

这些结论都是在不考虑生态的前提下得出的。生态的意思是平台企业的外部性可以从生态（平台—应用）的相对方（应用方）来内部化，方法是应用方有偿共享平台方提供的固定资产投入（或其转化物，如用户流量），并分摊其固定成本，按使用效果支付给平台使用费。

如图 6 - 4 所示，生态相当于两部分——平台方 $P_{AC}hQ_{AC}O$ 与应用方 $P_MeQ_MO$ 构成的企业集合，二者互补（可理解为交叉补贴①）。如果平台方不是以生态的方式而是以独立企业的方式存在，那它在投入固定成本后，均衡将由 $d$ 与 $AC$ 的交点决定，在 $g$ 的价格水平实现，但如果以生态的方式存在，也就是将固定成本以外部性的方式有偿共享给应用方，则可以期待在 $g$ 的水平之上有一个溢价的收入空间（$P_Mefg$），可以按合约比例分享租金剩余。

可以把平台通过所谓的掠夺性定价增加消费者福利的行为，理解为提供 $P_{AC}hQ_{AC}O$ 这一部分福利，它的所谓的低于成本，是就总成本（生态固定成本 + 生态可变成本）而言的，并不是低于自身成本（生态固定成本）。在这一点上，莉娜·汗对亚马逊的分析是对的，但是，她采用的是描述性的方法，没有准确地指出垄断者回本的逻辑，即 $P_Mefg$ 补贴给垄断者的机理，这导致她犯了第二个错误（第一个错误是没有区分企业与生态）——把来自差异化、多样化与异质性的收入完全混同于来自权力的收入并加以否定。这就站到了传统工

———————————

① 交叉补贴一般指两种平行业务的相互补贴，借用到生态中，特指基础业务与增值业务的相互补贴，以实现外部性的不完全间接内部化。

业制造业的立场（大规模生产、无差异生产的立场）上，站到了范围经济的反面，甚至也在一定程度上否定了规模经济的作用。这是她用力过猛的结果——为了否定权力垄断，结果把差异化、规模化等全都否定了。

固然，从权力的角度，也可以勉强把价格 $P_M$ 水平上的 $e$ 点理解为代表权力的第二条平均成本曲线 $AC_2$ 的作用，意思是权力提高了租金。但这不是唯一解释，$e$ 点的现象，还可以理解为需求曲线从 $d$ 调整到 $D$ 的结果，解释为与公共利益等价的异质性个性化需求的满足（如 App 提供的增值服务）。由此可区分两类性质完全不同的歧视性定价：一类是合理的、因差异化服务而提高的价格（包括 $f$ 至 $i$ 这一段）；另一类是仅仅靠权力提高的价格。莉娜·汗（林恩或多或少也一样）本没有必要把二者混为一谈。

表明莉娜·汗有意识地模糊个性化定制态度的是这个表述：亚马逊何时、以何种方式提价并不明显。在线商务允许亚马逊以至少两种方法掩盖涨价这一事实——长期剧烈的价格波动和个性化定价。长期的价格削弱了我们分辨价格趋势的能力。亚马逊还对个体消费者区别定价，这种做法也叫一级价格歧视。目前还没有公认的证据显示亚马逊正在实施个性化定价，但在线零售商常常投入大量资源研究如何实现个性化定价。亚马逊可能选择在哪个产品市场上涨价，这个问题也尚未解决——现行的掠夺性定价准则也忽略了这一问题。

从数字经济观点看，生态经济也是多样化的经济。在这种经济中，原有的一类歧视性定价，应当作差异化定价加以肯定而不是否定。这就是，对于不同的价格，当产品相同而附加的服务（哪怕只是信息、数据服务）不同时，不能认为是一种有违中立原则的歧视。对大数据杀熟的合理性，也是可以讨论的。在传统工业经济条件下，消费者隐藏自身为特别偏好付高价的意向，而令卖方把它当作一般偏好来满足，这对卖方来说其实并不公平。只是工业经济的生产方式决定了，将个性化需求混同于大规模需求是合理合法的。但在数字经济中，卖方利用充分的透明化，了解到不同消费者的不同个性化需求及支付意向，从鼓励个性化服务这个角度来说，区别对待可以理解为对卖方的一种激励——激励卖方满足个性化需求。

如果对以企业为核心的业态、以生态为核心的业态进行区分，再来看待消费者福利与掠夺性定价，就会产生与新布兰代斯学派不同的评价。

**2. 从生态结构看掠夺性定价**

前面我们已经指出生态的根本特点在于将外部性间接内部化，而且不完全内部化是其数字经济特性，因此需要将所谓的掠夺性定价，与平台企业对生态的固定资产投资（提供生态固定成本）区分开。

图 6-5 "定位"了低于成本定价的 3 种情况：（a）存在外部性时的平台平均成本；（b）存在外部性时平台低于平均成本定价；（c）不存在外部性时的平台平均成本。

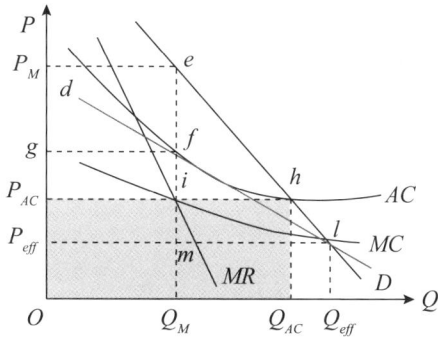

（a）

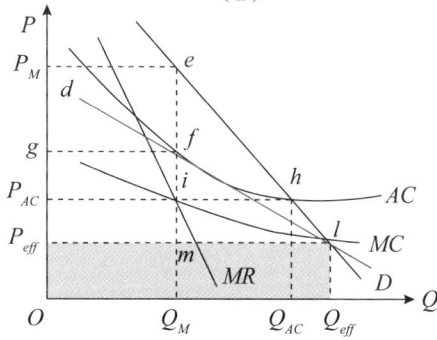

（b）

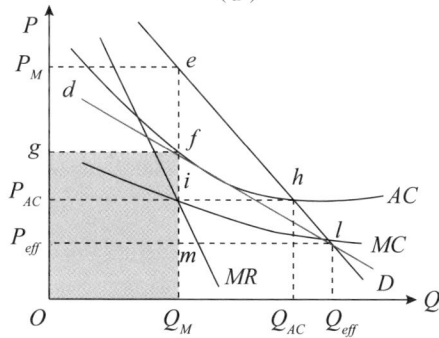

（c）

**图 6-5 在生态机制中辨别掠夺性定价**

掠夺性定价所说的平台低于成本竞争，需要明确以下两方面：一方面，是谁"低于"？考虑到平台定价指中间产品定价（最终产品定价为 $P_M$，由应用方给出），要讨论的当然是平台定价，而非最终产品定价。另一方面，低于的是什么成本？$P_{eff}$ 低于 $P_{AC}$ 是第一种意义上的低于成本定价，对应图 6-5（b）中的阴影部分，这是真实世界中平台间进行流量竞争（从 $d$ 向 $D$ 扩张）时，依靠资本投入扩大市场占有份额时的定价，指平台在同样的外部性条件下，低于平均成本，以边际成本定价。相当于，资本将垄断竞争变成了完全竞争，而将固定成本投入这部分"免费"了。$P_{AC}$ 低于 $g$ 是第二种意义上的低于成本定价，对应图 6-5（a）中的阴影部分。$P_{AC}$ 是平台作为生态的一个非独立的部分而确定的平均成本。$g$ 低于 $P_M$ 是第三种意义上的低于成本定价，对应图 6-5（c）中的阴影部分。

第一，讨论第一种意义上的低于成本竞争。

我们把 $P_{AC}$ 作为平台真实成本，它是生态的成本（"平台—应用"生态中的固定成本）。对于平台低于这个真实成本定价，应分两个阶段来评判。上市之前，平台与平台相互竞争时，平台以低于真实成本的边际成本定价，是应被允许的，可以不纳入市场失灵加以管制，因为这时竞争的性质是同质完全竞争（可以把平台当作一个伪装起来的"最终产品"①）。$l$ 成为最有效率之点。从这个意义上说，$P_{eff}$ 和 $Q_{eff}$ 相对于外部性 $D$ 是有效率的，具体来说，它对流量 $Q_{eff}$ 是有效率的，对价格（平台的价格）也是有效率的，因为它是通过 $D$ 间接地指向 $e$，而 $e$ 决定了平台企业资本价格（市值）的高低。在上市后，平台如果继续以 $P_{eff}$ 定价，才应考虑是否对其进行反垄断调查（但也不一定这样做，因为还有其他因素需要考虑，如价格管制）。

新布兰代斯学派的掠夺性定价，将 $h$ 与 $f$ 的性质混为一谈，没有考虑前述生态定价机制中与外部性相关的"相互内部化"与"不完全内部化"在达成均衡时的作用，等于把平台在 $D$ 曲线下的行为当作了在 $d$ 曲线下的行为，这一点不符合实际。

---

① 许多平台企业在上市之前都不开展 App 业务，如 360，其意图通常是防止竞争对手（如瑞星）警觉与模仿。因此，平台好像是一个独立的最终产品。警觉是指对于平台与应用相互内部化与不完全内部化意图的识别（它可以解开免费之后靠什么收入的谜题）。

平台上市之后，需要开展应用业务，将流量 $Q_{eff}$ 的外部性实现于 $e$（流量转化），扣除大于 $Q_M$ 的部分（"按效果收费"中效果不好——没有收入——因而无法收费的部分），剩余的可以不完全内部化的部分，构成平台的正常收入。这时再以边际成本水平（哪怕是存在外部性条件下的边际成本水平）提供基础业务服务，是可以考虑当作市场失灵来治理的。理由在于，人为压低平台中间产品价格，相对于 $e$ 来说是没有必要的（$h$ 和 $l$ 对应的是同一个 $e$）。可能涉嫌以不公平手段截取竞争平台的流量，或人为设置并提高后来者的进入门槛。在平台上市之前，不宜做这种裁断，是因为 $e$ 还没有形成，而 $e$ 的形成依赖于平台上 App（买和卖双边应用）的形成。

第二，讨论第二种意义上的低于成本竞争。

不能把低于 $g$ 这个水平的平均成本作为平台低于成本定价（掠夺性定价）的标准。从以下几方面阐述相关理由。

一是平台基础业务定价低于非生态关系时的成本，是在提供外部性，而不是在进行不正当竞争。将外部性间接内部化，是生态模式的合理做法，是可以达到广义均衡的，因而不能归入市场失灵（此时的市场已定义为可以将外部性内部化，即双边市场）。

莉娜·汗认为，过去，最高人民法院的分析采纳了有效市场假说——市场价格反映了所有的信息，没有理解平台可能以什么方式弥补亏损。生态投资不同于经营亏损。对于商品交换来说，所谓的"亏损"可能只是投资，投入本身不是亏损，它是否亏损，要联系产出来看。

平台以低于成本的价格提供产品与服务，只是一个表象，对这种现象，要联系生态本质来理解。如图 6-5 所示，平台以 $P_{eff}$ 对中间产品（基础业务服务）定价，确实低于成本定价 $P_{AC}$。如果这种产品不是与生态联系而销售，只是单独以企业形态销售（比如，直接向微信收费），则定价应在 $g$ 水平，其背后的需求曲线是 $d$，其中含有这种基础业务的投入耗费了一个固定成本（介于 $f$ 和 $i$ 之间）之意。

但是，生态的本质特征在于它是一个外部性市场，其外部性体现在需求曲线 $D$ 及成本曲线 $AC_2$（如图 6-3 所示，相交于 $e$ 点的需求曲线，这里没有画出来，参见本书其他图）向上移动的过程中。平台企业将中间产品价格定在 $P_{eff}$，是为了将需求曲线从 $d$ 移至 $D$。把固定成本的存在与外部性的存在当作市场势力，会阻碍生产方式由企业方式向生态方式转变，会从新增长理论倒退回新古典增长理论。

二是整个生态定价低于成本才算掠夺性定价，因此，要将平台业务与应用业务（中间产品与最终产品）联合起来计算成本，此时的平台成本只是中间产品成本，它存在于最终产品之中。

整个生态定价以最终产品论，定价在 $P_M$。$P_M$ 包含了两段，即平台中间产品定价 $P_{eff}$ 和应用增值产品定价 $P_{eff}$ 至 $P_M$。平台定价虽然低于平台成本 $P_{AC}$，但加上应用的成本（$i$ 至 $e$）后，不低于总的成本（$AC_2$ 与 $D$ 的交点 $e$）。因此，当生态在 $e$ 点达到均衡时，整个生态定价并不低于成本。

三是平台间的竞争实际是中间产品的竞争。平台的竞争力，通过整个生态的竞争力来表现。平台通过提供外部性，提高了应用的整体竞争力，但不能认为只是"权力"的结果，因为固定成本均摊并不是什么市场权力（市场势力），只不过是普通的规模经济或范围经济现象。通过网络效应加强规模经济或范围经济，只是生产方式的进步，而不是什么不正当竞争。

平台的基础业务服务，可以选择企业模式，作为最终产品，定价在 $P_{AC}$；也可以选择生态模式，作为中间产品，定价在 $P_{eff}$。前者等价于罗默所说的企业研发，通过专利溢价，实现内部化；后者的目的是创造一个 $d$ 与 $D$ 之间的流量增溢，帮助最终产品实现增值（$e$ 至 $f$）。

四是需要区分应用方提价的具体原因是规模经济还是范围经济。需要尽量将增值应用中因范围经济而提价的情况，从掠夺性定价的受益名单中去除。因为范围经济（差异化、多样化、异质性）天然就具有提价的价值来源与动力。不能把差异化、多样化和异质性造成的提价，归因于中间产品，这等于向报酬递增本身发起了唐·吉诃德式的攻击。如果一定要说有市场势力（也不一定等于垄断），相对而言，如果应用方的产品和服务属于规模经济，勉强可以把平台的规模经济算作市场势力在起作用；如果属于范围经济，则基本不能把平台的范围经济算作市场势力，而应将其视为与技术创新、标准等一样的现象。

进一步细化，可以分 $e$ 至 $f$ 与 $f$ 至 $i$ 两段来讨论。范围经济中，在进入障碍可以（比如通过资本）被打破的前提下，$e$ 至 $f$ 是非外部性的差异化、多样化与异质性作用的结果，$f$ 至 $i$ 是外部性放大后差异化、多样化与异质性作用的结果。$e$ 至 $f$ 允许差异化定价存在，只要供给或需求任何一方面的产品与服务有所不同，都不应视为价格歧视。

总之，工业革命发生时，不能因为工业部门采用了比农业部门更先进的生产方式（将小生产变为大生产），就认为其构成对农业部门的不正当竞争。同样，信息革命发生时，不能说生态力量采用了比工业部门更先进的生产方式（将大生产变为大规模定制），就认为其构成对工业部门的不正当竞争。本丛书与其他数字经济学图书最大的区别在于，在均衡水平上将工业生产方式与信息生产方式从价格机制上区分了开来，并将之作为整个体系的核心线索。按照这样的线索，大规模定制在生态中是由代表大规模的平台与代表定制的应用相互合作实现的。平台越是具有标准化、规模化地降低成本的能力，就越有提高增值应用定制部分价格的能力。这种能力，主要不是靠非经济性的权力，而是靠产品与服务的差异化、多样化与异质性。事实上，生态中提价的正当的价值来源包括两种：现实的制造业服务化，是对规模化的制造产品附加服务化的差异化增值；在生产性服务业中，对所谓的"生产"（主要指把制造理解为生产），进行差异化、多样化与异质性的系统的服务增值。不能像新布兰代斯学派那样，认为是平台刻意压低价格至成本之下，排除竞争对手之后，再加以垄断定价的结果。新布兰代斯学派存在的不符合生态发展实际的最主要问题，表现在掠夺性定价问题上，就是完全忽视了外部性和外部性市场定价机制的存在，把它当作了不正当竞争。

掠夺性定价在生态中确实有可能发生，但要考虑两个评判标准。

一是不应看中间产品是否低于成本，而应看整个生态的最终产品是否低于成本。例如，在团购网站、共享单车平台竞争中，都出现了最终产品低于市价竞争的情况。如果上市之后仍然这样做且实质性地阻滞进入，就会与工会产生直接冲突。这时，确实可以考虑以掠夺性定价为理由反垄断。

二是要考虑存在外部性时的成本。莉娜·汗举了这样的例子：除了在电子书市场以低于成本定价建立市场支配地位，亚马逊还利用这一方法对一家主要竞争对手施压并最终收购了对手。这一案例挑战了现行反垄断法的假定，即无法通过掠夺性定价建立市场支配地位。亚马逊能做到这一点，是由于投资者的资金支持、大幅削价等，而像 Quidsi 这样的小型初创企业，压根无法承担这种成本。这确实可能涉嫌掠夺性定价，但此时平台低于成本的成本是什么这里没有说。到底应该是 $P_{eff}$（存在外部性时的边际成本）还是 $P_{AC}$（存在外部性时的平均成本），可以讨论，但肯定不应该是 $g$（不存在外部性时的平均成本）。

### 3. 从生态结构看消费者福利

芝加哥学派认为，平台以低价增加了消费者福利。新布兰代斯学派则予以反驳：由低价带来的消费者福利，只是数量增加了，但质量可能降低。如图6-6所示，表面看来，平台服务的定价从 $g$ 压低到 $P_{eff}$，确实可能以降低质量为代价增加数量，但前面说过，这是平台企业独立存在，不依赖生态定价时才会出现的情况。

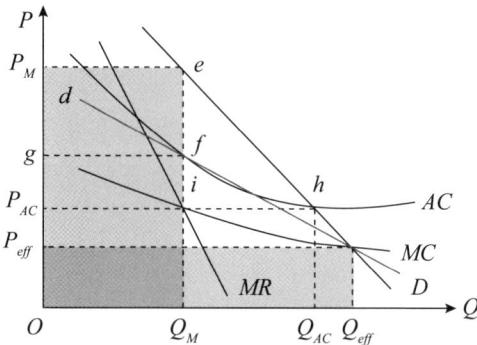

**图6-6 生态结构与消费者福利**

现实中，能脱离生态而独立定价的平台（平台对基础业务收费而不需要应用补贴平台使用费）很少。因此，分析消费者福利，需要将平台与应用当作相关市场的整体来分析。

图6-6中，消费者福利特别是消费者剩余部分，可以分为两个区间——$P_M efg$ 与 $gfiP_{AC}$ 来讨论。这两个区域都与平台有关，其中，$P_M efg$ 与平台外部性有关，$gfiP_{AC}$ 与平台外部性无关，这是由 $d$ 与 $D$ 的相对关系决定的。

从这个角度看，新布兰代斯学派认为降低价格反而可能降低消费者福利，以工业经济的尺度看，这是可能出现的，但放在数字经济中看，问题多多，主要是割裂了企业与生态的关系。主要原因包括以下几方面。

第一，没有把降价与提价联系在一起，当作一个整体来看。对生态来说，图6-6中，阴影的两部分是外部性与内部化的关系。其垄断竞争均衡价格的结构，是两步定价。平台定价 $P_{eff}$ 是为应用提供流量（$Q_{eff}$）决定的外部性，应用定价 $P_M$ 则将降价得来的外部性间接内部化（流量转化）。新布兰代斯学派完全没有注意到生态这种现象（外部性间接内部化）的价格机理。

第二，没有说清生态外部性与应用提价的内在联系，把差异化溢价扭曲为了权力寻租。$P_Mefg$ 这个区域，确实可能是寻租区间，但也可能是因外部性而增强差异化效果的配置区间（外部性在价格形成中的作用，等于无外部性的 $FC$ 之上的特殊 $FC$——专用制造外部性的 $FC$）。因配置而形成的差异化溢价可以增加消费者福利，权力（包括经济权力）寻租则会减少消费者福利。如果一定要区分二者，那可以约定，由 $D$ 引起的溢价是配置性的，由 $AC$ 引起的溢权是分配性的。生态外部性的作用只是成本因均摊而递减，它本身并不决定应用的增值。流量大不等于应用一定能一对一地满足用户体验，这是两回事。为增加流量而努力会降低应用的质量，是缺乏逻辑的。我们更经常看到的是，高度个性化的 App 因流量的加持而实现范围经济且规模经济。

莉娜·汗反复提及垄断者跨行业整合的问题，但她只是把所跨行业当作平行业务，没有深入辨析它们之间是否存在平台（基础业务）—应用（增值业务）这种特殊关系。这恰恰是数字经济特殊性所在。举例来说，出行行业与百货行业是两个平行的行业，但是一旦分出基础业务与增值业务，它们就不再是平等关系，而是上下层关系。如果以出行为平台，以百货为应用，则出行可能免费，以增加百货的流量，这与地下停车场免费，以鼓励大量采购是同一个道理。

莉娜·汗一直在疑惑：和在线婴儿产品市场更相似的，是鞋店还是铁路行业？事实上，单凭一个行业本身，很难判断它是平台还是应用。在生态中，任何一个行业都有可能成为另外一些行业的平台，也可能成为另外一些平台的应用。只是，当这个行业作为平台时，需要重建"铁路"这样的设施（对各应用来说通用的资源），因为"这是联络买家和卖家的中心地带"。当一个行业成为平台时，比它不是平台时多出的一个最低限度的必要功能，是通过 API，向作为应用的其他行业提供调用这个行业的资源并将之作为通用资源（如通用性资产）。这就好比，个人电脑中的板卡只具有应用功能，而把板卡功能（比喻应用，如声卡）升级为主板上的通用功能（音频），这种功能就成为平台功能，可以供其他板卡或软件调用了。这时，不应埋怨音频功能为什么成了通用功能，跨了其他应用（如视频、游戏），而不保持其专用的声卡状态。行业、业务不断相互渗透、跨界融合，是数字经济的必然趋势。

第三，认为降价会减少消费者福利，没有区分消费者福利中的无差异价值（如同质化产品服务）与差异化价值（如个性化定制服务）带来的效用。

显然，增值应用因差异化而提价是在增加消费者福利，把它与价格歧视混为一谈不可取，逆了数字经济发展潮流。这与平台服务降价没有直接关系，因为平台服务直接涉的消费者福利只是基础业务的消费者福利。

莉娜·汗说，最明显的一点是，亚马逊既可以通过提升特定品类电子书的价格也可以通过提升电子书整体的价格来弥补畅销书导致的亏损。这忽视了大规模（热门畅销书）定价以零利润为均衡点与差异化产品定价在均衡点具有 $AC-MC$ 的溢价（成本加成）的区别。莉娜·汗指出，即使是通过最狭窄的"消费者福利"框架来理解，亚马逊以对出版商收费来弥补亏损的尝试也是有害的。市场选择减少、多样性下降，构成对读者的损害。亚马逊用热门书（单一品种大规模生产）补贴冷门书（小批量多品种），恰恰是在增加差异化、多样化选择。用"市场选择减少、多样性下降"描述增值应用，显然是不合适的。

第四，新布兰代斯学派所说的需要区分产品、服务的质量，以及与平台相关的诚信、信任（质量环境）等消费者福利，二者性质不同，后面一个问题是真实存在的，但它与降价没有必然联系。因为平台低于企业成本 $g$ 定价（而非低于生态成本 $h$ 定价）的目的不是提供劣质的基础业务服务，而是为应用创造更好的外部性条件（流量 $Q_{eff}$）。这种服务并不因为低价甚至免费而有降低质量的经济动机，因为如果基础服务真是劣质服务，就会降低流量，甚至在平台竞争中落败。假设是在平台上市后降低服务质量，就会受到平台市值下跌的惩罚与制约，因为流量可能被竞争者分流。实际情况是，受在位平台企业市值刺激，资本会鼓励潜在的平台竞争者通过高质量服务来分流在位平台的流量。

### 6.3.3 生态外部性二：多重归属与"二选一"

多重归属指应用方选择多个不同平台的情况，如埃文斯所说，一个多边市场的客户，经常属于多个不同的网络，这就被称为多重归属问题。[①]

多重归属引发了平台要求应用选边站的"二选一"问题，下面分析其中的逻辑。

---

① 埃文斯. 平台经济学：多边平台产业论文集［M］. 北京：经济科学出版社，2016.

### 6.3.3.1　多重归属

多重归属应具有两个基本特征，一是应用方跨平台共享平台方的外部性，二是应用方跨平台共享平台方的资产。

前者是指，应用方分享主归属平台之外其他平台的流量带来的外部性（网络效应）。在更为普遍的情况下，应用方也可能是独立企业（如第三方品牌），也就是它不属于任何一个平台的特定应用方（其特征是固定资产由自身投入，如生产资本），没有主归属。这种情况下，企业只是将平台当作自身渠道之外的独立的第三方渠道来选择与利用。

后者是指，以一个平台为主归属的应用方，跨过这个平台，分享其他平台固定资产投入形成的资源与能力。

如果只考虑前者，涉及的主要是市场外部性的内部化——是否在平台间出现交叉补贴，是否存在倾斜式定价那样的收费归属问题，例如，一方平台多收，另一方平台少收。如果考虑到后者，则涉及资产外部性的内部化问题——共享的一方平台资产在另一方平台获得外部性收益，这一跨平台的应用方或另一方（多方）平台是否有义务向被共享资产的平台"纳税"。

从产权角度划分，平台允许多重归属，为产权开放（分享）模式；不允许多重归属，为产权保护模式。从使用权收费角度看，对平台来说，应用方选择多归属或单归属有什么区别？对前者来说，应用方向平台交的主要是使用费，后者还要向平台交会员费——这是有偿共享生产资料的标志——无论是否使用或使用是否效果，都需要帮助平台分摊沉淀成本。

对平台来说，另一重考量是自身的应用方，向其他平台交会员费或使用费，对保护自身产权的影响，包括是否会使自己应得的会员费或使用费流失。这涉及平台间外部性资产的关系。如果不能证明自身产权受损，那限制多重归属就可能涉嫌垄断。

### 6.3.3.2　"市场-企业"交易二重性

现阶段判断多重归属是非的难点，在于交易性质的认定，即判断多重归属属于市场交易还是产权交易（企业交易）；或者说，问题应归类到市场这个层面还是资本（企业）这个层面。这是因为，平台既具有市场特征，又具有企业特征，其交易具有"市场-企业"交易二重性。

平台企业与应用企业各执一词。应用企业认为不应限制多重归属，其背后逻辑是双方关系是市场交易关系，限制多重归属是在排除竞争，市场规则应对竞争者一视同仁，其潜台词中含有否认双方之间存在企业交易（产权合约交易）之意，即应用企业不承认平台企业对自己有资产性质的投入（包括关系链、流量、品牌、管理等）及相应的约束。应用企业不承认平台与自己具有一对一的产权合约，自己不需要遵守对平台"从一而终"的契约。平台企业则认为限制多重归属是正常行为，其背后逻辑是双方不仅是市场交易关系，还是产权合约交易关系。产权合约含有资产利用上的排他性约定，对此产权主体与非产权主体不可能一视同仁。产权规则与市场规则的不同之处，是一视同仁的尺度应为资本（有投入则有约束，无投入则无约束）。

作为中立于平台企业与应用企业的监管方，需要判断的则是，限制多重归属主要适用于市场监管还是产权保护，或将二者结合起来进行规制。

一眼看上去，多重归属是一个典型的市场交易行为，但从前沿观点看，就会发现新的情况。市场交易是等价交换，多重归属中却出现了企业交易（合约交易）特有的资本产权保护问题。平台企业认为自己对应用企业有所投入，而且是资产性质的投入，如果不限制多重归属，建立资产的排他性，则资本投入难以得到回报，就会出现经典的"搭便车"问题。对平台企业的这种认识，要给予正面回应。

### 6.3.3.3　规则冲突：市场开放与产权保护的矛盾

采用"规则对行为"的治理模式，要求市场规则与产权规则同样成熟，而目前的问题是市场监管规则相对成熟，产权规则还在建立之中，完全跟不上实际发展。

如果规则明确、产权清晰，则可以援引下面两个产权规则，辅助市场规则判定限制多重归属的行为是不正当竞争行为还是限制竞争行为。

第一个规则，内部财产（私人资本）的外部性判定规则。涉及的可能产生外部性的生产要素，包括资本与管理。如果平台企业在这两个方面对应用企业有所投入，则规则可以避免外部性。苹果商店的规则就属于限制多重归属型的，生产资料（平台与开发工具）的使用者（App）只能在苹果指定渠道经营，如果另有其他平台或渠道支付（如打赏），可随时下架。其制度经济含义，是通过控制渠道和支付，明晰产权。这属于正当的商业模式，而非不正当竞争。

第二个规则，关系资产（社会资本）的外部性规则涉及的要素，包括社会资本、生态品牌、关系链、流量等。这些都需要通过建立数据生产要素交易规则来明确其产权地位。以生态品牌为例，它是平台企业与应用企业共同创造的财产。以实体类比，万达广场与新进驻品牌商同为一个生态，后者借平台提供的流量与先进驻品牌（通常是国际一线名牌）增进自有品牌价值。一旦这个品牌到其他卖场经营，其品牌收入与万达广场有关，这就是多重归属问题。建立关系资产的外部性规则，可以保护品牌利益相关方的产权不受外部性损失。为此，可以要求品牌商在跨平台经营时保持品牌的定位区隔。一般渠道在处理网上网下商品窜货时经常采用这类办法，例如，要求窜货商品改个名字或添加区别属性。这是把渠道当作资产来进行产权保护的例子。

如果这两条规则已经建立并可以发挥判定作用，那平台再限制多重归属就可以径直地归为不正当竞争行为或限制竞争行为。限制多重归属唯一可能合理的原因是产权保护，如果产权规则判定不存在资产被"搭便车"的问题（包括私人资本与社会资本两方面的外部性损失），就可以归入市场交易规则适用范围。但如果这两条规则没有建立起来，就可以将其归为数据要素市场发育不完善，平台企业有权把限制多重归属当作一种救济措施来用于对产权的预防性保护。应用企业出于"搭便车"的意图而反对限制多重归属，应认定无效。

事实上，这两方面规则当前都没有建立起来，更不要提完善了。它们属于下一步"构建更加完善的要素市场化配置体制机制""加快培育数据要素市场"的任务。在规则条件不完善的情况下，对多重归属问题，可以采用"行为对行为"的模式进行处理，由市场监管部门进行行政处罚。一是判定出现市场失灵（例如，出现资本无序扩张的情况），因此有必要进行行政干预；二是对现有行为做出两个事实认定——平台私人资本与社会资本均没有被"搭便车"，以及应用企业没有"搭便车"的故意。这样做的好处是保持了一种灵活性。

在时间充裕的情况下，市场监管部门理应与企业（产业）主管部门在"依产权保护规则"这点上进行协调，应把数据当作新型生产要素，并依数据性质确定产权性质，判定是否需要以及如何保护平台企业的数据产权。现在国家的政策是"加快培育数据要素市场"，其中包括相关确权与规则。在市场培育阶段，与数据资产对应的产权规则还没来得及完善，这时谈市场规则与产权规则的协调就会存在时代局限性。

从政策走向看，未来产权规则很可能是推进所有权与使用权两权分离，按市场化原则、商业化方式有偿共享数据资产。落到多重归属上，就会变成：认可平台企业对应用企业进行的投入（如流量、关键链共享、品牌共建、管理提升）是固定资产投资意义上的生产资料分享，可以按生产资料的使用效果（赢了或亏了）收费。反过来看，如果市场规则与之不协调，则鼓励应用企业在分享了平台资产使用权后不按使用效果交费，或让使用效果不再具有规则保护的财务可监控性。这时，会出现一系列产权保护问题。

### 6.3.3.4 《中华人民共和国反垄断法》拓展问题

《中华人民共和国反垄断法》被认为属于竞争法的范围，针对的行为是商品交换，所要维护的竞争秩序则属于市场规则范围。然而，多重归属行为是个复合现象，用《中华人民共和国反垄断法》来规范，会遇到两类超过边界的问题：①多重归属，除了商品交换，还存在要素交换（如流量、关系链、品牌等）；②多重归属除了涉及市场规则，还涉及产权规则。多重归属涉及的不是物权（《物权法》[①] 倒是涉及要素交换与产权规则），而是数据这种新型生产要素的权利。

在法律体系健全完善之前，使用《中华人民共和国反垄断法》规制多重归属行为，需要对其理论基础做以下拓展，或者说，现有理论以下不足之处需要创新突破。

第一，市场范围要扩大。如果从扩展市场定义的角度看，作为市场行为的交换，要拓展为交易。新制度经济学的一支（合约经济学）将市场行为与企业行为统称为交易，将企业行为称为合约交易或产权交易。因此，需要将交易的产权规则补充进反垄断法。

用于多重归属，需要明确平台企业与应用企业构成的共同体是否有市场与企业两方面的特征：市场特征表现为双边市场，适用于商品交换；企业特征是企业与企业的合约交易关系。合约交易的实际内容是，平台将一次性固定资产用于投资虚拟店铺这种数字化生产资料，应用企业通过有偿共享，多次复用这种数字化生产资料。交易的对象是生产资料的使用权，结算方式是

---

① 已废止。

按使用效果适当收费（云模式：产品不收费，按服务收费）。具体到多重归属中，是入驻服务费（B2C 收，C2C 不收）。多重归属争的是，应用企业"跑"到别的平台，是否应该或可以少交这笔费用。

这里，平台理论遇到了第一个实质性突破点。传统的平台理论只有两边市场理论，涉及的交易只是商品交换，收取的费用只是交易佣金，现在要将之拓展，除了商品交换、交易佣金，增加产权产换、生产资料使用费。然而，现有的《中华人民共和国反垄断法》完全没有聚焦到产权产换、生产资料使用费（这个涉及产权保护的焦点）上。

第二，要扩张组织边界。进一步要求理论创新、突破的问题来了——什么是生产资料使用费？这是《中华人民共和国反垄断法》经济学基础——芝加哥学派的理论盲区，也是现代产权制度、现代企业制度（专用性资产的产权交易制度）的盲区，即生产资料使用权的产权保护问题。

多重归属的标的是通用性资产的收益权。通用性资产的性质由通用性技术（又译通用目的技术，典型如数据技术）决定。只有数据资产可以复用，实体资产难以复用，因此也就不存在应用企业"跑"到别的平台从而被原平台追究的问题。

这就涉及芝加哥学派的思维极限了，即互联网平台企业与应用企业到底算什么组织结构与产业组织结构。芝加哥学派的相关市场概念，是把拥有权当作反垄断中效率的边界（同一个老板在同一个产权结构中），而互联网中实际存在的，是把使用权当作效率边界（不同老板在同一个产权结构中）。而《关于推进"上云用数赋智"行为　培育新经济发展实施方案》要求的，恰恰是按使用（效果）收费而非按拥有收费。多重归属的标的是通用性资产的收益权（沉淀成本回报），而非仅仅是商品交换的平等权利。这一下就看出标的错位了。

## 6.3.3.5　生态产权体系中保护与开放的矛盾

平台企业限制应用企业多重归属，本质上是对不完全内部化的产权维护。平台有偿共享通用性资产的前提，是在生态范围内可以将外部性不完全内部化。但是，如果共享通用性资产（包括由这种资产投入形成的资源，如流量）这种外部性，不是在生态边界内部被内部化，而是在生态外被内部化，即被其他平台上的应用方"搭便车"，那么平台企业就会受到压力，令生态退回企业状态。也就是说，平台企业不再进行应用分工，而是自身承担应用部分的业务。在传统经济中，这相当于本来品牌商将制造业务外包给了代工厂商，代工厂商却利用分享到的技术建立自有品牌，甚至转而为不拥有这项技术的竞争品牌服务。

平台企业现在并不能充分证明多重归属可能导致自身投资在生态范围之外被"搭便车"。因为应用方可以辩护，其归属到其他竞争平台，只是享有了对方投资形成的流量，并没有转移原有平台企业的资产或导致它流失。此外，按使用效果收费发生在特定平台的买卖行为中，会员费才是对原有平台固定投入的补偿。因此，在多重归属中，按规定交会员费后，使用费应交给具体交互的流量所属的平台。

这就有可能将问题进一步转化为平台资产外部性的影响范围是否越出生态、溢到竞争平台中的问题。设想一个对文字处理软件多重归属的场景：一个人既使用 Microsoft Office，又使用 WPS Office，从而扩大了自身的文件交换范围。Microsoft Office 不断通过格式制造不兼容，相当于拒绝用户多重归属，而 WPS Office 不断破解，使 Microsoft Office 文件能够与自身格式兼容。要判断一方要求不兼容一方要求兼容的是非，有一系列需要认定的问题，例如，证明文件格式是否属于产权保护的一部分，或 WPS Office 的新增用户是否由 Microsoft Office 培养起来，即是否"搭"了 Microsoft Office 的"便车"等。

进一步推想，还存在两个更深层次的问题。一是生态产权保护问题。涉及在使用权边界外"搭便车"的问题，甚至还可能涉及权利用尽问题。但无论如何，这不是一个单纯的市场问题（如产品在不同单边市场上不受限制地自由交换），而是在具有外部性且具有外部性内部化功能的双边市场上，产品交换是否涉及第三方产权（相当于产品是否涉及专利侵权）的问题。当然，从维护市场秩序的角度，鼓励打破交换壁垒与市场分割，以及开放经营，也是可以理解的。而从消费者角度，当然是越开放越有利，但从长期利益来看，这种利益是否可持续，与产权方利益能否得到保障有关联。二是平台间竞争问题。平台之间不仅围绕直接的基础服务价格、技术标准展开竞争，还可能扩展为不同平台向同一用户收取使用费的竞争。一旦展开这种竞争，好处是可能直接降低平台的租金盈余，坏处是平台会陷入恶性竞争。在历史上和现实中，视频网站、团购网站、共享单车平台的用户是典型的多重归属的，结果是平台在竞争中几乎"同归于尽"，投入其中的资本始终达不到补偿固定投入的水平，甚至没有最后的胜者，消费者短暂地享受平台竞相杀价的福利，最后以平台退出服务消失告终。在这场恶性竞争中，很难说消费者福利得到了保障。

这两个方面归结为一个问题，即如何在一个存在生态竞争的环境下，将生态中平台企业的所有权保护与使用权开放统一在成熟的、前后一致的生态产权体系中。

### 6.3.4 中小企业的机会公平与选择

从生态角度看，大企业可以提供市场化的外部性，中小企业也有外部性，比如对于就业的贡献、对于创新活力的贡献，等等。中小企业不但具有熬成大企业这一条出路，而且可以有在中小企业状态就将这种外部性内部化的机制。在数字经济条件下，政府发挥适当的作用有助于为中小企业创造公平发展并贡献社会的条件。

一是中小企业在生态中进行业态分工。

二是为中小企业提供向上流动并成为平台的机会。

三是保护中小企业独立发展的选择空间。

出于公平原因对大企业与中小企业关系的判断，与出于发展原因或效率原因对它们的判断可能是不同的。如果按照效率的标准，企业效率越高，占有的市场份额应该越大，这涉及的只是资源有效配置。但是，企业占有的市场份额最大有多少（或者说企业大到什么程度），还存在效率之外的标准，如机会公平的标准。机会公平的标准明显独立于效率标准，它的背后是社会分配，由权力关系决定。

当政府规制是依权力原则（而不仅是考虑资源配置因素）运作时，按照机会公平原则进行规制有其总的根据。超大型企业代表着资本集中，过多的租金盈余可能与公平分配存在潜在冲突，进而打破分配均衡。而中小企业是就业的主体。在生态中，平台企业是否与中小企业利益存在冲突，是否要为中小企业保留做大的机会，需要全面考虑。

### 6.3.5 资本集中与收入公平

#### 6.3.5.1 资本收入的绝对值与相对份额

资本集中并不必然导致收入极化，这与生产方式有关。一方面，与平台

企业相对的应用企业（包括个体劳动者）对应的是小批量多品种的生产方式
（如 App 往往是小众的），即便使用者占据这个很小收入总量的分配大头，其
绝对值仍然很小，但这与分配比例公不公平不是一回事。另一方面，拥有者
（平台企业）在分成比例较小的条件下会获得一个巨额绝对值，这是因为生产
资料共享导致资本集中，一个平台替代了成百上千置备生产资料的资本家。
生产资料共享的倍增倍数，与生产资料拥有者数量萎缩的倍数是相互关联的。
"实际上所有者是占有了更大部分的社会剩余"，他们"在全社会总收入中占
据了一个更大的份额"，其中"更大部分""更大的份额"指比例，这种观点
是缺乏根据的，与实际情况正好相反。例如，以苹果、谷歌确定的现有行情，
以劳资 85%：15% 的分配比例，资方（生产资料拥有方）分得的绝对值再大，
也不会改变分配比例（15%）本身。

　　资本集中问题确实存在。不过，资本集中（生产资料拥有者向平台企业
集中）最大的影响，不是会分得比生产资料使用者（小企业主、个体劳动者）
更大比例的收入，而是"资本集中，这个过程中少数资本获得了更强的权力，
有更强的议价能力"。资本集中的影响，不在于改变分配比例，而在于改变生
产资料拥有者与监管者的关系。原来的治理，是一个集中的监管者面对相对
分散的资本家，现在变成了一个集中的监管者面对一个意志集中的资本家，
一旦资本家不承担社会责任，会给监管带来很大挑战。

### 6.3.5.2　加强新就业形态劳动者权益保障

　　政府加强新就业形态劳动者的权益保障，是为了促进公平。引导平台企
业加强与新就业形态劳动者的协商，合理制定订单分配、计件单价、抽成比
例等直接涉及劳动者权益的制度和算法规则，体现了对平台与企业要求的不
同。企业与劳动者的关系主要是雇佣关系，因此，分配主要是企业为劳动力
支付工资，顶多加上五险一金。平台与新就业形态中劳动者的关系，则涉及
抽成，注意，这里用的概念是劳动者而不是劳动力，这意味着劳动者除了工
资，还可以通过自主劳动参与剩余分享。这是平台生态形式的共享经济中涌
现出的新型分配关系，通过促进一次分配公平，向着共享发展、共同富裕的
方向前进了一大步。

　　劳动者抽成并不会加重企业负担，这是因为抽成的前提是劳动者贡献出
超过劳动力水平的创新与创造性劳动所创造的附加价值，而不是福利制下

"养懒汉"，不是减少企业贡献获得的回报。例如，劳动者在平台上经营 App，从事的不是简单的机械劳动而是复杂的创造性劳动，与平台的关系也不是雇佣关系而是合伙人关系，劳动者因此有资格享有包括抽成在内的与高风险对应的高收益。劳动者与平台通过 App 分散风险，实现保值增值，构成对冲的平等互利关系，因此，《国家发展改革委等部门关于推动平台经济规范健康持续发展的若干意见》（以下简称《意见》）中用"协商"这个词来概括这种平等的关系，改变了工业生产中占有方式所决定的资本与劳动的权益关系。

《意见》将劳资权益关系的平等协商，作为可持续发展环境的一部分，与平台生态一脉相承，环环相扣，非常富有新意且含义深刻，并且反映了新发展阶段、新发展理念、新发展格局下的新特点和新趋势，随着时间的推移，其闪光之处将进一步显现。

# 6.4 新型产业规制体系构建

规制体系有别于监管体系。监管的主体是政府，对象是企业，规制的主体是利益相关方，对象是生态。监管是政府对企业的单向规制，而规制是生态中多元利益主体与多元规制资源相互作用的双向规制。我们在规制治理①意义上讨论数字经济的治理问题，科林·斯科特提出的规制转型这一重要课题，代表了这一研究领域的前沿方向。监管作为单向干预，只是规制的一个子集，规制转型则从单向转为双向。对于数字生态治理来说，将政府负责、法律保障、社会协同、公众参与结合起来，将成为新规制体系的方向。

## 6.4.1 新型规制体系的目标模式与运行机制

### 6.4.1.1 从监管向规制转变

**1. 建立适应数字经济发展规律的法律法规和规章制度**

全面认识数字经济发展特点和规律，建立适应数字经济发展规律的法律

---

① 科林·斯科特. 规制、治理与法律：前沿问题研究 [M]. 北京：清华大学出版社，2018.

法规和规章制度。尊重平台经济发展规律，明确规范平台主体定位，根据数据要素的开放性、共享性特征，探索数字经济新产权制度，打破私有、国有产权界限，从而确立平台新经济主体。

### 2. 明确适应数字经济发展的新型规制体系目标

明确适应数字经济发展的新型规制体系目标，是适应生态化发展趋势，推进规制转型，以合作治理补充、完善政府监管的需要。利用多元治理主体，通过更科学、更公平、更有效率、更具参与性的治理体系，可以更好地实现规制任务。

奥利·洛贝尔在《作为规制治理的新治理》中概括了作为生态型规制的新治理的目标定位。他指出，新治理学派寻求的是介于不受规制的市场与自上而下的政府控制之间的第三条道路，这不是放松规制，而是强调规制者与被规制者有可能互动。[1]

新治理属于合作治理范畴。在传统模式下，私人角色是规制的对象，而在公私合作体系下，个体也介入行为规范的形成和改变过程，成为行为规范的生成主体。[2] 这意味着，原来的规制对象也成了规制主体。对数字生态来说，具有公私双重属性的平台成为合法治理的主体，是使新治理顺畅运行的一个重要变化。

规制治理可以认为是监管 + 治理，前者强调政府在自上而下规制中的作用，后者强调市场在自下而上自我规制中的作用。在实施中，规制治理利用私人参与者的知识和资源，而非将产业界视为处于被动地位的规制对象。[3] 规制治理也可以称为多元共治，它将政府负责、法律保障与社会协同、公众参与结合起来。

### 3. 探索建设多元共治的生态型规制体系

在以双边市场为代表的生态型市场组织中，平台生态上集聚了大量中间应用商和终端消费者，其中以广大商家、小微企业、个体户为主的中间应用商是平台生态建设者。这构成了新型规制体系中，政府负责、法治保障的监管，与社会协同、公众参与治理的结合。为此，我们需要探索新的生态型规制体系。

---

① 冯中越. 社会性规制评论：第 2 辑 ［M］. 北京：中国财政经济出版社，2014.
② 同①.
③ 同①.

一是探索建立适应数字经济生态发展规律的生态型规制体系，构建政府、社会团体、企业、消费者多元共治关系，建立政府与利益相关人在监管生态中的协作互动关系，发挥平台企业对市场与政府的居间协调作用，探索政府引导平台、平台服务用户的共建共治共享机制。

二是明确数字经济生态中利益相关方的权利与义务边界。根据生态型组织特性、双边市场规律以及数据要素的开放性、共享性特征，明确不同数字经济生态中利益相关方的权利与义务边界。

生态规制体系的构建，应与生态市场结构、生态市场组织相适应。平台企业应根据数据要素的开放性、共享性特征，以及生态型组织的特性和双边市场规律，确立有别于平台内外企业的主体定位。明确新经济主体监管依据，探索新业态内基于数据要素流量经营的大中小企业之间的竞争与合作规范（如统分结合双层经营的合作关系），探索数字经济条件下符合市场经济生态的监管策略。

生态型规制应在平台中性原则下，依据数字经济经营主体的权利义务边界选择监管方式，以实现共赢为导向，协调大企业与中小企业的关系。

三是在新业态中协调国家、平台与个体之间的生态共同体利益关系，平衡各方社会责任义务关系，调节平台与平台内企业有偿共享数据要素的利益关系。新型规制体系应规范平台，建设合理公平的利益分配机制，鼓励平台企业与利益相关者分享利益，支持中小企业、自然人享受公平机会，形成共建共治共享的服务型生态。

四是推动建立动态完善的平台治理机制。充分调动生态中平台企业、双边企业等利益共同体参与平台治理，共建社会协同、公众参与、政府负责、法治保障相结合的平台监管机制，发挥平台治理在新型监管体系中的协同作用，实现平台治理共识一致、行动协同、机会公平、结果共享，建设人人有责、人人尽责、人人享有的平台治理共同体，提高新型监管体系的社会化水平。

## 6.4.1.2 明确新型规制体系的运行机制

### 1. 确立适应数字经济发展的生态型规制机制

新型规制体系，由规制目标、规制机构、规制过程、规制政策、规制工具诸多要素构成。

一方面，应适应数字经济新业态发展模式，改变工业经济模式下以单一经济主体为主的反垄断规制模式，尊重数字经济的生态特征，建立生态型规制模式。

另一方面，应建立新的垄断识别机制，不再以经济规模的大小来判定垄断，判定平台垄断行为时，应更多地考虑平台上用户群体的数量，以及依托平台获取增值收益的分成比例。

### 2. 构建生态化规制空间，使规制更加科学合理

规制是依据一定的规则，对经济主体的活动进行限制。生态化规制空间，是一个利益共同体。在这一利益共同体中，政府（行政机关）、事业单位、国有企业、社会企业（平台企业与集体企业）、行业协会、智库（含媒体、公众）等利益相关人具有不同的规制资源，这些资源形成合力，有利于规则的建立与有效实施。

建立适应数字经济发展的新型规制体系，要求在政府规制企业，克服市场失灵的基础上和过程中，将利益相关人之间的相互依存与相互作用纳入规制视野，调动各方面积极因素，充分利用利益相关人的规制资源，提高规制的科学性与有效性，使政府所发挥的作用更加平衡且合理。

建立适应数字经济发展的新型规制体系，当前尤其需要公私合作治理，提高企业参与度。特别是要充分借助平台企业的公私双重属性，使之在多元治理体系中发挥积极的作用。这是构建生态化规制空间进而建立适应数字经济发展需要的新型规制体系的战略举措。

### 3. 明确多元治理主体责任和义务，打造社会共治格局

平台是生态经济的重要组成部分，是数字经济发展的独特机制，也是新型规制体系的重要一环。以平台为支撑的生态经济，是典型的双边（或多边）市场模型下的产业组织方式，通过改善供给和需求之间的资源错配，创造新的经济增量。平台治理已成为社会治理的重要一环。进一步完善社会多元共治格局，降低平台企业隐性合规成本，构建与平台经济发展规律相契合的常态化规制模式，是建立适应数字经济发展需要的新型规制体系的关键。

要理顺多元利益主体间的责任与义务关系。当前，要改变片面强调"压实平台主体责任"的政策导向，通过清晰划定平台的治理义务边界，建立平台企业与主管部门相互协同、多元共治的良性互动，对平台企业积极承担主体责任形成正向激励。

## 6.4.2 优化事前、事中、事后过程规制

### 6.4.2.1 优化规则制定，推动多方参与规则制定

**1. 提升监管政策的适应性、前瞻性**

强化对数据及算法治理、人工智能伦理、市场竞争分析等的研究，研判技术发展路径与趋势，提升数字技术创新和供给能力，提高监管风险态势感知能力。政企合建未来场景实验室，评估新业态新场景潜在收益，研判风险因素，分析不同类型监管政策对发展前景、社会风险的影响并提出建议，前瞻性地谋划监管政策。

**2. 改善规制体系的容错性**

一是探索实行"信用监管"等手段，健全容错机制。按照信用风险分类指标，对数字经济企业划分信用等级，科学设置监管"红线"和触发条件。构建以信用分级监管为基础的新型监管机制，建立平台企业的信息公示制度，落实严重违法失信名单管理制度，依法依规推进平台企业信用修复工作。对企业发展的新业态、新模式，在风险可控的范围内实行容错纠错和信用联合惩戒机制。

二是探索实行"触发式监管"等手段，健全容错机制。发布"首违不罚"事项清单，对于初次违法且危害后果轻微、未产生不良影响的，不予行政处罚，增加"执法温度"。

**3. 探索新治理方法，提升企业的参与性**

一是政府在出台涉及企业的监管规则时，应广泛征求企业意见，鼓励企业、研究机构广泛参与监管，包括提出规则建议与修改意见，评价政府机关或公共部门的行为。

二是发挥平台企业对市场与政府的居间协调作用。在保证公平、规范的前提下，鼓励平台企业参与对双边市场应用企业的治理，并授予其必要权利，打击惩处假冒伪劣，对虚假及不良信息进行处罚。对于双边市场，探索"政府管平台，平台管企业"的治理新方式。

**4. 积极利用新技术，降低事前规制成本**

拓展现有"监管沙盒"，积极运用人工智能、大数据、元宇宙等数字新技术，建立监管模型，探索事前虚拟监管，有效试错，减少实际监管成本浪费，提升监管效率。

## 6.4.2.2 执行中的过程控制

### 1. 保持监管体系的稳定性与韧性

坚持包容审慎的原则,适应数字经济发展特点和实际,制定科学合理的监管制度和规则,形成清晰明确的监管预期,规范监管权力的运行和使用方式,避免因频繁变更或不确定性导致的市场波动和信心动摇。

建立健全数字经济的规划、审批、监督、评估等各个环节的监管流程,实现透明化、全链条、全覆盖、全过程的有效监管。完善数字经济领域基础制度,建立健全平台业务分类及规模、风险分级规则,梳理并制定平台责任清单,厘清平台责任边界。

确立适应数字经济的反垄断审查标准,适应数字经济发展规律,维护数字经济新型市场上的公平竞争秩序。建立健全数字经济的风险防范和应急处置机制,保障数字经济安全稳定运行。建立制度实施效果监测机制,形成监管措施的绩效指标体系和数据采集标准,重点监测新监管措施和社会关注度高的旧监管措施。

### 2. 强化监管体系的敏捷性

优先推动"小快灵"的立法,阶段性开展法典或重要法规的汇编性立法。加强法规解释工作,定期对外发布法规适用答复、解释,通过执法交流、专家小组指导等形式,提高监管依据的具体化程度。加强执法典型案例工作,定期发布典型案例,指导法律理解和实施。

采取"敏捷治理"监管模式,实现"下手快、力度轻"。建立政产学研沟通咨询机制,提高监管政策市场接受度,减少市场冲击。针对不同的平台企业类型和特征,制定更为精细的分类监管措施,实现监管的及时性和有效性。

鼓励采用软法,引导数字经济主体遵循基本原则和价值取向,增强规则的适应性和灵活性。鼓励以行政指导、行政约谈、警示告诫等柔性机制促进数字经济主体的自我约束和自我完善,增强措施的针对性和有效性。

加强跟踪监测分析研判并及时组织评估,增强政策的指向性和试探性。对符合经济高质量发展方向的,明确支持政策,促进有序发展;对存在风险问题的,及时出台指引政策,减少企业沉没成本和路径切换损失。

### 3. 提高执法的规范性

健全执法规则，避免多头监管、重复监管以及执法标准不统一等情况的发生，有效降低平台企业合规经营的额外成本。

一是坚持法定条件，杜绝滥用协查协办权力，以"法律、行政法规"的规定为前提，坚持最小、必要原则。

二是完善协查协办行政程序。监管部门内部，严格审批程序，规范文书形式；外部，加强监管部门的协调，尽量通过统一归口（如省或市级主管部门）与平台企业对接。整合协查协办需求，既有助于提高协查协办效率，提升协查协办标准的统一性，又可以降低平台企业的经营负担。

三是公开透明。监管部门必须以符合行政法律程序的形式向平台提出协查协办需求，以便平台对平台内商家采取必要措施时向其依法进行公示，从而确保平台治理行为的约束力。确因保密等不能向平台内商家公示的，监管部门应当予以特别说明。

四是完善救济渠道。协查协办执行过程中，平台内商家有异议的，应向提出协查协办要求的监管部门提出；因协查协办要求不当而对平台内商家造成损害的，由提出协查协办要求的监管部门进行赔偿；因协查协办要求不当而对平台内商家造成损害，但因保密等特殊原因无法告知平台内商家相关情况的，可由平台先行赔偿，后由提出协查协办要求的监管部门对平台进行补偿。

### 4. 提升监管的创新性

一是增加规范的多样性，综合运用法律、指导、通告、合同、标准、自我规制规则等多种规范形式，完善过程监管。

二是增加监管控制机制的多样性，在治理中，综合运用法律、社会规范、市场机制、代码控制等多种手段，以适应不同的监管任务。

三是强化常态化、过程性监管。与网约车、线上直播、快递外卖等企业建立常态化联系机制、信息交流沟通机制，采取座谈、点评、约见、上门指导等措施，形成过程性、常态化监管，抓早抓小，及时纠偏，提升监管效能。

### 5. 降低合规成本，鼓励企业创新

一是增加监管体系的激励性。支持和促进数字经济创新发展，为数字经济主体提供更大的自主权和试错空间。鼓励先行先试，在安全的前提下放宽

市场准入，审慎出台新业态准入限制政策，支持创新企业先行先试；降低融合性产品和服务准入门槛，只要不违反法律法规，原则上均允许相关市场主体进入。鼓励企业发挥自主性，积极参与规则制定和执行，建立健全内部合规管理制度。探索实施平台企业合规激励机制，研究平台合规减责具体标准，推行轻微违法行为依法不予处罚、减轻处罚制度。

二是将尽职免责融入平台合规建设，实现合规免责，维护经济生态的健康。这针对的是平台企业积极开展内部风险管控但仍发生了违法行为的情况。为更好地调动平台治理资源，应根据权利义务对等原则，设立尽职减责或免责机制，激励平台投入更多资源，不断加强生态合规体系建设。在执行中形成分场景领域的平台合规责任清单，实现"尽职照单免责、失职照单问责"。

### 6.4.2.3　规则实施之后的评估

**1. 加强信息反馈，避免层层加码**

一是将监管过程中的规范制定，与反馈、监督、纠正机制结合起来，通过学习和反馈，适时调适和修正监管政策，实现由命令控制向管理控制的转型。

二是以绩效为导向，而不是以任务完成为导向，通过建立信息反馈体系，对于偏离监管规范的行为尤其是层层加码的行为，一旦发现，及时对运行中的规则、政策与目标加以修正。

三是信息反馈体系应以学习为中心，推动监管者与被监管者就合规情况进行协商，及时向被监管者解释规则，对监管规则的执行进行控制与修正。

四是通过监管实施后的再评估，监督并持续改进监管效果。探索建立纠正偏离监管规范行为的机制。

**2. 加强事后评估与认证**

一是鼓励对监管活动进行第三方评估，通过评估报告，对监管工作进行监督。政府参考第三方评估，对监管实施结果进行反馈、控制。

二是支持第三方认证，开展事后监督。鼓励第三方机构认证企业的产品、服务、管理体系，评估政府的监管绩效。

**3. 加强问责体系建设**

一是探索监管问责体系建设，制定与实施可问责性规范规则。弄清谁承担责任，对谁承担责任，以何标准承担责任，对何事项承担责任，以何程序承担责任，承担责任应达到何种结果，进行利益相关者间的责任分工。通过法律规范设定问责主体、问责方式、问责标准、问责程序、责任后果，使问责体系与被问责的监管活动相匹配。

二是推动职责担当与责任分担。平台企业应积极承担主体责任，针对技术创新速度快、法律适度滞后的客观现实，发挥平台主观能动性，以实现预防式治理；明确利益相关者各自责任，将平台内用户责任行为纳入法制管理范畴，不再要求平台对平台内的用户行为承担兜底责任。政府监管部门应尽职尽责，避免将分内监管责任转嫁给平台，应具有职责担当意识，出现错误应主动承担纠错责任。

# 7   市场结构对市场机制的影响

高水平社会主义市场经济体制是中国式现代化的重要保障，这要求更好地发挥市场机制的作用，创造更加公平、更有活力的市场环境，实现资源配置效率最优化和效益最大化，要既"放得活"又"管得住"，更好地维护市场秩序，弥补市场失灵，畅通国民经济循环，激发全社会内生动力和创新活力。

市场经济体制是以市场机制作为社会资源配置基本手段的一种经济体制。市场经济体制建立在市场结构之上，有什么样的市场结构，就有什么样的市场经济体制。数字经济改变了市场结构，从而改变了市场经济体制的市场组织基础，进而对于市场经济体制改革和完善的议题设置产生了不可忽视的影响。

本章并不全面地讨论市场经济体制问题，而主要讨论数字经济的市场经济体制问题，重点围绕数据要素市场化，研究市场化所依托的市场结构与实体经济中市场经济体制市场结构的不同，进而探索数据要素市场化不同的市场化规律（例如，与土地要素市场化不同的规律）。

本章的结论：数据要素市场化需要遵循市场结构生态化规律，生态化在数据要素全生命周期得以体现，价值创造与价值实现的不同机制将二者结合起来，这是市场化的主要规律。

## 7.1   面向生态化培育数据要素市场

### 7.1.1   市场机制的生态化范式

数字技术产业经济学提出了产业经济学的生态化范式。以生成作为活的事物与死的事物的重要区分标准，是生态范式不同于原子论范式的主要之处。

市场化从处理"死"的事物转向处理"活"的事物，一个明显的改变是，市场由一个场所（如交易所）变为一个过程（包括活动空间）。实体经济的市场化，主要处理物（对象物）的市场化。实体经济中的生产要素，如土地、资本，是对象化的物，以有形为其状态（being）特征。数据经济的市场化，要面对物与人的活动关系，这种关系以生成（becoming，变易、变化）为其主要特征，为此面对人与对象化的物通过活动结合在一起以实现价值这一特殊市场化因素。

数字经济中的数据，作为新型生产要素，是人、机、物结合的产物。数字技术产业经济学与传统经济学的一个重要不同，在于它的技术前提是数据空间，是人与物交互形成的活动空间。这种技术和生产力上的特殊性，决定了二者市场化方式（本质是人与人处理社会关系的方式）有所不同。

在数据要素市场化中，生态化表现为数据要素全生命周期中价值创造与价值实现的有机循环。其价值实现机制不同于土地等有形生产要素，体现了生成（becoming）的本质特征——流动与变易。

数据要素作为无形资产，可以分为有形化的部分（可以入表的部分）——有形的无形资产及完全无形的部分——无形的无形资产。后者始终处于一种流动状态，体现了过程、行为、活动、使用、利用、生成、涌现的特点。这不是偶然的、可改变的特征，而是技术和生产力本质固有的特征。数据的原型（"基本粒子"），体现在量子比特中，就是以叠加态这种流动性方式（波粒二象性中波的方式）存在的事物。波不是不可以转化为粒，量子比特在量子计算的坍缩中，也可以变为0、1比特，但这只是其非本质、非典型的状态。在数据要素市场化中，大约有5%的要素可以像专利、品牌那样通过确权转化为有形的无形资产，但90%以上的要素仍只存在于流动之中、存在于场外交易之中。场外交易的本质，是中间产品与最终产品在流动中结为一体，你中有我，我中有你。

确权（这里主要指确定所有权），本质上就是为无形要素赋形，赋予所有权人区分你我的权利，也就是把量子态（叠加态）的数据还原为原子。这是西方式现代化中市场化的典型方式。这种市场化理念的前提假设，是还原论而不是生成论（生态范式）。从生态范式来看数据要素市场化，不是反对通过确权为数据赋形，而是不赞成把只占5%的东西夸大为占95%，有意地忽略数据主要的性质与反映这种数据特性的规律。

人们对数据确权的必要性拥有共识，然而，确权不是目的。在确权基础上，实现数据的顺畅流动与最大限度的共享，是政策力推的又一目标（张锐，2020）。有专家主张，数据确权与价值化并重，探索国内数据要素市场化的具体机制（刘典，2020）。所谓价值化，就是要把价值实现当作生命周期的终点，它要求把起点的价值（如数据采集时可置换成本）与终点的价值（用于最终产品时实现的价值）统一起来，以生态为单位进行考量。因此，价值化的本意是生态化。

培育数据要素市场是为了促进数据要素流动。数据流动并不是为了流动而流动，其最终目的是形成"市场有效、政府有为、企业有利、个人有益"的数据要素市场化配置机制，提升与放大数据要素的价值。价值化包括两个主要方面：一方面，培育数字经济新产业、新业态和新模式；另一方面，构建农业、工业、交通、教育、安防、城市管理、公共资源交易等领域规范化数据开发利用的新场景（张锐，2020）。

正如专家所指，只有盘活数据，才能在数字经济时代掌握主动权。盘活数据，要推动数据与各行业各领域的融合发展。推动数据应用，加快传统产业数字化、智能化，做大做强数字经济，能够为我国经济转型发展提供新动力。我们应该面向重点行业的应用需求，研发具有行业特征的大数据检索、分析技术，形成垂直领域成熟的大数据解决方案及服务（徐恒，2020）。

## 7.1.2　根据数据性质完善产权性质

市场结构是原子论结构还是场的结构，决定了市场化方式本质的不同。西方式现代化从原子论出发，以原子论结构为默认的市场结构，对土地、工业品的市场化来说，这是适用的，但中国式现代化一旦从场论出发，以生态结构为主要的市场结构，就可能形成不同的市场化方式。这种市场机制可以处理流动中的资产，或对流动中的资产加以贴现。

欧盟《通用数据保护条例》（GDPR）的制度设计，主要面向的是采集与确权（数据生产），而不是应用与价值化（数据服务）。在规制方面，欧盟出台了史上最严格的数据保护条例，赞赏、支持者众多，这被认为是隐私权的重大胜利，但我国对此应理性对待，不宜照搬欧盟做法，应在个人数据保护和数据融合创新之间追求平衡（张亮亮，陈志，2020）。隐私权本质上是个人信息的所有权与使用权（含流转权）。保护隐私是必要的，但将其绝对化，则会陷入西方化思路，有着不利影响。作为所有权，包含自己使用（包括以数字可携带权形式使用）、自己不使用、自己不使用也不允许他人使用 3 类具体的使用权利。保护隐私的一个重要意义，就是保留自己不使用时也不允许他人使用的权利。但是，这不能成为限制自己不使用但允许别人使用的权利，因为从中可以发展出他人对自己提供个性化服务的权利。

面对价值化，我国要加快培育数据要素市场，原因在于，数据只有在服务、使用中才能体现它的价值。服务、使用是一个数据联系供求两端，不断变化、不断生成的过程，因此，其本质上不同于物权，是行为的权利。

张恒山对"数据权利"中的"权利"内涵进行了诠释。他认为，首先，"数据权利"这一概念并不代表某项单一的权利，而是由众多具体权利组合而成的"权利集群"；其次，在讨论"权利集群"时，必须聚焦于以数据为对象的活动中的行为而非数据本身；再次，需要以利益超脱的第三方身份对上述行为加以评判、辨识；最后，需要明确规定正当性行为和权利性行为。在这个过程中，需要准确地区别把握针对数据的行为与针对行为的数据权利这两个概念，进行数据立法或者构建数据制度。①

苏宇也认为，要探索不同于传统的数据产权模式，他指出，数据产权需要关注的主要问题是数据产权保护制度主要应采取权利规则模式还是行为规则模式。②

从数据价值链视角来看，数据供给的市场化即通过外部力量加快推动数据价值链"数据采集—数据储存—数据处理—数据挖掘"中的一个或多个价值环节市场化（杨锐，2020）。要素市场培育是一个全面的、全链条的工作，如果把治理重心过度放在数据采集这一环节上，是不符合"根据数据性质完善产权性质"的要求的。

主要理由如下：

**1. 同样的数据对不同人来说价值可能大相径庭**

第一，不同的人分析方法不一样，从同样数据中提炼出的信息、知识和智慧可能相差很大。在科学史上，很多科学家深入研究一些大众习以为常的现象并有了重大发现。重物落地之于牛顿，闪电之于富兰克林，与它们对大

---

① https：//www. beijing. gov. cn/fuwu/lqfw/ztzl/2024szjj/bksz/xlhd/202406/t20240624_3725961. html.

② 金灿. 探索合理有效的数据产权制度［N］. 经济参考报，2021 – 03 – 30.

众的价值是完全不一样的。

第二，不同人所处的场景和面临的问题不一样，同一数据对他们起的作用也不一样。比如，个人产生的数据、商业过程数据、传感器数据等能指导投资者做出投资决策，对非金融投资者却没有太大价值。

第三，不同制度和政策框架对数据使用的限定不一样，也会影响数据价值。比如，互联网平台获得用户数据后，如果不恰当地保护和使用，不尊重用户隐私，就会影响品牌形象和用户信任，降低数据价值和公司价值。

**2. 数据价值随时间变化**

第一，数据有时效性。很多数据在经过一段时间后，由于不能很好地反映观察对象的当前情况，价值就会下降，这种现象称为数据折旧。数据折旧在金融市场中表现得非常明显。

第二，数据有期权价值。新机会和新技术让已有的数据产生新价值。

**3. 数据会产生外部性**

第一，数据对个人的价值称为私人价值，数据对社会的价值称为公共价值。数据如果具有非排他性或非竞争性，就会产生外部性，并会导致私人价值与公共价值的差异。这种外部性可正可负，没有定论。

第二，数据与数据结合的价值，可以不同于它们各自价值之和，这是另一种外部性，但数据聚合是否增加价值，也没有定论。既可能存在规模报酬递增的情形，比如更多的数据更好地揭示隐含规律和趋势，也可能存在规模报酬递减的情形，比如更多的数据引入了更多的噪声（邹传伟，2020）。

## 7.1.3 数据要素难以充分流动发挥作用的问题所在

数据要素难以充分流动发挥最大作用，从根本上说，是因为存在开发与利用的矛盾。

第一，表现为确权与价值化之间的矛盾。一是在开发与利用关系上，开发要求确权，但传统确权排他，又影响利用，尤其是数据共享。如何令数据要素在流动中发挥"1+1>2"的价值化作用，二者关系需处理好。二是在产品与服务关系上，传统确权专注于产品业态，筑高了采集门槛，服务业态作为新业态、新模式，趋向产品免费而服务收费，业态落后限制了价值化。

第二，表现为规则与服务之间的矛盾。一方面，由于缺乏确权在内的有效规则的规范，主体不愿投入开发，开发之后不愿让数据流动；另一方面，由于服务体系不健全，数据要素市场化的成本居高不下，成本高于收效，影响了数据要素作用的发挥。

### 7.1.4 如何面向价值化解决数据要素市场化问题

解决问题，应主要致力于建立有利于加快培育数据要素市场的规则体系与服务体系，即建立规则以利于确权，保障数据要素有序流动，建立服务体系以利于实现价值化。

应按市场化原则、商业化方式推动数据要素有序流动，实现供求匹配，即根据需求实现数据要素流动（交易），优化资源配置，合理分配利益。

规则体系建设的主导思想，应是根据数据性质，按拥有权—使用权两权分离原则构建规则，从轻处理采集环节的拥有权，以及服务、利用环节的使用权，建立既有中国特色又符合全球趋势的有偿共享规则体系，建立以共享发展为实质内涵的规则体系并据此建立制度优势。

服务体系建设的主导思想应着眼于数据要素的价值倍增，以此有别于欧美现行政策，应以要素市场（合约交易）为主，以商品市场（产品交易）为辅，发挥平台在数据要素增值上以数据生产要素倍增实物生产要素的作用，最大限度地发挥产业数据化中数据生产要素的价值化倍增作用。

## 7.2 数据要素市场化的生态路径

从市场机制来说，就是要高度重视双边市场的市场结构对于实现数据要素市场化的作用。[①]

### 7.2.1 以生态方式推进数据要素市场化的实践背景

#### 7.2.1.1 数据要素市场化认识中的"两个不等式"

当前，推进数据要素市场化的主要矛盾，是场内交易与场外交易的矛盾。一方面，场内交易不活跃，数据交易不到总量的10%，但出于数据变钱的动

---

① 姜奇平，于小丽．数据要素市场化的生态路径［J］．互联网周刊，2024（15）．

机，许多地方热衷于搭建数据交易所；另一方面，实际活跃的是场外交易，占总量的90%以上，主要存在于与行业、应用结合紧密的数据交互中，但场外交易作为数据要素市场化的主要途径，被许多地方忽视。

从认识上讲，产生这种错位，是因为忽视了数据要素市场化的两个基本不等式。

第一个基本不等式是"数据要素市场化不等于建市场"，针对的是市场与其他市场化形式的关系。

建市场当然是市场化的重要途径之一。建数据交易所，把数据变成钱，可以激励数据提供方，提高数据的量和质，让数据"供得出""流得动"，有利于在价值创造这一环节发挥市场化作用。但这只是市场化的一个方面。市场化还有另一个方面，即价值实现，得在"用得好"中实现。如果把建市场理解为不管数据有没用，先把供给者的积极性调动起来再说，先让地方政府发出工资再说，就容易出现片面性。一些专家为此主张像土地财政那样，通过城投公司，利用一级市场、二级市场，像土地涨价那样成倍地放大数据的价值，一旦把握不好分寸，数据变成钱后用不好，就会让老百姓买单，就会与坚持以人民为中心、让现代化建设成果更多地更公平地惠及全体人民的初衷背道而驰。

说市场化不等于建市场，是说市场化除了建市场还有其他形式，如兴办企业。当前实践中，发育数据商、发展数据集团、搭建平台、链主带动等，都是市场化的实现途径。与交易所模式相比，这些市场化形式更注重与应用的结合，更多地把文章做在了数据的使用价值上。

数据要素市场化的初衷是为实体经济服务，促进数据使用价值复用与充分利用，促进数据使用权交换和市场化流通，其指导思想是充分实现数据要素价值。把市场周围的生态建设好，包括把行业服务、应用服务的生态建设好，数据交易所才能成为有源之水、有本之木。以生态方式推进数据要素市场化，就是要用价值实现的生态为价值创造营造良好的环境。

第二个基本不等式是"建市场，不等于建立单边市场"，针对的是市场内部不同市场的关系。市场分为单边市场和双边市场。现有交易所是单边市场，双边市场是 API 模式（江小涓，2024）。双边市场也是市场，而且有可能成为比单边市场更为主流的市场，成为数据要素市场化的主战场。

有学者坚持认为双边市场不是"市场"，而双边市场理论获得诺贝尔经济学奖，相当于肯定了双边市场作为市场的地位。说双边市场不是数据要素市场化所指的"市场"，这是唯交易所论，即认为只有交易所才是市场，其他都不是市场。

对数据要素来说，单边市场与双边市场的主要区别在于，前者以数据交易（以确权去除外部性后的场内交易）为主要特征，后者以数据交互（内生外部性[①]的场外交易）为主要特征。《全国数据资源调查报告（2023 年)》严格区分了数据交易与数据交互，明言调查"覆盖数据交互和交易情况"，其实际是对两种市场形式的区分。

### 7.2.1.2 内生交叉网络外部性的市场化机制

生态不同于非生态，或者说双边市场不同于单边市场的主要内涵，在于"场"这个概念。我们可以把数据要素市场化中的"市场"这个概念分解为"市"与"场"。"市"相当于波粒二象性中的粒（通过确权，分清你我)，"场"相当于波粒二象性中的波（不借助确权，你中有我，我中有你)。如果说"市"的机制是"1 + 1 = 2"，那么"场"的机制则是"1 + 1 > 2"。

根据《数据空间发展战略蓝皮书》中的定义，数据场是数据要素价值与相互作用在时空上的分布，刻画了数据要素在数据空间中运动的基本规律。在数据场的作用下，无序的数据要素有序地流通，有序的数据要素流通持续地创造价值。数据要素场是面向社会提供一体化数据汇聚、处理、流通、应用、运营、安全保障服务的一类新型基础设施。这里的"相互作用"就是指数据交互。

以生态方式推进数据要素市场化，图的是什么呢？"1 + 1 = 2"与"1 + 1 > 2"的差值。这部分由报酬递增带来的增量，根据中国工程院的研究，可归纳为数据要素的关联释放、聚变释放、倍增释放。可以认为，关联、聚变和倍增后，产生了数据要素价值创造与价值实现之差。比如，一个 U 盘，价值创造的成本定价为 6 元，价值实现后其收益可能倍增到 6 万元。这个差，就是从交互（交叉网络外部性）中释放出来的。这种机制就是数据场的机制，我们称之为生态方式。

从市场内部来讲数据要素市场化的生态路径，以及以生态方式推进数据

---

① 以交互方式产生的外部性称为交叉网络外部性。

要素市场化，具体是指将包含数据外部性的交互纳入市场化。可以认为，从汇聚、处理、流通、应用、运营到安全保障服务的一系列行为，都具有交互的本质特征。场就是为交互提供的活动空间。

图 7-1 显示了由数据交互带来的外部性增值空间 $P^*e^*fg$，这个空间是由需求曲线 $d$ 向右上方移动至 $D$ 扩充来的。这种移动，代表了数据要素通过复用对价值实现的放大。从 $f$ 到 $e^*$，就是均衡水平下交互大于交易的部分（"1＋1＞2"的部分），即数据要素场关联、聚变、倍增带来的溢价区间，经济学上称之为报酬递增区间。$P_{eff}lQ_{eff}O$ 代表总的复用区域（应用厂商），$P_{eff}mQ^*O$ 代表有效（有销售收入）的应用。其中，$Q_{eff}$ 是接受复用的所有厂商数，$Q^*$ 是复用数据要素后产生销售收入的厂商数。这种有效，是由买卖双边（在后厂）交互带来的。

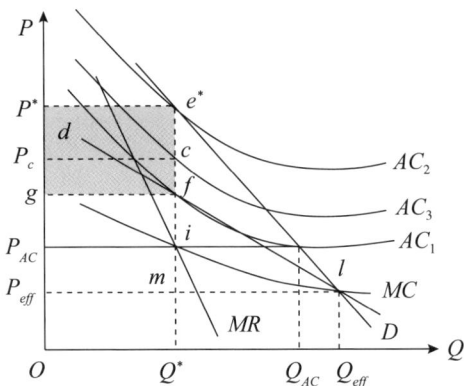

图 7-1　数据交互释放的关联、聚变、倍增价值空间

数据交互，又称 API 模式，是指造市商（平台、链主、行业龙头企业等造"场"商）经营①数据要素的活动，其利用数据要素进行双边经营（为使用提供服务），进而向双边提供复用（使用权交换）接口。这里的造市，实际是造场——营造数据要素场。在这个场中，营造的是可供最终产品和服务的买卖双边进行数据交互（供应撮合）的机会，并从双边达成交易后所形成的最终销售收入中获取要素回报。它的初级形式是后厂交换，即围绕所谓的数

---

① 不是提供数据要素所有权、持有权进行买卖，而是从事"数据使用权交换"（准确地说是"交互"）。

据产品化、服务化的交换；高级形式，则是经营流量，进行变现。二者的区别是，前者是按对最终收入的预期收入定价，后者是按最终收入的实际收入成分定价。

这里需要指出交互（"数据二十条"中称"交换"）与交易的理论区别。人们在后厂中交互，交换的是什么呢？为什么交互与确权（本书确权均指确所有权而不指确使用权）无关呢？这是因为，交互的对象是使用价值，人们在后厂中交流的都是要素对什么场景有什么用。交互之后，使用权发生转移（借用）而所有权不变（不是买卖）。交易就不同了，交易的对象是价值，交易是所有权（包括许可使用权）的交换。对要素（资本）来说，交易的对象是凯恩斯主义定义的资本（资本交换价值），而交互的对象是奥地利学派定义的资本（资本使用价值，即资产）。对后者来说，不买卖也有资金转移，但性质是用的费用（涉及的是使用费、租借费）。数据要素可以"多场景应用，多主体复用"，也就是说，所有权人可以多次收费，而买卖（所有权转移）只能一次收费。对数据要素，如果非要坚持在场内以买卖方式交易，就会出现这样的怪现象：买方"买"到数据要素后，转手就复制给第二个买方，再收一次费，"击鼓传花"，直至出现问题，这时已变得与所有权确权完全无关了，由此可以看出按数据的规律搞市场化的重要性。

在各地实践中，交互模式通常被称为后厂模式，交易模式被称为前店模式。二者在海南模式、深圳模式、浙江模式中都是结合在一起的。例如，海南的前店后厂（场）模式。前店一般交易的是数据要素产品，是中间产品或半成品；后厂交易的则是数据（要素）产品化、服务化，是最终产品，如作为中间产品投入的数据要素与具体场景应用结合形成的最终解决方案。

可以说，数据要素市场化的生态路径，就是将后厂融入前店。它具有以下特征：一是发挥场景牵引作用，推进数据要素在相关行业和领域广泛利用，与脱离场景的单纯的场内交易不同，双边市场以场景构成交易的生态；二是数据中间产品（要素）与最终产品（应用）形成"平台＋应用"统分结合的双层经营关系，以经过确权的数据要素为基础，通过交互，实现数据（要素）产品化、服务化，从而与应用结合起来；三是用"场"（数据要素场）的方式（包括 API，在浙江模式中称为"中仓"）推动要素与应用结合，实现价值。在后厂中，买卖双边之间的交互，将数据要素转化为最终产品与应用。

从最终产品和服务的销售收入中，按比例扣除数据要素提供方所得，实现数据要素的最终定价。例如，以会员费和使用费形式补偿数据要素的固定成本与可变成本，进行成本加成。

## 7.2.2　数据要素市场化的价格机制

接下来，我们在价格机制上说明数据要素市场化中内生生态机制后的运行机理。

### 7.2.2.1　数据资本资产模型与空间贴现

标准的资本资产定价模型（CAPM）为：

$$p_t = E_t\Big[\beta\frac{u'(c_{t+1})}{u'(c_t)}x_{t+1}\Big] \tag{1}$$

式（1）表示资本资产定价取决于增加一个未来有效应用 $c_{t+1}$ 对应的回报 $x_{t+1}$ 带来的预期 $E$ 的改变。$\beta$ 代表历时的两期间价值的不确定性，它是资产定价的"黑箱"。

我们称式（1）为时间贴现，即历时条件下，数据资本资产定价由增加一个未来有效应用对应的回报带来的预期改变决定。这是数据交易所（场内交易）依据的市场机理。

数据资本资产定价与实体资本一样，存在一个高度不确定的 $\beta$。对于场内交易来说，表现为同一个数据要素价值高度不确定，可能值 6 元，也可能值 6 万元。不确定的原因在于，要素只是中间产品（投入品），它的价值要依最终产品（产出品）而定。比如，同一条暴风雨信息，对路上行人的价值较低，不知道顶多淋湿，但对海上作业的渔民来说，却关系生死，甚至与命同价。场内交易离开应用场景，就会变得高度不确定。

我们将这个模型改造为一个生态模型。为了推广式（1），设一个未来效用由一个应用（最终产品）提供，应用数量以 $n$ 计量。与实体资产不同，由于数据要素可以复用，同一要素资产（中间产品）可以对应众多最终产品，这就是《"数据要素×"三年行动计划（2024—2026 年）》中说的"多场景应用、多主体复用"，我们可以视其为一种一对多的空间分布现象。

先视式（1）为下述情况的特例：一个资产（中间产品）与众多最终产

品分成固定（如平台与应用分成比例固定），从而有效应用数 $n$ 成为常量（如 $n=1$，视所有应用为一个应用），此时，可以将中间产品与最终产品的提供者视为"同一个人"。

数据资本资产定价模型（DCAPM）[①] 是式（1）的推广形式，其通用式为：

$$\sum_{n=1,t=1}^{n,t} p(n,t) = \sum_{n=1,t=1}^{n,t} E_{n,t}\Big[\beta\frac{u'(c_{n+1,t+1})}{u'(c_{n,t})}x_{n+1,t+1}\Big] \tag{2}$$

其中，下标代表起始值，上标代表最大值；$t$ 代表时间，$t=1$，2，3，$\cdots$，$t$；$n$ 代表有效[②]的最终产品数量（有效流量或可变现流量），$n=1$，2，3，$\cdots$，$n$；$p$ 代表资本资产价格；$E$ 代表预期；$u$ 代表效用；$c$ 代表效用对应的消费；$x$ 代表资产回报；$\beta$ 代表随机贴现因子。式（2）表示，数据资本资产定价受共时因素（空间因素 $n$）与历时因素（时间因素 $t$）的共同影响，$E$ 的变化也受这两方面因素影响，一方面取决于增加一个有效应用 $c_{n+1}$ 带来的边际效用 $u'$ 对应的回报变化 $x_{n+1}$，另一方面取决于增加一个未来有效应用 $c_{t+1}$ 对应的回报变化 $x_{t+1}$。

当 $t$ 取值固定，为 $t=1$ 时，式（2）变为空间贴现模型：

$$p_n = E_n\Big[\beta\frac{u'(c_{n+1})}{u'(c_n)}x_{n+1}\Big] \tag{3}$$

式（3）表示在共时条件下，数据资本资产定价取决于增加一个有效应用 $c_{n+1}$ 带来的边际效用 $u'$ 对应的回报 $x$ 所决定的预期 $E$ 的变化。

空间贴现由此定义为，共时条件下，数据资本资产定价取决于增加一个有效应用带来的边际效用对应的回报所决定的预期变化。

对应于实践，在海南前店后厂模式中，空间贴现表现为，在前店中的同一项数据要素，在后厂买卖双方一对一的交互中可以形成空间上的一对多关系（"数据要素 ×"），或是同一个要素对应多个场景，形成多个最终产品（应用），或是同一个要素对应多个主体，形成多个最终服务（使用）。

根据科克伦提供的简明方法，可以将资本资产定价的时间贴现方法对等地置换为空间贴现方法，即将式（1）转换为式（3），将表示时间的 $t$ 系统地置换为表示空间的 $n$，构建基于数据要素的资本资产定价模型，其中隐含 $t=1$（常量）的设定。经验含义是不考虑时间先后，数据资本资产方同时向数量为 $n$ 的应用方收取资产的有效使用费。例如，苹果商城在同一时刻向有销售收入的不同 App 经营者收取资产使用费。

式（2）代表一个融合了场内交易与场外交易的统一场理论。由式（2）我们可以清晰地观察到一个规律：时间贴现（场内交易）与空间贴现（场外交易）互为特例与通则。也就是说，时间贴现是 $n=1$ 时通用式的一个特例，空间贴现是 $t=1$ 时通用式的一个特例。这意味着场内交易与场外交易、数据交易与数据交互可以依一定条件相互转换。

除企业直接交易模式外，应鼓励交易场所将场外交易引入场内的各类创新探索，支持线上线下联合平台交易、联盟与共享交易模式，在数据交易的同时，鼓励依数据源开发数据产品、数据服务。

### 7.2.2.2 生态方式的收费模式：以销售收入为基准入表

空间贴现最具潜力的形式，是 API 模式。其中，承担平台企业的，既可以是平台、运营商，也可以是数据商。

在这一模型中，市场被区分为单边市场与双边市场。双边市场是单边市场内生外部性的推广，将最终产品买卖双边从外生变量（$n=1$）变为内生变量（$n>1$）。其定价是对应于跨期定价的动态空间定价。资产定价的时间贴现主要依据中间成本定价，空间贴现则主要依据应用产生的价值（最终收益）来定价。API 就是中间产品与最终产品（Apps）的接口。在浙江模式中，表现为中仓这一由数商构建的中介机制。

内生双边关系的本质，是将外部性纳入市场内部。梯若尔将双边外部性区分为成员外部性和使用外部性，内部化的方法是收取会员费与使用费。会员费是固定收费。这部分收入不是按要素的"使用效果"收费，而是按"使用"收费，即不管有效（有销售收入）无效（没有销售收入）均收费。使用费是不固定的收费，以流量变现为收费依据，通过按使用效果收费（注意，不是按使用收费）实现。按使用效果收费的"效果"，指有效变现的流量，在会计上指有销售收入的那部分流量。

由此，可以得到一个与消费资本资产定价模型（CCAPM）对应的公式：

$$U^i = (b^i - a^i)N^j + B^i - A^i \text{①②} \tag{4}$$

$U$ 是以效用形式表达的资产总收益，其中的会员费部分（应用方会员费
$B^i$、最终用户会员费 $A^i$），相当于图 7-1 中对应固定成本的 $gfiP_{AC}$，不直接与
流量（图中的 $Q_{eff}$，这里的 $N^j$）相关；使用费部分（应用方使用费 $b^i$，例如，
从情境定价中获益；最终用户使用费 $a^i$，例如，利用拼单享受折扣），对应
图 7-1 中的 $P_c cfg$，直接以流量为内生变量。

$N^j$ 在此还代表另一个重要概念，即情境相关定价或场景化定价。场景构
成个性化价值的上下文语境，使用费可以视为定制化价格的集合。需要注意
的是，这里的流量相关指有效流量（$Q^*$）相关，即可以转化为销售收入的流
量相关。每一个可转化为销售收入的流量所处的空间，都可以视为有效的情
境（场景）。

利润公式为：

$$\pi = \sum_{i=B,S} (A^i - C^i)N^i + (a^B + a^S - c)N^B N^S \tag{5}$$

价格公式为：

$$p^i = a^i + \frac{A^i - C^i}{N^j} \tag{6}$$

作为一般结论，数据资本资产定价 = ［最终消费者使用外部性收益 + 最终
消费者会员费 – 平台会员费（对应图 7-1 中 $P^* e^* cp_c$）］÷流量（对应图 7-1
中的 $Q^*$）。也就是说，数据资本资产定价的本质是从流量收益中扣除消费者
福利后的水平，这一福利包括两部分，一部分（$a^i$）是增值服务增进的福利
（主要是差异化、多样化、个性化与社交体验增进的福利），另一部分（$A^i$）

---

①  让·梯若尔. 创新、竞争与平台经济［M］. 北京:法律出版社,2017.

②  梯若尔用交易量 $V$ 与总价格水平 $a$ 的关系定义双边市场。在买卖双方中，$a^B$ 为买
方使用费，$a^S$ 为卖方使用费，如果交易量 $V$ 只取决于总价格 $a$，即 $a = a^B + a^S$，则市场是
单边的，此时的价格结构对外部性是中性的，换句话说，外部性不是内生变量。相反，当
保持生态的总价格水平 $a$ 不变时，交易量 $V$ 随 $a^B$ 或 $a^S$ 的变化而变化，则市场是双边的。
假设市场存在双边，平台的资产收益分别通过会员费（固定）和使用费（不固定）的形
式收取，使用费按有效流量收取，一个有效流量指一次互动，交易量是双边会员数量的乘
积 $N^B N^S$，平台对第 $i$ 边的每个会员收取的非固定使用费为 $c^i$、固定的会员费为 $C^i$，第 $i$ 边
的应用方获取互动（使用）的平均收益（使用费）为 $b^i$、收取的加入平台的固定收益
（会员费）为 $B^i$，同时，第 $i$ 边的终端用户向平台支付会员费 $A^i$ 和使用费 $a^i$。

是从平台免费中获得的福利（对应图 7 - 1 中的 $P^* e^* fg$）。

推广到数据要素资本资产一般（无论是否通过双边市场交换的数据要素），这意味着数据资本资产定价除一般时间贴现特征外，独有（其本质在于外部性市场内部化的）空间补贴机理，在于数据要素含有两个不同于一般实体要素的潜在价值来源，可用于对资产进行间接定价：一是只有在最终消费者使用中才得以产生的使用价值，这种价值是在应用中间接产生的，最终应用 $a^i$ 是一个资产定价内生变量，表明脱离最终应用定价将使数据要素的实现价值处于不确定、不可控的状态；二是通过流量变现即流量外部性的内部化产生的转化价值，与平台网络效应有关。流量 $N^i$ 成为内生变量，表明数据要素一旦作为固定成本投入应用，由双边交换等网络效应产生的互补性就成为定价不应忽略的因素。针对外部性的适当制度设计，可将这部分财产使用权利作为未"用尽"的权利加以实现。

最终产品销售收入是实际发生的（而且可以共时地发生），因此，在空间贴现中，$\beta$ 有可能完全变成常数，成为确定值。

传统资产定价中的贴现完全不考虑流量问题，中间产品定价（消费效用）与最终产品销售收入（财富效用）之间的关系不以流量（外部性）为考虑因素。会员费的现实存在显示，在总流量与有效流量之间存在类似随机贴现因子的系数关系。如果一个平台提供的总流量空间 $Q_{eff}$ 不足以让应用方产生足够满意的有效流量 $Q^*$，应用方就会认为交会员费不值，从而选择其他平台，最终使这一平台退市。

数据要素与最终产品结合时，可产生销售收入，这是入表的最终依据。其他入表方法，都只是对这个销售收入的预期，因此是派生的。销售收入可在中间产品和最终产品收入之间分成，若市场行情为三七分成，则数据要素方得30%，此部分保值且不承担风险，最终应用方得70%，这部分业务具有"高死亡"概率。怎么补偿它的"死亡"概率呢？一方面是高分成，让高风险对应高收益；另一方面是令应用方资产风险为0，即把数据资产复用于应用方，但没收入时将0、1 代码的资产一笔勾销，破产不欠银行，这是巨大的优势。若把该优势发挥出来，我国就会出现一个和美国完全不一样的赚钱方法，其核心是利用数据可以复用的特性。相当于在资本交换价值（M2）的美联储之外，建立一个资本使用价值的"美联储"，前者用印钞机解决资本充足性，后者用"复用"解决资本充足性。

### 7.2.3  以生态方式推进数据要素市场化：空间贴现的六种模式

#### 7.2.3.1  当前各地数据要素市场化模式探索共同向生态化方向演进

自贵阳首创数据交易所这种场内交易模式（理论上的时间贴现模式）以来，我国各地掀起了建设数据交易所的热潮。但随着场内交易不足这一问题的暴露，各地尤其是市场经济发达、市场经验丰富的地区纷纷开始独立思考，探索出大量与贵阳模式不同的新模式。其中，最先取得实质突破的是海南模式，即前店后厂模式。这种模式把市场化转到时间贴现（场内）与空间贴现（场外）相结合的新方向上来。

随后各地模式有了一个共同特征，即摆脱了单纯的场内交易模式，向场内交易（数据交易）＋场外交易（数据交互）的方向演进，开始沿着"数据二十条"明确提出的"支持数据处理者依法依规在场内和场外采取开放、共享、交换、交易等方式流通数据"等引导方向发展，如图 7－2 所示。

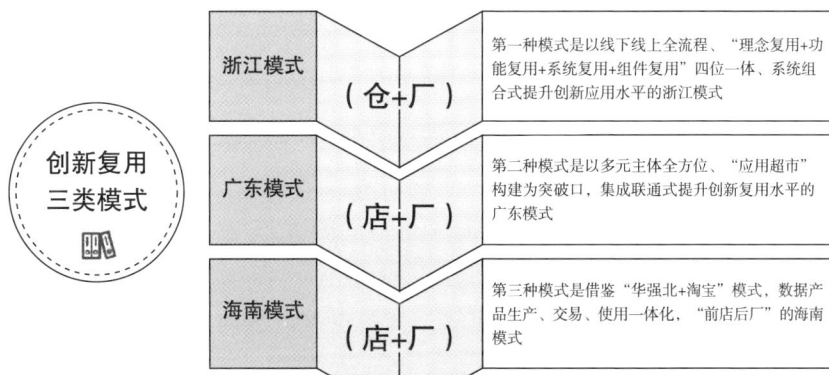

图 7－2  数据要素市场化向生态化方向演进

数据来源：国脉互联。

这显示，以空间贴现为代表的生态化的数据要素市场化模式，在摸索中国式现代化规律方面，开始探索一条不同于西方的道路，它们不约而同地想到要发挥我国超大规模市场优势，释放需求端巨大潜力这一比较优势。

### 7.2.3.2 以生态化方式实现数据要素市场化的各种实践探索

#### 1. 模式一：数据要素 + 行业龙头 + 应用模式

这种模式主要是推动电信、电力、交通、金融等行业主体或具有全国影响力的行业机构建立行业性数据交易平台，开发贴近行业发展的数据产品和服务，推动行业内建设更高效的数据要素流通与交易机制，帮助企业寻找可用的数据资源，促进数据要素与各行业融合应用，并结合应用场景确定价值与价格。

这一模式在深圳、海南都有所体现，深圳模式的空间贴现依托中国联通，海南模式的空间贴现依托中国电信，两大运营商都覆盖千万级用户，成为空间贴现良好的数据要素场。一旦中国移动入场（数据中心在哈尔滨），再出现一个哈尔滨模式，仅电信运营商就可以支撑起上亿用户应用的数据空间。

这种模式对于运营商来说也是一个巨大提升。拿中国电信来说，原来其IDC（国际数据公司）收的只是关于数据的技术服务费（云服务 1.0 的费），而收不到像亚马逊那样的业务（外包）服务费（云服务 2.0 的费用）。虽然同是面对中小企业提供服务，但服务收入可能相差上百倍。一旦采用"数据要素×"的方式，可以分两部分从数据要素复用的行业应用中获得业务服务费：一部分是来自成员外部性的会员费，即式（4）中的 $B^i - A^i$，主要是 $B^i$；另一部分是来自使用外部性的使用费，即式（4）中的 $(b^i - a^i)N^j$。

电力、交通、金融、气象、医疗等行业，道理也是一样的，同理可推，例如，海南就与银行广泛合作，推进前店后厂的服务。

#### 2. 模式二：场内 + 场外模式

这种模式在上海体现得较为明显，其特点是以场内交易为主，将场外交易纳入场内。

这种模式的贡献在于，发挥数据商的作用，利用产业资本，降低金融资本的不确定性，这相当于利用空间贴现降低时间贴现中 $\beta$ 的不确定性。

将场外交易主体引到场内，与资本市场合作，主要有 5 个条件：一是数据商有能力使资本市场熟悉行业，从而满足公允价值定价规定的"熟悉行业"条件；二是有专业机构在场外交易中提供专业信息服务（如提供关于行业应用的场景化知识与估值信息）；三是有应用者向数据商显示有助于定价的需求信息；四是有成熟的资本市场显示相关资产价格信号，包括《企业数据资源相关会计处理暂行规定》所说的"信息披露";五是有"庄家坐庄",指有不参与经营或者利用信息不对称进行杠杆化操作的"造市者"。

其中,第5个条件与空间贴现是不相容的,因为"庄家做庄"(金融化)会倾向于放大风险,放大信息不对称,越远离应用,操作空间越大。空间贴现则趋向于减少风险。其他4个条件是相容的,可以视空间贴现为时间贴现的极限形式。上述前4个条件不断迫近信息对称,将减弱 $\beta$ 的不确定性。

### 3. 模式三:前店 + 后厂模式

这种模式的特点是,支持数据交易平台开展数据产品与服务交易、加工处理相结合的前店后厂模式。

对前店后厂模式,有一个简明的概括,即"数据产品化、服务化"(或如上海模式所称的"研发来自数据源开发的数据产品、数据服务")。有别于场内交易模式交易数据产品,这里说的"数据产品化、服务化"的"数据",实际指数据要素,即作为投入品的中间产品。场内交易说的数据产品,则是将数据要素当作最终产品。二者的区别在于,场内交易说的数据产品与应用无关;在后厂开发的,是由中间产品(数据源、数据要素)转化而来的应用产品。比如,把一般气象信息开发为附加了区域、时间内容的出海渔船专用的气象信息或通知服务。因此,"数据产品化、服务化"的实际意思,是数据要素的最终产品化、最终服务化。

海南率先进行了这个方向的探索,因此称海南模式为前店后厂模式。从海南"数据产品超市"提供的交易清单来看,不涉及所有权变更的数据产品产生的交易金额占比67%以上,涉及所有权变更的数据产品的直接交易金额占比31%以上,这说明这种模式中"厂(场)"(生态)的特征占了主要成分。深圳模式也具有前店后厂的特征。

### 4. 模式四:前店 + 中仓(数商) + 后厂模式

这种模式是对模式三的完善,主要是增加了前店与后厂的中间转化环节并使之专业化。这种模式又称为浙江模式,因为是浙江首先总结出来的。与第一种模式相比,二者都是前店(要素)与后厂(应用)之间的中间人,但第一种模式是找龙头企业,这种模式是发育数商,利用数据服务的集群化,重现产业集群配套对制造业的支撑作用。没有强大的产业集群,就没有世界级的数据要素市场,数据交易所就会成为无源之水、无本之木。因此,这种模式不是否定场内交易,而是为目前基础不牢、有"早产"征兆的场内交易打基础，以固本强基。

空间贴现最具潜力的形式，是 API 模式。API 是数据交互的枢纽，是连接中间产品（要素）与最终产品（Apps）的接口。正如江小涓所说，数据交互是更为广泛使用的商业模式。数据交互的主流模式是 API 模式，即通过应用程序接口"拉通"数据，这种模式允许不同的应用程序或系统交换和集成数据，以实现数据流通和共享。数据交互的本质是流量变现，即大企业将固定资产投资转化为流量（定义为可带来销售收入的交互），供生态内中小企业复用，将流量这种中间产品（所谓"要素"）可变现（转化为 Apps 等最终产品销售收入）的部分，在 API 两侧分成。因此，数据不只是交易，还有交互，场内交易和场外交易一定要紧密结合。API 本来是一个技术术语，在数据要素市场化中，重要的是实际内容。例如，在浙江模式中，"应用资源目录"（图 7 – 3）就是一个 API，负责"打通"数据要素分发到多场景应用的渠道。我们也可以说它是要素资源到应用资源的接口体系。

图 7 – 3  浙江"前店 + 中仓 + 后厂"模式

数据来源：国脉互联。

在 API 模式中，市场被区分为"市"（前店）与"场"（后厂），最终产品买卖双边，从时间贴现中的外生变量（$n=1$）变为内生变量（$n>1$）。其定价是对应跨期定价的动态空间定价。场内资产定价的时间贴现主要依据中间成本定价，空间贴现则主要依据应用产生的价值（最终收益）来定价，也就是以"应用资源目录"为接口，通向应用后产生的最终产品与服务销售收入，用最终产品间接地为中间产品定价。

后厂的收费模式，尤其是数据服务化的收费，不是按要素的"使用"收费，而是按"使用效果"收费（对应图 7-1，不是基于 $Q_{eff}$ 而是基于 $Q^*$ 收费）。这充分体现了空间贴现的特征。由于最终产品销售收入是实际发生的（而且可以共时地发生），如果式（2）中的 $n$ 值足够大，那空间贴现与时间贴现的风险就完全不同了。空间贴现的风险只表现为，100 个应用中，有 97 个赚不到钱，但赚钱的 3 个是哪 3 个，不清楚。但是，3%（实际情况在 3%～6% 波动）这个成功概率是不变的。因此，对数据要素持有方来说，运营中一旦 $n$ 足够大（流量足够大），几乎是无风险的。时间贴现相当于，把所有宝都押在 1 个应用（CAPM 中的最终消费或"明天"消费）上，它只是 100 个中的 1，因此不确定性极大。这意味着，在空间贴现中，$\beta$ 有可能完全变成常数，成为确定值，从而与金融化基本脱钩。

传统资产定价中的贴现完全不考虑流量问题，中间产品定价（消费效用）与最终产品销售收入（财富效用）之间的关系不以流量（外部性）为考虑因素。会员费的现实存在却显示，总流量与有效流量存在类似随机贴现因子的系数关系。如果一个平台提供的总流量空间 $Q_{eff}$ 不足以让应用方产生足够满意的有效流量 $Q^*$，应用方就会认为交会员费不值，从而选择其他平台，最终使这一平台退市。

以"数据要素×"金融服务为例，工商银行以 API 平台和金融生态云平台双轮驱动，将支付、融资等金融产品与教育、医疗、出行等行业融合，提供"行业＋金融"的综合解决方案，构建 GBC 联动开放的互联生态，打造无界融合、优势互补、开放共赢的金融生态圈。[①] 这就属于生态化的做法。

金融业以自身为系统、以数据服务业为生态（环境）的实质，是以后者替代直接观察市场最终产品定价，削减资产贴现中 $\beta$ 值的不确定性。这可以通过多种手段实现：一是在数据交易所中委托第三方评估资产风险，即评估该数据资产与场景相结合可能产生的收入，或数据资产与买方相结合可能从进一步的利用中获益的情况；二是让熟悉行业应用的第三方参与数据资产的时间贴现价值评估；三是根据市场行情，对不同概念的数据资产给出市场法

---

① 吕仲涛. 以金融科技赋能开启数字化转型新篇章：工商银行数字化转型的探索与实践［J］. 中国金融电脑，2021（S1）.

评估，特别是对以知识资产形态存在于创始人团队中的数据资产价值进行市值观察，也可以用通证的方式在不同时点对数据资产进行价值评估。

虽然这些中介服务的业务各有不同，但都具有提高中间产品的最终产品转化率的功能。中介与平台不同，平台主要是针对流量的外部性提供转化服务，而中介服务更多的是针对信息不对称而节省交易费用来提供服务。

作为中介的数据服务的本质，在此就是实现从空间贴现到时间贴现的还原。很明显，时间贴现的投机空间更大。这是因为它可以通过令资产所有权人与经营脱钩的方式，将相对可控的经营风险转变为相对不可控的交易风险，不露痕迹地将低风险的变现模式转变为高风险的变现模式，从而获得对应高风险的高收益。对 CAPM 来说，等于以放大随机贴现因子 $\beta$ 为业，进行专业的金融操作，对信息不对称本身进行"套利"。这虽然对于资产的定向流动有促进作用，但也存在脱实向虚的行业性风险。

由此可知，中仓的建设重心不在于技术和形式，而在于以产业集群这个生态（金字塔底座），去"拱卫"场内交易这个"金字塔"尖。

需要指出的是，数据商的发展，不能以自我为中心，不能只以数据要素价值膨胀为业，而是要面向价值实现的源头，经营有源之水。例如，在产业链中，要用最终产品来引导中间产品。目前数据商很多是在丰富产业链，做中间产品，但中间产品不能只是为数据而数据，数据商也不能只是为了将数据转变成钱，而是需要将数据和真正的应用紧密结合起来。式（2）空间贴现中的 $n$，既指数据商，也指数据用户，它们在双边市场中是双边关系。虽然会员费、使用费可能主要从 $B^i$ 收上来，但 $A^i$ 才是从钱包掏钱给 $B^i$ 进而给造市商的人。我们要正确认识梯若尔倾斜式定价的本意，将应用导向、最终消费导向贯彻于要素价值实现的始终。

### 5. 模式五：龙头＋公共数据要素＋场景化应用模式

这种模式是模式一的变体，支持龙头、链主与"数据要素×"与诸公共机构（含数据集团）如农村农业局、医保局等合作，通过场景寻找数据需求，通过数据交换直接提供服务。深圳模式就具有这种特点，比如，农村农业局有了数据，不是坐等农民上门，而是在数据造市商的牵线帮助下，主动走进村镇，提供下沉式的数据场景服务。此时，造市商的作用是撮合双边，一边招商可以加工要素的数据服务商，为其"搭场子"，一边"搭场子"招来一镇一镇、一村一村甚至一家一家的不同场景的最终用户，最后赚取撮合费。

需要特别指出的是，无论是模式一还是模式五，要想做好，关键都是空间贴现（场景定价）。场景是一个情境定价问题。数据的价值前端不确定而后端确定，中间可能存在巨大的价值差异。数据要素一级市场与二级市场的巨大价差，是可能存在的。但不是存在于场内，而是存在于要素（中间产品）与应用（最终产品）之间。因此，博取这个价差的主要精力，不应放在前端炒作或利用信息披露人为膨胀虚假价值上，而是要放在情境"牵引"上。

数据在生命周期中显示出强烈的情境定价特点，数据作为中间产品，定一次价之后，再定价需要和场景应用相结合，在这个过程中，场景对应的时间和地点都具体化了，这不是统一的宣传等可以做到的。场景主要发生在场外，发生在"价值实现"的过程中，要想抓住空间贴现中的每个 $n$ 并让 $n$ 足以在规模和范围上成势，必须发动整个生态。

### 6. 模式六：双边市场流量变现模式

目前的前店后厂模式，还有"小生产"的特征，表现是，在后厂交互还是一对一人工化地进行，做不到在 API 技术的支持下，一对一亿、一亿对一亿这种大规模、大范围的交互。大规模、大范围交互的实现，必须是在交互的产业集群变为现实（如浙江模式得以成功）的基础上或过程中正式引入双边市场流量经营方式，实现大规模定制。在大规模、大范围基于应用的流量变现中，充分兑现、实现数据要素的价值。

在数字经济中，苹果商城数据业务对应的资产（平台、开发工具、流量）是一个定数，商城中的 App 是 10 万、100 万还是 400 万，并不直接改变资产存量（潜在价值）。但是，每多出 1 个 App（$n+1$），资产的收益都会相应发生变化，这种收益是通过苹果支付系统瞬时结账（$n$ 的集合中，厂商有收益则支付资产使用费，无收益则无须支付），在同一时间内完成的。这个变化与最终产品厂商（Apps）在同一时间条件下空间上数量的多少密切相关。至于平台方与同一应用的历史收益关系，仍遵从时间贴现，在此不论。

互联网企业的这种做法，同样适用于金融业务与数据业务的融合应用。例如，针对农村地区金融服务历史数据不足的社会群体，金融机构可融合电力、电信、公安等数据对其进行信用画像，精准识别各种需求，灵活高效地配置资金。①

双边市场较前店后厂模式在收费上有所改进，不是按使用收费（如对数

---

①  俞林，许余劼. 以数据要素促进金融发展［J］. 中国金融，2021（19）.

据产品、数据服务直接收费），而是按使用效果收费。

前者是不管最终用户应用有效（有销售收入）无效（没有销售收入）都收费。使用费是不固定的收费，以流量变现为收费依据，通过按使用效果收费（注意，不是按使用收费）实现。按使用效果收费的"效果"，指有效变现流量，在会计上指有销售收入的那部分流量。

### 7.2.3.3　生态化的总方向是场景牵引

总的来说，以生态化方式推进数据要素市场化，总的方向与原则可以概括在场景牵引中。

"数据二十条"明确指出了应用场景的重要性，《"数据要素×"三年行动计划（2024—2026 年）》同样提出要发挥场景牵引作用。脱离应用场景大建特建数据交易所，超越了当前从数据资源建设向数据要素建设发展的历史阶段。这并不是说场内交易不好，而是说不能超前，要打好应用这个基础，不能一步登天，以致一脚踏空。打好基础的标志，一定是数据基础设施初步建立（以数据要素市场形成为标志），数据服务产业初步发展（以形成世界级集群为标准），保障供求联动的市场环境初步形成（以产得出与用得好首尾衔接为标准）。

为此，在发展的初期阶段，要紧紧抓住场景牵引这个"牛鼻子"，以生态方式推进数据要素市场化。选择以场景牵引为带动全局的牛鼻子，是因为它具有以下优点。

优点一：和场景结合的交易是在应用端定价而不是在中间产品定价，因此，它和行业应用结合紧密。

优点二：结合场景的交易更适合需求导向，是依据收益法定价。成本法定价和收益法定价差别悬殊，以收益法定价，数据价值更加实在。

优点三：结合场景定价的交易，使用价值可以直接赋能实体使用价值，这种转化过程是直接且高效的，无须先将使用价值转化为货币，再将其投入实体经济。因此，该模式下可更直接地服务于实体经济。

优点四：结合场景的交易有利于对外部性（流量）的转化（变现）。流量是指买卖双方的交互，这是化解外部性的关键。

优点五：结合场景的交易更适合服务业态，更适合按使用权收费。中间产品的交易面临诸多困难，这主要是因为其定价方式侧重于所有权定价。然而，当前的市场趋势表明，低端业态主要聚焦于产品，高端业态则更注重服务。按服务收费能够持续性地产生收入，从而更有效地促进财务增长。因此，基于情境的定价策略在经济层面具有显著的重要性。

解决了场景牵引问题，入表问题也将从根本上得到解决。现在入表难，关键是总的逻辑没有理顺。现在人们想的往往是就要素谈要素，等于就中间产品定价谈中间产品定价。鉴于数据本身具有"多场景应用，多主体复用"这个根本特性，脱离最终产品给中间产品直接定价是不符合市场化规律的。符合规律的做法是以应用给要素定价，也就是借最终产品给中间产品间接定价。

把要素视为系统，应用就是它的环境，最终产品构成中间产品的生态。这就是要表达的核心观点：要把传统的基于要素本身的时间贴现，与数据要素特有的内生应用的空间贴现，在市场化过程中结合起来。

产业结构篇

# 8 数据空间的技术产业生态

数字技术产业经济是技术生态与产业生态的统一体，是技术结构与产业结构的统一体。

本章首先从技术经济结构角度讨论产业结构技术基础的不同，通过描述与工业技术结构性质不同的数字技术结构，来说明数字技术产业经济中技术的结构性影响。这种"新"体现在两个方面：一方面，传统产业结构理论缺乏技术经济基础。由于对生产力不敏感，没把技术结构作为产业结构的内生因素加以考虑，一旦数字技术产业经济中出现结构性变化，出现新的结构，便难以识别与适应。数据空间构成我国下一代数字技术产业结构的主要背景，数字技术产业经济学明确把数据空间作为理解数字产业结构的技术结构基础。

另一方面，本章探讨了产业结构生态化问题。传统产业结构理论是简单的线性结构理论，忽略了产业结构的复杂性。从传统机械论视角理解数字产业发展的结构现象，容易造成误导，例如，将操作系统等视为核心、高端基础加以孤立发展，"只顾红花，不顾绿叶"，会因整体生态不健全而导致"好花不常开"。在机械结构论的指导下，产业规划往往会造成"有心栽花花不开，无心插柳柳成荫"的现象，导致产业政策与实际发展脱节。

数字技术产业经济学引入生态的观点（演进生成的观点），重新看待技术结构与产业结构的技术经济关系，将数字技术产业结构理解为一个复杂的生态系统，力图推动数字技术经济产业向高端化、合理化和生态化方向发展。

总的来说，理论创新最终要将产业结构理论的基础，从原子论、还原论向系统论、生成论转变，以适应数字技术经济产业的演进与变化。

# 8.1 技术结构：从原子论到人机物结合的场论

## 8.1.1 数据空间与数据场

人类世界开始由社会空间和物理空间构成的二元世界转变成"人、机、物相互融合"的三元世界，社会系统、信息系统和物理环境构成了一个动态耦合的复杂巨系统。①

数据空间将发展人机物智能（Human Cyber Physical Intelligence，HCPI）。人机物智能亦称三元融合智能（Ternary Fusion Intelligence），反映了物理空间、信息空间和社会空间的有机融合，是人工智能未来发展的重要方向和前沿课题之一。②

根据数据空间的定义，人机物的网络互联产生了大量的数据，通过社会再生产，数据又作用于人机物，这一实践活动最终形成了人类活动的新空间。这说明，数据空间以实践活动，将客体的物理空间与主体的社会空间结合为主客统一体。

认知物理学研究引入数据场概念，尝试把现代物理学中对客观世界的认知理论引申到对主观世界的认知中，引入数据对象间的相互作用和场的概念，建立认知场，形式化描述原始的、混乱的、不成形状的数据对象间的复杂关联。③ 这为数据空间融合物理空间与社会空间，提供了交叉学科层面最基础的理论解释。

### 8.1.1.1 场是四要素的统一体

#### 1. 场（相互作用）是连接客观世界与主观世界的主要机制

场是连接客观世界与主观世界的桥梁，数据空间依靠场来实现相互作用。数据空间是依靠相互作用形成的"人类活动的新空间"，因此，数据场反映了数据空间的普遍规律。

---

① 李德毅，于剑. 人工智能导论［M］. 北京：中国科学技术出版社，2018.
② 王海涛，宋丽华，向婷婷，等. 人工智能发展的新方向：人机物三元融合智能［J］. 计算机科学，2020（Z2）.
③ 李德毅，杜鹢. 不确定性人工智能［M］. 2 版. 北京：国防工业出版社，2014.

物理学对客观世界的认识和描述，无论是力学、电磁学还是近代物理学等，都在不同尺度和层次上存在着相互作用和场的概念，近代物理学甚至认为，场是物质存在的基本形态之一，任何实物粒子都不可能脱离有关的场而单独存在。21 世纪认知科学发展的一个重要方向，就是把现代物理学中对客观世界的认知理论引申到对主观世界的认知中，我们不妨称之为认知物理学。①

认知物理学将物理学的场论引入数据空间，形成了数据场理论。数据场同样以物质、形式、能量和时间为四大构成要素，自然这四要素也适用整个数据空间及其技术体系的一般解释。

**2. 数据本身亦需以场论实现形式化描述**

认知物理学借鉴了物理学中场论的思想，将物质粒子间的相互作用及场描述方法引入抽象的数域空间，形式数据对象或样本点间相互作用的形式化描述。②

认知科学家和脑科学家认为，客观世界涉及物理客体，主观世界从认知单元和它指向的客体开始，反映主客观内外联系的特性。任何思维活动都指向一定客体，通过客体的存在，映射到主观意识自身的存在。人与环境的相互作用，包括人体的所有运动和感知活动，都会反映到人脑的神经活动中来。③

数据空间由四要素贯通数据要素技术体系，是由数据本身的性质决定的，是在技术上遵从数据自身规律的需要。

**3. 数据场的自然科学定义**

场是物质运动的空间，这意味着场不是空间本身，而是运动与活动的空间，空间也不只是物质的范畴，空间不能独立于时空而存在。

数据场是将物理粒子间的相互作用及其描述方法引入抽象的数域空间，其定义如下：

给定空间 $\Omega \subseteq R^p n$ 中有 $n$ 个对象组成的数据集 $D = \{x_1, x_2, \cdots, x_n\}$，其中，$x_1 = (x_i^1, x_i^2, \cdots, x_i^d)$，$i = 1, 2, \cdots, n$。每一个对象都相当于 $d$ 维空

---

① 李德毅，杜鹢. 不确定性人工智能 [M]. 2 版. 北京：国防工业出版社，2014.

② 同①.

③ 同①.

间中的粒子，其本身向其他对象辐射能量，同时也受到其他对象的联合辐射影响，由此在整个空间中确定了一个相互作用的数据场。

### 8.1.1.2　场论中的四要素

认知物理学认为，物质和能量是物理层面的真实存在，结构和时间是认知层面的抽象思维，是人类认知物质、能量存在和变化的状态参量。数据空间技术体系既是一个整体，又由具体的技术体系分支构成。它们分别可以由这四个要素得到一般性解释。

**1. 四要素是世界主客体关系的一般解释框架**

物质和能量是物理层面的真实存在。在人的精神世界里，常用结构表达物质在空间的拓扑与形变，用时间表达物质的运动与变化，反映能量的传递与转换。二者长期处于二元对立中，而数据以中介方式使客体世界与主体世界得到统一。

对数据空间技术体系来说，实现物理空间与认知空间的结合，要以数据要素为纽带，创造网络空间在人机物融合发展趋势下衍生出的新形态，其中，使数据实体、数据活动（包括数据的感知、传输、存储和处理等）及其相互之间的关系构成物理世界的数字映像或孪生，并蕴含现实世界运行规律；将数据应用运行于特定数据空间，以满足各类场景化需求，实现数据价值的最大化释放。数据空间技术体系为人类认知世界带来了全新的思维视角，同时也提供了探索客观规律、改造自然与社会的全新工具和方法，促进了实体经济与数字经济的融合。

**2. 四要素解释了构成数据空间的数据中介的特征**

数据空间以中介（数据场）的存在为特色，是人机物以数据场为纽带结合在一起的新空间，机器里的数字、符号和信息是大量的软构体，如同人在认知空间里表现出来的思想一样，它们"寄生"在硬构体或已有的其他软构体上，能被算力激活，实现自我引导、自我复用、自我迭代、自我复制或自我生成。人借助数据中介，增进自身适应与改造世界的能力，进一步发挥自身的潜能。

数据场作为一个中介体系，物质、能量、结构、时间在场论中的中介性质，可以从纵、横两个维度来理解：横的维度上，场是物理世界（物质、能量）与认知世界（结构、时间）的中介；纵的维度上，场是空间世界（物质、结构）与时间世界（能量、时间）的中介。它们形成排列组合的相互作用关系。

数据空间需要通过数据场这一介于应用与基础设施之间的"域"，将以往单一的数据管理系统领域逐步拓展至业务域、管辖域、信任域、时空域等多个维度和层次。为此，需要在 TCP/IP 七层架构中，在公共传输层与私域应用层之间建立中间层。首先，数据对象表示层，实现数据的调制功能，目的是将具体的私域数据从应用中抽象出来，用标识的办法使之进入使用流。具体来说，是在底层中化为具有数据标识和价值表征两类功能的协议层。其次，数由层，要具有数据路由、数据汇聚和语义融合的功能，实现应用与传输中间数据的相互作用。最后，供需控制层，实现数据的解调制功能，包括访问控制、权限管理、数据安全、数据隐私、数据溯源的功能，提供标识表征后的数据转换、还原回应用时的一致性保障。

对数据空间技术体系来说，在三元融合中，需要通过数据场，把计算过程的执行主体和对象客体融合在以数据场为中介的模块集合中，避免基础设施与应用脱节、技术供给与技术需求脱节、软硬件实体与人的活动脱节的倾向。

**3. 数据场中人的行为模式：从认知到实践**

认知物理学不但建立了一般世界模型（包括中介世界模型），而且构建了人的行为模型。

一方面，认知物理学中的认知，在认识论上解析出了双重认知功能，体现了人机结合中的认知双重性，即人的认知与机器认知的双重性。从这个意义上说，物质、能量、结构和时间，既是人类认知的核心要素，也是机器认知的核心要素。①

另一方面，人机物结合，不但是单纯的认识，而且体现了认知与实践的结合，人的认知与机器认知的结合，倍增了人类改造世界的力量。从这个意义上说，认知物理学又应该成为内生实践的认知物理学。

由此，可以把数据场对人的行为模式的重塑，理解为以数据为中介，打造认知能力与实践能力的增强模式。

---

① 李德毅，殷嘉伦，张天雷，等．机器认知四要素说［J］．中国基础科学，2023，25（3）．

对数据空间技术体系的意义在于，技术不仅涉及产学研，更涉及用，数据空间要全面提高产学研用的能力。数据空间要把应用深深地内置于基础设施的功能之中，要把高通量性能、高品质体验及全生命周期效率的意识内生于技术体系。

## 8.1.2 数据空间技术体系

数据空间及其技术体系的核心机理是相互作用机制，数据场理论为数据相互作用机理提供了基础性解释，它也是认知物理学的核心内容之一。

数据空间技术体系，包括未来网络、算力网、数据要素场和内生安全的技术体系，都可以从数据场理论得到基础性解释。不能认为数据场理论只能指导数据场技术，而要认识到它对于数据空间技术是普适的。

四要素可以为数据空间技术体系提供贯通性的基础理论解释。

### 8.1.2.1 数据空间技术体系的四要素

#### 1. 物质：实现实体功能的动态复用

在数据空间技术体系中，物质要素体现为两方面的实体存在，一是硬构体，如软硬件等技术实体，二是应用中的功能实体。在数据场中，这两种实体是通过数字孪生这种相互作用方式，以场的结构联系在一起的。

场的相互作用特性，在物质上表现为数据在互联互通中实现其结构（功能），以算力流动的高通量发挥数据能量，以数据功能替代、优化实体功能，实现目的（时序中的有序化）。

相互作用改变了基础设施的功能作用，具体来说，改变了数字基础设施中传统物质（如软硬件）起作用的方式，使它从静态转化为数据基础设施中的动态活动（如把存储中的死的数据变为内存中活的运算），以过程、应用、流动、行为等方式释放出数据的价值。

信息高铁以数据流动部分替代了实物流动，为流动性本身建立起了新的空间基础设施。在信息高铁的体系架构下，利用数据场和数据要素场的原子化封装、登记和标识、数据件构造等，以及算力网中的三元解耦，将这些功能作用在实体经济中的物质元素上，将物的功能（专用性资产），以数字化方式解耦出来，使物变为通用性资产并以数据方式流动起来，可以配置到更优的地方。

### 2. 结构：以场的方式推动功能优化

传统物质世界的结构，不是场的结构，而是机械结构。认知的结构作用，在于以线性认知建立物质世界的工具体系（性质上属于工具理性体系），以线性结构实现线性功能。线性结构下的工具体系，体现为机械结构决定机械功能，进而为能量驱动准备结构条件。

在数据空间技术体系下，数据结构不是建立在线性结构之上，而是建立在场的非线性相互作用结构上。通过数据分析，对物质世界进行结构映射，用数字孪生方式表示并部分取代物质结构的对应功能，例如，用波音飞机的数据结构模拟碰撞试验，替代同样功能的钢铁结构。

利用数据场的结构化方法，借助时间机制，在有序化目的的指引下，将物质和能量映射为认知空间里在不同时刻表现出来的拓扑结构和关系，从而用数据认知和把握物质、能量存在和变化的状态参量。需要指出的是，在数据空间，结构中的拓扑与形变是有目的的行为的结果，这种结果同时以目的（如要达到的应用需求目标）为动因。

数据场中的相互作用，表现为将物质空间映射为数据空间，将对于物理世界的认知转换为对于数据空间的认知。其中，对实体点采集数据形成数据点，设每个数据点所处的位置都是一个虚拟对象或者"质点"，其周围存在一个作用场，且位于场内的任何对象都受其他对象的联合作用。数字孪生以机器认知方式加以结构化，实现功能替代，优化资源配置。同时，在交互作用下，涌现是群体行为的一种表现形态。[①] 利用交互作用的新结构特征，有利于充分发挥数据要素价值关联释放、聚变释放、倍增释放的作用。

对信息高铁来说，其结构功能体现在未来网络中算力支持下的"数字孪生网络映射层"，支持数据要素作为新型生产要素释放应用的价值。这将带来人类工具体系的革命性变化。数据要素场作为信息高铁的功能实现场域，在新型生产要素作用发挥方面有着关键作用。

为了支撑数据的高效共享流通，数据空间技术体系需要在技术上做出一系列结构改变，以实现资源由专用向通用的功能转变。例如，将数据与应用解耦，并拓展为现有的互联网技术体系，使数据成为互联网上可独立标识、定位、发现和访问的资源。在此基础上，为了支撑各类数据应用，需要面向

---

① 李德毅，杜鹢. 不确定性人工智能［M］. 2 版. 北京：国防工业出版社，2014.

具体的领域和业务场景，按照数据所对应的物理实体的结构、关系来对数据进行管理和组织，使数据实体、数据活动（包括数据的感知、传输、存储和处理等）及其相互之间的关系构成一个物理世界的数字映像或孪生。①

数据空间技术在结构转型上的共同目标在于，将数据从系统—中介—应用中解耦出来，作为人与物之间相对独立的中介，使数据成为互联网上可独立标识、定位、发现和访问的资源，成为人与物相互关系的映像。促进数据相互作用，如跨域互联、互通、互操作（访问和使用数据），在基础层形成主体相互作用规则的"中台"化，为数据供方、需方、服务方等参与主体在业务、管理、信任等方面提供可自动执行的共识规则，使各方能够实现低成本、高效率、可信赖。

### 3. 能量：释放算力的潜能

传统能量是用于驱动机械的能量，如电能、石油。这种能量对应的是传统的线性结构。其特征，对于工业来说，是单一品种大规模生产下的批量制造，不需要考虑结构变化，只求能量充足（如发电量大）。数字基础设施支持的结构具有同样的特征，是那种并发数小、计算量大的任务结构（如私有云计算），其决定因素是计算速度。数字基础设施的能量往往表现为暴力计算的能力。现有的互联网、云计算、大数据、物联网等网络计算系统有一个共同点：系统平台提供"尽力而为"的基础设施，应用开发者减少各种无序波动，保障用户体验。

但对于数据空间和数据基础设施来说，算力才是真正的能量，算力以计算性能体现其能量。

有别于现有的网络计算系统，信息高铁有两个显著特征：一是在基础设施层对低熵提供有序性质的支持，降低各种无序混乱对用户体验的负面影响，从而显著提升应用品质、系统通量、系统效率；二是原生支持"人机物"三元融合，适应万物互联时代的各种应用。然而，这两个新特征难以通过现有系统的延续式增量优化实现，需要研究新的系统结构、抽象与方法。②

在高并发时代，能量变为算力的性能，算力是实现多样化效能的能量。

---

① 梅宏，黄罡. 可信数据空间：数据产业高质量发展的新动力［N］. 学习时报，2024 – 12 – 04.

② 徐志伟，李国杰，孙凝晖. 一种新型信息基础设施：高通量低熵算力网（信息高铁）［J］. 中国科学院院刊，2022：37（1）.

通量决定能力的量。数据场强调势能，场的机制的改变在于，要求能量从静态的力转为动态的力，强调力在过程、作用、活动、行为中体现出实效。

其中，高通量是指在实现高并发服务的同时，端到端服务的响应时间可满足率高；低熵是指在高并发负载中出现资源无序竞争的情况下，保障系统通量不急剧下降。

绝大部分具备高通量计算性能的设备是面向物理世界的物端设备，而不是桌面电脑和智能手机等人端设备。与包含数十亿设备的现有互联网相比，这些数以万亿计的信息设备将产生数量级增长的并发任务，需要信息基础设施数量级提升任务吞吐率。

### 4. 时间：以通量导向实现目标驱动

传统物理空间所理解的时间，是机械运动的惯性时间。数据空间的时间，从生成式 AI 的视角看，是生成的，体现了主体改变世界的能动性。生成的目的因，在于以时间方式在目标与结果之间建立能动的联系，以人的目的（目标）能动地指导以时间为尺度发生的行为。对数据空间来说，AI 系统应该是"目标驱动"的。

数据空间技术体系的目标驱动，应是通量导向。

针对高通量计算高吞吐、高利用率、低延迟的需求，我们需要把当前计算机体系的结构设计从"速度导向"转为"通量导向"，从而确保计算机系统在满足高吞吐、低延迟需求的同时还能实现高利用率。高通量计算机的核心目标是降低系统熵，即降低系统的不确定性，以及在提高系统利用率和任务吞吐量的同时，避免应用性能波动。[①]

通量导向将引领认知物理学的时间要素发生深刻变化，从面向过去的钟表时间转向面向未来的生成时间。时间是物质变化和运动顺序的表现，用来度量从有序走向无序的熵增过程，时序和交互产生负熵等。这些与实践的观点并不矛盾，因为实践的根本特征就是"目标驱动"产生负熵。要在顺应客观必然性的基础上，从数据场的相互作用中产生涌现生成的效果，这不是被动适应，而是主动创造。李德毅说，机器之所以能思维，是因为至少存在下一个时间周期使机器能继续去"想"。这个"想"，是生成活动在下一个时间周期的继续。

---

① 孙凝晖. 发展智能计算的道路选择［J］. 中国工业和信息化，2024（6）.

总之，认知物理学为数据空间技术体系提供了基本的要素框架，并提示了进一步整合的方向。在这个基础上，可以引入社会科学哲学以及经济学等不同角度的解释，进一步深化对问题的理解与把握，使数据空间技术体系与国家战略、经济发展、产业政策、理论研究进一步紧密结合起来。

同时，认知物理学本身也需要进一步发展、完善，需要广泛吸取来自理论与实践前沿的新知识。例如，加拉格尔新生成主义，对于形成数据空间的新认知观，就富有启示性。① 数据空间实践中的新模式，如前店后厂、双边市场等"数据场"类型的新模式，也需要及时吸收、总结。通过理论与实践的结合，完善数据空间的"中国方案"。

### 8.1.2.2　数据空间技术体系的场论解释

#### 1. 数据空间技术体系框架的场论解释

称解释框架而不称基本框架，是因为基本框架主要遵从制定者，解释框架只是从特定参照系角度重新进行的理论归纳。重新归纳是为了协调各部分框架的逻辑关系，并不改变它所解释的实体。

#### 2. 未来网络技术框架的场论解释

未来网络场的特征：一是表现在数字孪生网络映射层，提供了一个由原子空间向场空间转换的功能区，可以为要素复用提供技术基础，从而为价值的倍增释放提供技术条件；二是以应用服务为中心，实现面向业务全生命周期的网络智能生成与自动化决策管理；三是北向接口实现意图驱动由中间价值驱动向最终价值驱动的转变，南向接口实现网络可编程，使网络变成活的网络。

#### 3. 算力网技术框架的场论解释

算力和网络一直是计算机领域发展的两条主线。② 同样，在算力网技术体

---

① 新生成主义包含七大主张：第一，认知不是大脑中的事件，而是"分布"在整个大脑—身体—环境中。第二，世界的意义和行动者的意图不是预先给定的，而是通过认知、行动和社会互动建构的。第三，重视从生活世界获得意义的表征。第四，强调横跨脑—机—环境的动力系统的耦合和协同交互。第五，认知系统可延展到主体间和社会局域环境中，但延展不等同于功能扩展。第六，深思熟虑、反思和想象等更高阶的认知，与熟练技能的操作以及与环境打交道的具身性行动紧密结合。第七，复杂的认知功能不仅奠基于感觉运动系统的协同行动，还依赖于全身心的情感、能动性和认知主体多方面的协同交互。

② 马雷明，孙杰，欧阳晔. 算力网络详解（卷1）：算网大脑［M］. 北京：清华大学出版社，2023.

系内部，也全息地映射着"网络—算力"这一矛盾结构。算力网主要由枢纽、边缘构成，它虽然有软硬件特征，但与一般软硬件不同，它是构成算力基础的网络，重心是为算力服务，是为算力准备就绪的状态情况与条件。三元算力环境和算力调度的技术安排，则凸显了算力本身的特点（尤其是与云计算相比较），突出了与要素流通相对应的技术流通（算力流动）特性。云计算尤其是私有云，除了内部负载平衡，很少考虑算力调度与异构数据问题；同时，算力资源已作为成本沉没在本地，因此也没必要考虑算力的性能问题。三元解耦并网调度，则充分体现了场的流式特征，以及算力统筹平衡的行为特性。

全国一体化的算力管理架构，应把握 4 个平衡，即集约化平衡、一体化平衡、协同化平衡和价值化平衡。

首先，集约化平衡是指围绕国家枢纽节点集约发展，平衡利用通用算力、智能算力、超级算力等各类算力，提高资源利用率，减少重复建设，降低运营成本。

其次，一体化平衡是指打造全国一体化的算力调度平台体系，联通区域级、省级、市级算力调度平台，促进算力资源跨地区、跨行业高效平衡调度，实现高效互联互通。

再次，协同化平衡是指建立政府引导、市场化运作、全社会参与的协同推进机制，推动各类算力资源并网调度，促进算力与电力协同平衡发展，实现算力资源的优化配置，提高整体运行效率。

最后，价值化平衡是指积极推进数算融合，平衡计算速度与计算性能，通过数据资源、数据产品、模型算法的传输、加工、利用，激活数据要素价值，赋能数字经济高质量发展。

为此，需要构建包含资源生产、调度配给、运营优化、应用赋能、流通交易等环节的总体管理框架。同时，应加强产学研各方合作，开展共性技术研发及试验推广，打造国家级算力网实验场，推进资源协同，构建基于异构算力协同调度的高质量算力资源体系。

## 4. 数据要素场技术体系框架的场论解释

数据场是一个将物理学中场的概念引入和推广到数域空间的重要概念，它描述了数据对象之间的相互作用和分布规律。在物理学中，势能是一种能量形式，通常指由物体或系统之间存在的力产生的能量。在数域空间，每个数据对象都可以被视为一个质点，这个质点周围存在一个由它产生作用的空间，这个空间中的其他质点（其他数据对象）都受到该质点的影响，不论影响力度大小。这个质点产生作用的空间，就是一个数据场。

在数据场中，可以用矢量场强函数和标量场势函数来描述数据的分布和相互作用。标量场转换为矢量场，是通过梯度来描述的。

势函数，主要用于描述系统中物体势能的变化情况。它是一个与特定位置和特定时间相关的变量，通常用于描述物体在受到力的作用时的能量状态。简单地说，势函数可以理解为势能随空间位置而变化的函数。

势函数又称功效函数，是用来描述过去的资源投入在后来操作中可使用程度的函数。势函数一般是一个多元函数，输入是对应系统的各个位置坐标，输出是对应位置的势能大小。

将数据要素场技术体系放在整个数据空间技术体系中定位，可在功能层上区分为连接、流通、服务（释放）三大模块。

如果将数据空间技术体系中的大类——"数据要素场"进一步细分为数据场技术与数据要素场技术，那相对而言，数据场技术更偏技术（连接），数据要素场技术更偏经济（流通）。

（1）对数据场技术体系的概念整合：连接场

数据场技术是数据空间技术体系的一个环节，但这个环节本身又全息映射着全局的结构。例如，它本身虽处于功能层，但本身内部又有自己的设施和动能。

数据场技术独具的场域特征：

第一，聚变式处理体现了数据要素复杂性市场（如双边市场）的平台竞价均衡典型特征，这种特征将突出表现在利用交叉网络外部性充分实现价值创造上；第二，低熵化流通体现了场域的范围经济特征；第三，穿透式安全体现了对流变事物过程控制的特征（全过程管理）。

（2）对数据要素场的概念整合：流通场

数据场是现有计算机领域已有的概念，数据要素场则是一个全新的概念。这里的要素，是具有经济意义的要素，是一个经济概念。在总的框架中，数据要素场处于功能体层的位置。数据场更侧重技术，数据要素场则更侧重对经济要素的技术支撑，包括对这种技术经济支撑的管理。

从局部环节全息映射到全局角度来观察，数据要素场也有自己的设施、连接与流通层。

数据要素场实践的总体架构包括数据和算力两类节点，处于"位置"模块；节点部分通过高速确定性网络接入，处于"结构"模块。数据要素场由数据连接、数据流通、服务、释放等部分组成。其中，数据连接部分为动能层，用于登记、标识节点接入的数据，处于能力模块，处理的是静态对象；输出标准化数据件，进行聚合构造，则是一个动态过程。数据流通部分处于功能层，管理、分发处于静态的数据件并对其进行动态的控制、聚合。将服务定位在控制（评估）模块，主要是指为数据流通交易提供各类服务。"释放"部分构建应用场景，作为基础设施的应用环节，置于"活动"模块；"释放"经常发生在"前店后厂"的"后厂"之中，是数据要素场的实际发生空间或空间中实际发生的活动。

对于"结构"模块，现有的描述是"节点部分通过高速确定性网络接入"，这确实有结构的含义，但是对于要素来说，更重要的结构是市场，它是要素从技术转为经济的关键设施，需要有对应数据要素市场的技术架构。市场作为"结构"，从经济角度描述，可分为"市"（单边市场，即交易所或前店后厂中的"店"）与"场"（双边市场，即平台结构或前店后厂中的"厂"）。最具"场"的特色的，当然是"场"的部分，它的核心功能是数据交互。由此而论，对应"场"的技术架构，应是交互技术功能的实现，例如，前台中场景化的 UI（用户界面）设计、DDD（领域驱动设计）等。

从场论框架解释，数据要素场独具的场域特征主要包括：第一，数据件与聚合突出了能力、功效的场域特征；第二，"服务"更加强调行业、应用导向与场景牵引意义上的供需匹配；第三，使用控制将落实为按服务收费（例如，控制支付以实现空间贴现），这将是对行为、过程的收费，而不是对产品实体的收费。

### 8.1.2.3　内生安全技术框架的场论解释

内生安全技术与数据空间的结合点，在于数据空间的安全新范式。这种新范式应体现场的基本特征，总的方向应是从物的安全转向物与人实践连接的安全，为此强调安全的过程性、动态性、行为性、生命性等不同于静态安全状态的特性，体现数据空间是活动空间这一根本特征。

以人为中心是未来安全理念。不同于美国联邦网络安全计划提出的"网络弹性转变的新范式"，弹性（韧性）仍然指物理系统的本身特征，而数据空间意义上的以人为中心强调主体将行为、过程的能动性融入系统，在主客体共同作用下形成空间安全生命性意义上的弹性特征，如灵活、敏捷、柔性、场景。

内生安全的场的特征的主要表现：第一，内生安全以人为中心，强调把人的需求、动机、激励、行为和能力放在首位；第二，可信供应链和可信 AI 所说的可信，不同于物化的信用，是人化的信任，是深植于"陌生的熟人"这种社会关系之中的，而关系和信任正是社会资本市场的特征，需要发挥关系网络在形成上下文语境依赖的安全方面的作用；第三，建立内生安全赋能网络弹性系统工程，以系统的系统，即系统的有机化、生态化，充分实现复杂性系统的安全功能；第四，在反馈控制中，建立全生命周期的过程安全、行为安全体系。

内生安全技术最具特色之处在于它的结构安全策略，不依赖于外挂，而是强调结构内生的安全性；其场的特性，突出表现为平台异构化与应用多样化，具有场景生成的功能。

### 8.1.3　数据基础设施

#### 8.1.3.1　数据空间中的新型信息基础设施

人类正在进入一个"人机物"三元融合的万物智能互联时代，需要一种新型信息基础设施，即全球规模的高通量低熵算力网，可形象地将其简称为"信息高铁"①。数据要素场建立起介于基础设施与应用的场域，这时的"人机物"中的"机"，成为一个以数据为中介、具有相互作用性质与特征的新型信息基础设施，从而成为一个共享服务体系。

广义的数据基础设施指数据空间本身。《可信数据空间发展行动计划（2024—2028 年）》是国家层面首次针对可信数据空间这一新型数据基础设施进行的前瞻性系统布局。

数据空间建设要在基础设施层以算力流动方式提供对于应用的行为支持、过程支持、活动支持、使用支持、场景支持，以基础设施的形式呈现与实现

---

① 徐志伟，李国杰，孙凝晖．一种新型信息基础设施：高通量低熵算力网（信息高铁）［J］．中国科学院院刊，2022：37（1）．

对"人机物"相互作用的规则保障，最终实现数据的价值共创、资源交互、可信管控。

价值共创是数据资源循环运用的主旨，应构建具有场景牵引功能，能够支持数据全生命周期多主体围绕数据开放、共享、交易、交换进行协同的合作平台和设施。例如，与行业应用紧密结合，积极探索有利于数据要素价值创造与价值实现的共建共治共享机制，促进产业链从源头到终端数据共享、流通利用，探索数据驱动的产学研用结合机制，推动产业链从传统的链式关系向更为复杂和高效的网状生态关系转变。

资源交互是数据资源循环运用的基础，应实现数据资源底层封装、统一发布、高效查询以及跨主体互认，提升数据共享共用的整体效能。以高性能的算力网络，实现高通量低熵的数据流动，提高计算能力，推动公共数据、企业数据、个人数据深度融合应用。

可信管控是畅通数据资源循环的保障，需对数据空间内的主体身份、数据资源、产品服务等进行严格的可信认证，对数据流通利用全过程实施动态监管、实时存证以及结果追溯等，切实保障数据空间顺畅运转，并保证内生安全。在跨境数据空间建设中，需要建立起高效、便利且安全的数据跨境流动机制，有效降低企业数据跨境成本和合规风险，积极促进国际化数据有序流动与广泛合作。①

## 8.1.3.2 数据基础设施②有什么不同

最初级的基础设施包括道路、机场这一类的交通基础设施。"社会基础设施"则包括医院、学校等满足公共需求的基础设施。在数字化过程中，信息通信技术以及"云技术"等，都是数字化服务基础设施。与此同时，数字化过程中形成了大量的数据，这些数据可以被不断重用，人工智能技术就此诞生。人工智能技术与产业的发展需要大规模、高效率、低成本地获取数据，于是就需要构建服务于数据生产、流通和利用的数据基础设施。简单来讲，数据流通基础设施就是高效率地实现数据社会化利用（又称重用或流通利用）的基础设施。

---

① 梅宏，黄罡. 可信数据空间：数据产业高质量发展的新动力［N］. 学习时报，2024－12－04.

② 以下内容参考了张向宏团队的公开研究。

对数据基础设施，可以从两个层面来理解和认识。从个体组织（企业）角度来看，当前一些大数据企业积极推进"现代数据堆栈"，其实就是企业把内部运营的数据和外部数据结合起来，形成用于收集、存储、转移、转换、分析数据的智能集成系统的过程，智能集成系统就是企业层面的数据基础设施。在当今数据驱动发展的阶段，数据基础设施就是未来企业的核心竞争力。从整体社会角度来看，数据基础设施可以理解为"基础制度＋技术设施"。关于基础制度，"数据二十条"提出构建我国数据制度的要求，其核心就是将数据治理为高质量、可用的数据，形成高效合规的数据流通、利用秩序，实现数据资源的社会化配置和重用。这关系我们在制度上（包括标准、法律等）如何对待数据，配置产权，让数据从每个组织的系统中流通出来并被社会化使用。也就是说，我们需要建立适应数据特征的数据基础制度。数据是一种技术存在，在特定技术环境下使用，因而数据流通、利用还需要相应的技术设施。我们需要搭建一种数据技术架构，以支撑数据基础制度体系有效运行。

以上两个方面构成了整个社会的数据基础设施。它的目标是实现数据高效率、低成本的社会化利用，通过赋能社会个体，进而赋能整个社会，以实现全面数字化转型。

需要指出的是，数据基础设施这一概念也在不断发展变化中。这一概念实际上很早就被提出了，最早叫作 Data as an Infrastructure，也就是"数据作为基础设施"。其基本理念是数据是非竞争性的，数据有巨大的社会价值，所以数据本身就应该作为基础设施被全社会利用。"数据作为基础设施"就是说数据应当开放资源并加以利用。但是，后来人们发现，将数据直接作为基础设施，让大家自由使用，存在巨大的障碍。原始数据有时不能直接使用，为使其具备可用性，还需要有专门的"治理"过程，而这个数据"治理"过程需要投入很高的成本。因此，原始数据不能直接作为公共产品而让人们任意使用。数据越原始，其风险就越大，就越需要治理，也就越需要管控风险。国际社会已经开始探索数据风险管控，以实现数据有序使用。例如，欧盟的"数据空间"就是搭建不同数据持有者安全交换的通道。数据作为基础设施的另一个缺点，是数据使用者不一定有能力把数据转化为有价值的信息、知识或者行动。数据越原始，对于数据使用者处理数据的素养和技能要求就越高。这说明"数据作为基础设施"这一观念是行不通的。数据作为基础设施的理念，催生了"开放数据"（Open Data）实践，但经过探索，开放数据根本无法长期开展。因此，当前的公共数据开放有了两大理念转变：一是公共数据从无条件开放转变为有条件、受控开放，而有条件、受控开放就是数据流通；二是从原始数据的开放转变为产品化数据的开放。这两个转变事实上让公共数据无限接近于我们现在所讲的数据要素建设，让公共数据开放成为数据要素市场的重要组成部分。

数据基础设施的目的是最大化地实现数据的重用。以数据社会价值的有效实现为目的，设计治理数据的基础设施，在控制数据风险、协同各方利益的情况下，实现数据的社会化流通、利用，这是构建数据基础设施的重要内容。业务可行，以及有技术支撑、制度保障的商业和非商业的数据流通技术架构，是流通基础设施的核心。

那么，如何打造可信的数据流通环境呢？信任是交易、合作的前提。如果整个市场的信任机制已经建立起来，就可以减少机会主义、"搭便车"、滥用等道德风险。为了构建"可信数据流通的空间"，我们提出了建设可信的数据流通架构的思路。该数据流通架构以主体可信、流通数据可信与流通过程可信为基本逻辑。其中，主体可信，是指要设置一个门槛，对流通主体进行身份认证，从而在身份的信用管理方面形成一套既有门槛也有约束的机制。流通数据可信，是指进入流通的数据来源要合法，符合数据标准等。流通过程可信，是指数据流通的过程要安全、合规和可控。这三个逻辑是构建"可信数据流通架构"的基本原则。

## 8.1.4 数据要素场：技术与经济的结合空间

### 8.1.4.1 生态是与企业不同的物种

生态不同于企业之处是提供有偿共享服务。市场化表现在对外部性收费这一具体机制中。要从平台 + 应用这个全局综合考虑风险与收益。切忌脱离对中小企业应用的外部性贡献谈平台的垄断，或独立地只谈大企业的风险收益或只谈中小企业的风险与收益，要把二者联系在一起看。

从数据空间的观点看，企业问题变成了生态问题，这是最大的改变。生态有自己不同的价格机制，从功能上说，最大的改变是可以将数据外部性从市场之外转到市场之内，从而把数据生产力解放出来，极大地推动新兴产业、未来产业的发展。

我国发展数据空间，实现数据要素市场化，从苹果先行实践得到的最大启示，就是要从只收一次费变为收两次费，极大地解放挣钱的生产力。收一次费，就是直接买卖。比如，过去苹果卖手机，一手交钱一手交货，或者运营商收上网费（管道费），一手交钱一手交货。这些都是单边市场的做法。生态的本质，是把市场分成两半，一半是市，另一半是场。这个场，就是学术上所说的双边市场。它的商业本质，就是收第二次费，收完了管道费，再收流量中买卖双边进行买卖的费。这在管理学上称"帮助用户成功"。这收的第二次费，在学理上称为倾斜式定价。

"苹果税"中包含着倾斜式定价的，实质，是藏在后面的以生态的方式收费并获得生态效益的机会。

把"苹果税"问题从企业问题中摘出来，变成一个生态问题，换个视角重新观察，意义就显现出来了。"苹果税"是一个复杂且多维度的问题，从企业视角看，它不仅涉及经济和法律层面的考量，还涉及市场竞争、公平性、技术创新等多个方面。

"苹果税"本质上是一种生态税（费），而不仅是企业税。从"苹果税"信息中要观察的新动向在于，未来生态提供共享服务以获得多少回报为好。"苹果税"涉及数据经济市场化定价问题的核心。

但换一个视角，从具有外溢效应的生态的立场来看，很可能变成"平台与 App 分成与风险—收益的关系是怎样的"这样一个问题。特殊点在于，它回答的是一个未来型的问题，在未来的数据经济中，当风险不可避免时，在产业生态层面应如何处理风险与收益的平衡。

平台与 App 的分成关系体现了风险—收益的平衡，其中，平台通常承担较高的初始投资和运营成本，App 开发者则面临市场接受度、技术挑战等风险。通过合理的分配机制，双方能够共享收益，并在一定程度上共担风险。这种模式有助于鼓励创新、促进服务优化以及维持健康的市场竞争环境。

与孤立企业的风险收益分析不同，平台与 App 开发者间的分成关系通常以双方在提供服务或产品过程中的贡献和承担的风险为基础，需要特别考虑企业本身所不考虑的双方相互提供外部性这种关系，并在风险－收益的平衡中内生"外部性互补"这一生态关键因素。主要体现在以下两个方面：

一是风险分担。平台通常需要承担较高的初始投资、运营成本以及市场推广等费用。这些成本可能包括服务器维护、系统开发、内容审核、客户服务、法律合规等费用。开发者主要承担试错风险。Apps 在开发应用时，主要面临技术挑战、市场需求预测错误、用户接受度低、竞争激烈等因素构成的风险。

从风险的性质来看，平台的风险主要来自生态固定投入，首先要求固定资产保值，然后才考虑从高风险对应的高收益中获得某个比例的（低固定资产风险型的）增值。Apps 方往往不承担平台风险，而是更多地承担增值业务的风险。不同比例的收益，本质上应对应不同性质的风险。

二是收益分配。首先要考虑基础服务与增值业务的不同贡献：从增值业务收益分配来看，"超过95%的营业额与销售额完全归开发者所有，不需支付任何佣金"这种说法是不准确的。应该说是多数经营效果不显著的应用（占到95%以上），因为销售收入没有达到规模不需支付佣金。可见，这与应用的收入规模具有内在联系。需要指出的是，超过95%的 Apps 实际为另外5%的 Apps 承担了试错风险，较大规模应用的收益中还有这部分风险的贡献，这是对应高风险的高收益。

平台收益也可分两类：一是在共享经济模式中，平台会采取成本补偿的方式索取所分享的固定资产服务回报，以确保能够覆盖其运营和固定成本；二是对重资产为轻资产带来的贡献，更侧重于利润分享，尤其是在创新或高价值服务领域。

### 8.1.4.2 数据要素市场的收费机制：市场化生态价格机制的启示

生态价格机制就是场的收费机制，或者更明确地说，是数据要素场的收费机制。人们一看到数据要素市场化，首先想到的就是传统的市场，而不是生态。传统市场就是市场中的"市"，如场内交易、数据交易所等，这些虽然也会发展起来，但不是主要的。更有时代想象力的做法来自市场，尤其是市场经济发达地区的市场。

如果把市与场当作一对相反概念来比较，市有点像波粒二象性中的粒，场则是波粒二象性，加入的不同的东西，就是波。具体到收费，初始的思路是，能不能有一种系统的方法，对流程（包括行为、过程、活动）进行建设和收费，这不同于把一切变为东西后再卖的思路（例如，一定要把数据要素变成可见的东西挂在架子上卖）。举例来说，人工智能高度依赖算力，但算力怎么卖出去呢？怎么才能收回钱呢？算力是个流，它可以寄身于东西（例如，硬盘），但不是东西本身。有这样一种办法，对这种看不见、摸不着的流，不用把它有形化（例如，变为知识产权这种有形的"东西"）后再收费。"苹果税"实际是从云收费模式中演化出来的，概括地说，云模式就是对看得见的产品（"东西"，如I、P、S、D等）不收费，专对看不见的服务（如SaaS中的第二个S）收费。这把人类从低端产品业态解放到了高端服务业态。苹果不对应用内的广告收费，在资本人的概念里，广告费是基于产品业态而生的费。他们要的是服务费，即对看不见、摸不着的"空气"（比喻行为、过程）收费，因为它可以反复地收，而且是"坐收"。

"苹果税"相对于云服务的创新在于，它把看不见、摸不着的东西（如用户流量）用场的方式"圈"了起来。将来的数据要素场，也要在数据交易所这种做法之外，学习苹果，利用双边市场这种场的做法。

苹果什么也没有做，是怎么对看不见、摸不着的"空气"收费，成为大企业的？其实并不是苹果什么也没有做，苹果"做"了一个从传统观念上看不出来的东西，即市场中的场。场与市不同，它不是捕捉粒的地方，而是专门捕捉波的地方，把波变成钱，用行业术语，就是流量变现，我们将其定义为（在双边市场中）可以带来销售收入的（双边）交互。

苹果的收费模式是按使用效果收费（注意，不是按使用收费，那样就与租赁没有区别了）。使用效果在哪发生？在过程、流动、活动、行为中发生。为过程、流动、活动、行为专门搭建的基础设施（或称数据要素场），就是双边市场这种场。

背后的价格机制是一种特殊的资产空间贴现机制（详见我们提出的DCAPM——数据资本资产定价模型）。空间贴现专门针对的是"场"，时间贴现专门针对的是"市"。它们好比人体的气、血（无形、有形）两套通道系统。苹果为什么不想做金融而死守支付？因为支付是数据要素场总的"任督二脉"，支付的作用就是空间贴现。假设数据空间中有100个节点，已知无效节点95个，有效节点5个，但不知这5个有效节点是哪5个。支付的作用就在于，通过销售收入的结算系统，想都不用想，直接算出谁（哪些节点）的销售效果好，谁没有销售效果，然后以会员费、使用费的方式把投资给"贴现"出来。

生态价格机制，也就是场的价格发现机制，被梯若尔总结为双边市场理论。其中的结论，简单来说，就是对看不见、摸不着的流，可以以会员费与使用费的方式来收费。会员费收回的是生态场的固定成本，如形成数亿流量的流通基础设施，是用来补偿外部性投入的成本，起保值作用；使用费收回的则是生态场的可变成本部分带来的溢价和增值（也就是 5% 的部分）。

梯若尔解决了要素场定价这一关键问题，即解决了市场经济体制从固定的市向流动的场转变的价格机理问题。对流动的事物收费，与几百年来制造业的经验完全不同，就像在流动中的河（流通基础设施）里钓流动中的鱼（场景应用）一样，要在类似水闸这样的枢纽上做文章。价格机制也有这样的枢纽，苹果通过"苹果税"真正做到了。

### 8.1.4.3  "苹果税"适合由苹果来收吗

我们的立场是生态而不是平台。生态等于平台 + 应用，只有平台一头，是撑不起整个生态的。我们说的场，也是由平台企业与应用企业共同构成的利益共同体。从这个角度讲，平台经济这个说法是有毛病的，更好的说法是生态经济，平台与应用共同组成生态，二者优势互补、共同发展。经济是个整体，平台只是其中的 1/2。平台经济这个概念容易让人误会成经济这个整体只由其中的 1/2 决定，而另外 1/2 不起作用，也不加以考虑。

平台作出合宜判断的立足点应该是代表共同体利益。平台一旦不再是生态的平台，而与私人企业画等号，那整个生态就会出现悲剧。当然，我们最希望看到的是，代表先进生产力的平台自觉意识到生态与企业的不同，站在生态立场上想事情，做一个生态化的企业。

具体到数据空间中数据生态系统的市场价格机制（主要是"场"的价格机制），它不仅涉及平台收费机制，更涉及未来市场经济体制改革在数据这个主题词上的方向，需要站在一定的高度来把握。我国现行的政策是，支持平台免费提供基础业务服务，从增值服务中按使用效果适当收取租金以补偿基础业务投入。请注意，这里包含一个苹果定价机制中没有的概念——适当。何为"适当"？有关政策解释是，鼓励数字化生产资料共享，降低灵活就业门槛，激发多样性红利。背景是推动云服务基础上的轻重资产分离合作，鼓励平台企业创新"轻量应用""微服务"，对中小微企业开展低成本、低门槛、快部署服务。从中我们可以隐约看出，如果苹果这样的企业能够自觉地做到适当，那"苹果税"还可以由其来收。但如果对生态没有自觉，做不到生态标准上的适当，那就会给自己招来竞争者与替代者。这也是生态中适者生存规律的作用。

## 8.2　产业结构：从高度化、合理化到生态化

以技术经济学视角研究产业结构，分析中要运用"技术－经济"二元结合的视角。不但需要从新的技术视角——数据空间的视角使产业结构具有数字时代的时代性，而且需要改进经济视角本身，加入生态化的视角，体现复杂性理论的分析优势。

产业经济学中的产业结构理论，历史悠久。配第在 17 世纪第一次发现世界各国国民收入水平的差异，以及各国处于经济发展不同阶段的关键原因是产业结构不同。他在《政治算术》中就通过考察得出结论：工业比农业收入多，商业比工业收入多，即工业比农业、商业比工业附加值高。

克拉克建立起了完整的、系统的理论框架。他在《经济进步的条件》一书中，通过对 40 多个国家和地区不同时期三次产业劳动投入和总产出的资料进行整理和比较，总结出劳动力在三次产业中的结构变化与人均国民收入的提高存在一定规律性的结论。

在经济学领域，产业结构这个概念始于 20 世纪 40 年代。产业结构理论在 20 世纪五六十年代得到了较快的发展，此时期对产业结构理论研究做出突出贡献的代表人物有里昂惕夫、库兹涅茨、刘易斯、赫希曼、罗斯托、钱纳里、霍夫曼、希金斯及一批日本学者等。

这一时期产业结构可以从两个角度来考察：一是从"质"的角度动态地揭示产业间技术经济联系与联系方式不断发生变化的趋势，揭示经济发展过程中国民经济各部门起主导或支柱作用的产业部门不断被替代的规律及相应的"结构"效益，从而形成狭义的产业结构理论；二是从"量"的角度静态地研究和分析一定时期内产业间联系与联系方式的技术经济数量比例关系，即产业间"投入"与"产出"的量的比例关系，从而形成产业关联理论。广义的产业结构理论包括狭义的产业结构理论和产业关联理论。

数字经济兴起后，传统的产业结构理论日益暴露出还原论、线性分析的局限。技术实践表明，简单系统只抓主要矛盾而忽略次要矛盾的方法，与数字技术生态发展不相适应。谷歌、苹果操作系统的强大，只是成功的一个方面，广大的生态应用，使它们成为产业生态的聚合者，从而战胜了那些不注

重生态建设的竞争者。此时，与技术复杂性相适应的生态复杂性的思想，开始逐渐进入产业结构理论的视野。产业结构生态化研究在产业经济学研究中异军突起。在产业结构方面形成的主要共识，是在产业结构高级化、合理化的同时，加入可持续化这一标准。

最初，这一理论建立在生物学和环境保护理论基础上。随着产业生态学的发展，一些学者开始从产业经济学的角度界定产业结构生态化。学者们更多地开始从产业经济学的角度界定产业结构生态化，他们认为，产业结构生态化就是依据产业生态学的原理，通过调整不合理的产业结构，提高资源利用效率，减少环境污染，实现生态与经济的协调发展（戴锦，2004；高全成，2006；宋海洋，2012；嘉蓉梅，2012；魏学文，2012）。

产业结构生态化在新结构经济学研究中发展较快。研究涉及产业结构理论的主题，从产业结构高级化和合理化发展，发展到生态化发展。产业结构高级化，是指产业结构水平发生质的变化，产业规模逐渐由小变大，产业结构水平由低到高，产业结构联系逐渐由松散变得紧密，产业附加值逐步提升等；产业结构合理化，是指在一定的经济发展阶段上，根据资源条件和消费需求实现资源在产业间合理、有效地利用。二者主要考虑的是产业结构的经济效益，广义的产业结构生态化则是在调整产业结构的过程中不仅实现产业结构的高级化和合理化发展，还兼顾生态效益，将产业结构可持续化也纳入考虑范围（孙献贞，2018）。

一些学者从新结构经济学的理论出发，认为产业结构生态化是一个经济体的产业结构依据不断变化的要素禀赋结构调整的过程，在这个过程中，依据地区当前所特有的要素禀赋结构决定的比较优势来调整产业结构，优先发展具有生态比较优势的产业，从而提高产业结构生态化水平和经济发展水平，增加资本积累，进而带来地区要素禀赋结构的升级。这样就形成了"要素禀赋结构升级—产业结构生态化水平提高—经济发展水平提高—要素禀赋结构升级"的良性循环，最终形成生态型产业结构。①

陈维宣认为，产业结构生态化既含有产业结构合理化的内容，又含有产业结构高级化的成分。不同生态绩效水平产业的交替发展、产业间生态关联

---

① 孙献贞. 基于新结构经济学的产业结构生态化演进研究［D］. 天津：天津商业大学，2018.

程度和协调能力的提高，以及生态要素在产业间的合理配置与流动，是产业结构合理化的部分，提高生态要素生产率及其增长率则是产业结构高级化的部分。但是，产业结构生态化又不完全等同于产业结构合理化与高级化。由前面的理论解释可知，产业结构合理化是一般意义上的产业交替发展、关联程度和协调能力的提高以及要素配置的改善，产业结构生态化则仅指其中生态要素和产业在生态效率水平上的发展、关联与协调。同理，产业结构高级化也指一般意义上的更高层次产业的发展、产业多样化和要素生产率及其增长率的提高，产业结构生态化则仅指其中生态效率较高的产业所占份额的提高和生态要素生产率及其增长率的改善。① 产业结构生态化与合理化、高级化的关系如图 8－1 所示。

**图 8－1　产业结构生态化与合理化、高级化的关系**

　　产业结构生态化的另一个理论来源是生态位思想。② 马歇尔曾说，经济学只不过是广义生物学的一部分。自然生态学家 Johnson 最早使用"生态位"一词，他提出，同一地区的不同物种可以占据环境中的不同生态位。美国生物学家魏泰克将生态位定义为，每个物种在群落中的时间、空间位置及其机能关系，或者说群落内一个物种与其他物种的相对位置。该定义既考虑了生态位的时空结构和功能关联，也包含了生态位的相对性。他认为生态位有利于生物在进化中获得最大生存优势，避免不同物种恶性竞争。共存、错位竞

---

① 陈维宣. 产业结构生态化的理论解释与定量评价 ［D］. 天津：天津商业大学，2016.
② 张光宇，张玉磊，谢卫红，等. 技术生态位理论综述 ［J］. 工业工程，2011，14（4）.

争的双赢和多赢模式是千万物种不断繁衍进化的原因。技术生态位的思想从生态位思想中演化出来，出现在演化经济学和技术管理学中，随后有学者对技术生态位和市场生态位进行了比较和联系。值得注意的是，生物学中的生态位与数据空间对数据场的描述具有内在一致性。

　　已有学者将数字经济对产业结构生态化的影响纳入研究。伍云涛等的研究认为，数字经济已成为推进产业结构变迁与经济高质量发展的重要引擎。①他们测度了 2011—2019 年我国 278 个设区市的数字经济与产业结构生态化水平，并以市场化水平与政府环境关注度分别指代"有效市场"与"有为政府"，在此基础上进行实证研究，结果发现，数字经济显著提升了产业结构生态化水平，这一结论在用工具变量检验之后依然成立；"有为政府"对数字经济促进产业结构生态化的调节作用呈非线性变化趋势，表现为前期促进、后期抑制；"有效市场"可以强化数字经济对产业结构生态化的促进作用，市场化水平与数字经济对产业结构生态化转型起合力推进作用。

---

　　① 伍云涛，王超. 数字经济赋能产业结构生态化转型研究［J］. 法制与经济，2023，32（1）.

# 9 数字经济的产业生态

　　将数字经济理解为数字产业化与产业数字化，标志着产业结构理论的一种转向：看待产业结构的视角，从机械论（简单系统理论）转向生态论（复杂系统理论）。

　　产业结构生态论的特征，是将产业理解为一个全生命周期现象，把数字产业化理解为起点，产业数字化理解为终点，数字产业化和产业数字化形成一个生命周期闭环。

　　对产业政策来说，把产业结构理解为一个生态结构，意义在于把供给与需求有机联系起来，把供给源头的技术与需求终点的应用当作一个有机的市场供求循环，克服技术与市场在结构上脱节的问题。

　　工业时代，在产业结构高级化思路的指导下，有计划重工业与轻工业比例关系的理论，但从来没有将工业产业化与产业工业化联系起来理解产业结构的理论。虽然有农业产业化这种局部实践，但没有将其上升到产业结构理论的高度来总结。

　　美国信息学家马克·波拉特在1977年提出关于第一信息部门、第二信息部门划分的理论，相对于第一信息部门，第二信息部门指的是提供内部消费用的一切信息服务的政府和非信息企业。这是第一次从产业生态结构角度理解信息经济的内在生态逻辑。

　　进入数字时代，产学研用脱节成为制约数字经济发展的重要结构性原因。这种脱节有各种表现，而产业结构上的表现，就是没有把数字技术供给部门与数字技术需求部门作为一个生态共同体，建立起有机联系。

　　在成熟的市场经济国家，即使没有成熟的产业结构生态理论作指导，企业也会自发地平衡应用与研发的关系，更不用说有意识地进行军品与民品研

发应用循环的规划（如美国）。但在我国这样一个从计划经济走向市场经济、
国企央企主导行业走向、产业政策指向作用明显的国家，如果产业政策没有
产业结构生态论的指导，很容易自发地走向研发与应用的脱节。

历史上，我国电子工业发展"抓应用，促发展"的产业政策导向，可以
视为产业结构生态思想的最初体现，并最终形成数字产业化与产业数字化生
态互补的数字经济生态化思想。信息基础设施的提速降价，就是从产业生态
全局出发制定的产业政策。互联网红利可以视为市场对数字技术产业提供的
社会外部性的自发补偿①，这标志着产业结构生态论在实践中的成熟。组建国
家数据局，更是第一次把应用当作相关产业政策的指向，予以明确（如《"数
据要素×"三年行动计划（2024—2026 年）》提出"场景需求牵引"的应用导
向思路）。

在这个背景下再看数字技术产业经济，需要从产业结构理论本身的演化
中理解产业结构生态化趋势，从而全面理解产业结构的内涵与机理。本章用
相当多篇幅来描述以往被忽视的最终应用部门的经济，用意就在这里。

## 9.1  数字产业化

### 9.1.1  信息通信技术产业

数字技术经济学中的数字经济，等同于数据经济、智能经济、信息经济、
网络经济这些概念。从概念沿革角度，我们以信息经济统称。

根据信通院的研究，数字经济可以分为数字产业化与产业数字化两部分。
其中，数字产业化主要指信息产业或 ICT 产业的发展。

日本学者认为，信息产业是一切与各种信息的生产、采集、加工、存储、
流通、传播和服务等有关的产业。② 我国乌家培教授认为，信息产业是从事信
息通信技术设备制造以及信息生产、加工、存储、流通与服务的新兴产业部

---

① 只是由于电信运营商自我定位限制（自我限制于管道业务），没有对外开放中台
服务，对接前台双边市场，而错失了社会对提速降价的外部性进行市场补偿的机会。但从
总的数字技术产业来看，竞争政策与产业政策的效果错进错出，基本是平衡的。

② 靖继鹏. 应用信息经济学［M］. 北京：科学出版社，2002.

门①，一般由信息设备制造业（硬件业）和信息服务业（含软件）构成。也有学者侧重从产业结构上给信息产业定义，如司有和教授就认为，信息产业就是以信息为产业活动的对象，以信息产品和信息劳务提供为产出，供用户进行信息消费的产业的总称。②

陈禹认为，信息产业应该分为信息通信技术和设备制造业、信息服务业，信息服务业又分传统信息服务业和现代电子服务业，每个产业下又有分支产业。③ 胡继武认为，信息产业应按信息开发、传输、服务和消费等状态分类。④ 与胡继武的观点类似，乌家培等认为，信息通信技术的四大子技术产业化后，就对应产生四大信息子产业，即信息处理产业、信息传输产业、信息获取产业和信息应用产业。⑤

还有其他一些学者对信息产业进行了分类，如陶德言⑥、左美云⑦、陈禹和谢康等⑧，他们都有各自的分类方法，应该说，这些学者的分类方法都有其道理和科学性。

根据信息通信技术的软硬分类法，笔者认为，也可以对信息通信技术产业即信息产业进行软、硬分类。信息通信技术产业的软、硬分类法虽然是首次提出，但从技术经济学和数字技术经济学的研究角度出发，也是可行的和恰当的。

信息通信技术产业即信息产业，可分为硬信息通信技术产业和软信息通信技术产业。硬信息通信技术产业又分为 5 类：一是计算机类及其设备制造业，包括计算机整机及其辅助设备、计算机零部件（如中央处理器、键盘、显示器、硬盘、电源、未包含信息的磁盘和光盘等）及其设备制造业；二是通信设备类制造业，包括电话机、电视、传真机、数据交换机、手机、电视与广播发送设备等制造业；三是电子与半导体类及其设备制造业；四是科学

---

① 乌家培.经济　信息　信息化［M］.大连：东北财经大学出版社，1996.

② 司有和.信息产业学［M］.重庆：重庆出版社，2001.

③ 陈禹.信息经济学教程［M］.北京：清华大学出版社，1998.

④ 胡继武.信息科学与信息产业［M］.广州：中山大学出版社，1995.

⑤ 乌家培，谢康，王明明.信息经济学［M］.北京：高等教育出版社，2002.

⑥ 陶德言.知识经济浪潮［M］.北京：中国城市出版社，1998.

⑦ 左美云.知识经济的支柱：信息产业［M］.北京：中国人民大学出版社，1998.

⑧ 陈禹，谢康.知识经济的测度理论与方法［M］.北京：中国人民大学出版社，1998.

仪器类及其设备制造业；五是其他信息设备制造业。软信息通信技术产业则可分为 3 类：一是软件产业，包括各种信息系统、各种软件（如数据库软件、办公软件、企业管理软件、社会信息管理软件等）产业；二是信息通信技术服务产业，包括各类图书馆、情报中心、博物馆、文化教育、科学研究、电话、电视、广播通信、邮政电信、互联网、局域网、社会经济信息服务、影视服务、电子数据交互服务、网络接入与网站域名服务、电子邮件、专业咨询服务等服务类型的信息通信技术服务产业；三是信息通信技术解决方案产业，包括系统集成解决方案，软硬件综合服务，信息通信技术解决方案，信息开发、加工、利用和发展等过程中有关信息通信技术的管理制度和方法等产业。

数字产业化的进一步发展，是数据产业化。与数字产业化的 ICT 产业重心在软硬件不同，数据产业化指将 ICT 产业的重心放在数据资源开发上，包括与之相关的软硬件建设上，如量子芯片、算力网、人工智能技术等的产业化。

## 9.1.2　数据产业

### 9.1.2.1　数据产业含义

数据产业是数据要素化发展新阶段的一种新型产业形态，是数据资源、数据技术、数据产品、数据企业、数据生态等集合而成的新兴产业。具体来说，数据产业是利用数据技术对数据资源进行产品或服务开发，并推动其流通应用所形成的新兴产业，主要包括数据采集汇聚、计算存储、流通交易、开发利用、安全治理、数据基础设施建设和运营等环节。

### 9.1.2.2　数据产业构成

数据产业由数据资源、数据技术、数据产品、数据企业、数据生态五大要素构成。其中，数据资源是指以电子或者其他方式记录的，可以被识别、采集、加工、存储、管理和应用的原始数据及其衍生物。数据技术是围绕数据"采存算管用"全生命周期不同环节，对数据进行采集存储、加工分析、流通交易、应用治理等处理的各种技术的总称。数据产品是指运用大数据、人工智能、区块链、隐私计算等各种数据技术，在数据全生命周期各环节对数据资源进行加工处理，形成的不同级次、不同形态的产品和服务。数据企业是指以数据为关键生产要素，运用数据技术，对数据资源进行加工处理，形成数据产品，并对外提供流通交易和开发利用服务的企业。数据生态是指在产业上下游链条上、大中小企业之间，或一个区域内，数据资源、数据技术、数据产品、数据企业等数据产业各环节所形成的相互依存、相互支撑的产业体系，包括数据资源生态、数据技术生态、数据企业生态和数据产业生态4种类型。

### 9.1.2.3 数据产业主体

数据产业主体指以数据采集汇聚、加工分析、流通交易、开发应用、安全治理，以及数据基础设施建设和运营为主业的各种企业，主要包括数据资源企业、数据技术企业、数据服务企业、数据应用企业、数据安全企业、数据基础设施企业6类主体。

### 9.1.2.4 数据产业特征

随着经济社会进入数据要素化发展新阶段，数据产业表现出与其他产业不同的7个方面的特征。

第一，数据资源是数据产业的核心要素。一方面，随着数据要素在社会生产中的广泛而深入的应用，其协同优化、复用增效、聚合增值、融合创新等乘数效应得到充分发挥，技术、资本、劳动力等传统生产要素的价值潜能得以更加充分的释放，社会生产效率极大提高；另一方面，各种技术、产品、企业都围绕数据资源进行迭代、升级、创新，形成以数据资源为核心的技术体系、产品体系、企业体系和生态体系，构建起新型的数据要素产业形态。

第二，数据技术是基础要素并快速迭代。一方面，数据技术是数据产业的基础要素。以人工智能、大数据、云计算、区块链、隐私计算等为代表的数据技术，在数据"采存算管用"全生命周期各环节发挥各自不同的作用，推动数据资源在各行各业场景中广泛应用，数据要素的协同优化、复用增效、聚合增值、融合创新等乘数效应有效发挥。另一方面，数据技术具有快速迭代的特点。人工智能、大数据、云计算、可信数据空间、区块链、隐私计算等数据技术表现出迭代周期更短、技术性能更强等特点，并且数据领域的颠覆性技术出现概率更大。

第三，数据产品种类繁多并不断升级。一方面，数据产品种类繁多。既有原始裸数据，也有脱敏数据，还有指数、核验、报告、模型、智能服务等数据应用产品和服务；既有静态展示型数据产品，也有动态交互型数据产品；既可以是自建商业智能数据分析平台，也可以是对外服务的商业型数据产品，还可以是个人型数据产品；既可以是一般数据产品，也可以是平台型数据产品，还可以是工具类数据分析展示产品，以及算法类数据产品等。另一方面，数据产品具有持续升级的特点。大多数依附于数据技术形成的数据产品和服务，会随着数据技术的不断更新迭代而快速升级，并且升级后的数据产品功耗水平更低。

第四，数据企业龙头引领并共生发展。一方面，数据龙头企业是引领全球数据产业发展的主力军。另一方面，数据企业具有大小共生、相互依存的特点。

第五，数据生态多维构建并相互融合。一方面，数据生态包括数据资源生态、数据技术生态、数据企业生态和数据产业生态等多维层次和不同类型。另一方面，多维数据生态常常表现出融合发展的特点。

第六，数据动态安全和全过程可信安全。一方面，数据安全具有动态安全的特点，保障数据大规模、快速度、高通量流通应用过程中的安全可信已成为必然趋势。另一方面，数据安全具有全过程可信的特点。数据安全涉及数据采集存储、计算分析、流通交易、开发利用、应用治理等全生命周期各环节的可信安全互操作。

第七，数据基础设施具有继承、创新和覆盖的特点。首先，国家数据基础设施（NDI）具有全面继承性的特点。NDI对传统网络基础设施和算力基础设施具有全面继承性。其次，NDI具有鲜明的创新性特点。NDI正在创新出全国一体化算力网、国家软件基础设施和国家数据空间基础设施等新型基础设施。最后，NDI具有广泛覆盖性的特点。国家数据基础设施横向上覆盖数据"采存算管用"数据全生命周期各环节，对数据采集、汇聚、加工、共享、开放、运营、交易、存储等业务形成全面支撑，并形成了一批新型国家数据基础设施。

## 9.2 产业数字化

### 9.2.1 产业技术应用与转型

产业技术应用与转型，反映了产业数字化的基础性含义，即产业效率的改进。传统产业经济学所说的劳动生产率，只反映了效率的一个方面，即工业技术效率或工业化效率的提高。但鲍莫尔暗示还存在服务业（乃至服务化）的特殊效率问题，这启示人们关注产业数字化不同于产业工业化的特有效率问题，也就是多样化效率或服务化效率问题。

### 9.2.1.1　农业多样化与效率改进

**1. 农业服务化要解决的问题**

从生产方式来看，农业家庭经营是按一产的生产方式发展农业，农业产业化经营是按二产的生产方式发展农业，农业服务化经营则是按三产的生产方式发展农业。

如果说农业产业化主要解决农业的社会化大生产（规模经济）问题，"互联网＋农业"则更多的是在农业产业化的基础上，进一步解决农业家庭经营的多样性价值与精准对接市场的复杂性要求之间的矛盾。例如，农业名特优新产业具有较高的附加价值，互联网可以有效降低订单农业的复杂性成本（传统订单农业可以处理简单情况，但难以应对复杂情况），在农业领域解决多样性价值与复杂性成本的矛盾。

从更广的背景来看，在通过农业产业化提高农业生产率的基础上，进一步提高农业现代化水平，需要由信息化提供新动力，依托互联网平台开辟更适合农民增收的增值渠道。推动"公司＋农户"向"网络＋农户"转变，有效化解产业化条件下公司与农户的利益矛盾，让农民与增值业态直接结合。"互联网＋农业"的特色在于，通过平台服务与增值服务互补的服务化新业态，系统开辟农民增收的新方向。家庭经营与互联网在个性化定制上具有螺旋式上升的历史肯定关系，小生产的个性化定制增值性强，但成本性弱；"互联网＋农业"的主要作用就是以网络化方式补上社会化的课，把家庭经营的个性化特点由弱势变为优势。

农业服务化的实践基础是信息化、电子商务助力和引领的"新三农"转型。遂昌模式开启了服务驱动型县域电子商务发展模式；浙江省的"电商换市"已成为全国首创的省级电商兴农村、行业电商化的战略部署。从农业电子商务的微观实践来看，互联网在帮助农民与市民对接特色商品（如一村一品）上具有特别的优势，不同于产业化的大宗商品交易。这有利于推动农业从同质化的产业化向差异化的服务化转型升级，形成具有中国特色的家庭个性化定制自主经营与产业化大生产对接之路。

**2. 服务化与产业化之间的带动与促进关系**

以服务化带动产业化，以产业化促进服务化，可以实现服务化与产业化的融合发展。服务化与产业化之间的关系是带动与促进的关系。

农业产业化的本质是"工业化＋农业"，"互联网＋农业"的本质是"信息化＋农业"，要处理好二者之间的关系。基于信息化驱动农业现代化这一定位，结合农业产业化，我国的"互联网＋农业"之路，应是工业化与信息化两次现代化的统一。相对于农业产业化，这意味着现代化的提速，要把发动机马力提到"工业化任务基本完成"之后的新要求上来，否则全局都由信息化的发动机带动，只有农业还由工业化的发动机带动，农业就会拖全局的后腿。信息化驱动，就是指要加上一匹马力更强的发动机，让信息化与工业化两台发动机一起"拉"农业。

第一，进一步提高农业生产率，服务化要比产业化效率更高，要比产业化马力更强。

服务化不完全等于电子商务化，但它首先是电子商务化。电子商务不是要做小买卖，而是要解决新的商业基础设施问题。具体来说，是要把农业从依靠农田水利基础设施的第一代思路、"要想富先修路"的第二代思路，转向依靠电子商务平台等服务基础设施的第三代思路。

新商业基础设施在农业中的普及与应用，使信息逐渐成为与土地、资本和劳动力同等重要甚至更为重要的核心生产要素，形成分布式协同特征的信息生产力，优化并重构传统的农业生产与流通关系。信息生产力融入现代农业技术并集成化组装，进而释放出信息经济下农业升级的巨大能量。

第二，以市场机制的农业服务业的发展，进一步提升农业位势，以机制来保障农民增收。

产业化是中国制造时代的农业发展思路，以一产的二产化来推进现代化，无疑是十分必要也完全可行的。但在中国经济急剧向服务化升级的新形势下，我国需要以农业服务化的发展以及一产的三产化来进一步提升农业在整体经济中的位势，推进现代农业发展。

正如梁春晓所言，如果我们没有足够强大的服务业，我们就不可能有更好的、更优的增长方式，我们也就无从谈什么从中国制造到中国创造，从中国制造到中国创造，中间必须经历一个中国服务，因为服务是专业化分工的结果，所有经济的发展和经济化都离不开专业服务。

在产业化机制下，我国农业形成了自上而下的服务体系。从这种服务体系建设向服务业发展，是向市场经济的惊险一跃。服务化不同于服务体系之处，一是它是完全在市场经济基础上发育形成的，有助于与政府主导的服务体系形成互补，共同发挥社会服务作用；二是网络本身配置资源的作用就不亚于实体市场，它可以比实体市场更精准地、一对一地、更好地在分散的农村空间配置资源，这是农业向信息经济的伟大一跃。信息经济要全面发展，不可能单把农业落在后面，离开"互联网＋农业"，信息经济就无法全面发展。

由电子商务带动或驱动的农业服务业的发展，将形成三类服务业态：一是农业电子商务交易服务。二是农业电子商务支撑服务，指的是几乎所有电子商务交易都会用到的基础的电子商务服务，如物流快递、网上支付、云计算等公共服务。值得注意的是，支撑服务或平台服务，是我国相对于世界各国的竞争优势所在，我国农业一旦与这样的世界级的商务引擎结合，将产生巨大能量。这一能量不亚于整个农业产业化的能量。三是农业电子商务衍生服务，特指基于平台上的应用（App）服务，包括交易之外的其他产业链、价值链上的增值服务。值得注意的是，农业电子商务衍生服务是农民成为增收主体的关键。通过免费的支撑平台，服务于以农民为增收主体的衍生服务，这是产业化中公司与农户利益矛盾的根本解决之道。在农业之外，"互联网＋"还可以为农民从事二产、三产提供有力的服务保障，促进农村城镇化与城乡一体化的发展。

第三，通过服务化实现农业转型、效能提升和质量提高。

服务化不同于服务业，是指以服务业的生产方式发展农业，以信息化的方式发展农业，这是家庭经营与产业化矛盾在更高层次上的扬弃。服务业或信息化的生产方式，在于将定制（家庭经营方式）与大规模（产业化经营方式）有机结合为一体（大规模定制）。

农业服务化也不限于农业服务业，可以将三产的经营方式引入一产。比较农业、工业和电子商务的效率，可以了解其中机理。一产生产方式的特点是小生产，二产生产方式的特点是大生产，三产生产方式的特点是小生产（定制）与大生产（大规模）的结合。服务化中的平台经营主要提高大规模生产和社会化服务的成本领先竞争优势，服务化中以农民为主体的衍生服务主要是提高定制生产（如订单农业）和增值性服务的差异化竞争优势。

### 9.2.1.2　制造业服务化：超额附加值的常态化

对制造业来说，产业化与服务化分别针对的是效率与效果。效率特指同质化效率，指涉专业化效率；效果特指多样化效率，指涉服务化效率。二者在理论经济学上的区别在于，专业化效率的最优是完全竞争均衡定价 $P=MC$，高于 $MC$ 的价格是无效率的；服务化效率的最优是垄断竞争均衡定价 $P=AC$，它存在一个 $AC-MC$ 的特殊溢价，我们称之为超额附加值。

在真实世界中，制造业服务化带来的高附加值——高于未服务化的单纯制造业的超额附加值，是可以稳定存在的。对应信息化与网络经济的理论经济学结论，就是内生复杂性这一维度的三维均衡是稳定均衡。从这个意义上来说，制造业服务化专门研究制造业的高附加值来源，以及围绕高附加值进行生产率计量。服务化带动是指信息技术与这种生产率提高之间的技术经济联系。

#### 1. 制造业分工多样化

制造业服务化主要是分工多样化的结果，而现有理论绝大多数把它视为分工专业化的结果。这是制造业服务化机理解释上的重大不同。

将分工分为分工专业化与分工多样化两个相对的方面，是杨小凯的首创。专业化对应斯密所说的分工的深度（规模，如规模经济），多样化对应斯密所说的分工的广度（范围，如范围经济）。信息化与网络经济在基础理论上，将范围经济一律定义为异质范围经济（基于品种的范围经济）。这意味着对服务化的解释，与对产业化的解释，有本质上的不同。

专业化是产业纵向分工（职能专门化），多样化是产业横向分工（品种多样化）。信息技术降低前者成本，属于对同质性简单系统的分工协调，降低的是同质性成本；降低后者成本，则属于对异质性复杂系统的分工协调，降低的是异质性成本。

个别理论已经在现象上区分了专业化与多样化，但仍误把分工直接等同于专业化分工，我们称这种观点为泛专业化的观点。例如，有"专业化分工的广度（服务种类）与深度（服务专业化水平）"[①] 这样的提法。正确的提法

---

①　王江. 生产性服务业的创新战略 [M]. 北京：中国商务出版社，2014.

应是分工的广度与深度，或分工的多样化与专业化，因为深度本身就是专业化。在把分工等同于分工专业化的认识下，许多学者已经注意到服务化与多样化在机理上的内在联系。Katouzian（1970）指出，中间产品范围不断扩大，复杂性不断增强，对服务化的需求会不断增长。一些学者从成本角度认为，复杂的中间投入种类越多，生产力水平越高，但与此相应的交易次数会越多，相关成本会越高①，服务化可以降低交易成本。萨拉维茨把制造业服务划分为内部服务与外部服务，认为服务化通过内部服务延展，可以提高制造业企业竞争力，而通过外部服务的复杂化，可以提高顾客的价值。②

未区分专业化与多样化，而以专业化机理解释服务化的观点，我们称之为唯专业化的观点。例如，依据古典经济学的分工理论，生产服务外部化是分工深化、专业化程度提升的表现的观点。③ 这种观点回避了多样化，它没有直接否定多样化，但基本无视或者说没有意识到多样化的存在。比上述说法更圆滑的说法是，制造业服务化降低分工带来的成本（而不挑明是专业化的纵向协调成本还是多样化的横向协调成本），有利于进一步提高分工专业化（但不提及是在分工多样化水平提高、不变还是下降哪种条件下提高）。例如，弗朗斯瓦（1990）的提法，有利于劳动分工进一步深化，使企业获得规模经济和专业化经济④；又如波特的观点，专业化而不是规模经济，是企业面临多样化需求竞争环境下的一个重要的战略性选择⑤。考虑到分工专业化与分工多样化都涉及成本，制造业服务化从协调多样化成本角度节省交易费用，可以弥补分工专业化增加的成本，而使总的分工水平得到提高。这里存在多种多样的排列组合，甚至不排除在专业化水平下降情况下提高分工水平。

### 2. 产出服务化：超额附加值

对制造业服务化的研究有一个很好的传统，即对产出服务化与投入服务化分别进行研究。这为生产率研究提供了方便。尽管产出服务化与投入服务化有

---

① 朱胜勇，蓝文妍．第三产业生产服务研究［M］．北京：经济科学出版社，2013.

② 郑克强，彭迪云，等．产业结构服务化拐点的理论探索与应用研究［M］．北京：中国社会科学出版社，2012.

③ 同①.

④ 陈宪，等．中国现代服务经济理论与发展战略研究［M］．北京：经济科学出版社，2011.

⑤ 同④.

其特殊含义，但我们这里还是从生产率投入产出角度来理解，把服务化效率分为投入和产出两个方面，产出主要从需求方面界定，投入主要从成本方面界定。

在产出服务化方面，多样化效率主要表现在增值上。推动制造业服务化的经济因素，包括产品服务系统能够获得稳定、高边际利润的收入，通过服务化获得差异化竞争优势或通过附加服务销售更多的产品。①

安筱鹏认为，制造业产出服务化趋势形成的根本原因，在于企业期望提高产品差异化优势和财务绩效。② 由于差异化而带来的产品价值之上的超额附加值，对制造产品必然起到服务增强的作用。

多数学者都注意到了服务化与增值之间的内在联系。有一种简单的方法可用于增值测度，这就是测企业的利润。因为完全竞争下利润为 0，假定样本足够多或样本质量足够好，一旦测出利润（而且对行业利润具有代表性），理论上就说明是 $P = MC$ 之上的增值。

### 3. 投入服务化：中间环节增加

在投入服务化方面，多样化效率的基本逻辑分为两个方面，一个方面是服务中间环节的增加，另一个方面是制造业交易费用（主要是复杂性成本③）的节约与边际递减。

先看第一个方面，即从增加产出上提升效率的逻辑。

从经验角度看，施振荣的"微笑曲线"（见图 9-1）是投入服务化增值原理最直观的表现，它解释了投入服务化的动机或者说动力机制。④

在产品的附加值链条中，"微笑曲线"左端的研发、材料、设备等上游环节，与右端的销售、渠道网络、品牌、物流等下游环节，附加值较高；中间的加工制造环节附加值较低。由此，可以从经验中得出结论：生产者服务是产品价值增值的主要源泉。⑤

---

① 黄群慧，霍景东. 全球制造业服务化水平及其影响因素：基于国际投入产出数据的实证分析［J］. 经济管理，2014，36（1）.

② 安筱鹏. 制造业服务化路线图：机理、模式与选择［M］. 北京：商务印书馆，2012.

③ 专业化交易费用（协调成本）主要在产业化中分析.

④ 陈宪，等. 中国现代服务经济理论与发展战略研究［M］. 北京：经济科学出版社，2011.

⑤ 同④.

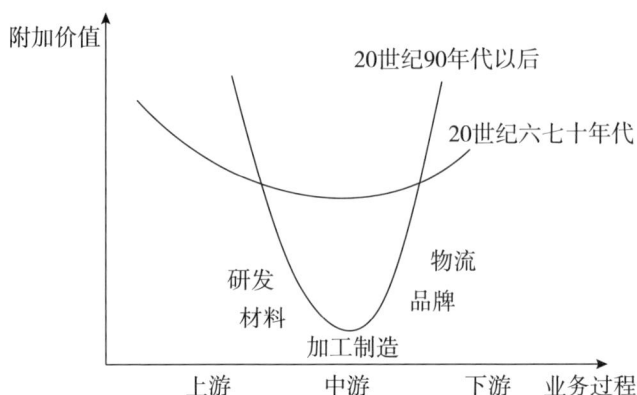

图 9-1　基于产品价值链的微笑曲线

　　从理论上来看，分工多样化是解释服务化现象的最主要的理论。一般认为，外包是服务化的标志。与分工专业化导致的迂回路径延长不同，外包延长的不是企业内部的生产迂回路径，而是企业外部的服务迂回路径。这种迂回，体现为服务中间产品品种的增加。

　　制造迂回与服务迂回代表着分工专业化与分工多样化的两种方向。二者的实质区别：第一，制造迂回是一个标准化过程，服务迂回是非标准化过程（包括服务产业化后"半标准—半非标准"——"平台标准化—应用个性化"，以应用为主导增值的过程）。这可以解释为什么生产服务实际上是人力资本、知识资本和技术资本进入生产过程的"桥梁"。[①] 这是因为，上述服务型资本都是长于非标准化过程增值的。第二，制造迂回是在拉长与消费者的距离（使成本控制更加专业化）、强化生产者中心地位的过程中增值，服务迂回是在与消费者贴近（使效用偏好更加多样化）、强化消费者中心地位的过程中增值。一些人看到分工导致迂回路径延长，就把专业化与多样化混为一谈，从而忽略了产业化与服务化的本质区别，进而认为信息化与工业化在商务本体上是一回事，而无法深入解释信息化生产方式的不同之处。

　　4. 投入服务化：成本弱增性与范围经济

　　再看第二个方面，即从降低成本上提升效率的逻辑。

　　多数学者把制造业服务化当作在成本上降低效率的过程，以致降低的部

――――――――

　　① 陈宪，等. 中国现代服务经济理论与发展战略研究［M］. 北京：经济科学出版社，2011.

分要靠专业化或规模经济来弥补。换言之，他们仅仅把多样化当作成本提高过程，只认为专业化可以降低成本，或者更直接地说，他们认为多样化无法降低成本。

但实践已经系统地而不是零碎地证伪了这种判断。信息化实践更是证明着相反的逻辑：制造业服务化可能仅仅由于复杂性的提高而从供给方面导致平均成本递减。这种现象被称为智慧化。对复杂性经济和智慧化经济，我们在前文提供了非常粗略的一般测评方法，下面我们将结合制造业服务化进一步讨论这个问题。

第一，多样化效率。一般提到"效率"，都是指专业化效率。多样化的投入与产出同样存在效率问题，即以较少的投入获得较多的产出，只不过这里的产出是质的多样性。

企业的差异化战略，实际就是旨在提高多样化效率的战略。多样化效率的提高，从技术经济计量角度来看，需要用新的维度来观察。一般说的专业化效率，观察的产出往往是数量产出，研究的价格往往只涉及成本。效率被理解为以较低价格的成本提供更大的产出数量。多样化效率的观察角度并不是如此，多样化产出主要表现在超额附加值上，因此是利润敏感的；价格更多地体现在多样性偏好引致的需求价格特征上，产出数量相对来说是一个非敏感的指标。

需要指出的是，即使从传统观点出发，认为差异化必然导致较标准化更高的成本——这一点从信息技术应用角度来看是不一定的，多样化效率问题仍然存在。因为建设成本不变，多样化的产出总有高低之分，这就是它的效率。

后面我们将专门从产出服务化的角度来进一步解析这个问题。

第二，多样化效能，即范围经济。代表性观点是安筱鹏的观点，他从成本弱增性与范围经济方面，揭示了其与传统相反的成本机理。

安筱鹏认为，制造企业服务化转型的本质是企业经营范围的扩张和拓展，从提供产品组合到提供"产品组合＋服务组合"（产品服务系统）。① 他在论证范围经济时，援引的是夏基（1982）、鲍莫尔（1977）在研究自然垄断时提出的成本弱增性概念。

---

① 安筱鹏. 制造业服务化路线图：机理、模式与选择［M］. 北京：商务印书馆，2012.

所谓成本弱增性，也可称为成本次可加性或成本劣加性，它表明由一个企业生产一定数量产品（既可是单一产品，也可是多产品的组合）的成本低于多个企业分别生产同等数量产品的成本之和。单一产品的成本弱增性常常表现为规模经济，多产品的成本弱增性通常表现为范围经济。在多产品的情况下，成本弱增性主要表现为范围经济性，即联合生产的效率性，或者说，只要存在成本弱增性，就必然显现出范围经济。①

成本弱增性导致的范围经济，从本质上来讲是源于对企业剩余资源的充分利用，这些剩余资源或者闲置资源可以为企业的生产经营活动提供一种外在经济，一种投入用于生产一种产品的同时，对其他产品的生产也有帮助。从这个意义上来看，资产的通用性是形成范围经济的重要原因。

就无形资产而言，范围经济还来源于专业人才、知识资源、管理能力等无形资源的充分利用。传统的范围经济思想主要强调通过有形资产的共享而获得，随着知识、技能、管理、商誉等无形资产在企业生产经营中作用的日益重要，共享这类无形资产已成为范围经济的重要来源。安筱鹏的这一观点直接照应了前述服务型资本的说法，它不但作用于提高产量，而且作用于降低成本。

### 5. 制造业服务化的外延与分类

"微笑曲线"只是制造业服务化的一种示意性分类。为了更好地计量投入产出，需要对制造业服务化进行更加细致的分类。

朱森第认为，生产性服务包括围绕生产制造和加工装配开展的设备成套、工程总承包、交钥匙工程、解决方案、下料配送、检修检测、备件配件供应、线下物流、供应链管理、设备改造、设备租赁、各类服务平台、产品回收、设计研发、管理咨询、生产力促进、商标专利、会计审计、法律咨询、会展、担保、培训以及电子商务等。

据安筱鹏的分类，能够融入制造环节的服务主要包括以下 12 个方面：①研发、设计、试验；②第三方物流、供应链管理优化；③工程总承包、交钥匙工程、系统集成、整体解决方案；④检测、维修、零部件定制服务；⑤融资租赁、设备租赁、担保、再保险等；⑥咨询、诊断、评估、审计；⑦呼

---

① 安筱鹏. 制造业服务化路线图：机理、模式与选择 ［M］. 北京：商务印书馆，2012.

叫中心、应答中心、远程监控、基于网络的内容服务；⑧软件开发与应用等；⑨产品生命周期结束后的回收、处理、再制造；⑩电子商务；⑪会展、培训；⑫长期协议服务。

我们研究的目标是进行技术经济计量分析而非一般的产业链分析，因此，对设计指标进行分类，需要从上述分类中进一步提炼出相对通用的、与投入产出量化特征直接相关的产品与服务组合分类。

按照产品服务系统（Product Service System，PSS），可以将产品与服务组合分为4类。

一是产品导向的产品服务系统（Product-oriented PSS，PPSS），包括开发设计、安装调试、维护和运行等。我们把效用导向的产品服务系统（Utility-oriented PSS），如个性体验，也归入这类。在这类产品服务中，顾客或直接使用"产品"，或以产出的形式直接获得某种效用。无论产品的所有权是否转移，这类产品服务提供的价值，都主要是通过服务增强产品效用偏好。其复杂性价值是满足实体产品的多样性偏好。

二是服务导向的产品服务系统（Service-oriented PSS，SPSS），例如，分销与零售、采购服务、供应链管理、电子商务、运营外包、金融服务、咨询服务等。这类产品服务不转移产品所有权，劳动产生的效用并未固定或体现在任何物体中（穆勒，1848），不含有任何可以转移的获得物（佩蒂特，1987），而重在转移服务的使用权。其复杂性价值在于提供特殊使用价值（马克思），即活动的劳动（特别是复杂劳动，而不仅仅是简单的劳动力）。

三是集成导向的产品服务系统（Integration-oriented PSS，IPSS），如对服务环节的整合，以及总集成服务。这类产品服务提供的服务，使分散的局部服务的价值，在整合为整体后，高于它们在分散状态下的价值之和。其复杂性价值在于让整体服务价值大于局部服务价值之和。

四是应用导向的产品服务系统（Apply oriented PSS，APSS），如租赁合约、产权和资产服务、IaaS、PaaS、部分DaaS与AaaS等。这类产品服务重在转移服务资产的使用权。交易过程中，实物产品的产权并不转移，仍然由产品服务系统提供者所有；转移后的使用本身，是增值性的应用服务。因此，可以视其为对服务的服务。

## 6. 制造业服务化的范围经济

在制造业服务化效率问题之上，更进一步的问题是效能问题。效率与效能在计量上有一个明显的实证性的划分标志，即研究效率可以不涉及固定成本，但研究效能必须围绕固定成本进行（规模经济和范围经济都如此，因为它们都是均摊固定成本导致平均成本下降而引起的现象；它们之间的区别仅在于在什么上——规模上还是范围上——均摊）。

服务化的效能就是范围经济。效率在口语上可以表达为效率变化率，但在严格的定义中要纠正这种说法。前文中我们曾经指出，规模效率与范围效率本身并不提高技术效率。这一点应与效率变化区别开来。说效率不变，是指技术效率不变；说效率变化，特指技术效率随范围变化（品种值变化）而改变 VRS 前沿与 CRS 前沿的相对关系（VRS 最优时与它非最优时，技术效率是一样的）。

此前所说的范围效率测量，表示的是向技术最优生产能力范围 $TOPS_1$ 点移动时生产率所能增加的量。它是技术意义上的范围报酬递增，有别于成本范围经济。本节结合制造业服务化，进一步讨论成本意义上的范围经济。

目前国内只有安筱鹏对这个问题进行过全面而深入的研究，他正确地指出了问题的要害。

如果我们以集群（介于产业与企业之间的经济体）为相关市场（而非按资本专用性为资本使用边界的划分依据），就会赫然发现，由提供所谓"剩余资源"的平台与分享这些"剩余资源"的应用方共同构成的集群内，正在形成一种标准的范围经济的关系：同一个"剩余资源"（例如，电子商务平台 P），作为固定成本投入，"用于生产一种产品（如 App）的同时对其他产品（如其他 App）的生产也有帮助"；"剩余资源"的所有者，按 PaaS（平台即服务，即平台支配权免费，按平台使用收费）的方式，从均摊固定成本的应用服务商处得到租金补偿（按使用服务收费），因此，不会出现"搭便车"的现象；PaaS 这一过程有效地使整个集群的平均成本递减，进而产生范围经济。

正如安筱鹏所说，在企业规模扩张的过程中，我们看到了无形资源尤其是知识资产正日益成为企业范围经济的重要来源。无形资产一般包括一个企业的知识资产、人力资产、顾客资产、知识产权资产和基础结构资产。与钱德勒所分析的实体范围经济不同，技术上非排他性使用的资源，如信息基础设施、信息平台、软件等，一旦转化为通用性的生产资源（以往称 ICT 为通用目的的技术），范围经济作为服务化的一条新的降低成本的通道，就会成为服务化的核心现象。

安筱鹏分技术资源、管理资源、品牌资源、渠道资源、客户资源 5 个方面，细致梳理了制造业服务化中通过分享固定成本资源而导致的范围经济。①

（1）分享技术资源带来的范围经济

企业的技术资源包括研发设备、研究成果、研发人员及研发组织和管理体系，分享这类资源可以导致产品差异化方面的范围经济。

我们可以从以下 3 个方面测度分享技术资源的范围经济效果：

一是测度研发成果分享对研发成本的分摊。企业研发的技术成果，可以用于多种产品的生产以及服务的提供，从而降低单位产品所分摊的研发成本。

二是测度技术人力资本投入在新产品上的分摊。企业的专业技术人员，是研发资源的重要组成部分，他们可以为企业开发出各种新产品，也是实现企业产业和业务扩张的重要资源。

三是测度企业知识资本投入在产品门类上的分摊。企业在长期实践中所积累的各种案例库、知识库，是企业延长产业链、扩展产品门类的重要基础。

（2）分享管理资源带来的范围经济

管理能力包括企业的管理理念、组织技巧、领导技巧、沟通技巧和激励机制等。随着企业规模的进一步扩大，管理资源在产品和服务之间共享的重要性不言而喻：这些经验、能力和技能的一大部分不是针对特定的产品，而是具有通用性②，可以在多样化的应用中避免重复投入。

对分享管理资源的范围经济效果进行测度，既可以测度制造企业管理系统集成的客户关系管理（CRM）、产品数据管理（PDM）、供应链管理（SCM）等的复用情况，也可以测度制造企业共享管理资源，对原料、设备等有形资源利用率的提升。

（3）分享品牌资源带来的范围经济

品牌的整合效应是范围经济的重要来源。制造企业培育起强有力的企业品牌后，生产出来的新产品就可以顺理成章地借企业知名品牌的整合效应迅速打开市场，从而降低新产品风险，减少新产品广告和建立销售渠道的各种费用。

---

① 安筱鹏．制造业服务化路线图：机理、模式与选择［M］．北京：商务印书馆，2012．

② 王大树．关于范围经济的几个问题［J］．管理世界，2004（3）．

对分享品牌资源的范围经济效果进行测度，既可以测度品牌分享对新产品广告成本的节省，也可以测度品牌价值对销售渠道费用的节省。

（4）分享渠道资源带来的范围经济

利用原有的营销网络营销相近产品时，通常不需要增加投资，或者只需增加少许投资，分配和销售的成本会在各产品中分摊，从而节约流通费用。

对分享渠道资源的范围经济效果进行测度，可以设计指标，测度销售成本在各产品中的分摊。

（5）分享客户资源带来的范围经济

可以把顾客资源理解为一种固定资产，这种资产的积累，可以均摊推广多样化产品和服务所需付出的顾客成本。

对分享客户资源的范围经济效果进行测度，可以考虑设计以下指标：

一是测度顾客口碑价值，即顾客向他人宣传本企业产品品牌而导致企业销售增长、收益增加所创造的价值。

二是测度顾客信息价值，最重要的是，企业与顾客双向互动的沟通过程中，顾客以各种方式（抱怨、建议、要求等）向企业提供各类信息，包括顾客需求信息、竞争对手信息、顾客满意程度信息等，它们是企业提供产品和服务隐性价值的重要来源，是构建企业知识库的重要内容。

三是测度顾客交易价值，即企业在获得顾客品牌信赖与忠诚的基础上，通过联合销售、市场准入、转卖等方式与其他市场合作获取的直接或间接的收益。

以上活动构成信息化的本体活动（电子商务中的商务），数字技术贯穿其中。

### 9.2.1.3 服务业多样性效率与效能

对服务化进行多样化效率研究（是服务业理论研究的空白），具有非常重要的实践意义。个性化、多样化不同于传统的"效率"，却与高附加值具有内在联系，这是人们在经验中尤其是服务业的经验中可以明确感知的事实。

服务业的服务化，表面上是同语反复（三产的三产化），实际不是，这里的服务化有特定的含义，指服务的现代服务化，即服务的个性化。同样的服务化，传统服务化是人工的服务化，现代服务化是人机结合的服务化。同样面对多样化的效率和效能，传统的服务化由于人难以同机器结合，产生服务业"成本病"；现代服务化由于人脑与电脑结合，正在克服服务业的"成本病"。

在实践中，服务化或称服务多样化，将通过"互联网＋服务"来强化现代支撑服务业，以激活增值服务的多样性，进而创造出更多额外的附加值。这种附加值，不同于现有生产函数所说的投入产出意义上的增值（索洛余值），而是指垄断竞争均衡意义上的超额附加值，它是位于统计盲区的"一块"被遗漏的增值效益。

以互联网思路发展服务业，一方面，要重点发展支撑服务业，为支撑服务业营造良好的政策环境；另一方面，要在支撑服务业的基础上，刺激多样性的增值服务业发展，发育高附加值的增值业态。

作为现代服务业的一个关键组成部分和先导，服务业的升级可以说是整个服务业升级的风向标。互联网促进了现代服务业的发展，其中，以平台化、生态化为特色的电子商务，支撑服务业深刻改变了流通业的面貌，改变了中小企业发展的商业环境。"互联网＋"将这一成功复制到流通业之外的所有服务业。

如果说新服务化的微观特征是人工与机器（信息技术）的结合，其产业上的特征则是人工的体系（经济上以 App 为代表的轻资产体系）与技术体系（经济上以平台为代表的重资产体系）的结合。互联网服务业态上的一个关键特征，是基础平台与增值应用的分离。"互联网＋服务"势必将这种业态带入服务业各个子行业，包括互联网金融、互联网交通、互联网医疗等，在现有的传统服务业基础业务业态上，发展出基于数据业务的增值业务业态来。举例来说，出租车业现有的业态是代步，拉人与运输物品没有区别，将来在代步形态上将发展出数据增值服务，开发乘客的需求，去购物可以由商场补贴，去餐饮可以由餐馆补贴……代步就发展为出行消费了。

基础平台与增值应用的分离，相当于重工业与轻工业的分离，是服务业内部支撑服务业（"重"服务业）与应用服务业（"轻"服务业）的业态分离。这种分离对业态的创新在于，实现重资本与轻资产的分离，为多样性增值创造轻资产运作的条件，有效降低了创造多样性价值的复杂性成本。"互联网＋"带来的一个重大改变，是通过提高知识形态的虚拟资产在资本中的比例，将服务业固定成本的构成，从现有以物质投入（如大商场的土木工程）为主，转向以无形投入（如软件、虚拟商铺）为主。这些无形资产可以零成本复制（例如，电子商务的虚拟柜台可以零成本无穷复制），使增值应用（App）提供者不必重复构建固定成本，而在"以租代买"的商业模式（即分享型经济模式或称云服务模式）下，只需要自身的边际投入（如创造性劳动），就可以轻资产运作方式创造多样性价值，从而有效降低多样性价值的复杂性成本。这与工业 4.0 的原理异曲同工。

服务业的（现代）服务化过程，"服务化"有所特指，是指分布式多元化的增值服务向更加具有多样化效率的方向发展。服务化表面的意思是像服务业那样发展或按服务业的方式发展。显然，它针对的是服务业不按服务业的方式发展而按工业化的方式发展的情况。因此，与服务业的（现代）服务化相对照的概念，是服务业的产业化。与产业化强调专业化不同，服务化强调多样化，前者针对的是以规模降低成本，后者针对的是以质量提高额外附加值。多样化的过程，一定是经济质量提高的过程。

服务化将促进服务业"大"生产与"小"生产的有效社会分工。基础平台相当于大规模制造的"大"生产（它在扬弃中继承了产业化、专业化的特点），增值应用是个性化定制的"小"生产。在"大"生产方面，支撑服务业与生产性服务业既有联系又有区别。支撑服务业都是生产性服务业，但生产性服务业不一定是支撑服务业。因为支撑服务业必须以平台形式（社会化大生产方式）提供生产性服务，不靠平台的倍增放大作用而直接提供人工形式（小生产方式）服务的，只能算生产性服务中的简单再生产（如修脚、理发）。我国与欧洲发展电子商务的最大区别就在这里，欧洲电子商务发展不如我国，就是因为我国有阿里巴巴等一批上市平台，相当于服务业中的"重工业"，而欧洲只有应用，没有大平台，就好比发展工业但只有轻工业没有重工业，因此成了服务的简单再生产，没有起到对 App 多样性价值的倍增放大作用。"互联网＋服务"最核心的就是要解决在世界级平台的支撑下发展服务的问题，把我国的服务业从整体的小生产水平提升到世界级的社会化大生产水平上。在"小"生产方面，思路应是在大生产的水平上，倒过来发展"小"生产——个性化的、定制化的多样性增值服务。传统服务业的问题在于，人工服务虽然增值性强但成本过高（鲍莫尔说的服务业"成本病"），其实质是多样性价值与复杂性成本相互冲突。"互联网＋"利用平台化解了复杂性成本，通过分离固定成本与边际成本，复制前者，分享给后者，从而战略性地解决了服务业的高附加值如何以利润高于成本的新业态方式稳定下来的问题。

"互联网＋"带来的新业态，实质要求在信息生产力基础上转变产业发展方式。过去提转变发展方式、增长方式，都不提新生产力，只在生产关系中

"空转"，极易落空。"互联网＋"的新业态，则把生产力引到生产方式的转变中，为发展方式、增长方式转变提供口号之外实实在在的基础。从生产力与生产方式的关系来看，旧业态是规模报酬递增驱动的，面向的是"做大"，新业态是范围报酬递增驱动的，面向的是"做优"。由此推论，"互联网＋"要产生实效，需要把文章做在通过创新降低多样性成本以支持提价竞争，从而实现高附加值的业态转变，在此基础上实现产业升级上。

## 9.2.2　一二三产服务化：第四产业

经济学家李稻葵提出了第四产业的新概念，虽然由于统计法的限制，很难进入实际统计体系，但对理解服务化很有帮助。第四产业这个概念，历史上有许多人提出，各有不同，有的指公共服务，有的指知识产业，有的指创新产业。李稻葵提出的第四产业，以特定的信息服务业为内涵。所指的信息服务业，与现有归属信息产业的统计口径不同，实际上更接近产业数字化的概念。经济高质量发展，需要实现一二三产的服务化。这构成了对第四产业新的理解角度。

### 1. 第四产业的外延

李稻葵在"数字经济：新时代中国企业重大战略机遇"主题演讲中提出，第四产业是从第三产业剥离出来的，是解决人对信息需求的产业，包括信息的加工、智慧化的提升，即信息服务业，也就是数字经济。

他说，第四产业产生出来以后，它又把第一产业、第二产业、第三产业重新地升级一遍，称之为第四产业，是信息服务业。他认为，未来人类社会经济发展将出现一个第四产业。第四产业的发展空间恐怕会远远超过第二产业、第三产业。

以往所说的第四产业，一种说法是指，以提供智能型服务、技术研究为特征的产业领域，即人们常说的创新产业，该产业曾一直归入第三产业是指对本身无明显利润但可以提升其他产业利润的公共产业。

将第四产业明确归类为信息服务业，一个合理的解释是，它脱胎于"ICT革命是一个服务业的故事"。Triplett 和 Bosworth 提出，就劳动生产率增长和多要素生产率增长而言，美国的信息技术革命是一个服务业的故事。[①] 当时，令

---

① TRIPLETT J E, BOSWORTH B P. Productivity in the U. S. Services Sector：New Sources of Economic Growth ［M］. Washington D. C. ：Brookings Institution Press，2004.

人困惑之处在于，农业、工业之后的第三产业到底应是服务业还是信息业。这个说法，将服务业与信息化统一起来。北美产业分类标准，也用服务业定义信息产业，从而将电子与通信设备制造业划出信息业，而归入制造业。

数字经济发展起来后，在第一信息部门与第二信息部门的分类中，形成了数字产业化与产业数字化的统计分类标准。从产业数字化（一二三产数字化）角度看，"服务业"这个词，应该被"服务化"所取代。因为服务业只是第三产业，服务化则包括一产服务化（农业服务化）、二产服务化（制造业服务化）与三产服务化。第三产业本来就是服务业，它的服务化实际指个性化。李稻葵自己也说，第三产业是将这些物质方面的产品个性化地直接提供给个人的产业。因此，在产业数字化背景下，"ICT 革命是一个服务业的故事"应改为"ICT 革命是一个服务化的故事"，即实现一二三产的服务化。

与服务化对应的是产业化，即以制造业的方式（大规模生产这种工业生产方式）从事一二三产，如农业产业化、工业产业化（相对于手工作坊）、服务产业化（标准化服务）。由此可以看出，相对于生产方式而言，服务化与产业化是反义概念，一个是大规模生产方式，另一个是个性化生产方式。

这时自然就有了一个问题，统计的对象是产业而不是生产方式。第四产业提法的特点是，要以统计分类的方式提出转变生产方式，就不得不打乱概念，重新排列组合，将一产服务化、二产服务化、三产服务化的结果（所形成的子产业），分别从它们原来所在的一二三产中剥离出来，形成一个单独的产业。这样，就可以理解第四产业"把第一产业、第二产业、第三产业重新地升级一遍"这样的意思。此前，农业服务业（子产业）一度被划归服务业，后来又被"归还"给农业，就说明统计本身就存在这种交叉地带。

此前，统计界内部也有类似的分法，典型的是北京市统计局的现代服务业分类标准。现代服务业十大行业门类的划分（信息传输、软件和信息技术服务业，金融业，房地产业，租赁和商务服务业，科学研究和技术服务业，水利、环境和公共设施管理业，教育，卫生和社会工作，文化、体育和娱乐业，公共管理、社会保障和社会组织）。这十大行业分类，将信息服务业从一般服务业中分离出来。根据国家统计局的定义，现代服务业主要指依托信息技术、现代化科学技术和技能发展起来的，包括信息、知识和技能相对密集的服务业。现代服务业的一个显著特点，就是充分运用现代信息技术和其他高科技来提供直接或者间接的服务，所以现代服务业一般是知识和技术密集型的产业。① 可见，"现代"实指"信息"。

信息服务业，按说是一个子行业概念，在原来的信息产业（数字产业化）概念中，就包括软件服务业、电信服务业与信息服务业。将来提第四产业，要注意区分广义的信息服务业与窄义的信息服务业。北京市统计局提出现代服务业而不说信息服务业，就是为了避免与信息产业中的子行业概念混淆。

美国学者当年也考虑过这个问题。马克卢普在《美国的知识生产与分配》中把产业数字化区分为产业内信息服务，指第一、二、三产业中由近似波拉特第二信息部门的 ICT 中间投入所产出的 GDP，同时另外区分出窄义信息服务业产出的 GDP，包括知识密集服务业、高技术服务业等，对应马克卢普独立出来的"教育""研究和开发""传媒"和产业间"信息服务"（包括技术与软件服务、政府服务等）。

### 2. 第四产业的内涵

提出第四产业概念，是要解决实际问题，那实际针对的问题是什么呢？

我们注意到，李稻葵理解的信息需求，其基本特征主要是"精准"。

李稻葵这样描述：比如说有了信息服务业，它能够让农业生产更加精准，能够让农民或者农场更加精准地预测到未来市场需求，更加精准地知道未来的天气，更加精准地知道每一块土地缺什么样子的肥料，这就是第四产业对第一产业的帮助。又说：第四产业对第二产业、第三产业也一样能够提供帮助。它能够帮助每个工厂更加智能地去生产产品，更加精准地控制生产过程，这就是第四产业对第二产业的帮助。第三产业也是一样，因为有了信息服务，所以第三产业中的金融服务更加精准，对未来市场价格、市场走势的定位也会更好。

"精准"不是理论经济学与经济数学的概念，其对应的是差异化价值、多样化价值，以及异质性价值（张伯伦后期）。只有差异化、多样化，才谈得上精准。单一品种大规模生产强调的是标准化，用不着精准。一般用垄断竞争均衡标准来量化这种价值。其突出特征在于，均衡价格为平均成本定价（$P = AC$）。它在对由不"精准"的方式（大规模产业化的方式）生产出来的东西（其均衡价格为边际成本定价 $P = MC$），进行增值后，产生一个高出 $AC - MC$ 的溢价。这就是第四产业对第一、二、三产业"升级"的具体空间（也是"智慧化提升"的量化空间）。

---

① 李强. 中国服务业统计与服务业发展［M］. 北京：中国统计出版社，2014.

人们对信息的需求，就是对精准的需求。信息就是用来在多样化中区分这一个与那一个的差异的，区分出来，谓之精准，达到精准，就可以实现"智慧化的提升"，即创造出一个高于同质化价值的差异化、多样化的价值。高质量发展、创新驱动所要创造的价值，就是这种价值。

差异化、多样化，正是服务化不同于产业化的基本内涵。到了这里，我们可以明白地提出第四产业真正的意义：要实现由无差异的传统中国制造向差异化的高质量发展的转变。第三产业与第四产业既有交叉也有联系。二者最大的联系在于，第三产业是用个性化方式从事服务业（三产）；第四产业是用个性化的方式（服务业最典型的生产方式）提升一二三产。换句话说，第四产业的意思，实际是用第三产业的方式（生产方式）从事一二三产。这时信息服务的重心在服务方式，从工业生产方式向信息生产方式转变。

从实践来说，我国经济发展正面临从以第二产业为重心向上升级的重要关口。理论和政策都要相应调整。第四产业，至少可以相对准确地划分出产业数字化所涉及的产业。

希望第四产业这个概念的提出，有助于我国以服务化思路推进产业数字化。

### 9.2.3　产业数据化："数据要素 ×"

产业数据化比产业数字化更进一步，反映了数字技术产业经济的经济属性。如果说产业数字化的重点是放在软硬件技术上，是指各行各业的应用技术（包括将技术产品和服务作为中间投入），那么产业数据化的重点不是技术而是经济要素，从实体的劳动、资本转向数据要素。这种要素，既可以理解为是一种新的投入（如数据人力资本 $L_D$，可入表的数据资本 $K_D$），也可以理解为是一种技术效应，如对实体劳动、资本作用的倍乘（$a_2$）。

数据要素是以数据为载体而存在的生产资料，它在"数字—经济""产品—服务""替代—增值"方面具有以下基本特征①：

第一，数据要素具备数字经济的"技术－经济"双重特征。

一方面，数据要素依托通用目的技术形成，可作为中间投入，具有数字

---

① 于小丽，姜奇平.可共享数字化生产资料的界定、均衡原理与分配选择［J］.东北财经大学学报，2023（2）.

一般特征，包括使用上的非排他性、非竞争性等外部性特征。

另一方面，数据要素具备生产资料的一般特征，是为生产最终产品而投入的中间产品，包括生产设备与生产条件。前者如虚拟厂房、店铺、开发工具，后者如网络基础设施、应用基础设施、流量平台。

这样的数据要素包括（但不限于）作为中间产品的技术、通用性资产、数据、人才（知识）、市场（流量）、渠道、设施、中台等。

第二，数据要素以产品和服务方式存在。

一方面，以产品方式存在的数据要素，主要是信息技术产业提供的作为中间产品的软硬件产品，以及以 ICT 软硬件为载体承担各行各业业务功能的生产资料，包括数字化的市场、渠道、设施、中台等资源。

另一方面，以服务方式存在的数据要素，主要是生产性服务业所提供的软生产要素，包括技术、通用性资产、数据等资源。

第三，数据要素具有数字孪生、数字倍乘功能特征。

一方面，数据要素可以通过实体生产资料数字化生成，实现资产的数字孪生，如数字孪生工厂、数字孪生车间。

根据美国通用电气公司的定义，数字孪生是资产、过程的软件形式的代表，用于理解、预测和优化绩效，其目的是提高资产和流程的性能，进而达到改进业务结果的目标。英属哥伦比亚大学等则这样定义数字孪生：实际上是有形资产或系统的生命模型，它基于收集的在线数据和信息不断适应业务变化，并可以预测相应有形资产的未来。这些定义揭示了数字孪生与资产的联系。

数字化的生产资料，应具备原有实体生产资料的基本功能，即二者具有功能实现层面上的等价性，如数码波音飞机与实体波音飞机在碰撞试验中的结果等价、网上书店与实体书店在售书上基本功能等价。

另一方面，数据要素也可以派生新功能，特别是通过平台化开放企业核心资源，面向买卖双边市场提供基础业务，并从中衍生各类增值应用服务。平台免费提供基础业务服务，从增值服务中按使用效果适当收取租金以补偿基础业务投入，并依合约与应用方分成。

政策上的"共享"要求，主要是按市场化原则、商业化方式有偿共享生产资料。生产资料要想成为可复用的数据要素，需要具备以下特征或条件。

（1）要素条件：非物质生产要素"使用而非拥有"

可共享的生产资料，第一，可由实体生产资料通过通用目的技术加以数字孪生形成；第二，这种生产资料为非物质生产要素，主要是以数据为载体的数据要素；第三，数据要素具有通用性，可以同一主体一次投入不同主体多次复用而不造成实体损耗，属于通用性资产。

20 世纪 80 年代，大多数学者认为服务只是消费资料，所有生产过程均不需服务充当生产要素，沙吉才等提出，所有生产过程均需"非物质生产资料"充当生产要素。①

非物质生产要素具有使用而非拥有的要素属性。对非物质生产要素的共享，不改变生产资料的物权属性，即不改变生产资料所有权。共享之前是公有，共享之后仍是公有（公有共用）；共享之前是私有，共享后仍是私有（私有共用）。共享改变的只是使用而非拥有。反之，所有权的状态与改变，并不必然导致特定的使用（专用或共享）。例如，私有变公有，并不必然导致专用变共享（企业收归国有，并不必然导致生产资料由专用变为开放共享，仍可能由企业内部封闭专用）。

（2）功能条件：具备实体生产资料功能替代特征

数据要素可以实现实体与符号基于信息的对等的功能替代、功能交互、功能增强。

一是实体替代功能。可复用数据要素必须具有实体生产资料功能替代作用，而不只是模型。也就是说，数字功能实现与现实中的功能实现具有等价性，"其现实系统与仿真系统具有功能实现层面上的等价性"②。

二是资金替代功能。当用数据要素替代同样功能的实体生产资料时，具有节省购置实体生产资料资金投入的功能。

三是信息操作功能。可复用数据要素可实现实体与虚体的互操作（而不只是数字模型）。例如，实体可为虚体感应（基于传感器的物联网），同时可通过虚体控制实体。

（3）价值条件：具备生产资料的价值功能

符合生产资料的政治经济学特征，生产资料是不变资本的物质存在形式。资本是可以带来剩余价值的价值。对生产资料来说，数字孪生意味着具有使

---

① 沙吉才，孙长宁．关于社会主义制度下的生产劳动问题［J］．经济学动态，1981（8）．

② 杭玥璐．计算主义视野下的数字孪生研究［D］．上海：华东师范大学，2022．

中间产品向最终产品进行价值转移、产生价值增值（"剩余"，即在分配中通过要素贡献体现）的功能。

生产资料数字孪生还可能带来新的功能，如资产使用（运营）中决策、控制、设计能力的增强。

生产资料的价值条件，决定了共享的施予者与接受者。生产资料所有者，向作为非所有者的使用者提供所共享的作为中间产品的生产资料；生产资料所有者之外的使用者，作为最终产品与服务的生产者、提供者，从所有者手中接受并将生产资料作为中间产品投入（进行价值转移）。双方依合约从最终产品（价值增值）中扣除成本后分成（分享剩余）。

这一条件说明，数据要素复用仅实现功能替代（数字孪生）是不够的，还需要在原有功能之上，通过中间件系统，派生出各种应用功能，以实现增值。

（4）市场条件：具备固定成本分摊与外部性内部化特征

共享生产资料以双边市场（平台）数据要素交换形式实现。

一是生态特征。可共享的生产资料具有基础业务（中间产品）与增值应用（最终产品）分离功能，可由 API 连接。其基础业务具有固定资产或流量外部性共享、分摊功能，由基础业务可派生增值业务。基础业务与增值业务共同构成业务生态。仅对企业内部单元共同使用生产资料，不构成数据要素复用。

二是有偿共享特征。平台方按市场化原则、商业化方式向应用方共享可复用的平台生产资料，或由中间产品投入形成的外部性资源（如流量），作为对增值业务（最终产品）的投入（中间产品与中间服务），依使用效果收费补偿中间产品投入。

（5）分配条件

生产资料本身并不决定剩余分配，对生产资料的占有决定剩余分配。共享生产资料改变生产资料占有方式，从法律占有（所有）与自然占有（使用）的合一转变为二者分离、分置。两权分离后，从对生产资料的法律占有与自然占有中可以分别产生剩余，前者一般对应"要素贡献"，后者可以对应活劳动（在此特指创造性活劳动）贡献。

数据要素与实体生产资料具有一个不同的生产力机制，即中间件机制，它在分配中所起的作用，是从技术上连接可有偿共享的不变资本（作为固定成本的生产资料）与共享前者的可变资本（活劳动），这种协同为生产关系中的合作分成式的分配提供了技术条件，为有偿共享提供了业务保障（合约保障）。

共享数据要素的分配原则是按劳分配与按要素分配相结合。按要素分配，从生产要素所有者一方来说，主要包括固定的进入费（用于补偿生产资料的固定成本投入）与不固定的使用费（用于按市场化原则、商业化方式补偿要素贡献）；从生产资料所有者之外的使用者一方来说，主要包括成本（劳动力价值，即工资）与剩余（创造性劳动价值）。

# 10  数智化对产业结构转型升级的影响

本章从产业改造和产业融合两个方面来分析数智化对产业转型升级的作用机理：其一，基于创新理论视角，分析数智化以新技术、新模式和新生态系统对传统产业的改造，数智化以新技术提升产业生产效率，以新模式激发产业内在活力，以新生态系统提升产业创新能力，实现传统产业的有序、健康发展；其二，基于产业融合理论视角，分析数智化对产业融合的促进作用。数智化以新引擎提升产业融合效率，以新平台缩短产业融合周期，以新业态丰富产业发展内容，实现传统产业更高效的融合。数智化通过产业改造和产业融合，促使产业结构向合理化、高度化、升级化和转型化方向发展。

## 10.1  数智化促进与提升产业改造

数智化具有广泛的适用性和渗透性，可以广泛渗透和运用到传统部门，通过新技术、新模式和新市场对传统的农业、制造业和服务业进行改造，为传统产业发展注入新活力。数智化能够促进产业结构优化，加速三次产业结构的演进过程，提升产品和服务层次，促进产业内部结构升级。

### 10.1.1  数智化以新技术提升产业生产效率

当产业引入新技术时，新技术可以减小企业生产的最小规模，显著提高企业规模经济效应发生的概率（Acs，Audretsch，2003）。伴随着数智化的迅速普及和深度应用，新一代信息技术的创新效应得到极大释放，技术扩散效应覆盖经济社会的不同领域，产业生产效率得到显著提升。数智化以新技术提升产业生产效率，主要体现在 4 个方面。

一是信息技术在传统产业中的广泛应用，先进的生产设备和生产方式，全面推动传统产业在研发、设计、采购、生产、销售以及管理等方面得到改善，劳动生产率得以大幅度提高。例如，在企业中运用 PDM、PLM、SCM、ERP 等信息系统，使企业在产品数据管理、产品生命周期、产业链管理、企业资源管理等方面得到优化，从而提高企业的管理效率和经济效益。

二是数智化的高关联性和信息技术的高渗透性，使产业分化与产业重组进程大大加快，产业跨界融合概率显著增大，产业创新效率大大提高。

三是新兴信息产业正逐渐崛起，产业辐射范围和辐射领域不断扩大，产业结构的高知识性和高技术性日益显现，产业组织技术效率逐渐提高。

四是网络基础设施的不断改善，以信息技术为基础的互联网经济空前发展，生产者与消费者之间原有的交换中间环节被大幅度剔除，整个经济社会的运行效率得以提升。

## 10.1.2 数智化以新模式激发产业内在活力

传统产业数智化程度普遍较低，伴随产业数智化程度的不断提升，产业发展潜能得以释放，新商业模式为传统产业的转型升级增添了内在活力。数智化为产业改造提供新模式最突出、最典型的领域就是我国在互联网商业模式上的不断实践，不断涌现的新模式对我国产业的发展产生了深远影响。依托巨大的网络市场规模和网民红利，以及我国互联网企业的不断学习和创新，加之移动互联网的爆发式发展，我国消费互联网已呈现出规模化发展趋势，这些行业的格局已基本稳定，互联网渗透到人们生活的方方面面。当前，信息经济逐渐由个人转向企业，以流量经济为盈利模式的消费互联网，正逐步转向以价值创造为盈利模式的产业互联网。近年来，伴随移动终端的多样化、智能化、个性化，传统行业与互联网的融合范围逐渐扩大、融合程度日渐加深。产业互联网在成长中不断寻求全新的管理和服务模式，创造出中国最佳实践方式，例如，M2C 对制造业、O2O 对传统服务业、P2P 对金融业等都产生了重大影响。互联网在生产要素配置中所起到的优化和集成作用，增强了信息交互程度，打破了市场信息不对称的格局，削减了产品流通中的环节和层级，使这些新模式发展成了一种新的经济形态，促进传统产业向柔性化、定制化和个性化方向变革。

### 10.1.3 数智化以新生态系统提升产业创新能力

信息技术对不同产业的支撑作用越来越强，日益成为推动产业发展的主导力量。数智化的覆盖范围和渗透领域不断扩大，信息技术与各行各业的跨界融合不断上演，并不断创造出新产品、新业务与新模式。数智化正在推动形成连接一切的产业新生态，充分释放信息技术的引领和融合力量，使产业创新能力显著提高。产业创新能力，不是技术创新或者模式创新的简单集合，而是整个产业生态系统的系统功能。数智化推动形成产业新生态系统，促进产业创新能力提升，一方面，完善了产业新生态体系，从辅助设计、平台对接、数据交换等多方面为产业创新提供了各项基础性支撑；另一方面，产业创新系统运行效率的高低是决定产业创新能力的关键，数智化可以有效地提高产业创新系统的运行效率。

## 10.2 数智化引领与推动产业融合

产业融合是数智化进程中呈现出的一种产业新范式。传统工业技术的发展，尽管细节上存在很大差异，但均增强了专业化分工的力量，在不同部门之间固化成了产业边界。虽然工业化发展中也有技术融合的发生，但这些融合很少发生在不同产业的边界处，绝大多数发生在本产业边界之内。因此，这种技术融合并不会使不同产业间的边界模糊或者消失，而是对其他产业部门产生影响。数智化发展中出现的产业融合现象与传统工业化中的截然不同，信息技术的不断创新与扩散、发展与融合，带动了关联产业的发展，数智化的关联效应得到增强。信息技术的强渗透性和亲和力，使数智化过程具有极强的渗透效应，导致基于传统工业生产大规模产业分工的产业边界逐渐模糊或消失，产业之间发生更多的融合和渗透。数智化的迅速发展，为产业融合提供了新引擎、新平台和新业态，加速了产业融合的进程。

### 10.2.1 数智化以新引擎提升产业融合效率

从技术角度看，产业融合过程是产业间技术叠加、交叉、渗透的过程，过程中会涌现出一批新技术，用以替代原有的技术，其间会伴随一系列的产业调整。信息技术可以有力地缩短传统物质生产传递路径，加速产业间技术融合过程，提升产业融合效率。20 世纪 90 年代以来，信息技术广泛地与其他高技术产业如航天、医疗、仪表等融合，产生了很多新兴产业业态，创造出了新的产业门类。通过产业间的功能互补和延伸，这类融合赋予原有产业新的附加功能、更高的附加值和更强的竞争力。

## 10.2.2  数智化以新平台缩短产业融合周期

传统意义上的"平台"，指集成了功能组件的集合体，这一集合体可以以一个统一的形象主体呈现出来，数智化为产业融合提供的"平台"，则指促进多产业互动与交叉的空间。数智化平台的网络效应和连接效应，可以促使不同产业发生"化学反应"，强化弱连接关系，缩短融合路径，提高产业融合的发生概率和效率。

一方面，数智化平台的网络效应可以为更多的产业创造融合机遇。数智化平台具有开放的架构、大规模存储的数据、统一的标准，可以为不同产业提供共享资源，提升产业匹配程度，提高产业融合的发生概率和成功率。

另一方面，数智化平台的连接效应，可以有效打破产业固化边界，缩短产业融合路径，信息技术的强渗透性和强关联性，极大地促进了不同产业的融合。另外，技术标准仍然是产业融合的重点与难点，数智化平台将各行各业的技术和标准统一到了一个平台上，并在此基础上构建了宏大的产业生态系统。例如，"工业互联网平台"促进了新一代信息技术与传统制造业的融合，企业的研发设计、生产制造、产品流通和售后服务等在实现数智化和智能化的基础上，都被迁移到云数据中心，通过一个统一的云操作平台实现智能制造。

## 10.2.3  数智化以新业态丰富产业发展内容

一切生产均涉及在各种竞争的可能性之间做出选择，因此，在竞争性的经济里，新组合意味着通过竞争消灭旧组合。[①] 数智化可以推动不同产业的交叉、渗透与重组[②]（属于产业融合范畴）。数智化在推动产业融合的过程中，

---

① 熊彼特. 经济发展理论 [M]. 北京：商务印书馆，1990.

② 产业交叉是通过产业间的功能互补和延伸实现产业融合；产业渗透通常指高新技术产业渗透进传统产业，提高传统产业的效率；产业重组通常指关联度较高的产业打破固化边界，产生新的产业形态。

不同产业的交叉、渗透和重组会产生更多以信息技术为基础的新兴产业和以知识、技术高度密集为特征的新兴产业。

一方面，信息技术的强渗透性和带动性，驱动不同产业交叉、渗透与重组，并形成大量基于信息技术的新兴产业，如物联网、新型平板、高性能集成电路等。同时，在信息技术创新和变革的驱动下，信息产业步入快速发展轨道，信息产业在国民经济中的占比迅速提升，这一进程实质上也是产业结构调整升级的过程。

另一方面，信息技术具有带动作用强、渗透面广和影响力大等特点，不但能够有效地促使传统产业"脱胎换骨"，实现质的跳跃，而且可以衍生出一批以知识、技术高度密集为特征的新兴产业，如航天工业、数控机床、原子能工业等。这些新兴产业在整个产业结构中所占的比例越大，整个产业结构的质态就越好。

# 10.3　数智化对三次产业转型升级的影响机理分析

本书依据三次产业分类法，将产业分成农业、工业、服务业三类。因为数智化对工业的影响机理突出反映在制造业上，所以本书关于数智化对工业的影响机理分析以制造业为主要讨论对象。

## 10.3.1　数智化对农业转型升级的影响机理

我国农业从传统农业向现代农业演进的标志，就是信息技术在农业中的大量、广泛、深度应用，为农业生产、供给和销售以及相关的管理和服务提供了有效的信息支持，改变了传统农业的发展方式，提升了农业生产效率。

一是数智化改变了农业生产方式，推动了农业生产智能化发展。物联网、大数据、云计算等新一代信息技术在农业领域正逐步推广应用，对传统农业生产方式产生了颠覆式的影响，推动了农业产业升级，提高了农产品的产量与质量。

二是数智化创新农业经营方式，推动了农业经营网络化。数智化改变了传统农业经营的理念与模式，提高了农业生产要素的交换与配置效率，提升了农业经营的组织化、产业化水平，实现了农业经营的网络化发展。

三是数智化变革了农业生产决策方式，推动了生产决策数据化。现代信息技术提高了农业生产与农业科研单位的联系程度，积累了大量的农业数据资源，促进了农业生产决策数据化水平。

四是数智化推动了农业管理能力发展，提升了农业管理数智化水平。数智化为农业管理提供了有效的支撑手段，推动了农业管理方式创新，提升了农业管理部门的行政效率和透明度。

五是数智化丰富了农业服务内容，提高了农业服务精准化水平。数智化完善了现代农业综合服务体系，拓宽了农业服务领域，提升了农业劳动者的信息获取能力，实现了灵活、便捷、及时的精准化农业生产服务。

## 10.3.2 数智化对制造业转型升级的影响机理

以数智化推动我国制造业由大变强，是我国制造业发展的必然选择。信息技术促进制造业各部门改造、升级、提升、做大做强，实现从产品研发设计开始到销售经营结束的全过程数智化。数智化是激发传统制造业创新活力、内生潜力、转型动力的关键。数智化对制造业的影响主要体现在生产、装备、系统、服务和设计 5 个方面。

一是数智化改造了制造业生产方式，推动了制造业的智能化发展。工业云、大数据等新一代信息技术在制造业领域的广泛应用，提高了生产过程控制的自动化、智能化水平，推动了制造业转型升级。

二是数智化提升了生产装备更新换代速度，提高了装备数控化水平。伴随着数智化与工业化的深度融合，我国制造业生产装备更新换代不断提速，装备数控化是我国制造业迈向高端的必由之路，也是数智化推动制造业转型升级的必然要求。

三是数智化构建了现代制造业的集成系统，提升了系统集成化水平。构建制造类企业数智化集成系统，是新一轮工业革命的切入点，企业以纵向集成和横向集成两种方式提高数智化系统的集成化水平。

四是数智化创新了制造业生产服务方式，增强了个性化服务能力。数智化有效地促进了消费者信息真实、即时、准确的反馈，并能迅速应答消费需求的变化。制造业生产服务方式创新程度的不断加深，有力地提高了生产环节与消费环节的融合水平，增强了企业满足消费者多样化、个性化服务要求的能力。

五是数智化推进了研发设计网络协同，提高了产品研发设计的协同化程度。数智化推动了数智化研发设计工具在制造业领域的普及，并依托互联网开展合作研发、联合设计，提高了产品研发设计的协同化程度。

### 10.3.3  数智化对服务业转型升级的影响机理

数智化在推动经济体由工业经济向服务经济转型的过程中发挥了巨大作用。现代服务业是我国数智化发展中受益最大的产业，移动互联网、智能设备、大数据分析等信息技术，全面渗透、融入服务业各行业，不断挖掘服务业新模式、新空间、新机遇。数智化对服务业的影响主要体现在分工、方式、内容、品质和运营 5 个方面。

一是数智化促进社会化分工，提高专业化水平。数智化跨越时空限制的特性，对现代服务业体系产生强烈冲击，促使现代服务业体系一方面丰富分工的种类，另一方面加深专业化水平，以满足日益复杂、多样、个性化的社会需求。

二是数智化创新服务方式，智慧化服务范围日益扩大。信息技术和智能设备在服务业领域广泛而深入地应用，传统服务方式不断融入新元素，跨行业、跨业态、跨层次的服务融合不断发生，团购型、共享型、体验型等新型服务方式不断涌现，智慧化服务范围不断扩大。

三是数智化丰富服务供给内容，促使服务多层次、多样化发展。信息技术改变了传统服务的供给方式，为很多传统的服务行业，如餐饮、住宿、家政、物流等，插上了数智化的"翅膀"，行业供给能力得到充分释放，供给质量和供给结构逐步优化，服务内容和范围多层次、多样化发展。

四是数智化有效提升服务品质，服务精细化程度加深。数智化强化了服务供给者和消费者之间的沟通渠道，让消费信息得以真实、即时、准确反馈，有助于完善服务体系，提高服务品质，推动服务业由"有没有"向"好不好"的精细化方向转变。

五是数智化推进服务业运营模式变革，场景化运营崭露头角。场景化是当前移动互联网产品设计的焦点，场景化服务顺应了移动互联网的发展势头，从传统电商的"货架式"思路转向"体验式"思路，使消费者能够"身临其境"地感受服务，是数智化作用下现代服务业的重要发展趋势。